Fundamentos sintáticos do Português Brasileiro

Conselho Editorial
Ataliba Teixeira de Castilho
Carlos Eduardo Lins da Silva
José Luiz Fiorin
Magda Soares
Pedro Paulo Funari
Rosângela Doin de Almeida
Tania Regina de Luca

Proibida a reprodução total ou parcial em qualquer mídia
sem a autorização escrita da Editora.
Os infratores estão sujeitos às penas da lei.

A Editora não é responsável pelo conteúdo da Obra,
com o qual não necessariamente concorda. A Autora conhece os fatos narrados,
pelos quais é responsável, assim como se responsabiliza pelos juízos emitidos.

Consulte nosso catálogo completo e últimos lançamentos em **www.editoracontexto.com.br**

Célia Moraes de Castilho

Fundamentos sintáticos do Português Brasileiro

Copyright © 2012 da Autora

Todos os direitos desta edição reservados à
Editora Contexto (Editora Pinsky Ltda.)

Montagem de capa e diagramação
Gustavo S. Vilas Boas
Preparação de textos
Daniela Marini Iwamoto
Revisão
Fernanda Guerriero Antunes

Dados Internacionais de Catalogação na Publicação (CIP)
(Câmara Brasileira do Livro, SP, Brasil)

Castilho, Célia Moraes de
    Fundamentos sintáticos do português brasileiro / Célia Moraes de
Castilho. – São Paulo : Contexto, 2013.

    Bibliografia.
    ISBN 978-85-7244-781-2

    1. Linguística 2. Português – Gramática 3. Português – Sintaxe
I. Título.

12-14898   CDD-469
Índice para catálogo sistemático:
1. Sintaxe : Gramática : Linguística   469

<u>2013</u>

EDITORA CONTEXTO
Diretor editorial: *Jaime Pinsky*

Rua Dr. José Elias, 520 – Alto da Lapa
05083-030 – São Paulo – SP
PABX: (11) 3832 5838
contexto@editoracontexto.com.br
www.editoracontexto.com.br

Sumário

Prefácio de Mary Kato 7

Lista de abreviaturas 9

Introdução 11

Gramaticalização, redobramento sintático e minioração 25
Gramaticalização 25
Redobramento sintático 33
A minioração 47

Redobramento do clítico locativo *hi* e formação
da perífrase de gerúndio e infinitivo preposicionado 73
Apresentação 73
O clítico locativo *hi* redobrado: etapas de mudança 84
O clítico locativo *hi* redobrado
e os tipos de verbo com que se constrói 100
A predicação estativa e a gramaticalização de *estar* 103
As formas nominais de gerúndio e de infinitivo preposicionado ... 151
O verbo *estar* como auxiliar de gerúndio
e de infinitivo preposicionado no Português Arcaico 164

Consequências do redobramento do clítico locativo *ende* 175
Apresentação 175
O clítico redobrado *ende* 175
Origem de *ende* redobrado 176
Etapas de mudança de *ende* 180
Formação do articulador discursivo 184
Formação da conjunção contrajuntiva *porém* 203
Formação do dequeísmo 208

REDOBRAMENTO DOS CLÍTICOS PESSOAIS E DO POSSESSIVO 235

    Apresentação 235

    Clíticos pessoais e seu redobramento 235

    Etapas de mudança dos clíticos pessoais redobrados 236

    O pronome possessivo 258

TEORIZANDO SOBRE OS ACHADOS 281

    Apresentação 281

    Os parâmetros da polissíntese e da configuracionalidade 282

    O parâmetro da configuracionalidade, o redobramento
    pronominal, a minioração locativa *hi* e o verbo *estar* 293

    Conclusões 304

BIBLIOGRAFIA 309

TABELAS E QUADROS 317

A AUTORA 319

Prefácio

Mary Kato

Este livro é uma contribuição valiosa para a compreensão da gramática do Português Arcaico (PA), revelada através do estudo da formação das perífrases verbais *estar + gerúndio*, predominante no Português Brasileiro (PB) atual, e *estar + infinitivo preposicionado*, que caracteriza o Português Europeu (PE) padrão.

A autora mostra que o fenômeno estudado evidencia-se como um caso de *gramaticalização*, tomado nos dois conceitos tradicionais desse termo: *gramaticalização* como um processo geral de aparecimento de uma nova forma gramatical, ou como um processo mais específico pelo qual um item substantivo lexical se transforma em um item funcional, gramatical.

Para mostrar como essa mudança se dá, Célia Moraes de Castilho apresenta uma característica geral do PA, a saber, uma gramática que fazia uso profuso de redobramentos através de clíticos, o que era possível dado o rico elenco de clíticos de que essa fase dispunha. Com efeito, ela mostra que o PA dispunha não apenas dos clíticos pessoais, existentes até hoje no PE, e parcialmente no PB, mas também do clítico *hi*, locativo, e *en*, partitivo. Os verbos *estar* e *ser* ocorriam, em competição, como verbos principais que selecionavam um complemento locativo, no caso o *hi*. Este, por sua vez, mostra Castilho, era o elemento redobrador de um adjunto locativo, como acontece até hoje com as construções existenciais no francês:

(1) *Il y_i a beacoup des hommes [dans la salle]$_i$.*

O adjunto podia ser ainda um sintagma verbal gerundivo ou infinitivo:

(2) a. *estand'ali ant'a porta del-Rei / preguntando por novas da fronteira.* (*Cantigas d'escarnho e mal dizer*, séc. XIII, p. 295)
   b. *Bem t'ajudaran d'Orzelhon / quantos trobadores i son / a escarnir o infançon, / ca fremosa dona matou.* (*Cantigas d'escarnho e mal dizer*, séc. XIII, p. 383)

8 Fundamentos sintáticos do Português Brasileiro

O estudo mostra que *estar* se gramaticaliza quando desaparece o clítico locativo *hi* e o adjunto passa a complemento verbal do novo verbo funcional:

(3) a. *e viu entom estar fazendo os biscochos e obrar na touca a perfia.* (*Cantigas de Santa Maria*, séc. XIII, 1, p. 56)
    b. *Quando se ella assi vio cercada, steve a fazer sembrante que nom queria mover.* (*A demanda do santo graal*, séc. XIII, p. 81)

Na fase em que *hi* desaparece e *estar* passa a ter estatuto de verbo funcional, *ser* deixa de ser um verbo locativo.

A obra em questão dá uma visão geral do que acontece com a gramática do PA, não se atendo apenas ao problema das perífrases. Compara esse tópico, também, com fenômenos similares em outras línguas e faz ainda um recuo até o latim.

Por meio de um capítulo teórico Moraes de Castilho se aventura a explicar o fenômeno estudado dentro de uma visão de mudança paramétrica. Apresenta uma proposta que leva em conta o Parâmetro da Polissíntese ou da Configuracionalidade, segundo o qual há línguas que atribuem papel temático e caso a sintagmas nominais e outras que o fazem a clíticos. Nesse último caso, estes se ligariam a constituintes lexicais em adjunção, exatamente o que ocorria quando havia o clítico *hi* em uma gramática que fazia uso central do redobramento. Ao perder o *hi*, o adjunto passa a receber diretamente o papel temático locativo e o caso do verbo *estar*, e a exibir a propriedade de uma língua não configuracional.

Moraes de Castilho revela, nesse estudo, uma rara competência linguística na compreensão da língua escrita do português da Idade Média. Sua imersão nos dados, ou nas "ilhas", que na visão dela são pontas de *iceberg* para a gramática submersa desse período, tornou-a quase uma "falante nativa" desse período, com as intuições que só esse tipo de informante consegue fornecer. Desbravar esse oceano foi uma aventura da qual eu, como orientadora, tive o prazer de partilhar.

Lista de abreviaturas

A" – particípio com valor de adjetivo
A"' – *small clause* (minioração adjetiva)
ACUS – caso acusativo
Adj – adjetivo
Adv – advérbio
AGR – *agreement* (concordância)
AGRP – *agreement phrase*
COMP – complementizador
CLD – *Clitic Left Dislocation* (deslocação do clítico para a esquerda)
CP – *complementizer phrase*
CT – construção de tópico
D – determinante
DAT – caso dativo
DE – deslocamento à esquerda
DP – *determiner phrase*
ED – estrutura deslocada
EDesc. – estrutura descontínua
EElip. – estrutura elíptica
EO – estrutura original
Espec – especificador
ES – estrutura simplificada
Etop – estrutura com topicalização
I' – projeção intermediária do núcleo I
I – flexão verbal
I^0 – auxiliares funcionais, segundo a teoria de Ian Roberts
I^{-1} – afixos de tempo e concordância
IE – indo-europeu
INFL – *Inflection*
IP – *Inflectional Phrase*

LA – Latim Arcaico
LC – Latim Clássico
LV – Latim Vulgar
NOM – caso nominativo
Ø – pronome nulo
P1 – pronome pessoal ou possessivo da primeira pessoa
P2 – pronome pessoal ou possessivo da segunda pessoa
P3 – pronome pessoal ou possessivo da terceira pessoa
PA – Português Arcaico
PB – Português Brasileiro
PE – Português Europeu
PPB – Português Popular Brasileiro
R – referencial
S – sentença
SOV – sujeito-objeto-verbo
SC – *small clause* (minioração)
SN – sintagma nominal
SP – sintagma preposicionado
SV – sintagma verbal
T – tempo
t – traço
TP – *tense phrase*
TopP – *topic phrase*
V – verbo
VP – *verbal phrase* (sintagma verbal)
Vaux – verbo auxiliar
WH – designa as formas *qu-*, sejam pronominais, sejam conjuncionais
X^0 – é a natureza dos morfemas livres, segundo a teoria de Ian Roberts
X^{-1} – é a natureza dos afixos, segundo a teoria de Ian Roberts
Σ – sigma
ΣP – *sigma phrase*

Introdução

Este livro tem por objetivo caracterizar o processo do redobramento sintático, iniciado já no período arcaico da língua portuguesa (PA), avaliando suas consequências na organização sintática do Português Brasileiro (PB).

Inicialmente, situarei este trabalho no quadro das linhas interpretativas do PB. Em seguida, detalharei minha proposta sobre os fundamentos medievais da sintaxe do Português Brasileiro. Finalmente, esclareço de onde procedem os dados nos quais que este livro se apoia.

Linhas interpretativas sobre o Português Brasileiro

Há três linhas de interpretação do PB: (1) praticamos uma variedade derivada do Português Seiscentista; (2) praticamos uma variedade que se afasta progressivamente do Português Europeu (PE), tendo-se iniciado no século XIX a construção de uma nova gramática; (3) praticamos uma variedade calcada em crioulos de base africana. Passo a examinar esses tópicos.

O PORTUGUÊS BRASILEIRO DERIVA DO PORTUGUÊS EUROPEU DO SÉCULO XVI

Os primeiros autores das "introduções ao Português do Brasil" notaram várias coincidências fonéticas e lexicais com o PE Quinhentista, argumentando que o PB dá continuidade ao PE Arcaico. Integram essa linha interpretativa, entre outros autores, Melo (1946), Silva Neto (1951), Elia (1979).

Numa posição intermediária, Cunha (1968) e Houaiss (1985) desenvolveram argumentos sobre a unidade do PB no quadro da diversidade geral da língua. A argumentação concentrava-se na fonética e no léxico.

12 Fundamentos sintáticos do Português Brasileiro

Este veio interpretativo, mais bem conhecido como "hipótese da mudança natural", continua na agenda dos pesquisadores brasileiros, e ainda recentemente foram retomados aspectos da ancianidade do PB, como se pode ver em Penha (1997), Cohen et al. (1997), Megale (org. 2000) e Oliveira (1998).

Em trabalho anterior, sustentei que a base do PB é o Português Quatrocentista: Moraes de Castilho (2000). O século XVI mal começava, quando se deu início à colonização portuguesa, que principiou por São Vicente, em 1532. Essas afirmações tiveram uma inesperada confirmação adicional graças às pesquisas desenvolvidas por Esperança Cardeira, sob a orientação de Ivo Castro, em Portugal.

Cardeira (2005: 275-82) mostra que de 1450 a 1540 caracterizou-se em Portugal o Português Médio, que se distinguiu fortemente do período anterior e do período seguinte, o do Português Clássico, dadas as seguintes características fonológicas e morfológicas (ver também Castro 2008: 149-84):

- Encontros vocálicos: a sequência *-eo, -ea*
- Sequências nasalizadas em contexto final (convergência em *-ão*)
- Síncope de *-d-* no morfema número-pessoal
- Particípios em *-udo/-ido*
- Plural dos lexemas de singular em *-l*
- Sistema de possessivos

Vê-se que falta estender o achado de Cardeira ao campo da sintaxe, iniciativa que a equipe paulista do Projeto para a História do Português Brasileiro desenvolverá nos próximos anos, como consequência das ideias apresentadas por Ivo Castro, durante o x Seminário do Projeto de História do Português Paulista (São Paulo, 2009).

De todo modo, Cardeira demonstrou que a gramática do português desse período representa uma crise profunda que abalou a língua, a que se correlacionam dois outros momentos de instabilidade: (i) a peste, que resultou no extermínio dos pais e na sobrevivência dos avós e de seus netos, fazendo desaparecer a geração intermediária; (ii) o surgimento dos Avises, nova dinastia que substituiu os Borgonha e revolucionou a língua literária através dos escritos da "ínclita geração", designação dada aos filhos de D. João I e Dona Felipa de Lencastre.

Naro e Scherre (1993, 2007) agregaram novos argumentos à origem arcaica do PB, estudando minuciosamente dados da morfossintaxe do Português Popular Brasileiro, rechaçando a explicação crioulística que examinarei mais adiante.

UMA GRAMÁTICA BRASILEIRA
COMEÇOU A CONSTITUIR-SE NO SÉCULO XIX

A partir do final dos anos 1980, a Linguística brasileira testemunhou um fato científico cujas consequências últimas ainda não foram devidamente analisadas: o lançamento de um vasto programa de pesquisas, em que se deu o "casamento" do variacionismo laboviano com a Gramática Gerativa, em seu Modelo de Princípios e Parâmetros.

O fato se deveu a duas lideranças científicas: Fernando Tarallo e Mary Kato. A maior parte dos trabalhos preparados sob a orientação desses linguistas partia de hipóteses dadas pela teoria gerativista, com particular atenção ao Modelo de Princípios e Parâmetros, examinando-se então os dados de língua-E, e não apenas os dados de introspecção, sendo aqueles, muitas vezes, controlados pelo uso do pacote VARBRUL.

Mary Kato, Fernando Tarallo e pesquisadores associados apontaram para a emergência de uma gramática do PB no século XIX (Tarallo, 1993; ver resultados na coletânea de Roberts e Kato, orgs. 1993). A grande contribuição desta linha interpretativa está em buscar evidências na sintaxe, e não apenas na fonética e no léxico, como se vinha fazendo. Desnecessário ressaltar que os argumentos morfossintáticos têm mais peso estrutural que os dados fonéticos e lexicais.

O argumento central então desenvolvido foi que alterações no quadro dos pronomes pessoais acarretariam uma simplificação da morfologia verbal, com reflexos na sintaxe. Surgiram assim várias pesquisas sobre o desaparecimento de *vós* e do clítico pessoal *o*, a substituição de *tu* por *você* e de *nós* por *a gente*, o papel da categoria vazia na sintaxe do PB etc. Essas pesquisas comprovaram que a simplificação da morfologia determinou a retenção progressiva do sujeito, não mais expresso pela flexão do verbo, tanto quanto a progressiva omissão do objeto direto, não mais representável pelo clítico *o*. Esse programa de pesquisas ainda não esgotou suas possibilidades, prosseguindo com grande vigor desde o final dos anos 1980 até hoje.

O PORTUGUÊS BRASILEIRO TEM UM FUNDAMENTO CRIOULO

Segundo a hipótese crioulista, o Português Popular Brasileiro (PPB) sofreu possivelmente influências fonológicas e gramaticais do substrato indígena e de vários dialetos africanos. Essa é a posição de Melo (1946), para quem a uniformidade do PB se deve à difusão dos falares crioulos gerados na costa, levados ao interior pelas bandeiras paulistas. Essa afirmação precisaria ser comprovada mediante a difícil documentação desses falares crioulos e, ainda, o esclarecimento da língua efetivamente praticada pelos bandeirantes. Silva Neto (1951) afirma que a partir da segunda metade do século XVII começam a surgir diferenças entre o PB e o PE, diferenças essas devido à base crioula de nossa língua, que acelerou sua mudança linguística.

Guy (1981: 283) preparou o trabalho mais polêmico sobre as origens crioulas do Português Popular Brasileiro (PPB). Ele inclui aí o argumento da descrioulização, compondo um quadro explanatório elegante, especificando que o PPB "originou-se do falar crioulo falado pela massa predominante de africanos durante o período colonial; em contato prolongado com os falantes do Português Padrão, esse falar passou por certa descrioulização". Ele exclui a possibilidade de um crioulo indígena, visto que os nativos brasileiros não desenvolveram com os portugueses o tipo de relacionamento social e de situações que costumam levar à crioulização (p. 285). Seu plano para examinar a hipótese crioulística se desdobra em duas ordens de discussão: a busca de evidências linguísticas e a história social da crioulização do português.

Sendo o crioulo uma língua de contato, ela vai guardar as marcas típicas de aquisição de uma segunda língua: regularização da flexão, predominância dos morfemas-raízes, redução da complexidade derivacional. Guy alerta que é necessário descartar aqui as mudanças espontâneas, de caráter universal, fixando-se naquelas específicas do processo de crioulização: "o ponto crucial a respeito da formação de um crioulo é que tudo acontece abruptamente; as mudanças que ocorrem são naturais, não são desusadas, elas simplesmente avançam numa taxa extraordinariamente rápida" (p. 289).

A seguir, ele examina traços fonológicos (perda do -s, desnasalação de vogais e ditongos finais), morfológicos e sintáticos (concordância nominal e verbal), concluindo que os primeiros são comuns à história do português e à de outras línguas românicas; portanto, não são atribuíveis a uma base crioula. Já os segundos, particularmente a marcação do plural no primeiro constituinte do sintagma nominal (SN) e a preservação da concordância verbal unicamente nos casos de saliência morfológica, não têm precedentes na história do português, nem na das línguas românicas. Esse fenômeno fornece evidências indiretas à hipótese crioulista, pois num primeiro momento as regras de concordância foram apagadas (perda da concordância nominal e verbal, quando o sujeito é posposto) e, num segundo momento, de descrioulização, recuperou-se a regra, sob certas circunstâncias – pluralização do SN dependente da ordem de seus constituintes, concordância verbo-sujeito dependente da saliência morfológica do verbo (p. 196). Ora, as soluções encontradas pelo PPB não ocorrem em outras línguas românicas, mas, ao revés, são documentadas em outras variedades crioulas tanto do português quanto do espanhol. Além disso, nas línguas bantu, ioruba e ibo a marcação do plural se faz mediante prefixos ou clíticos, sempre localizados na cabeça do SN (p. 302). Guy insiste que nada disso poderia ser explicado pela mudança natural. Finalmente, ele agrega outras evidências linguísticas, merecedoras de uma análise mais acurada: a contribuição lexical dos africanos, o desuso em que caíram largas partes do paradigma verbal (p. 305), o uso de *se* como partícula reflexiva não declinada (em

Nós se conhecemo aqui, por exemplo). Contraditoriamente, parece que não dispomos de traços habituais aos crioulos: sistemas aspectuais ricos, uso de marcação pré-verbal no lugar das flexões, sistemas de cópula, importantes nos crioulos do Atlântico.

Com respeito às evidências sociolinguísticas, Guy formula uma questão crucial aqui, a saber, "como o português poderia ter evitado a crioulização"? Até 1850, o país recebeu 3,6 milhões de escravos, 38% do tráfico mundial, nove vezes maior que o número de africanos levados para os Estados Unidos. Os brasileiros brancos constituíram um grupo minoritário até pelo menos o século XVIII. Portanto, todas as condições se reuniam aqui para a formação de crioulos.

A rápida descrioulização do PPB e sua aproximação do Português Padrão se explicariam pela maciça europeização do país, que ocorreria, sobretudo, após o século XIX. Isso não aconteceu no Haiti e na Jamaica, em que a população negra é ainda de 90%. Tivemos, assim, um quadro de crioulização atípica, que conduziu o PB a uma situação complexa em seu desenvolvimento linguístico: "nem tipicamente crioulo, nem tipicamente não crioulo e 'natural'" (p. 319). No quadro da postulação de uma origem quase crioula do PPB, pode-se chegar a uma explicação unificada para as descrições dos dialetos rurais crioulizados: "de acordo com a hipótese da crioulização, pode-se dar conta desses dialetos simplesmente como sobreviventes espalhados de um estágio mais altamente crioulizado da língua popular, que era originalmente muito mais difundida" (p. 322).

Tarallo (1993) formulou críticas severas a essas ideias. Ele argumenta que a descrioulização suposta por Guy nos teria levado de volta ao PE, o que estudos recentes não comprovam, visto que, para tanto,

> o PB teria literalmente que se virar pelo avesso e de ponta-cabeça. Sujeitos teriam que começar a ser nulos outra vez [...], enquanto objetos teriam que começar a receber pronomes clíticos outra vez. No caso dos sujeitos, a gramática do PB teria que deixar sua configuração sintática e começar a ser mais orientada para o discurso; com respeito aos objetos, a variável discursiva teria que ser substituída por uma orientação mais sintática na sua derivação. (p. 60)

Se é verdade que a língua escrita nos aproxima de Portugal, a língua falada, entretanto, aponta para outros rumos.

Um subproduto da hipótese crioulista é destacar as características inovadoras da fonologia e da gramática do PB, como faz Teyssier (1989: 104-9).

Fundamentos arcaicos
da sintaxe do Português Brasileiro

Em trabalho anterior, levantei a hipótese de que a primeira linha interpretativa encontra mais apoio nos dados, sobretudo nos dados sintáticos, e mais particularmente no processo de redobramento dos clíticos. Assim, os fundamentos do PB se encontram no Português Arcaico (PA), mais particularmente naquele do século XV (Moraes de Castilho, 2001).

Em trabalhos posteriores, ampliei minha casuística, demonstrando que várias características da "gramática brasileira" decorrem do processo sintático de redobramento de clíticos, que assume assim uma importância central nessas pesquisas. Dentre essas características, estudei as seguintes:

1. As construções de tópico e a emergência do possessivo *dele* em lugar de *seu* são deriváveis do redobramento de clíticos (Moraes de Castilho, 2001).
2. O dequeísmo e o desenvolvimento de certos operadores discursivos encontram igualmente suas origens nesse processo (Moraes de Castilho, 2004a, 2004b).
3. É igualmente o redobramento sintático que explica as transformações do verbo *estar*, e consequente surgimento das perífrases de *estar* + infinitivo preposicionado e gerúndio, tendo este preferência maior no PB (Moraes de Castilho, 2005).

Visto que esses estudos correspondem a um programa articulado de pesquisas, reuni-os neste livro, apoiando-me inteiramente em textos do PA dos séculos XII-XIII a XV-XVI, ou seja, de 1214 até cerca de 1540.

O livro está organizado em cinco capítulos.

No capítulo "Gramaticalização, redobramento sintático e minioração", discuto dois processos e um expediente sintático que tiveram profundas repercussões na organização da gramática do Português Arcaico, repercutindo, por consequência, na gramática do Português Brasileiro: a gramaticalização, o redobramento sintático e a minioração.

O capítulo "Redobramento do clítico locativo *hi* e formação da perífrase de gerúndio e infinitivo preposicionado" é o mais denso deste livro. Trato ali dos pronomes pessoais e locativos em seu processo sintático de redobramento na gramática do PA, detenho-me no clítico locativo *hi*, na auxiliarização de *estar,* bastante relacionada com o redobramento sintático, particularmente desse locativo, desembocando na combinação de *estar* com gerúndio e infinitivo preposicionado, de que resultariam as perífrases de *estar* + infinitivo preposicionado e gerúndio. Mostro que as alterações desse verbo se iniciaram ainda no latim, continuando no romance e no galego-português, e ainda não consumada no Português Moderno. Isso sugere que o período arcaico do português foi, para este verbo, um período de transição entre o começo de sua mudança e a fase quase final de suas grandes alterações, ocorridas no século XX. Ligado ao problema de *estar* está o caso das formas nominais de gerúndio e de infinitivo preposicionado, que passaram igualmente por grandes alterações no PA, chegando ao ponto de afetar outros tipos verbais, como os verbos de movimento *ir*, *vir*, *andar*, entre outros. As grandes alterações sofridas pelas formas nominais parecem ter se iniciado no galego-português, intensificando-se durante todo o período medieval para quase perderem sua força, no século XX, no PB, mas não no PE. Finalmente, olhando-se apenas os séculos XV-XVI, vê-se praticamente o final da utilização de vários tipos de construção que envolveram o verbo *ser*. Essas construções são resíduos de um longo trajeto que esse verbo percorreu, desde o indo-europeu, cruzando o latim e reduzindo-se bastante em algumas línguas românicas (como o galego-português e o castelhano), mas não em outras (como o francês, o italiano padrão etc.). Esse verbo é levado em conta nesse capítulo, pois, durante todo o período arcaico, ele se entrelaçava com *estar*, dominando, competindo, variando, combinando, sendo finalmente superado pelo seu oponente, causando o seu quase desaparecimento no contexto locativo.

No capítulo "Consequências do redobramento do clítico locativo *ende*", dou continuidade aos efeitos do redobramento sintático na sintaxe do PA e do PB, estudo o comportamento de outro clítico locativo, *ende*, mostrando sua atuação na organização de articuladores discursivos, no surgimento da conjunção contrajuntiva *porém* e das construções dequeístas.

No capítulo "Redobramento dos clíticos pessoais e do possessivo", mostro como o redobramento dos clíticos pessoais deu surgimento ao uso de *ele* no caso acusativo, e do possessivo *dele* da terceira pessoa, reanalisando-se *seu* como possessivo da segunda pessoa.

Finalmente, no capítulo "Teorizando sobre os achados", situo meus achados no contexto dos Parâmetros da Polissíntese e da Configuracionalidade. Menciono, também, como um achado paralelo, a possibilidade de periodizar o PA com base em argumentos estritamente sintáticos.

Sempre que necessário, serão mencionados dados do latim e do PB/PE do século XX. Tentarei reinterpretar fatos contemporâneos e antigos muito bem descritos por autores consagrados no estudo das línguas nas quais esses dados aparecem.

Este livro, em suma, apresenta um dos fundamentos da sintaxe do PB. Continuando a explorar os caminhos aqui abertos, dei início a novas pesquisas, para identificar agora como se deu a formação do Português Popular Paulista em suas relações com o PA Quatrocentista (Moraes de Castilho, 2006).

Os dados de análise

A constituição de um *corpus* de análise depende do modo como se vai estudar determinado fenômeno linguístico, sincrônica ou diacronicamente. Se se vai estudar um fenômeno que está ocorrendo na mesma época em que o pesquisador está vivendo, este determinará todas as coordenadas para que esse trabalho possa ser feito: (i) decide pesquisar sobre determinado fenômeno, procedendo a um corte intencional na língua a ser estudada, (ii) determina o período que vai ser levado em conta, (iii) escolhe o lugar de proveniência dos dados e (iv) identifica os informantes que vão ser entrevistados. Esse tipo de pesquisa poderá ser diversificado ou não, conforme os interesses do estudo.

Mas quando se estuda um fenômeno linguístico que ocorreu no passado, o *corpus* para análise já está constituído e vai ser necessariamente diversificado. Neste trabalho, o termo *corpus* será usado na mesma acepção que Mattos e Silva (1989: 16) estabeleceu:

> Adotamos o termo *corpus* e o consideramos como bem-vindo, para definir o conjunto diversificado de documentos-informantes que poderão ser analisados para que deles, consideradas explicitamente as suas individualidades, se possa depreender uma gramática do Português Arcaico.

Pelo menos dois problemas chamam a atenção do pesquisador de fatos do PA: de um lado a datação dos textos e, de outro, os tipos de texto.

A datação dos textos leva à questão da periodização da língua portuguesa. Quanto a isso, recorremos novamente a Mattos e Silva (1994: 247):

> Como qualquer taxionomia, a classificação de períodos ou fases de uma língua no seu processo de constituição histórica será sempre, por natureza, arbitrária, já que dependerá dos critérios adotados pelo taxionomista. A tentativa de estabelecer períodos determináveis na história do português não poderá fugir a essa preliminar, como também nela estará enredada a delimitação do chamado período arcaico ou antigo da língua portuguesa.

Quando se vai delimitar um período há pelo menos dois pontos que se levam em conta: (i) datação de seu período inicial e final, e (ii) delimitação desse período por fases, se possível. Para o português, a datação do período final da fase arcaica é a mais problemática, porque não há um consenso geral a esse respeito, apesar da unanimidade quanto ao seu início. Esse período se inicia com o surgimento de documentos escritos em português, e não mais em latim, isto é, por volta de 1200:

> considero que se pode aceitar, como hipótese a ser trabalhada, seguindo Leite de Vasconcelos e Lindley Cintra, que o período arcaico se inicia com os primeiros documentos em português e que muitas de suas características se estendem até, pelo menos, 1536/1540, datas dos inícios da normativização da língua. (Mattos e Silva, 1994: 251)

Há certa unanimidade quanto à divisão desse período em duas fases, embora as dificuldades reapareçam na delimitação delas: (i) a primeira fase iria, para uns, até 1350, e para outros até 1385 ou 1420; e (ii) a segunda fase acabaria entre 1499 e 1540. Neste trabalho, vou seguir quase a mesma divisão apresentada anteriormente para selecionar os textos com os quais trabalharei: (i) a primeira fase vai até fins do século XIV e inclui textos dos séculos XII-XIII e XIV, e (ii) a segunda fase vai até meados do século XVI, incluindo textos dos séculos XV e XVI.

Depois de ler uma grande parte das obras portuguesas escritas durante a Idade Média, observei que havia a possibilidade de estabelecer uma divisão mais precisa da época arcaica da língua portuguesa quando se levam em conta fatos sintáticos. A ideia de outro tipo de divisão só surgiu depois de entrar em contato com os mais variados tipos de fato sintático. Essa nova divisão não foi aplicada neste trabalho, porque foi sendo construída ao longo de sua preparação. Deixo um esboço dela na seção "Conclusões".

A nova divisão, levando-se em conta as estruturas sintáticas, proporcionaria uma classificação mais precisa de muitos textos. Por exemplo, temos *A demanda do santo graal*, que é uma cópia do século XV baseada num manuscrito do século XIII. Isso constitui um problema, pois não se sabe até que ponto o copista quatrocentista interferiu no texto antigo na tentativa de adaptá-lo a uma língua mais moderna e, portanto, mais compreensível para sua época. Mas se esse livro for examinado do ponto de vista sintático, fatos como o do redobramento pronominal ali encontrados o datariam como sendo do século XIII. Foi o que eu fiz e por isso os exemplos ali colhidos sempre trarão essa data.

Quanto aos tipos dos texto, é necessário se levar em conta a maior diversidade possível deles, para que os fatos possam ficar bem representados. Mattos e Silva (1989) propõe a seguinte tipologia para os textos: (1) textos não literários, (2) textos literários, compreendendo: (i) textos em poesia, (ii) textos em prosa: de ficção, históricos, pragmáticos.

Levando-se em conta a tipologia estabelecida, menciono a seguir os textos que foram utilizados para a elaboração deste trabalho e suas respectivas siglas, utilizadas nas remissões. Os exemplos são antecedidos dos seguintes dados de identificação: século, em algarismos romanos; abreviação do título da obra de acordo com a lista a seguir; página em algarismos arábicos; dois pontos; número da linha. Os dados bibliográficos completos aparecem aqui e são repetidos na "Bibliografia".

20 Fundamentos sintáticos do Português Brasileiro

SÉCULO XIII

Textos não literários

Textos notariais

[XIII HGP] Clarinda de Azevedo Maia, *História do galego-português*. Estudo linguístico da Galiza e do Noroeste de Portugal desde o século XIII ao século XVI. Coimbra: INIC, 1986.

[XIII NT] Luis Filipe Lindley Cintra. Sobre o mais antigo texto não literário português: a Notícia de Torto. Leitura crítica, data, lugar de redação e comentário linguístico. *Boletim de Filologia*, XXXI, 21-77, 1990. (Texto datado entre 1214 e 1216).

[XIII CHPA] Ana Maria Martins. *Clíticos na história do português*. Apêndice documental. Documentos notariais dos séculos XIII a XVI do Arquivo Nacional da Torre do Tombo. Lisboa: Universidade de Lisboa, 1994. Tese de doutoramento. Mimeo.

[XIII IDD] Perminio de Moraes. *Inquirições de D. Dinis*. Salvador: Universidade Federal da Bahia. Tese de mestrado. Mimeo. (Textos do século XIII, mais precisamente de 1254).

[XIII TA] *Testamento de D. Afonso II.*

Foros

[XIII FCR] Luis Filipe Lindley Cintra. *A linguagem dos foros de Castelo Rodrigo. Seu confronto com os dos foros de Alfaiates, Castelo Bom, Castelo Melhor, Coria, Cáceres, Usagre*. Lisboa: Imprensa Nacional – Casa da Moeda, 1984. (Texto datado entre 1280 e 1290).

[XIII FR] Afonso X, o Sábio. *Foro real*. Edição de José de Azevedo Ferreira. Lisboa: INIC, 1987, 2 volumes (texto dos finais do século XIII).

Livros genealógicos

[XIII LVL] *Livro velho de linhagens*. Edição crítica por Joseph Piel e José Mattoso. Lisboa: Portugaliae Monvmenta Historica, 1980. (Texto escrito por volta de 1282-1290 ou 1286-1290).

Textos literários

Textos em poesia

[XIII CSM1] Afonso X, o Sábio. *Cantigas de Santa Maria*. Edição de W. Mettmann. Coimbra: Universidade de Coimbra, 1959-64, 4 volumes, dos quais só foi fichado o primeiro. (Texto datado da segunda metade do século XIII).

[XIII CA] *Cancioneiro da ajuda*. Edição de Carolina Michaelis de Vasconcelos. Lisboa: Imprensa Nacional – Casa da Moeda, 1990, 2 volumes. (Texto datado entre o último quartel do século XIII e o primeiro do século XIV).

[XIII CEM] *Cantigas d'escarnho e de mal dizer*. Edição de M. Rodrigues Lapa. Coimbra: Editorial Galaxia.

[XIII CR] J. J. Nunes. *Crestomatia arcaica*, 4. ed. Lisboa: Livraria Clássica Editora, 1953.

Textos em prosa

Ficção

[XIII SG] *A demanda do santo graal*. Edição de Joseph-Maria Piel. Lisboa: Imprensa Nacional – Casa da Moeda, 1988. (Cópia do século XV de um texto do século XIII; tradução do francês).

SÉCULO XIV

Textos não literários

Textos notariais

[XIV HGP] Clarinda de Azevedo Maia. *História do galego-português*. Estudo linguístico da Galiza e do Noroeste de Portugal desde o século XIII ao século XVI. Coimbra: INIC, 1986.

[XIV CHPA] Ana Maria Martins. *Clíticos na história do português*. Apêndice documental. Documentos notariais dos séculos XIII a XVI do Arquivo Nacional da Torre do Tombo. Lisboa: Universidade de Lisboa, 1994. Tese de doutoramento. Mimeo.

Foros

[XIV PP] Afonso X, o Sábio. *Primeira partida*. Edição de José de Azevedo Ferreira. Braga: INIC, 1980. (Texto datado da segunda metade do século XIV; essa datação é encontrada na página XLIX da própria obra).

Livros genealógicos

[XIV LLCP] *Livro de linhagens do conde D. Pedro*. Edição crítica de José Mattoso. Lisboa: Publicações do II Centenário da Academia das Ciências, 1980. (Esta obra sofreu algumas refundições entre os anos de 1360-5 e 1380-3; informação encontrada na página 43).

[XIV LLD] *Livro de linhagens do Deão*. Edição crítica por Joseph Piel e José Mattoso. Lisboa: Portugaliae Monvmenta Historica, 1980. (Texto escrito por volta de 1343).

Textos literários

Textos pragmáticos

[XIV LA] *Livro das aves*. Edição de Nelson Rossi et al. Rio de Janeiro: INL, 1965. (Tradução do latim).

[XIV DSG] *Diálogos de São Gregório*. Edição de Rosa Virgínia Mattos e Silva, 4 volumes. São Paulo: FFLCH/USP, 1971. Tese de doutoramento. Mimeo. (Tradução do latim)

Crônicas

[XIV CGE] *Crónica geral de Espanha de 1344*. Edição de Luis Filipe Lindley Cintra. Lisboa: Imprensa Nacional – Casa da Moeda, 1951, 4 volumes (dos quais foi utilizado somente o segundo).

SÉCULO XV

Textos não literários

Textos notariais

[XV HGP] Clarinda de Azevedo Maia. *História do galego-português*. Estudo linguístico da Galiza e do Noroeste de Portugal desde o século XIII ao século XVI. Coimbra: INIC, 1988.

[XV CHPA] Ana Maria Martins. *Clíticos na história do português*. Apêndice documental. Documentos notariais dos séculos XIII a XVI do Arquivo Nacional da Torre do Tombo. Lisboa: Universidade de Lisboa, 1994. Tese de doutoramento. Mimeo.

22 Fundamentos sintáticos do Português Brasileiro

Textos literários

Textos pragmáticos

[XV LSSA] *Livro de soliloquio de Sancto Agostinho*. Edição crítica e glossário por Maria Adelaide Valle Cintra. Lisboa: Publicações do Centro de Estudos Filológicos, 1957. (Texto datado do primeiro quartel do século XV; é uma tradução do latim).

[XV VC] *Virgéu de Consolaçom*. Edição crítica, introdução, gramática, notas e glossário por Albino de Bem Veiga. Porto Alegre: Livraria do Globo S. A., 1959. (Cópia de um texto do século XIV ou XV, tradução do latim).

[XV VS] *Vidas de santos de um manuscrito alcobacense*. Edição de Ivo Castro et al. Separata da *Revista Lusitana, Nova Série*, 4 (1982-1983) e 9 (1984-1985). (Texto datado de meados do século XV, cópia de manuscritos mais antigos, tradução do latim).

[XV VPA] Bernardo de Brihuega. *Vidas e paixões dos apóstolos*. Edição crítica e estudo por Isabel Vilares Cepeda. Lisboa: INIC, 1982-9, 2 volumes, sendo que usado somente o primeiro. (Texto de 1423-1433; cópia de um manuscrito do século XIV; tradução do latim).

[XV FP] *Fabulário português ou livro de Esopo*. Edição de José Leite de Vasconcelos (glossário, comentário linguístico e estudo literário), Separata da *Revista Lusitana*, VIII e IX, 1906. (Manuscrito do século XV, provavelmente da primeira década; provém de algum texto em prosa latino ou românico).

[XV LM] *Livro da montaria feito por D. João I, rei de Portugal*. Edição feita por Francisco Maria Esteves Pereira. Coimbra: Imprensa da Universidade, 1918. (Texto composto entre 1415 e 1433).

Crônicas

[XV CDP] Fernão Lopes. *Cronica de D. Pedro*. Edição de Giuliano Macchi. Roma: Edizione dell'Ateneo, 1966. (Texto escrito entre 1418 e 1452).

[XV CDF] Fernão Lopes. *Cronica de D. Fernando*. Edição de Giuliano Macchi. Lisboa: IN-CM, 1975. (Texto escrito entre 1418 e 1452).

[XV CPVC] Jaime Cortesão. *A carta de Pero Vaz de Caminha*. Lisboa: Portugália, 1967.

SÉCULO XVI

Textos não literários

Textos notariais

[XVI HGP] Clarinda de Azevedo Maia. *História do galego-português*. Estado linguístico da Galiza e do Noroeste de Portugal desde o século XIII ao século XVI. Coimbra: INIC, 1986.

[XVI CHPA] Ana Maria Martins. *Clíticos na história do português*. Apêndice documental. Documentos notariais dos séculos XIII a XVI do Arquivo Nacional da Torre do Tombo. Lisboa: Universidade de Lisboa, 1994. Tese de doutoramento. Mimeo.

Textos literários

Teatro

[XVI OC] Gil Vicente. *Obras completas*. Com prefácio e notas do Prof. Marques Braga. Lisboa: Editora Sá da Costa, 4. ed., 1968, 4 vols.

Textos em prosa

Textos pragmáticos

[XVI DVV] João de Barros. Diálogo de viciosa vergonha. In: *Gramática da língua portuguesa*. Reprodução fac-similada, leitura, introdução e anotações por Maria Leonor Carvalhão Buescu. Lisboa: Faculdade de Letras da Universidade de Lisboa, 1971.

[XVI DLNL] João de Barros. Diálogo em louvor da nossa linguagem. In: *Gramática da língua portuguesa*. Reprodução fac-similada, leitura, introdução e anotações por Maria Leonor Carvalhão Buescu. Lisboa: Faculdade de Letras da Universidade de Lisboa, 1971.

[XVI GLP] João de Barros. *Gramática da língua portuguesa*. Reprodução fac-similada, leitura, introdução e anotações por Maria Leonor Carvalhão Buescu. Lisboa: Faculdade de Letras da Universidade de Lisboa, 1971.

Crônicas

[XVI A] João de Barros. *Ásia* (primeira e segunda décadas). Edição de Antonio Baião e Luis Filipe Lindley Cintra. Lisboa: IN-CM, 1974 e 1988, 2 volumes. (Obra concluída em 1539).

SÉCULO XX

[XX SP EF] Ataliba T. de Castilho e Dino Preti (orgs.1986). *A linguagem falada culta na cidade de São Paulo*. São Paulo: T. A. Queiroz, Editor/Fapesp, vol. I, Elocuções formais.

[XX SP DID] Ataliba T. de Castilho e Dino Preti (orgs. 1987). *A linguagem falada culta na cidade de São Paulo*. São Paulo: T. A. Queiroz, Editor/Fapesp, vol. II, Diálogos entre o informante e o documentador.

[XX SP D2] Dino Preti e Hudinilson Urbano (orgs. 1988). *A linguagem falada culta na cidade de São Paulo*. São Paulo: T. A. Queiroz, Editor/Fapesp, vol. III, Diálogos entre dois informantes.

[XX PF] Maria Fernanda Bacelar do Nascimento, Maria Lúcia Garcia Marques e Maria Luísa Segura da Cruz. *Português fundamental:* métodos e documentos. Lisboa, Instituto Nacional de Investigação Científica – Centro de Linguística da Universidade de Lisboa, 1987.

Gramaticalização, redobramento sintático e minioração

Discuto neste capítulo dois processos e um expediente sintático que tiveram profundas repercussões na organização da gramática do Português Arcaico, afetando a gramática do Português Brasileiro: a gramaticalização, o redobramento sintático e a minioração.

Gramaticalização

Roberts (1993: 72) mostra que o processo de gramaticalização "é a mudança de uma categoria lexical para uma funcional (associada à perda de conteúdo lexical)". No caso dos verbos, de que tratarei no capítulo "Redobramento do clítico locativo *hi* e formação da perífrase de gerúndio e infinitivo preposicionado", essa categoria lexical passa pelos seguintes estágios: (i) verbo pleno, (ii) construção predicativa, (iii) forma perifrástica e (iv) aglutinação.

Ele faz ainda as seguintes distinções: (i) um verbo pleno estabelece relações temáticas, e o auxiliar não; (ii) um auxiliar funcional é gerado em I, e auxiliar lexical é gerado em v, mas pode se movimentar para I; (iii) um auxiliar funcional (morfema livre) é de natureza x^{-1}, e um afixo de tempo/concordância é de natureza x^{o}.

Formalizando a noção de gramaticalização, Roberts se utiliza de duas noções: a de núcleos funcionais e a de movimento de núcleo-para-núcleo. Em relação aos núcleos funcionais, o autor se atém ao fato de que categorias lexicais possuem núcleo com conteúdo lexical, ao passo que as categorias funcionais não têm conteúdo lexical. O trânsito de uma categoria lexical para uma categoria funcional poderia indicar um processo de mudança de categoria.

Em relação à noção de movimento de núcleo-para-núcleo, Roberts mostra que a mudança de uma categoria lexical para uma categoria funcional nada mais é que o movimento de um núcleo lexical para um núcleo funcional. Exemplificando: em francês todos os verbos finitos (plenos ou auxiliares) podem se mover para I, mas os não finitos não, enquanto em inglês só os verbos finitos auxiliares aspectuais (*have* e *be*) podem se mover para I. Essa distinção sintática entre auxiliares e verbos plenos é uma confirmação de que os auxiliares têm a capacidade de se mover com mais liberdade que os verbos plenos. A liberdade dos auxiliares pode ser explicada em termos da Teoria θ: os verbos principais estabelecem relações temáticas com os argumentos (do tipo Agente, Paciente, Beneficiário etc.), e os auxiliares não. Assim, Roberts chega a uma primeira distinção entre verbos plenos e auxiliares: os primeiros atribuem papel-θ e os auxiliares não.

Prosseguindo, Roberts faz uma distinção na categoria do auxiliar: auxiliares funcionais, que são membros de I, e auxiliares lexicais, que são membros de V. No inglês, os modais são auxiliares funcionais, enquanto os aspectuais são lexicais. Os modais do inglês só podem aparecer num I com tempo e estão em distribuição complementar com *to*, marcador de infinitivo, e *do*, portador das marcas de tempo/concordância, ambos membros de I. A diferença entre auxiliares funcionais e lexicais está na possibilidade de movimento que eles podem ter: os lexicais podem se mover para I e os funcionais são gerados em I.

Por último, fazendo distinção entre auxiliar funcional (morfemas livres) e afixo de tempo/concordância, Roberts diz que os morfemas livres são de natureza x^o, enquanto que afixos são de natureza x^{-1}, e consequentemente, auxiliares funcionais são I, enquanto que afixos de tempo/concordância são I^{-1}.

Roberts aplica essas noções para explicar a gramaticalização de *habere* no desenvolvimento do futuro perifrástico românico:

1. *Habere* como verbo autônomo, no Latim Clássico, tinha vários sentidos; ele sobreviveu formal e semanticamente como verbo autônomo em várias línguas românicas: fr. *avoir*, it. *avere* etc.; sofreu gramaticalização como marcador de futuro somente em certos contextos, sendo que o contexto básico foi aquele em que aparece com infinitivo.

2. *Habere* + infinitivo apresenta pelo menos três estágios de desenvolvimento da perífrase:

    (i) No latim, *habere* tinha o sentido modal de "dever"; o infinitivo, de caráter nominal, era passivo, estabelecendo com *habere* uma espécie de complementação. Isso sugere que *habere* tinha a capacidade de selecionar a voz do infinitivo. Assim, *habere* + infinitivo passivo funcionalmente era equivalente ao particípio futuro passivo, em que *habere* marcava a ideia de futuro e o infinitivo marcava a de passividade. Por sua vez, isso implica dizer que *habere* tem um conteúdo funcional e o infinitivo, um conteúdo lexical ou temático. Portanto, *habere* é semelhante aos auxiliares aspectuais do inglês, francês etc. Nesse tipo de construção, *habere* é um verbo auxiliar no sentido de que não atribui papel-θ ao seu complemento; nessa altura *habere* é um auxiliar lexical.

(ii) Entre os séculos III e VI, a perífrase se espalhou para vários tipos de verbo (intransitivos na forma ativa e inacusativos), e a forma sintética *cantabo* desapareceu.

(iii) Por volta dos séculos VII e VIII (fim do período imperial), a perífrase tem claramente um sentido de futuro, *habere* estava gramaticalizado como um marcador de futuro, sendo, portanto, um auxiliar funcional e não tendo chegado ainda a um estágio de afixo.

Habere passou a ser gerado em I, tendo havido a eliminação do movimento de V-para-I. A reanálise diacrônica foi possível devido a três fatores: (i) sentido temporal de *habere*, já que a noção temporal está associada a núcleos funcionais; (ii) redução da forma de *habere*; (iii) mudança no sistema de complementação do Latim Tardio.

A mudança no sistema de complementação provocou também uma reanálise categorial de muitos complementos DP complexos. Roberts sugere que o complemento infinitivo também foi reanalisado categorialmente ao mesmo tempo, e que o antigo DP se tornou SV, ou provavelmente uma categoria funcional TP. Essa mudança geral no sistema de complementação transformou *habere* num auxiliar funcional e fez de infinitivo + *habere* uma construção mono-oracional.

A passagem de *habere* de auxiliar funcional para afixo se deu nas várias línguas românicas, mas em diferentes épocas. Assim, por volta de 842 já aparece como afixo em francês, tornando-se afixo no espanhol por volta do século XVI.

Segundo Lightfoot (1979), no Inglês Antigo e Arcaico houve alterações significativas num grupo de verbos que são chamados de pré-modais: *sculan, willan, magan, cunnan, motan*. Eles tinham todas as propriedades dos verbos plenos:

(i) Dispunham de paradigma completo de número/pessoa.
(ii) Posicionavam-se como os outros verbos em relação à negação e inversão.
(iii) Podiam ocorrer adjacentes uns aos outros.
(iv) Podiam aparecer como gerúndio ou infinitivo.
(v) Podiam ocorrer em posição final de sentença, como qualquer verbo neste estágio do inglês, quando a ordem básica era SOV.
(vi) Podiam ter complementos como objeto direto.

No Inglês Moderno, os modais pertencem à classe dos auxiliares, pois não têm as propriedades sintáticas de verbos autônomos:

(i) Não têm concordância de número.
(ii) Não podem ocorrer adjacentes uns aos outros.
(iii) Não podem ocorrer como infinitivo ou gerúndio.
(iv) Não selecionam complementos.

Mas, à semelhança dos verbos autônomos, eles têm inversão sujeito-auxiliar e se posicionam como eles em relação à negação.

Esse tipo de mudança ocorreu inicialmente somente no campo sintático, sendo que as alterações semânticas, segundo este autor, não afetaram as mudanças sintáticas e foram independentes destas, não se podendo então estabelecer correlação entre elas.

Essas transformações teriam se dado em dois estágios diferentes. O primeiro estágio durou um longo tempo e se caracterizou por modificações aparentemente independentes umas das outras, que tiveram o efeito de isolar os pré-modais como uma classe distinta. O segundo estágio ocorreu no século XVI e reanalisou *cunnan*, *magan* como uma nova categoria verbal, a dos modais.

As mudanças ocorridas com os pré-modais, no primeiro estágio, foram:

(i) Perda da capacidade de ter complementos diretos.
(ii) Perda em todos os verbos dos pretéritos-presente, com exceção dos pré-modais.
(iii) Perda do sentido de passado em formas como *shall/should*, *will/would* e *can/could*, sendo que *should/would/could* têm o sentido de futuro do presente, e existem independentemente de *shall/will/can*.
(iv) A introdução do *to* infinitivo favoreceu o isolamento dos pré-modais, apesar de ser uma alteração que não ocorreu propriamente na classe dos pré-modais.

No começo, *to* apareceu como uma verdadeira preposição com o sentido de "direção para". Gradualmente a força preposicional de *to* se atenua e o uso de *to* + infinitivo aumenta de forma rápida durante o período arcaico. Nos glossários e dicionários do período arcaico a alternância de uso entre *to* e infinitivos puros é grande. O que é relevante é que *to* nunca ocorre logo depois de pré-modais: "It seems that the pre-modals were already beginning to be identified as a unique class" (Lightfoot, 1979: 109).

As mudanças do segundo estágio se iniciam numa classe já constituída, a dos modais:

(i) Em relação à posição da negação, todos os verbos plenos começam a se posicionar depois dela, menos os modais recém-surgidos.
(ii) Em relação à inversão sujeito-auxiliar, todos os verbos plenos não sofrem mais esse tipo de inversão, mas os novos modais sim.

(iii) Um novo conjunto de verbos começa a fazer parte da classe dos modais: *be going to*, *have to*, *be able to*. Chamados de "quase modais", são semanticamente idênticos aos modais *shall/will/can/must*, mas diferem sintaticamente, pois possuem propriedades dos verbos plenos.

Roberts (1985) detalha melhor como foi o surgimento dos auxiliares modais no inglês e fornece indícios mais claros sobre a passagem de um verbo pleno a auxiliar.

Os auxiliares modais do Inglês Moderno são diferentes dos verbos plenos quando se aplicam critérios como:

(i) Inversão, na qual o modal aparece fronteado em cláusulas interrogativas: (1a).
(ii) Negação, na qual aparecem depois da negação: (1b).
(iii) Concordância, de que eles não mais dispõem: (1c).
(iv) Formas não finitas, nas quais eles não podem mais aparecer: (1d).

(1)

(a) Inversão	*Must*	*they leave?*		
	*Leave	*they?*		
(b) Negação	*They*	*cannot*	*walk.*	
	*They	*walk*	*not.*	
(c) Concordância	**He mays, musts, wulls, cans* etc.			
(d) formas não finitas	**He*	*has*	*(?)might* (etc.)	*to do it.*
	*They	*are*	*canning*	*to do it.*
	*They	*might*	*could*	*do it*

No Inglês Antigo não havia as distinções apontadas anteriormente, pois os modais eram verbos plenos e podiam ser construídos com objeto direto ou infinitivo (2), além de terem o mesmo comportamento dos verbos plenos em relação à inversão (3a) e a negação (3b), e possuírem formas não finitas (4):

(2)

(a) *ic can eow*
  "I know you"
(b) *ic sculde tyn Þusend punda*
  "I had to pay ten thousand pounds"
(c) *eall Þæt he ahte*
  "all that he possessed"
(d) *he can manigfealdan spræce*
  "he knows many languages"
(e) *he can sprecan*
  "he can speak"

30 Fundamentos sintáticos do Português Brasileiro

(3)

    (a) Inversão

        (i) *Al her cariage was stole be the Frenshmen, so **mote they** nedes go home on fote*
"All their conveyance was stolen by the Frenchmen; so they had to go home on foot"

        (ii) ***Wilt thow** ony thinge with hym?*
"Do you want him for anything?"

        (iii) *Than **longen folk** to goon on pilgrimages*
"Then people want to go on pilgrimages"

    (b) Negação

        (i) *if e **wollnot** to haue mercy of God*
"If you don't want God's mercy"

        (ii) *Thy godfadirs wyff thow **shalt not** take*
"Yow shall not take your godfather's wife"

        (iii) *A blynde man **kan nat** juggen wel in hewis*
"A blind man cannot judge colours well"

        (iv) *He **ne held** it **noght***
"He did not hold it"

        (v) *My wyfe **rose nott***
"My wife did not get up"

(4)

    (a) *I shall not **konne** answere*
"I will not be able to answer"

    (b) ***Cunnyng** no recour in so streit a need*
"Knowing no recourse in so desperate a need"

    (c) *if we **had mought** conuenient come together*
"If we had been meet conveniently"

    (d) *if he **had wold***
"If he had wanted to"

Apesar de serem verbos plenos nessa fase do inglês, eles apresentavam alguns fatos que os tornavam verbos diferenciados, tanto do ponto de vista sintático como do morfológico.

Do ponto de vista sintático, os modais do Inglês Médio em (4) aparecem precedendo um infinitivo, o que significa que eles subcategorizavam um sv. O modal devia se mover até INFL para ser regido morfologicamente.

Os modais tinham propriedades diferentes de marcação-θ: (i) eles subcategorizavam um sv e, consequentemente, esse sv levava uma marca θ, o que faz desse sv um argumento, e, como argumentos são referenciais, a marcação do sv não parece correta; sabe-se que os modais tinham argumentos não referenciais, o que é uma propriedade marcada; (ii) o modal também podia ser sujeito do núcleo do sv_2, como se vê em (3b,ii) e (3b,iii), pois *thow* e *a blynde man* são os sujeitos de *take* e *juggen*; e (iii) alguns modais podiam subcategorizar objeto direto, aos quais era atribuído papel-θ:

(5)
 (a) *for all the power thai **mocht***
  "for all the power at their command"
 (b) *Ich hit **wulle** heortlicher*
  "I want it very much"
 (c) *God grante I **mot** wel achieve*
  "God grant that I'll be able to achieve it"

Do ponto de vista morfológico, os modais constituíam uma subclasse de verbos bem definida, pois possuíam conjugação irregular: (i) o tempo presente dispunha de concordância de 2ª pessoa do singular, mas não de 3ª pessoa do singular; (ii) o pretérito também era formado irregularmente, embora tivesse concordância de plural regular. Essa irregularidade tanto do presente como do pretérito era consequência da classe de modais existente na classe dos verbos pretéritos-presente do protogermânico. Nesses verbos pretéritos-presente, o pretérito havia tomado as funções do presente, e um novo pretérito havia se formado por analogia. Essa classe tinha cerca de uma dezena de membros no Inglês Antigo.

A concordância de plural foi perdida no início do século XVI, só restando a 2ª pessoa do singular e a distinção morfológica pretérito/presente, que não correspondia a uma oposição semântica, permitindo a criação de pares de itens como *shall* e *should*, e não diferentes tempos do mesmo verbo.

No período do Inglês Médio, perdeu-se a distinção entre o indicativo e o subjuntivo por causa de mudanças fonológicas. Ao mesmo tempo, houve aumento do uso de construções perifrásticas envolvendo um modal com um infinitivo. O subjuntivo simples foi sendo substituído pelo modal perifrástico, dando um subjuntivo perifrástico. Esse desenvolvimento foi importante para a mudança paramétrica, pois os modais começaram a aparecer como "substitutos semânticos" da flexão verbal: *"This meant that modals were being construed as clausal operators, like subjunctive inflection"* (Roberts, 1985: 42) A aproximação entre os modais e o subjuntivo parece ter se dado porque os modais expressavam noções modais mais gerais.

A flexão verbal de concordância já havia desaparecido quase totalmente em meados do século XVI. A perda da flexão se deveu a alterações fonológicas e atingiu também a flexão nominal: perda do caso em nomes e perda da marca de concordância dos adjetivos. A perda da flexão verbal ocorreu ao longo de um grande período e não foi total, pois restaram -*s*, como marca da 3ª pessoa do singular, e -*st*, como marca da 2ª pessoa do singular.

32 Fundamentos sintáticos do Português Brasileiro

Nesse mesmo período começaram a surgir muitas construções perifrásticas. Uma das mais importantes foi aquela com *do*, que era um portador de tempo semanticamente vazio, ou seja, não atribuía papel-θ, e aparecia em INFL, como os modais. Então, modais eram substitutos perifrásticos para o subjuntivo, e *do* era um substituto perifrástico para tempo. O aparecimento de perífrases com *do* indica um aumento das construções com concordância verbal sintática e V *in situ* se opondo à regência verbal morfológica e movimento verbal para INFL. *Do* foi inicialmente usado com infinitivos e com o sentido causativo, que desapareceu por volta do século XVI:

(6)

    (a) *that they kepyn and **do kepyn** ... accorde and pes*
        "that they keep and make (others) keep accord and peace"
    (b) *they shall putt or **done putt** in any certaine place*
        "they shall put or have put"

(7)

    (a) *Every such person ... shall **doe make** a seale*
        "Every such person shall have a seal made"

Do era usado sobretudo em perguntas e negativas, sendo que no século XVI mais de 90% das perguntas negativas, quase 60% das perguntas afirmativas e quase 40% das sentenças negativas se utilizavam da perífrase com *do*.

Observa-se que no século XVI o aumento de frequência de uso de construções perifrásticas com modais e *do*, bem como o empobrecimento da flexão de concordância, levaram a uma mudança no sistema de concordância. A mudança foi de um sistema morfológico de concordância para um sistema sintático de concordância, ou seja, V não se movia mais para INFL em cláusulas finitas para ser regido por um afixo de concordância, pois V passa agora a ser regido sintaticamente em sua posição de base por algum elemento em INFL, um auxiliar ou traços abstratos de concordância (AGR).

Muitas foram as consequências dessa mudança de um sistema de concordância morfológica para um sistema de concordância sintática:

(i) A principal delas foi a impossibilidade de V se mover para INFL, pois ele dispõe agora somente de um lugar de pouso, que é ocupado por AGR, *to* ou algum auxiliar.

(ii) O comportamento diferente, hoje em dia, de modais e verbos plenos em interrogativas e negativas, pois modais devem aparecer em INFL, porque não atribuem mais papel-θ e não podem aparecer em V:

(8)

    (a) Inversão: *Must they leave?*
                    *Leave they?
    (b) Negação: *They cannot walk*
                    *They walk not

(iii) O desenvolvimento obrigatório de *do* como suporte de tempo, pois v não se move mais para INFL.

(iv) A ausência de concordância nos modais e a impossibilidade de aparecerem em formas não finitas fazem esses verbos serem regidos por *to* em INFL.

(v) O desaparecimento de objeto direto dos modais:

(9)

    (a) *Yet **can** I Musick too*
        "Yet I know music too"
    (b) *for all the power thai **mocht***
        "for all the power at their command"

(vi) A flutuação de quantificadores com a ausência do movimento de v-para-INFL no Inglês Moderno. Quando associados ao sujeito, esses quantificadores podem flutuar do lado direito de auxiliares, mas não depois de verbos plenos: (10). Assumindo que quantificadores sempre apareceram em posição x, quando há a perda de movimento de v-para-INFL eles passam a se localizar antes do verbo pleno, e não mais depois.

(10)

    (a) *They must have all left*
    (b) *They must have left all

(vii) A mesma explicação dada anteriormente serve também para os advérbios que apareciam entre um verbo com tempo e seu objeto, como em (11), pois v não se move para INFL:

(11)

    (a) **he wrote well the poem*
    (b) *he touched lightly her shoulder

Redobramento sintático

A leitura dos primeiros textos medievais portugueses mostra uma frequência muito alta na ocorrência de estruturas redobradas.

34 Fundamentos sintáticos do Português Brasileiro

O redobramento tem seu ninho na relação de interdependência, não muito estudada em nossas gramáticas e em manuais de sintaxe. Vou defini-lo assim: uma dada classe X ocorre juntamente com uma classe Y, de tal sorte que, ocorrendo X, obrigatoriamente coocorrerá Y.

X e Y integram classes distintas, podendo ser tanto uma classe de palavra como uma construção, sendo que ambas desempenham na maior parte das vezes uma mesma função. Isso significa que nos enunciados redobrados ou correlatos uma dada função é preenchida mais de uma vez, fenômeno que a gramática tradicional rotula de "anfilogismo". Quer dizer, portanto, que redobramento e correlação representam designações diferentes de um mesmo fenômeno. Neste trabalho, darei preferência ao termo "redobramento", por ser mais difundido.

O redobramento se manifesta através de recursos sintáticos muito variados, e por isso mesmo nem sempre nos damos conta de que estamos diante de um mesmo fenômeno. Admitirei que as seguintes estruturas manifestam o redobramento sintático, com maior ou menor visibilidade:

1. X = SN, SP / Y = SN, SP: redobramento por repetição.
2. X = construção de tópico / Y = pronome resumptivo: redobramento por topicalização.
3. X = pronome pessoal, possessivo, demonstrativo / Y = sintagma preposicionado (= SP): redobramento de clíticos pessoais e de outros pronomes.
4. X = pronome circunstancial locativo, temporal / Y = SP: redobramento de clíticos locativos e temporais.
5. X = advérbio de negação / Y = advérbio de negação: redobramento da negação.
6. X = quantificador / Y = quantificador: redobramento de quantificadores.
7. X = complementizador / Y = complementizador: redobramento de complementizadores.
8. X = oração 1 / Y = oração 2: redobramento por correlação.

Nos itens a seguir examinarei brevemente essas estruturas.

REDOBRAMENTO POR REPETIÇÃO

A manifestação mais evidente do redobramento é a repetição das mesmas classes, situação em que X = Y. Os estudos recentes sobre a língua falada se concentraram nesse processo, mostrando sua importância na organização do texto falado: Koch (1990, 1992), Braga (1990), Marcuschi (1992), entre outros. Embora pouco frequentes no Português Arcaico, temos casos de correlação por repetição da mesma classe:

Gramaticalização, redobramento sintático e minioração **35**

(12) SV, SN ou SP repetidos:
- (a) [XV LM 16:8] [...]: *ora **ueede** se o ueer que he o mais principal sentido, porque o entender filha com este mais prazer, **ueede** se quando for anoiado, se o pode perder, em ueer muytos caualeiros, e escudeiros muy bem encaualgados de bõos cauallos, e outrosi uestidos como compre pera tal mister, [...]*
- (b) [XIII FR 187:1] *E outrosy **mandamos que** nenhuu iuramento que ome fezer per força subre qual cousa quer ou per medo de seu corpo ou de seu auer perder, **mandamos que** nõ uallya.*
- (c) [XIII FR 234:4] *E outrosy **mandamos que** seya de todo ome que seya dado pera iustiçar ou que lhy seya demandado algũa cousa per que aya de seer iustiçado, e el rey deua auer todo o seu ou parte del, **mandamos que** nõ possa dõar nada per que al rey mingue nada do seu que deue a auer ou outro senhur qual quer que o deua auer.*
- (d) [XIII FR 266:26] ***Todo uinheyro** que guardar uinhas se alguu entrar ennas uinhas e fezer dano, **o vinheyro** tomelhy penhores e sse sse deffender e der apelidos e aos primeyros que chegarem diga como fez dano enha uinha ou iure o uĩheyro como lhy fez dano e peytelhy o dano cõ todo o couto assy como é foro posto.*
- (e) [XV LM 203:19] *Ca dizem os logicos que **toda proposiçom** que he posta, se a sua definiçom nom he dereita determinaçom, que **toda a proposiçom** nom ual nenhũa cousa [...]*
- (f) [XIII:1283 HGP 77:30] *[...]; e dou uos y demais a uos sobreditos e a uosos filos e a uosos netos todalas pesqueyras que som feitas e quamtas mays y poderdes fazer in este foro e in este termio de suso dito que as fazades e que dedes delas sempre áó moesteyro iam dito per seu máórdomo méó e dizemo do pescado que y filarẽ; e se peruẽtura ĩ **este foro** quiserdes fazer casas **in este foro sobredito** e morar in elas fazerdelas e nõ uos séér refertado do móésteyro.*

REDOBRAMENTO POR TOPICALIZAÇÃO

As repetições estão na base do redobramento sintático. Entretanto, basta mover o sintagma nominal (SN) ou o sintagma preposicionado (SP) para a esquerda e retomá-lo por um clítico pessoal para que ingressemos no redobramento por topicalização. As diferentes funções do SN/SP nos levam às construções de tópico de sujeito, de objeto direto, de objeto indireto e de adjunto, a seguir exemplificadas.

36 Fundamentos sintáticos do Português Brasileiro

(13) Redobramento da construção de tópico sujeito:

(a) [XIII CSM1 144:15] *Ca **Deus en ssi meesmo**, **ele** mingua non á,* / *nen fame nen sede nen frio nunca ja,* [...]

(b) [XIV CGE2 17:15] *Mas o **grande Hercolles** [...] **este** foy muy grãde, muy ligeiro, muy valente mais que outro homem.*

(14) Redobramento de construção de tópico objeto direto:

(a) [XIII:1254 IDD 31:27] *Itẽ **a aldeya de Gaton** trage **a** por onrra Ffernam Oanes de Gaton da freeguesia de San Oane.*

(b) [VX LM 28:18] *E **esto** nom **o** queremos mais dizer, porque todos sabem, que he assi como nos dizemos.*

(15) Redobramento de construção de tópico objeto indireto:

(a) [XV VS 50:24] *E **a alma** estando em tanto prazer disse-**lhe** o angeo* [...]

(b) [XV VPA1 95:4] ***Sam Filipo**, estando em Samaria [...] disse-**lhe** o angio de Nostro Senhor* [...]

(16) Redobramento de construção de tópico oblíquo e adjunto:

(a) [XIII CSM1 43:22] *[...] ca o demo **no seu coraçon** / metera **y** tan grand' erigia,* / *que per ren non podia mayor*

(b) [XIV LLD 122:22] *E **esta dona Violante Sanches** casou **com ela** o conde dom Martim Gil de Portugal,* [...]

Os exemplos revelam muitas coisas. Primeiramente, essas estruturas surgiram para atender a uma necessidade discursiva, bem caracterizada na literatura, mediante alterações no esquema da repetição lexical.

Em segundo lugar, eles apontam para uma origem muito antiga das construções de tópico, (CTs) consideradas na literatura mais recente como uma das marcas de uma emergente gramática do PB. Em Moraes de Castilho (2001) tratei mais extensivamente da topicalização, mostrando a ocorrência dessa e de outras construções "brasileiras" em documentos quatrocentistas. Quanto às CTs, provavelmente será necessário recuar sua documentação para a primeira fase do Português Arcaico.

REDOBRAMENTO DE PRONOMES PESSOAIS CLÍTICOS, POSSESSIVOS E DEMONSTRATIVOS

(17) Duplicação de pronomes pessoais clíticos, pronomes possessivos e demonstrativos:

Gramaticalização, redobramento sintático e minioração **37**

(a) [XIII SG 325:8] [...] *e entom aguilharom mais de X a Paramades e matorom-lhe o cavalo e chagarom-**no a el** de muitas chagas.* [duplicação do clítico acusativo]

(b) [XV CDP 276:25] [...] *se este he o seu filho Joane de que **me a mim** algũuas vezes fallarom.* [duplicação do clítico dativo]

(c) [XIII CSM1 LXI:8] *Tan grand'[é] a **sa merçee / da Virgen** e sa bondade, / que sequer nas beschas mudas / demostra sa piadade.* [duplicação do possessivo]

(d) [XIII CSM1 XXXII:4] *Tanto, se Deus me perdon, / son **da Virgen** connoçudas / **sas merçees**, que quinnon / queren end' as bestias mudas.*

(e) [XIII DSG 9:35] *E o monge Libertino outrossi deitou-se ante os pees de seu abade e disse-lhi que aquele mal que el recebera non for a per **sa crueza do abade**, mais for a per **sa culpa del mesmo**.*

(f) [XIII FR 129:6] [...], *assy a maldade dos que sõ endurados e perfyosos en fazerlhys mal non lha poden toller senõ per grauer pẽas, ca **o** diz a Escriptura **que** o sandeu en sandice guisesse de seer cordo que non suffra pea.* [duplicação do demonstrativo neutro]

Mais adiante, neste capítulo, descreverei com detalhe o redobramento dos clíticos pessoais no Português Arcaico.

REDOBRAMENTO DE PRONOMES CIRCUNSTANCIAIS LOCATIVOS E TEMPORAIS

(18) Locativos e temporais redobrados:

(a) [XIII HGP 77:20] [...] *e que dedes ende ĩ cada ano áó moesteyro de Chouzã per seu maordomo meadade de uino no lagar e meadade de todo pam que **y** lauorardes **na eyra**.*

(b) [XIII FR 167:10] *Outrosy dementres que for en corte del rey, des aquel dya que se **en** partir **de sa casa** por todo huu dia seya y seguro el con todas sas cousas, assy como é subretido, [...]*

(c) [XIII CSM2 131:11] *E disse: "Ay, Groriosa, / a mia ovella me dá, / ca tu **end'** es poderosa **de o fazer**."* [duplicação do locativo/partitivo *ende*]

(d) [XIV LLCP 138:10] *E por esta mortiindade, que I foi tamanha que as pedras e o campo foi todo vermelho, poserom-lhe nome ao campo o campo de Arguriega, que tanto quer dizer por seu linguagem de vasconço, como pedras vermelhas pelo nosso; e **hoje em este dia** assi ha nome.* [duplicação do circunstancial de tempo]

38 Fundamentos sintáticos do Português Brasileiro

(e) [XVI BD 21:2] [...] *que nom há I alguũ que leixar casas e irmaãos ou padre ou madre ou herdades, que nom receba cem-tanto **agora em este tempo**, e depois haverá vida perdurável.* [duplicação do circunstancial de tempo]

REDOBRAMENTO DA NEGAÇÃO

(19)   Advérbio de negação redobrado:
   (a) [XIII CSM1 193:12] *Enton cuidei logo como me partisse / daquesta terra que **neun non** me visse,* [...]
   (b) [XIII SG 4:10] *[...] que nom podia de maior seer e via tam pobre festa e tam pequena lediça em sua cavallaria nem el **nom** no podia **ja mais** cuidar que podesse vir a tam gram cousa como pois veeo.*
   (c) [XIII SG 123:1] *E em seendo tam mal treito ca ja mais nom cuidava a filhar armas, se Deos nom posesse sobre elle mão, quando Calogrenac vio que se conbatia com seu irmão, ouve gram pesar; ca se Calogrenac matasse seu irmão ante elle **nunca jamais** seria ledo, tanto o amava de coraçom.*
   (d) [XIII SG 123:9] *E atendeo tanto que Calogrenac ouve a pior da batalha, ca muito era Lionel ardido e arrizado, e Calogrenac avia ja assi seu elmo metudo em peças e seu scudo e sua loriga que nom atendia ja se morte nom; e tanto perdera ja do sangue que **nom** podia **ja** estar.*
   (e) [XIII SG 125:8] *"Ora me dizede o que I faça, irmão", disse Boorz; "eu **nom** posso aqui **mais** star, mas vos ficade.*
   (f) [XIII SG 129:17] *E eu **nom** posso **ja mais** star aqui, ca ves aqui Persival, o bem aventurado e gl[o]rioso que te vem aqui buscar ora e veer".*
   (g) [XV VS 39:21] *Ay senhor **nũca** te vy **senõ** agora quando ou / vy tua voz muy saborosa.*
   (h) [XV VS 57:41] *E **nunca** abriã a porta / **sse nom** quando viinha alguũ monge por algũa cousa neçessaria.*
   (i) [XIII-XIV CA 163:18] *Pero faça como quiser', / ca sempre a eu servirei, / e quando a negar poder', / todavia negá-la-ei; / ca eu ¿ por quê ei a dizer / o por que m'ajan de saber / quan gran sandece comecei, // E de que me **non** á quitar / nulla cousa, **se** morte **non**?*

REDOBRAMENTO DE QUANTIFICADORES

(20) Quantificadores redobrados:
   (a) [XV VS 47:29] *E o ango rrespondeo aguardemos e veerás a cabo de pouco foy a casa tam escura e **quantos** estavã em ella **todos** (se) tornarom tristes.*

(b) [xv vs 34:31] *Oo meu senhor / **tudo quanto** queres fazer **todo** fazes asy nos ceeos co / mo na terra e en no mar e ẽ nos avisos e nõ ha hy cou/sa que possa contradizer aa tua võtade e ẽ ty e de ti e por / ty som todalas cousas feytas e sem ty nõ ha hy ne / nhũa cousa.*

(c) [xv vs 47:19] *E **quantos** estavã em aquella casa **todos** ficavã os joelhos ante aquell rrey e diziã hũu vesso do psalteiro / que diz asy.*

(d) [xv vs 47:29] *E o ango rres / pondeo. Aguardemos e veerás. A cabo de pouco foy / a casa tam escura e **quantos** estavã em ella **todos** (se) tor / narom tristes.*

(e) [XIII SG 3:11] *Entam começarom **todos** a chorar com prazer **quantos** no lugar stavam.*

(f) [xv vs 26:8] *Nom te avondava a cidade de Eleopolis que em / outro tenpo foy mynha e **todos quantos** ẽ ela mo / ravam me adoravam e os quaes me tiraste e baptiz / aste e consecraste e deste ao teu Deos?*

REDOBRAMENTO DE COMPLEMENTIZADORES

Temos aqui diferentes situações que vão desde a repetição do complementizador até os casos de conjunções correlativas aditivas e consecutivas, exemplificadas na seção "Redobramento por correlação":

(21) Repetição do complementizador:

(a) [XIII CMS1 83:27] *E começou a dizer, / con sanna que avia, / **que** se per força prender / a cidade podia, / **que** faria en matar / o poboo myudo / e o tesour' en levar / que fiian ascondudo.*

(b) [XIII CSM1 146:23] *Este castel' aquel conde / por al fillar non queria / senon pola gran requeza / que eno logar avia; / poren gran poder / de gent' ali assũara / con que combater / o fez, e que o tomara, / [...] // Se non foss' os do castelo / **que**, pois se viron coitados, / **que** fillaron a omagen, / por seer mais anparados, / da Virgen enton, / Santa Maria, que para / mentes e que non / os seus nunca desanpara.*

(c) [xv vs 50:26] *Convẽ-te que te // tornes ao teu corpo. E contarás todas estas cou / sas que viste. Por tal **que** o[s] que te virem e esto ouvirẽ **que** / tomẽ exenplo de bem fazer e guardar-sse de mal.*

(d) [XIII FR 183:17] *Todo omẽ que demandar erdade a outro ou outra cousa qualquer, **se** o teudor da herdade ou daquella cousa que lli demandã **se** quiser emparar per tempo e disser que ha huu ano e huũ dya ia passado que a teue em paz en face daquel que a demanda e que porende nõ deue a responder, [E] se el prouar que huu ano e huũ dya é passado que a*

40 Fundamentos sintáticos do Português Brasileiro

teue em paz en faςe daquel que entrãdo e[n] *sayndo o demandador ena uila, mãdamosque nõ lhy responda.*

(e) [XIV LLCP 220:37] [...] *temendo-se de cavalgar, com a fraqueza, o que ele encubria mui bem a todos, pedio-lhes* **que**, *se ele desperecesse naquela lide,* **que** *ficasse dom Egas Gomez de Sousa em seu logo, que era de boa linhagem e de grande bondades.*

(f) [XV CA 200 47:3] *Ora pregunto* **se** *depois desto* **se** *non cõfesarse* **se** *tornam ael aquelles pecados de que Ia he perdoado.*

REDOBRAMENTO POR CORRELAÇÃO

No polo extremo do redobramento de complementizadores teríamos o surgimento das conjunções correlatas, estudadas pioneiramente por Oiticica (1955), a que se seguiu o trabalho diacrônico de Modolo (2004).

Oiticica identificou quatro tipos de correlação: (i) aditivas: *não só ... como também*; (ii) alternativas: *ou ... ou, ora... ora, já ... já*; (iii) comparativas: *mais ... do que, menos ... do que*; (iv) consecutivas: *tanto ... que*. Exemplifico o primeiro e o quarto tipos de sua taxonomia:

(22) Correlação aditiva:
    (a) [XIV DSG 4:10] *E tan comprida era a vida que fazia que* **non solamente** *d'obras maas e desaguisadas,* **mais** *de palavra sobeja, que non presta nen empeence a nengũũ, a que chama a Escritura ociosa, se guardava* [...]
    (b) [XIII SG 37:14] *E* **assi como** *mais maravilhas avirom deste scudo ca doutro,* **assi** *averá mais bondade darmas e de santa vida em aquel, que o ha de trazer, ca em outro cavalleiro.*

(23) Correlação consecutiva:
    (a) [XIV DSG 34:28] *Ca* **tan sobejo** *foi o prazer da carne que ouve* **que** *aquelo que fez con seu marido fezera-o con outro qualquer.*
    (b) [XIV DSG 49:5] *E* **tanta** *foi a coita e a door que ende recebeu* **que** *todo o deleito e o prazer que ouvera da molher que o enmiigo ant' os seus olhos apresentara perdeu-o e des ali adeante nunca o ouve.*

O REDOBRAMENTO NAS GRAMÁTICAS

O termo redobramento não aparece empregado nas gramáticas tradicionais, mas o fato é bem conhecido sob a denominação de *pleonasmo* ou *anacoluto*, em que focaliza o efeito semântico desse expediente sintático.

As gramáticas portuguesas tradicionais e, de um modo geral, as românicas se atêm à ocorrência do processo de redobramento somente aos casos dos pronomes átonos quando vêm acompanhados do pronome tônico preposicionado, sendo rara a menção de outros tipos de constituinte redobrado. O redobramento com pronomes átonos vem habitualmente inserido na parte das gramáticas tradicionais que trata das figuras de sintaxe ou "vícios de linguagem", juntamente com outros fatos como elipse, zeugma, hipérbato, anástrofe, prolepse, sínquise, assíndeto, polissíndeto, silepse etc. Outras estruturas redobradas são descritas como *hipérbatos*. Desnecessário dizer que estou reproduzindo os argumentos dos gramáticos sem endossá-los. Segundo eles, os pleonasmos eram usados para pôr em evidência alguma parte da oração. Tratamento semelhante é encontrado tanto em gramáticas do português como em gramáticas de diversas línguas românicas. As gramáticas históricas românicas que fazem menção a esse fato também o consideram um caso de pleonasmo. Donde se conclui que o redobramento é visto como um fato marginal à gramática, um fato de estilo – ou de discurso, como se diria hoje. A propósito desse assunto, os gramáticos brasileiros podem ser reunidos em três grupos:

1. Os gramáticos tradicionais destacam somente o lado semântico da questão, e estes constituem a grande maioria. Passo a detalhar esta vertente.

(i) Se o complemento pronominal – por razões de ênfase – for expresso simultaneamente por um pronome tônico e por um átono, o pronome tônico fica em dativo, o átono em acusativo:

(24)   *E os religiosos **o** olhavam **a ele**.* (Said Ali, 1964: 94).

(ii) As expressões *a mim, a ti, a ele, a si, a nós* etc., além de indicarem um objeto indireto, são usadas também para exprimir o objeto direto enfático:

(25)   *viu-**me a mim** e não **a ele**.*

(iii) Segundo Silva Dias (1954: 73), cujos exemplos transcrevo, "na ênfase, os pronomes pessoais, já empregados nas formas átonas, repetem-se nas formas tônicas e vice-versa":

(26)
   (a) *Hũ avarento cuyda que tem dinheyro, e o dinheyro tem-**no a elle*** (Heitor Pinto).
   (b) *isso **te** entrará **a ti** por casa* (Jorge Ferreira de Vasconcelos).
   (c) *Izabel não buscava coroas, antes as coroas **a** buscavão **a ella*** (Vieira).
   (d) *E que **me** importam **a mim** esse odio impotente, essa linguagem vergonhosa?* (Herculano).

42 Fundamentos sintáticos do Português Brasileiro

Ele ainda acrescenta que "emphaticamente podem concorrer os pronomes átonos com os nomes que funcionam como complemento direto ou indireto":

(27) *Não **lhe** fora melhor **a Sichen** não ver a Diana* (Vieira).

Por último, diz que "a repetição nas formas tônicas é de regra na coordenação no Português Moderno":

(28)
   (a) *deu-**me a mim** e **a meu irmão**;*
   (b) *Maldiz-**se a si** e **a providência** e **o mundo*** (Herculano).

(iv) Trata-se de um uso enfático que visa "dar realce ao objeto direto", "ressaltar o objeto indireto" (Cunha e Cintra, 1985: 609). Esses mesmos autores escrevem na página 290 que "para se ressaltar o objeto (direto ou indireto), usa-se, acompanhando um pronome átono, a sua forma tônica regida da preposição *a*":

(29)
   (a) *Ele não via nada, via-**se a si mesmo*** (Machado de Assis).
   (b) *O Abravezes dava-**lhe** razão **a ela**, em princípio...* (U. Tavares Rodrigues).

2. Os gramáticos normativos, em número menor, dizem que se trata de sintaxe que foge às regras do bom uso da língua, fora do padrão da língua, portanto um erro. Essa sintaxe seria corrente na variedade popular, repelida pela norma.

3. Os autores de gramáticas históricas, portugueses e brasileiros, nem registram o fato, embora os romanistas já o tivessem feito.

Vejamos agora o que se entende por *pleonasmo* nessa literatura.

Cunha e Cintra (1985: 607-9) o definem como a "superabundância de palavras para enunciar uma ideia", "a reiteração da ideia", que "só se justifica para dar maior relevo, para emprestar maior vigor a um pensamento ou sentimento". "Pleonasmo" tem como sinônimos os termos *repetição, redundância*. Sob essa designação são reunidos diversos fatos, como se pode ver em Silva Dias (1954: 333-4):

(i) "O sujeito em orações interrogativas às vezes pode ser repetido depois do verbo como um pronome pessoal, por razões de ênfase":

(30)

> ***Aquelle espantoso dom Vasco da Gama conde Almirante*** *nam fez **elle**
> cousas, em cuja comparaçam as grandezas antiguas parecem pouquidades.*

(ii) "o objeto direto, que deveria vir regularmente depois do verbo, aparece em princípio de oração e é representado pelo pronome pessoal respectivo junto ao verbo; quando esse objeto direto é uma oração, será representado pelo demonstrativo *o*":

(31)

    (a) ***Alguns intentos, que tive,*** *abortou-m'os a fortuna* (Vieira VII, 518, ap. Blut.).

    (b) ***Que a censura previa é inutil***, *os factos tem-**nos** sobejamente provado* (Herc., Op., I,133).

(iii) "a pessoa ou cousa designada por aquelle que, o que, ou por um substantivo pode ser designado de novo por um pron. demonstrativo (de ordinário *esse*)":

(32)

    (a) ***o serviço que sse faz de vontade, aquelle*** *he bem fecto* (Fabul., fab. 25).

    (b) *o que era contra a honra de Deos, e em dano das almas, **isto** só o affligia e lhe tirava o gosto da vida* (Sousa, V. do Arc., I, 431).

As gramáticas, em suma, consideram que o redobramento é um fato marginal. Contrapondo-se a eles, muitos linguistas atuais, sobretudo os de formação gerativista, têm feito pesquisas sobre a sintaxe de alguns dos fatos exemplificados anteriormente, focalizando: (i) a duplicação clítica, (ii) a recursividade do complementizador, (iii) o sujeito duplo, (iv) o deslocamento à esquerda ou à direita, com ou sem retomada de pronomes, (v) a topicalização com ou sem retomada de pronomes, (vi) a negação dupla etc.

Esses trabalhos foram aplicados a várias línguas românicas em seu período moderno, e, em menor escala, no período arcaico. De todo modo, tanto os gramáticos como mais recentemente os linguistas parecem não ter notado que propriedades sintáticas comuns interligam os fatos mencionados anteriormente. Trata-se, na verdade, de fenômenos integrados num processo único, com energia suficiente para alterar a tipologia de uma língua, conforme veremos mais adiante. Como já mencionei, o objetivo deste livro está precisamente em focalizar a importância do redobramento na organização da gramática.

No que se segue, faço uma breve resenha sobre a literatura gerativista, para em seguida situar minha posição. Para bem acompanhar o debate linguístico sobre o redobramento, precisaremos operar com os seguintes conceitos: (1) pronome forte e pronome fraco; (2) conceito de redobramento sintático pronominal.

44 Fundamentos sintáticos do Português Brasileiro

1. Conceito de pronome forte e pronome fraco

Cardinaletti e Starke (1994, apud Kato 2002a: 2) dividem a classe pronominal em pronomes fortes, fracos e clíticos, sendo que os dois últimos não passam de formas "deficientes na representação estrutural e semântica". Cyrino, Duarte e Kato (2000) estipulam que os pronomes nulos fazem parte da subclasse dos pronomes fracos. E mais, acrescentam que nas categorias pronominais, expressas ou nulas: (i) a referencialidade tem papel preponderante, (ii) o estatuto referencial do antecedente também é importante, sobretudo para línguas que possuam variantes pronominais nulas ou não, e (iii) acompanhando a referencialidade está a especificidade.[1]

Discutindo as mudanças do sistema pronominal do PB, Kato (1999 e 2001a) sustenta que a perda do sujeito nulo e o aparecimento do objeto nulo, apesar de serem fenômenos separados, estão ligados à questão da referencialidade, e podem ser assim descritos:

a. O sujeito nulo começou a ser preenchido pelos itens mais referenciais contendo o traço [+humano], determinado ou arbitrário, para em seguida ser preenchido por itens com traço [-animado], ou se referindo a uma proposição. Esses últimos são preenchidos mais raramente, sendo, portanto, mais resistentes à mudança; os pronomes expletivos são "ainda categoricamente nulos nos textos escritos examinados". (Kato, 2002: 5) O que ocorre hoje em dia no PB é o seguinte: (i) o sujeito referencial é expresso por um pronome (33), (ii) o sujeito é nulo quando tem o sentido de um sujeito genérico ou quando seu antecedente é quantificado (34) (conforme pesquisa de Negrão e Müller, 1996):

(33)
   (a) *A Maria$_i$, **ela**$_i$ usa saia em dia de defesa*
   (b) *Ø não usa mais saia em dia de defesa.*

(34)
   (a) *Os homens acham que (**eles**) são mais fortes que as mulheres.*
   (b) *Nenhum homem acha que (?**ele**) é machista.*

b. O objeto nulo começou a ser omitido quando o antecedente era não referencial (como proposições e predicados), passando depois a variar entre nulo e pronome do caso reto quando os possuidores têm traço [+referencial]; o objeto com antecedente [+humano] começou a ser expresso pelos pronomes fortes *ele/ela*:

(35)
   (a) *Maria é jeitosa e Joana também é.*
   (b) *Maria está grávida, mas Pedro não crê.*

Gramaticalização, redobramento sintático e minioração   **45**

(36)

    (a) *Eu encontrei o Pedro, mas não Ø$_i$ convidei / não convidei* **ele**.

    (b) *Eu comprei um casaco sem experimenta(r)-Ø$_i$ / sem experimentar* **ele**

Kato (1999) propõe uma divisão diferente daquela de Cardinaletti e Starke: os pronominais podem ser fortes ou fracos, e os fracos podem ser pronomes livres, clíticos ou afixos de concordância. Os pronomes fracos nunca podem ser foco nem "aparecer em posição periférica de reduplicação", e podem ser expletivos.

Os pronomes fortes podem aparecer como foco, como pronome deslocado num caso de duplicação, como duplicado por um pronome fraco, não podem ser expletivos, já que são referenciais, e têm o caso "*default* nominativo no PB e PE".[2] E mais, tanto os pronomes fortes como os fracos podem ser homófonos a um pronome fraco, como: em inglês: HIM/*him*; e em PB: ELE/*ele*.

O PB possui pronome forte e fraco homófonos e o pronome fraco, na posição de sujeito, duplica o forte em posição A', como se pode ver em (37b e 37'b). Com esse tipo de duplicação o PB passou a projetar o Especificador de T, onde se alojam os pronomes fracos livres, como no inglês. No PE o pronome forte é duplicado pelo afixo de concordância AGR, como em (37a e 37'a):

(37)

    (a) *ELE$_i$......AGR$_i$......*   PE

    (b) *ELE$_i$......ele$_i$......*   PB

(37')

    (a) **ELE**, *Maria não acredita que* **Ø** *vem* PE

    (b) **ELE**, *Maria não acredita que* **ele** *vem* PB

Na posição de objeto, o PB pode ter o pronome forte duplicado por um nulo ou por um fraco homófono, como em (38b e 38'b). No PE, o pronome forte é duplicado por um clítico ou por um nulo, como em (38a e 38'a):

(38)

    (a) *ELE$_i$......Ø$_i$ / o$_i$*   PE

    (b) *ELE$_i$......Ø$_i$ / ele$_i$* PB

(38')[3]

    (a) **ELE**, *Maria pensa que* **(o)** *vi*   PE

    (b) **ELE**, *Maria pensa que ela viu* **(ele)** PB

46 Fundamentos sintáticos do Português Brasileiro

As conclusões de Kato quanto às mudanças ocorridas no PB são as seguintes:

- Em relação ao sujeito: (i) com o enfraquecimento da concordância verbal, esta deixou de atuar como um pronominal, criando-se então um conjunto de pronomes fracos homófonos aos pronomes fortes; (ii) esses pronomes fracos livres ocupam a posição [Espec, T]; (iii) o Especificador de T é sempre projetado com os pronomes referenciais, mas "o afixo zero ainda é atuante como pronominal quando este não contém o traço [+referencial], entendendo por referencial o que pode ter como referente uma entidade definida no discurso" (Kato, 2002a: 14).

- Em relação ao objeto: (i) existe um grupo de nomes que são polivalentes, ou seja, podem atuar ou como nome ou como pronome, e são chamados de epítetos (*o idiota, o desgraçado, o troço*), possuindo traços [+pronominal, +referencial].

2.   Conceito de redobramento sintático pronominal

Concentrando-me no redobramento sintático dos clíticos locativos *hi* e *inde,* tomo por base os argumentos de Kato, mencionados anteriormente, e passo a mostrar como o processo será aqui considerado:

a.   O redobramento pronominal é composto por dois pronomes que estão sujeitos às seguintes condições: (i) um dos pronomes deve ser fraco, e o outro deve ser ou forte, ou preposicionado; (ii) devem ser correferenciais; (iii) devem estar contidos numa mesma fronteira sintática, sendo que a sentença é vista aqui como estando dentro da abrangência da categoria CP; (iv) o pronome fraco duplica tanto o pronome forte como o pronome preposicionado; (v) o pronome e seu redobramento devem funcionar como dêiticos.

b.   Os dois pronomes aparecem sempre vinculados a um verbo, sendo que o pronome fraco está cliticizado ao verbo, mas o preposicionado não. O pronome fraco representa uma espécie de flexão dos complementos do verbo: objeto direto, indireto ou oblíquo.

c.   O pronome fraco corresponde a clíticos como o acusativo *o*, o dativo *lhe,* os ablativos/locativos *hi/en,* o genitivo/partitivo *en*, pronomes pessoais do tipo *eu>o, você>ocê/cê, ele>ei* no PB, a pronomes reflexivos do tipo *se*, a pronomes possessivos como *sa/sua, seu,* ao pronome demonstrativo neutro do tipo *o*, ou a um pronome não realizado foneticamente, entre outros.

d.   O pronome tônico corresponde a pronomes ou sintagmas nominais preposicionados, representado por SPs do tipo acusativo *ele/a ele // SN/a SN*, dativo *a ele/a SN*, ablativo/locativo *em SN/de SN*, genitivo/partitivo *de SN*, ou pronome pessoal do tipo ELE, também existente no PB, ou pronome possessivo do tipo *de ele/de SN,* ou pronome integrante *que* introduzindo uma oração subordinada substantiva.

e. Esses dois pronomes correferenciais podem ocorrer em três situações: (i) em adjacência, como em [clítico SN/SP] ou [SN/SP clítico], não importando a ordem de figuração; (ii) só um dos pronomes aparece, como em [(Ø = clítico) SN/SP] ou [clítico (Ø = SN/SP)], sendo que um deles é nulo.
f. Quando os pronomes aparecem ao mesmo tempo e ligados a um verbo, podem estar em adjacência estrita, ou não. Quando em adjacência estrita, aparecem lado a lado, como em [clítico SN/SP]; quando em adjacência não estrita, podem ocorrer constituintes entre eles, ou um deles pode sofrer deslocamento para uma posição periférica da sentença.

Focalizando a atenção no locativo redobrado *hi* + SP, nota-se o seguinte: (i) o clítico *hi* é o pronome fraco, e (ii) o sintagma preposicionado será *em SN*. *Hi* é o redobrador do sintagma preposicionado, e os dois juntos constituem uma minioração que se agrega a muitos tipos de verbo, inclusive ao verbo *estar*, com as consequências que serão examinadas adiante.

O redobramento passa por etapas de gramaticalização ao longo do Português Arcaico, culminando com o desaparecimento do pronome fraco, que contém os traços [-referencial] e [-específico], mantendo-se somente o sintagma preposicionado.

A minioração

A teoria da minioração aqui utilizada foi formulada por Stowell (1995: 272), nos seguintes termos:

> A teoria da minioração ["*small clause*"] está baseada na convicção de que esta relação semântica reflete-se uniformemente na estrutura de constituintes, no sentido de que a relação sujeito/predicado é sempre codificada sintaticamente em termos de um par de constituintes irmãos, tal como em

O predicado de uma minioração não é um verbo flexionado, como na oração plena (*full clause*), mas pode ser um verbo não flexionado (infinitivo, gerúndio, particípio passado), um adjetivo, uma preposição ou um nome.

Há diferentes tipos de minioração, na dependência da categoria lexical do predicado: verbal, nominal, adjetiva e prepositiva. Esses tipos podem ser agrupados

48 Fundamentos sintáticos do Português Brasileiro

em dois subtipos: [+v], miniorações verbal e adjetiva, e [-v], miniorações nominal e prepositiva.

Quanto à sua estrutura interna, ela não é a projeção de uma categoria funcional, mas a projeção lexical do predicado, sendo que o sujeito ocupa o lugar de especificador dessa projeção ou é adjungido a ele.

A minioração pode ter a função gramatical de complemento (como em se vê em 39), de adjunto (40) ou predicativa (41a-c), estando relacionada com o sujeito ou com o objeto.[4] Os seguintes exemplos mostram esses tipos de minioração (exemplos de Kato, 1998a):

(39) Miniorações em função de complemento
   (a) *Considero* [os meninos inocentes]
   (b) *Maria acha* [o João um gênio]
   (c) *Eu vi* [as visitas saindo]

(40) Miniorações em função de adjunto
   (a) *Eu como as cenouras* [PRO cruas]
   (b) *Encontrei o dinheiro* [PRO escondido]

(41) Miniorações com verbos de alçamento
   (a) *Os meninos$_i$ parecem* [t$_i$ inocentes]
   (b) *Essa conversa$_i$ soa* [t$_i$ falsa]
   (c) *Os soldados$_i$ continuam* [t$_i$ feridos]

Em seu trabalho "Tópicos como alçamento de predicados secundários", Kato (2000a) trata do SN com função de tópico que aparece na periferia da sentença. Ele tem um pronome correferente dentro da mesma sentença, é considerado um constituinte que sofreu um deslocamento à esquerda (DE) e se distingue do sujeito sentencial em três pontos:

(i) semanticamente, é referencial, não podendo ser quantificado:

(42)
   (a) ***Os meninos$_i$** eles$_i$ preferem assistir o jogo.*
   (b) ***Poucos meninos$_i$** eles$_i$ preferem assistir o jogo.*
   (c) *Poucos meninos preferem assistir o jogo.*

(ii) sintaticamente, está vinculado a um constituinte que possui papel argumental e que pode se realizar como pronome, clítico, epíteto, DP repetido ou categoria vazia:

(43)

> (a) *O Collor$_i$, ninguém mais quer ver ele$_i$ de novo.*
> (b) *O Collor$_i$, ninguém mais quer vê-lo$_i$ de novo.*
> (c) *O Collor$_i$, ninguém mais quer ver o safado$_i$ de novo.*
> (d) *O Collor$_i$, ninguém mais quer ver o Collor$_i$ de novo*
> (e) *O Collor$_i$, ninguém mais quer ver CV$_i$ de novo.*

(iii) pragmaticamente, não pode ser focalizado:

(44)

> *A: – Quem comeu o bolo$_i$?*
> *B: – O bolo$_i$, a Xuxu comeu CV$_i$.*

(45)

> *A: – O que aconteceu?*
> *B: – *O bolo$_i$, a Xuxu comeu CV$_i$.*

A autora propõe que esse tópico "resulta do movimento de um DP com função de predicado secundário no interior da sentença cujo sujeito é o resumptivo forte ou clítico". Esse DP pode executar um movimento de deslocamento a pequena distância, como em (46b), (47b) e (48b), ou a longa distância, como em (46c), (47c) e (48c):

(46)

> (a) *Eu acho que [ele$_i$ o menorzinho$_i$] é tímido.*
> (b) *Eu acho que o menorzinho$_i$ [ele$_i$ t$_i$] é tímido.*
> (c) *O menorzinho$_i$, eu acho que [t$_i$ [ele$_i$ t$_i$] é tímido.*

(47)

> (a) *I think I saw [him$_i$ the little one$_i$] yesterday.*
> (b) *I think, the little one$_i$, I saw [him$_i$ t$_i$] yesterday.*
> (c) *The little one$_i$ I think t$_i$ I saw [him$_i$ t$_i$] yesterday.*

O mesmo se dá quando esse DE está ligado a um clítico acusativo:

(48)

> (a) *Eu acho que a Maria vai trazer [lo$_i$ o menorzinho$_i$] hoje.*
> (b) *Eu acho que [o menorzinho$_i$ a Maria vai trazê-lo$_i$ hoje].*
> (c) *O menorzinho$_i$ eu acho que a Maria vai trazê-lo$_i$ hoje.*

50 Fundamentos sintáticos do Português Brasileiro

No caso do PB, o clítico acusativo de terceira pessoa, segundo Kato (1993a), é um clítico nulo, e o paradigma dos clíticos acusativos fica assim: *me-, te-, Ø-*. Os exemplos de (48), no PB, ficam assim:

(49)

(a) *Eu acho que a Maria vai trazer [Ø$_i$ o menorzinho$_i$] hoje.*
(b) *Eu acho que o menorzinho$_i$ a Maria vai trazer-Ø$_i$ hoje.*
(c) *O menorzinho$_i$ eu acho que a Maria vai trazer-Ø$_i$ hoje.*

O sujeito, um pronome resumptivo forte ou um clítico, e o DP deslocado constituem uma predicação secundária ou minioração, que é de um tipo diferente daquele da minioração atributiva. Suas características são:

(i) é uma minioração equativa, o que permite a inversão dos seus constituintes, como em (50), o que não acontece com a atributiva (51), como observou Stowell (1989, apud Kato 2000a):

(50)

(a) *The picture on the wall was the cause of the accident.*
(b) *The cause of the accident was the picture on the wall.*

(51)

(a) *Sam is a teacher.*
(b) **A teacher is Sam.*
    (Stowell, 1989: 255, apud Kato 2000a: 7)

(ii) é uma minioração sem cópula, como em (53), e como mostram as restrições em (52):

(52)

(a) *I think [he$_i$ a teacher$_i$] is shy.*
(b) **I think a teacher$_i$ [he$_i$ t$_i$] is shy.*
(c) **A teacher$_i$ I think t$_i$ [he$_i$ t$_i$] is shy.*

(53)

(a) *He$_i$ is Sam$_i$.*
(b) *I think [he$_i$ Sam$_i$] is shy.*
(c) *I think Sam$_i$ [he$_i$ t$_i$] is shy.*
(d) *Sam$_i$ I think t$_i$ [he$_i$ t$_i$] is shy.*

(iii) os dois DPs, que constituem a minioração, têm que ser definidos, mas o Espec do DP predicado não pode estar preenchido por um pronome, como mostra (54c):

(54)

    (a) *Esse cantor é o genro do Chico.*
    (b) *[Ele$_i$ esse cantor$_i$] é o genro do Chico.*
    (c) *[[Esse cantor]$_i$ [ele$_i$ t$_i$]] é o genro do Chico.*

    (b') *Esse cantor é [ele$_i$ o genro do Chico].*
    (c') **[[[O genro do Chico]$_i$ [esse cantor é [ele t$_i$]]].*

A duplicação do sujeito pronominal, segundo Kato (1996), é um tipo de DE, ou seja, as miniorações possuem um pronome fraco como sujeito e um pronome forte como predicativo, o qual pode ser extraído. Essas miniorações também não possuem cópula.
O pronome forte tem o mesmo comportamento de um DE:

(i) pode aparecer a longa distância;

(55)

    (a) *Peter$_i$, I think that he$_i$ is a genius.*
    (b) *Pierre$_i$, je pense qu'il$_i$ est génial.*
    (c) *Pedro$_i$, acho que ele$_i$ é um gênio.*

(56)

    (a) *Me$_i$, John thinks that I$_i$ am a genius.*
    (b) *Moi$_i$, Jean croit que je$_i$ suis génial.*
    (c) *Eu$_i$, João pensa que eu$_i$ sou um gênio.*

(ii) não pode ocorrer a duplicação dentro da relativa.

(57)

    (a) *The woman that John$_i$, he$_i$ loves is gone.*
    (b) *La femme que Jean$_i$, il$_i$ aime est partie.*
    (c) *A mulher que o João$_i$, ele$_i$ ama foi embora.*

(58)

    (a) *The woman that me$_i$, I$_i$ love is gone.*
    (b) *La femme que moi$_i$, j$_i$'aime est parti.*
    (c) **A mulher que eu$_i$, eu$_i$ amo foi embora.*

52 Fundamentos sintáticos do Português Brasileiro

Para Kato (2000a), o lugar de pouso do DP predicativo é a categoria funcional ΣP, ficando assim a representação desse DP em posição de tópico:

(59)

(c') $[_{ΣP}$ ***O menorzinho****$_i$*, $[_{IP}$ *eu acho que* $[_{ΣP} t_i [_{IP} [ele_i t_i]$ *é tímido.]]]]*

Essa posição de tópico não possui papel-θ, mas seu correferente, um pronome resumptivo, tem papel temático. Além disso, esse DE tem um caso *default*, que é o mesmo caso do pronome forte que aparece como predicativo.

(60)

(a) *It's **me**.*
(b) *C'est **moi**.*
(c) *Soy **yo**.*
(d) *Sou **eu**.*

(61)

(a) *Carlinhos Brown é **o genro do Chico**.*

Assim, o predicativo, que apresenta caso *default* mostra um caso de variação trans-linguística: é dativo no francês, acusativo/dativo no inglês e nominativo no português e no espanhol. Esse mesmo caso é o que aparece quando se duplica o sujeito pronominal (Kato, 2000a):

(62)

(a) ***Me**, he thinks I should rest a little.*
(b) ***Moi**, il pense que je devrais rester un peu.*
(c) ***Eu**, ele pensa que (eu) devia descansar um pouco.*

Kato (2000a) representa o caso *default* do DP em posição de tópico desse modo:

(63)

(c'') $[_{ΣP}$ ***O menorzinho****$_i$*, $[_{IP}$ *eu acho que* $[_{ΣP} t_i [_{IP} [ele_i \quad t_i \quad]$ *é tímido.]*
⟂‾‾‾‾‾‾‾‾‾‾‾‾‾‾‾‾‾‾‾‾‾‾‾‾‾‾‾‾‾‾‾‾‾‾⟂ (+c. *default*)
cadeia nominativa

Finalizando, Kato demonstra como é possível explicar tanto os DEs como os CLDs postulados por Cinque (1990) de uma forma unificada, quando se consideram todos com o mesmo ponto de origem – um predicado secundário ou uma minioração. Tomando um exemplo de Cinque:

(64)

Al mare, ci siamo già stati.
(No mar, lá já estivemos.)

ela propõe (65a) como uma minioração com a estrutura inicial de (64), tal como em (48), e (65b) como a estrutura no momento do "spell-out".

(65)

(a) *[Ci$_i$ al mare$_i$] siamo già stati.*
(b) *Al mare$_i$ (ci$_i$ [$_{SP}$ t$_i$]) siamo già stati.*

Contudo, o predicado não terá o traço [+R], exclusivo dos DPs, o que inabilita [*al mare*] a pousar em Especificador de S, este sim, responsável pelo movimento longo. Os predicados diferentes de DP se adjungem localmente a seu IP. Sendo adjuntos podem ser recursivos. Se assumirmos que a categoria SP só é projetada em raízes e complementos de verbos "*bridge*" explica-se sua distribuição estrita nesses contextos, possivelmente se supusermos que S é o contexto onde se codifica o juízo categórico (cf. Britto, 1995, apud Kato 2000a: 11).

AS FORMAS NOMINAIS DO VERBO E A MINIORAÇÃO

Acerca do verbo não flexionado que opera como minioração, vejamos o que dizem alguns autores como Kayne (1987), Salvi (1987) e Ribeiro (1993).

O PARTICÍPIO PASSADO COMO UMA MINIORAÇÃO

Tratando da concordância do particípio passado em construções com o auxiliar *avoir* no francês, Kayne (1987) cita três tipos de construção com particípio:

(i) uma sem concordância, pois o particípio não concorda com o SN que o segue (66b);
(ii) duas com concordância, podendo ser essa concordância ou com um clítico acusativo (67a), ou com uma construção-WH (67b):

(66)

(a) *Paul a repeint les chaises.*
(b) **Paul a repeintes les chaises.*

(67)

    (a) Paul les a repeintes

    (b) Les chaises que Paul a repeintes.

Kayne propõe que tanto um verbo finito (68a) como um particípio (68b) possuem um nódulo AGR, que concorda com um nódulo SN através de uma coindexação. Enquanto o verbo finito concorda com seu sujeito, pois os dois estão sujeitos às condições de localidade, o particípio não pode concordar diretamente com o clítico que o antecede, e assim Kayne postula a existência de uma categoria vazia precedendo esse particípio, com a qual ele concorda. Então fica estabelecida uma relação de concordância local muito maior do que aquela que haveria entre AGR e o clítico. Essa concordância pode ser vista em (70), que possui uma WH-phrase:

(68)

    (a) SN_i AGR_i $[_{SV} \text{ V} \ldots]$

    (b) Paul les_i a $[e]_i$ AGR_i repeintes $[e]_i$

(69)

    (a) Je me demande combien de tables Paul a   repeintes.

    (b)   *.....combien de tables$_i$ Paul a [e]$_i$ AGR$_i$*   *repeintes [e]$_i$*

A postulação da existência de uma categoria AGR, tanto para o verbo finito como para o particípio passado, permite aproximar línguas como o italiano e o francês, mas separa o espanhol, que possui uma estrutura como:

SN CL$_i$ Vaux VSP $[e]_i$

A categoria vazia extrapostulada não pode ser preenchida por um SN lexicalizado (70) porque viola a Teoria de Caso. *Avoir* não é atribuidor de caso, e isso fica evidente quando se usa o clítico *le*, pois ele é incompatível com o auxiliar como em (71a); mas quando o auxiliar é *être*, tanto em (71b) como em (71c), as sentenças são gramaticais, pois o verbo é atribuidor de caso. Em (71d), como *avoir* não é atribuidor de caso, o caso deve ser atribuído pelo particípio ao SN que ele rege, que fica representado em (71e,f):

(70)

    *Paul a ces tables repeint(es)

Gramaticalização, redobramento sintático e minioração 55

(71)

(a) *Paul a téléphoné (à Marie).*
(b) **Paul l'a telephoné (à Marie).*
(c) *Paul sera photographié par Marie.*
(d) *Paul le sera par Marie.*
(e) *Paul les a repeintes.*
(f) *Paul les a [e] AGR repeintes [e]$_{Caso}$*

Os exemplos (72a, b) são agramaticais pois *"ces tables"* ocupa uma posição-A, violando o seguinte princípio: *se uma cadeia de caso marcado está contida num núcleo dominado por uma posição-A, então deve haver caso atribuído àquela posição-A.*

(72)

(a) **Paul a ces tables repeint(es)*
(b) **Paul a ces tables AGR repeintes [e]$_{Caso}$*

No caso da *WH-phrase "combien de tables"* (73a), sendo ela um operador, não é parte relevante da cadeia, pois a primeira categoria vazia [e] não está numa posição-A, mas adjungida a IP (AGRP), e contida no núcleo de AGR$_i$, como em (74b). Uma teoria que restringe a concordância impõe a presença de um [e] extra, e, devido ao fato do auxiliar *avoir* não ser atribuidor de caso, esse [e] está numa posição-Ā.

(73)

(a) ... combien de tables$_i$ Paul a   [e]$_i$ AGR$_i$ repeintes [e]$_{i\ Caso}$
(b) ... combien de tables$_i$ Paul a [$_{IP}$ [e]$_i$ [$_{IP}$ AGR$_i$ repeintes [e]$_{i\ Caso}$]]

Em construções como (74a-b)

(74)

(a) *une femme qu'on a dit belle*
(b) *une femme qu'on a dit ne pas être belle*

a primeira tem o sujeito de uma minioração dependente sofrendo movimento WH, e a segunda tem a minioração trocada por um infinitivo. A sentença (74a) pode ter concordância do particípio passado, como em (75a), mas (74b) não, como em (75b):

(75)

(a) *une femme qu'on a dite belle.*
(b) **? Une femme qu'on a dite ne pas être belle.*

56 Fundamentos sintáticos do Português Brasileiro

A estrutura de (75a) é:

WH$_i$ SN *a* [$_{IP}$ [e]$_i$ [$_{IP}$ AGR$_i$ *dite* [[e]$_i$ *belle*]]]

na qual o segundo [e]$_i$ é regido pelo particípio sobre a fronteira da minioração.

A sentença (75b) é agramatical porque o francês não permite que o sujeito de uma sentença dependente infinitiva possa ser regido através da fronteira de um verbo como *dire*. Para adequar (75b), tem que ser atribuído um papel essencial ao traço deixado em COMP pelo movimento WH, assim representada:

WH$_i$ SN *a dit* [$_{CP}$ [e]$_i$ [$_{IP}$ [e]$_i$ *ne pas être belle*]]

e para adequar (75b), há a necessidade de se postular uma categoria vazia extra-adjungida ao IP que tem por núcleo um AGR particípio:

WH$_i$ SN *a* [$_{IP}$ [e]$_i$ [$_{IP}$ AGR$_i$ *dite* [$_{CP}$ [e]$_i$ [[e]$_i$…]]]]

mostrando que a posição de sujeito de uma minioração é acessível à regência do verbo matriz.

Em conclusão, o particípio passado nunca concorda diretamente com um SN em posição de objeto. Quando há concordância, ela é feita com um SN que foi movido para uma posição regida por um elemento abstrato AGR, gerado como irmão ao SV que é núcleo do particípio.

Para Salvi (1987), a criação de perífrases verbais para expressar a anterioridade foi uma inovação das línguas românicas, pois o Latim Clássico somente possuía a forma sintética. O tipo que mais se espalhou foi o do verbo *habere* + particípio passado.

Nas línguas românicas atuais não são visíveis as relações que existem entre a forma verbal plena de *habere*, como indicador de posse, e a forma de auxiliar *avere*. Parecem ser dois verbos totalmente diferentes um do outro, mas, quando se tem uma visão diacrônica do problema, pode-se perceber a conexão entre as duas formas, e é o latim que fornece essas evidências.

O latim dispunha de construções como (76), considerada precursora da perífrase românica, na qual *habeo* ainda tem o sentido de posse. Nesse exemplo a sentença tem o sentido de "tenho uma carta escrita", e não "tenho escrito uma carta". De um ponto de vista sintático, *habeo* vem seguido de dois complementos: o objeto direto *epistolam* e a minioração nominal *scriptam*:

(76)

habeo	*epistolam*	*scriptam*
haver, 1ª pes. sg.	*carta* - acusativo	*escrita* - acusativo

O particípio *scriptam*, do ponto de vista sintático, apresenta sentido ambíguo se visto como verbo ou como adjetivo. Como um verbo, tem o sentido de uma passiva e pode ser usado com advérbios; tal comportamento pode ser visto em exemplos do italiano, como em (77a), com o sentido de (77b), que representa sua forma passiva, e com (77c), seguido de advérbio:

(77)

> (a) La porta è chiusa.
> (b) Chiudono la porta.
> *fechar* - 3ª p. pl. *a porta*
> (c) La porta è chiusa violentamente.

Como adjetivo, expressa o estado "A porta está em um estado de fechamento" (78a), não é compatível com advérbios como *violentamente* (78b), e pode, como em (79), estar numa forma comparativa. Enquanto o primeiro sentido de (78) indica que o fechamento da porta tem lugar agora, o segundo sentido expressa o estado resultante da consequência do fato de a porta ter sido fechada previamente.

(78)

> (a) *Tenevo* la porta chiusa
> *ter*, 1ª p. sg. *a porta* fechada
> (b) **Tenevo la porta chiusa violentamente*

(79)

comitiorum dilationes occupatiorem me habebant
ocupado, COMP-ACUS. *me ter*, 3ª p. pl.

No exemplo latino, fica claro que somente particípios com valor de adjetivo é que podem aparecer nesse tipo de construção: particípios de verbos imperfectivos e de verbos perfectivos que possuem o sentido resultativo.

A estrutura de (76) pode ser representada assim:

SN $[_{SV}$ *habeo* $[_{A''}$ SN A"$]],^5$

na qual o verbo *habeo* rege a minioração com um núcleo adjetival. A estrutura formada por SN e A'', que contém o particípio, estabelece uma relação de predicação semelhante àquela que existe entre o sujeito e o seu SV numa estrutura sentencial. O fato de o sujeito do particípio aparecer superficialmente como objeto direto do verbo *habeo* pode ser aceito se assumir-se que a barreira representada pela fronteira da minioração não impede o verbo matriz de atribuir caso acusativo ao sujeito da minioração. Como *habeo* tem um sentido verbal pleno, seu comportamento sintático reflete isso: atribui um papel temático ao seu sujeito (dativo) e um outro à minioração que rege (objeto); então ele atribui caso acusativo ao sujeito da minioração. Essas relações podem ser representadas assim:

O sentido de (76) é "Eu próprio (o resultado do fato que) tenho uma carta escrita". Nessa estrutura, não há conexão entre *habeo* e *scriptam*, e o sujeito de *habeo* pode ser diferente do sujeito lógico de *scriptam*, isto é, aquele que escreveu a carta pode ser diferente daquele que tem a carta.

Para Salvi, a mudança ocorrida ainda no latim e continuada nas línguas românicas começou primeiramente no nível semântico para depois atingir o nível sintático. Podem ser deduzidos dois fatores principais que iniciaram essa mudança semântica:

(i) o esvaziamento semântico de *habeo*
(ii) a coincidência entre o sujeito de *habeo* e o do particípio em verbos que expressam atividade intelectual.

O esvaziamento semântico de *habeo* se deu assim:

(i) Inicialmente ele era sinônimo de *teneo* "pegar", que expressava uma ação com valor durativo.
(ii) Depois passou a comportar a ideia de posse, não tendo mais uma ideia de ação.
(iii) Finalmente, adquire um sentido de relação genérica, como o que pode ser encontrado em sentenças como a latina "*quattuor et triginta tum habebat annos*", ou as italianas "*Piero ha fame*" ou "*Piero ha trent'anni*". Esse esvaziamento de sentido vai até o ponto de *habeo* se tornar semelhante a *sum*, quanto a expressar simplesmente uma relação. *Habeo* e *sum* passam a expressar relações semânticas

opostas: se *sum* é a ligação para uma determinada relação semântica entre X e Y, a mesma relação pode ser estabelecida com *habeo*:

(80)

    (a) *Domus   est   Petro*
        casa-NOM *é*   *Pedro*-DAT
        "A casa é de Pedro"
    (b) *Petrus   habet   domum*
        Pedro-NOM *tem   casa*-ACUS
        "Pedro tem uma casa"

As duas sentenças descrevem o mesmo estado de coisas, mas com uma diferença: na primeira, (80a), o sujeito é a coisa possuída, e na segunda, (80b), o sujeito é o possuidor. Assim se estabelece uma relação semelhante àquela que existe entre formas ativas e passivas: *"Piero mangia la mela"* e *"La mela è mangiata da Piero"*. Fatos assim podem ser encontrados no latim, como mostra (81a) e seu correspondente (81b), com o verbo *sum*:

(81)

    (a) Necdum omnia...   edita   facinora   habent
        não ainda todos-ACUS *revelados*-pl-ACUS *crimes*-ACUS *haver*-3ª p. pl.
    (b) Necdum omnia   eorum facinora edita   sunt
        não ainda todos-NOM *seus*   *crimes*-NOM *revelados*-pl.-NOM *ser*-3ª p. pl.

O segundo fator da mudança semântica foi a frequente coincidência entre o sujeito de *habeo* e o sujeito do particípio. O sujeito lógico do particípio deve ser necessariamente o mesmo de *habeo*, o que estabelece uma conexão direta entre o particípio e o sujeito da sentença, como se pode ver em (82):

(82)

    (a) *haberem   a   Furnio... tua ... consilia   cognita*
    (b) *haver*-1ª p. sg. *sobre Furnio   tuas   intenções*-ACUS *sabidas*-pl-ACUS

Na construção original, o principal foco semântico estava entre *habeo*, com seus complementos, e o seu sujeito. Com o esvaziamento semântico desse verbo, o foco é transferido para seus complementos e seu sujeito. O particípio é o mais importante desses complementos por causa da correferência existente entre o sujeito da sentença e o sujeito subjacente do particípio. Assim, *habeo* não entra mais na interpretação semântica da construção, e a predicação é transferida para o particípio, que perde seu

60 Fundamentos sintáticos do Português Brasileiro

caráter de adjetivo e assume um papel verbal. A construção original, que expressava o resultado de uma ação de posse, passa a significar a ação passada em si mesma. O particípio passa a ser o verbo e *habeo* expressa somente o tempo.

A mudança sintática, não simultânea à mudança semântica, começou na própria categoria do particípio, pois aqueles oriundos de verbos perfectivos com sentido não resultativo desapareceram porque não eram adjetivos e, portanto, não estavam habilitados a entrar nesse tipo novo de construção. Essa nova estrutura é representada como

SN $[_{SV}$ *habeo* $[_{V'''}$ SN V"]]

Voltando à representação, tem-se *habeo* regendo uma minioração com um núcleo de adjetivo. Agora, olhando-se somente para essa minioração há várias observações que podem ser feitas:

(i) Seu SN sujeito é, no nível de análise mais abstrato, o objeto direto do particípio.
(ii) Com isso, essa minioração tem a estrutura de uma sentença passiva, o que pode ser constatado quando se compara (83a) e (83b), e tendo (83c) como a sentença na forma ativa de (80b):

(83)
    (a) *habeo epistulam scriptam*
         epistula   scripta   (est)
         carta-NOM   *escrita*-NOM   *é*
    (b) *(aliquis)*   *scripsit*   *epistulam*
         alguém-NOM   *escreveu*   *carta*-ACUS
         "Alguém escreveu uma carta"

Pode-se ter a representação da estrutura da minioração, como em:

SN $[_{SV}$ *habeo* $[_{V'''}$ $[_{SN}$ e] $[_{V''}$ SVart SN …]]],

a qual tem uma mesma estrutura de sentenças passivas na estrutura profunda

$[_{SN}$ e] $[_{SV}$ *est* $[_{V'''}$ $[_{SN}$ e] $[_{V''}$ SVart SN…]]],

na qual a posição de sujeito da sentença está vazia (mas sintaticamente presente) e pode ser ocupada pelo objeto direto, que se torna o sujeito da construção.

(iii) O particípio passado, diferentemente de outras formas verbais, não atribui papel temático a um argumento externo ao SV, enquanto a forma *scrive*, em (84)

(84) [$_{SN}$ *Piero*] [$_{SV}$ *scrive* [$_{SN}$ *una lettera*]]

atribui o papel OBJETO ao SN que vem depois desse verbo, e o papel AGENTE ao SN externo ao SV. Isso não é possível com os particípios, pois se pode ver que em construções com particípio absoluto nunca se tem argumento externo ao SV, como mostram (85a, b):

(85)
   (a) *Letto*   *il*   *libro,*   *Piero*   *si coricò*
        lido   *o*   *livro,*   *foi dormir*
   (b) *Partita*   *Maria,* *Piero*   *si coricò*
        partida   *Maria,* *Pedro* *foi dormir*

Em (85a) o particípio é seguido pelo objeto direto; em (85b), o particípio de um verbo "inacusativo" é seguido pelo seu sujeito, que na estrutura profunda é um objeto direto.

(iv) O verbo *habeo*, apesar de ser semanticamente vazio, é um auxiliar semântico, e como o particípio não pode atribuir papel temático a um SN externo, o auxiliar pode atribuir esse papel temático; então o objeto direto do particípio, que está na minioração, se move para a posição de sujeito de *habeo* e recebe papel temático AGENTE, como se pode ver em:

(v) O último passo da evolução sintática pode ser representado, a seguir, para o italiano moderno

SN [$_{SV}$ *habeo* [$_{SV}$ V SN....]]

ou para alguns casos propostos por Kayne:

SN [$_{SV}$ *habeo* [$_{V'''}$ [$_{SN_i}$ e] [$_{V''}$ SVart SN$_i$ ....]]]

AGENTE   OBJETO

SN [$_{SV}$ *habeo* [$_{SV}$ V SN ...]]

Os passos essenciais para a evolução sintática desse tipo de perífrase foram:

(i) substituição de AP por SV como categoria regida por *habeo*;
(ii) auxiliarização de *habeo* com a perda de sua capacidade de atribuir papel temático;
(iii) como consequência de (ii), *habeo* perde sua capacidade de atribuir caso ao sujeito da minioração, e somente através do particípio é que essa atribuição pode ser feita.

Ribeiro (1993) estuda a formação dos tempos compostos com *ter/haver/ser* + particípio passado no Português Arcaico, mostrando como foi a gramaticalização dessas construções, ou seja, como foi a transformação de um verbo pleno em um elemento gramatical.

As línguas românicas substituíram várias formas flexionadas latinas por formas perifrásticas, e as mais comuns eram (i) as que se desenvolveram de *habere* + particípio passado (substituindo a forma flexionada do presente perfectivo dos verbos transitivos), (ii) as que expandiram o uso de *esse* + particípio passado como marcação de passiva (no latim essa perífrase não tinha a expansão que teve nas línguas românicas), e (iii) o uso de *esse* + particípio passado para marcar o perfeito de uma classe de verbos intransitivos, os ergativos ou inacusativos, também conhecidos como verbos depoentes (verbos de movimento, de mudança de estado).

No Português Arcaico, *haver* e seu substituto *ter* aparecem com particípio passado sempre de base transitiva e concordando com o SN complemento direto. E *ser* + particípio passado perfectivo só ocorre com verbos ergativos como *morrer*, *nascer*, *chegar* etc. No Português Brasileiro (PB) Moderno, *haver/ter* aparecem com particípio passado de base transitiva, intransitiva e ergativa, e o particípio passado transitivo não apresenta concordância com o SN complemento. As formas com *haver* ocorrem muito pouco, havendo grande utilização das formas com *ter*. No Português Europeu (PE) Moderno, *haver/ter* são usados nas formas de tempos compostos. Outras línguas românicas como o italiano e o francês mantiveram as antigas distribuições, mas o espanhol generalizou o uso de *habere* para todos os verbos na formação dos tempos compostos.

No Português Arcaico, os verbos *aver* e *teer* possuíam o traço semântico de posse:

(86)
- (a) *teer* = posse (hoje = possuir)
  *Livros que **tiinha***
- (b) *teer* = obter (equivale a "passar a ter")
  *E assi parece que no outro mundo ha fogo de purgatorio per que se purgan os pecados veniaes e en que homen **ten** as peendenças que en este mundo non **teve** polos pecados que fez.*
- (c) *teer* = deter, reter, manter (equivale a "continuar a ter")
  *Vinho que **tiinha** no vaso.*
- (d) *aver* = posse
  ***An** vertudes.*
  ***Avian** hua eigreja.*

O verbo *aver* perdeu vários sentidos que o *habere* latino tinha: "possuir, obter, manter, reter, segurar, conter, deter" e outros. Ele conserva no Português Arcaico o sentido de "possuir" e adquire a significação existencial de que só o verbo *esse* dispunha no latim. Entretanto os outros sentidos foram assumidos por *teer*:

(87) *aver* = existencial
- (a) *Ali hu **á** vida.*
- (b) *À hi fogo.*

Os usos de *teer* e *aver* nas construções possessivas "estavam condicionados à natureza semântica dos seus complementos" (Ribeiro 1993: 354):

(88)[6]
- (a) bens materiais adquiridos (AM)
  TEER: 82% (*arca, vinho, medio…*)
  AVER: 20% (*pan, casa, moeda,…*)
- (b) bens ou qualidade imateriais adquiridos (AI)
  AVER: 80% (*fé, graça, poder, ira, medo…*)
  TEER: 18% (só ocorre com *fé*)
- (c) qualidades inerentes ao possuidor (QI)
  AVER: 80% (*barvas, ceguidade, enfermidade, idade…*)
  TEER: 0%

Aver havia se especializado como verbo de posse inalienável, tornara-se resíduo no ambiente de posse material (20%), restos de um tempo no qual esse verbo possuía um campo semântico bem mais amplo. *Teer*, por sua vez, se firma como verbo de posse material e começa sua expansão, indicada pelos 18% de uso com posse inerente.

Os verbos *seer* (89a,b) e *estar* (89c,d) ocorriam também em construções locativas e variavam nessas construções no PA:

(89)
    (a) **Seendo** *o honrado padre en sa cela*
    (b) *Alma que **é** no inferno*
    (c) *O servo de Deus **estando** em sa cela*
    (d) **Está** *en hua torre muito alta*

Seer predomina nas construções locativas, mas com pequena diferença para *estar*, 52,8% e 47,2%, respectivamente. Com o tempo, *estar* substitui *seer* nessas construções.

Falando sobre as propriedades formais das "construções locativas", a autora diz que "as generalizações propostas por Clark (1978) mostram que, de modo geral, são os verbos das 'construções locativas' que atuam como auxiliares nas construções perifrásticas" (Ribeiro, 1993: 356) Os verbos pertencentes às construções locativas são inacusativos e selecionam uma minioração, à qual não é atribuído papel temático. A estrutura dessas construções pode ser representada como em:

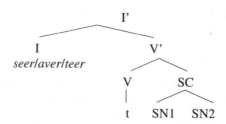

Nas estruturas existenciais, *seer* e *aver* exibem as seguintes características:

(i) selecionam uma minioração com valor aspectual;
(ii) essa minioração pode ser interpretada como denotando um estado;
(iii) o quantificador existencial, SN1, é realizado por *y* no francês, *there* no inglês, e *hi* no Português Arcaico;
(iv) esse quantificador funciona como um operador locativo, que licencia o predicado SN2 indefinido.

Exemplos como os de (90) mostram as construções existenciais no Português Arcaico, cuja representação vem logo em seguida:

Gramaticalização, redobramento sintático e minioração **65**

(90)

    (a) *E **á** hi aguas mui frias e mui fremosas*
    (b) *en tempo de rei Totilo **foi** huu homen muito honrado*
    (c) *en toda terra de Italia **aja** homens de grandes vertudes*

$$[_{SV} \; hi_i \quad \textbf{\textit{aver}} \, [_{SC} \, [_{SN1} \, t_i \,] \, [_{SN2} \quad \textit{aguas mui....}]]$$

           SP$_i$ **seer**   *huu homen...*

                                      homens...

Segundo a tipologia dos auxiliares delineada por Roberts, Ribeiro considera *seer* e *aver* como auxiliares verbais, pois não estão associados a um papel temático lexical. O traço LOCATIVO representado por *hi*/SP não se realiza como argumento do verbo.

Nas construções possessivas o seu operador é um SN com traços [+animado] e [+afetado], pois facultativamente esse tipo de verbo pode designar o traço [+afetado] a um SN que rege, e esse SN pode receber o papel temático de BENEFACTIVO, papel esse que não altera o estatuto do verbo nessas construções.

Ribeiro propõe a seguinte análise para esses verbos no PA:

(i)   *aver*: auxiliar verbal nas estruturas existenciais, e, provavelmente, auxiliar funcional nas estruturas de posse 1;

(ii) *teer*: verbo pleno, e auxiliar verbal nas construções de posse 1;

(iii) *seer*: auxiliar verbal nas construções existenciais e locativas.

Vejamos agora como a autora desenvolve os argumentos sobre os verbos *aver*, *teer* e *seer* + particípio passado no Português Arcaico.

O particípio passado latino era uma forma puramente adjetival e já no Latim Clássico ocorria com *habere* em construções que expressavam propriedades ou atributos dos objetos ou nomes, impondo assim uma interpretação passiva ao complemento do verbo,[7] ou seja, essa forma nominal, quando usada com *habere*, impõe o traço [+passivo] ao complemento desse mesmo verbo. Isso explica por que o particípio passado era sempre proveniente de verbo transitivo nessas construções e indica que *habere* tinha o poder de selecionar a voz do particípio passado, assim como havia feito com o infinitivo, mas não tinha o poder de selecionar uma relação temporal com seu complemento. Essa perífrase indica apenas uma relação aspectual conclusiva ou durativa.

O verbo *habere*, em construções com particípio passado no latim, parecia ser um verbo pleno, pois nessas construções o sujeito desse verbo e o agente da passiva podiam ser diferentes, o que indica que *habere* era atribuidor de papel temático ao SN sujeito, um POSSUIDOR, e o SN complemento recebia o papel temático TEMA. Assim, *habere* selecionava um complemento IP contendo um particípio passado passivo. Esse

66 Fundamentos sintáticos do Português Brasileiro

verbo era ainda um verbo pleno nas construções com particípio passado, mas já era um verbo auxiliar funcional temporal nas estruturas com infinitivo.

No Português Arcaico *habere* sofreu outras mudanças:

(i) *aver* já é um auxiliar funcional nos tempos do futuro e do condicional, uma forma livre do nível x°;

(ii) *aver*, nas estruturas de posse, restringe-se unicamente à posse inerente/inalienável; talvez seja um auxiliar funcional;

(iii) *aver* compete com *seer* nas construções existenciais.

Como pode ser visto nos exemplos a seguir, *aver* possui um valor de auxiliar verbal:

(91)
- (a) *e dezia que **avia** perdudo todo aquelo per que se **avia** de manteer todo o ano.*
- (b) *Abride-me as portas da justiça e entrarei en elas e confessarei e reconhocerei a Nosso Senhor todolos bees que mh'**a** feitos.*
- (c) *e perdoar-lh'ia quanto **avia** feito.*
- (d) *cuidou-se ca se queria ir do moesteiro polo torto que lhi **avia** feito.*

O particípio passado que ocorre nessas construções é sempre de natureza transitiva e a concordância entre o particípio e o SN complemento ocorre sempre. Entretanto, como essas construções permitem uma leitura temporal, pode-se propor que *aver* é um auxiliar verbal temporal que seleciona um TP, e não um IP com propriedade passiva. No século XV continuam a ocorrer particípios de base transitiva, mas também começam a aparecer os de base intransitiva e ergativa, como mostram exemplos tirados da *Crônica* de D. João I, em (92). A perda da restrição de só tomar particípios transitivos pode indicar que *aver* teria sofrido uma reanálise como verbo auxiliar:

(92)
- (a) *jumtarsse em magotes a fallar na morte do Comde e cousas que **aviam** acomteçido.*
- (b) *omde o Prior com seus irmaãos **aviam** estomçe chegado.*
- (c) *os trautos que antrelle e os de Portugal **avia** firmados.*
- (d) *dizendo que vira a carta do Comçelho da obra muito de louvor que todos **aviam** feita por serviço de Deos e homrra do rreino e de sua pessoa.*
- (e) *Acabado esto que **avees** ouvido.*
- (f) *pollas menagees que lhe **aviam** feitas segumdo nos trautos era comtheudo.*
- (g) *Oo treedor! Vendido nos **as**!*

O verbo *teer* aparece em perífrases correlacionadas ao *habere*. O particípio que o acompanha é transitivo, havendo também concordância entre o particípio e o SN complemento. Exemplos:

(93)

    (a) *a hoste dos godos* **teve** *cercada aquela meesma cidade de Parusio per sete anos continuadamente.*

    (b) *E parando el mentes ao manto que* **tiinha** *tendudo antr'os braços.*

    (c) *E a mha cabeça ja a el* **ten** *metuda na sa boca.*

    (d) *e que lhi mostrasse quen era aquel San Beento que aqueles seus bees* **tiinha** *guardados.*

    (e) *huu gram penedo que nascia hi naturalmente e* **tiinha** *todo o logar coberto.*

Em todos os exemplos de (93), *teer*

(i)   tem um significado de "manter/reter";

(ii) seleciona um complemento nominal SN;

(iii) como o particípio é sempre passivo, esse verbo tem a capacidade de selecionar a voz desse particípio;

(iv) essa estrutura de *teer* + particípio "poderia talvez ser a de que *teer* seleciona um SN dominando um IP, onde I contém os traços de voz" (Ribeiro, 1993: 370), como mostra (93). *Teer*, nesses exemplos, é um verbo pleno que seleciona seu SN sujeito e atribui papel-θ TEMA a seu complemento.

No século XV *teer* já aparece como um auxiliar temporal (94):

(94)

    (a) *em quallquer cousa que lhe avehesse sobresta demanda que come-çada* **tiinha.**

    (b) *ataa que camssaço e desperaçõ de nom poder comprir o que come-çado* **tiinham.**

    (c) *queria sojugar e aver imjustamente, contra os trautos que prome-tidos* **tiinham.**

    (d) *era com gram medo e periigo, por a frota de Castella, que* **tiinha** *o rrio tomado.*

    (e) *Diego Lopes foi tragido a ElRei de Castella, e* **tiinha**-*o preso no arreal.*

    (f) *Sometida Bizancio* **tem** *a seu serviço indino.*

    (g) *ElRey per dezoito ou vinte dias continuos* **teve** *os nossos cercados.*

Houve, portanto, uma reanálise, como mostramos a seguir,

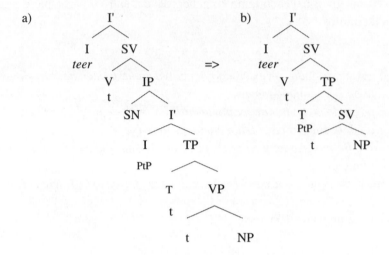

e podia ocorrer com *aver* em estruturas semelhantes, como em:

(95)
    (a) *acabado esto que **avees** ouvido.*
    (b) *segumdo em cima ja **téedes** ouvido.*

As construções latinas com *esse* + particípio, tanto as passivas como as que apareciam com particípios de verbos depoentes, sobreviveram no Português Arcaico, como em (96), na qual (a) é uma construção passiva, e (b) uma construção com verbo depoente:

(96)
    (a) *Este livro **foi** feito pelo nobre San Gregorio*
    (b) *Pera saberen os que nados **eran** e os que avian ainda de nacer.*

A construção de *seer* com particípio de verbos ergativos era muito restrita no Português Arcaico, ocorrendo com poucos verbos como *partir, passar, morrer, nascer, chegar* e *criar* (97). Esse tipo de perífrase sobreviveu em algumas línguas românicas, mas não no espanhol e português. No português ela coocorria com as perífrases formadas por *aver* e *teer*, como (98), mas depois desapareceram:

(97)

    (a) *dizendolhe que soomente por elle* **forom** *alli* **viimdos.**
    (b) **Era ido** *o capitão.*
    (c) *Quasi dous annos que* **eram corridos** *depois de aberto o Concílio.*
    (d) *Melhor lhe fora a tal homem nunca* **ser nascido.**

(98)

    (a) *onde o Prior com seus irmaãos* **aviam** *estomçe chegado.*
    (b) *Respondeo elle que já* **tinha** *morto hum urso e hum leão.*
    (c) *que ja* **era** *partido caminho de Samtarem.*

Os estágios de gramaticalização desses três verbos podem ser assim resumidos:

(i) *Haver*, um verbo lexical pleno no latim, aparece no Português Arcaico como (a) um auxiliar funcional nas construções de posse inalienável, e (b) um auxiliar nas construções perifrásticas e existenciais; no PB atual desapareceu de todos os contextos, só restando como um afixo gramatical de futuro.

(ii) *Ter* é um verbo pleno no Português Arcaico, compete com *haver* nas construções perfectivas e existenciais, tendo dominado todos os contextos de *haver*.

(iii) *Ser* é um auxiliar verbal nas construções passivas, ativas, existenciais e locativas. No PB atual aparece somente nas construções passivas.

O GERÚNDIO COMO UMA MINIORAÇÃO

Um trabalho sobre este tópico que interessou particularmente foi o de Guéron e Hoekstra (1988), que tratam uma sentença no progressivo da mesma forma que uma sentença com *be* simples. Sua teoria usa o conceito de Cadeia-θ, segundo a qual

> Uma Cadeia-θ é um objeto complexo, com duas características. Ela tem um conteúdo lexical construído como um papel-θ, denotando a eventualidade que é predicada de um objeto temporal localizado no interior de algum domínio discursivo, por meio de um operador. E ela contém um predicado conectado com seu objeto por meio da concordância. Os traços temporais e o papel-θ podem ser encontrados num elemento singular, ou ser distribuídos a um verbo e seu complemento se o verbo não dispuser de conteúdo descritivo necessário ao suprimento de um papel-θ (Guéron e Hoekstra, 1988: 5).

Assim, teríamos para (99a e b) as seguintes representações:

70 Fundamentos sintáticos do Português Brasileiro

(99)

    (a) John   is   ill

        TO_i $TNS_i\ BE_i$ *[John ill$_i$]*

    (b) John   is   reading a book

        TO_i $TNS_i\ BE_i$ *[ing$_i$ John read$_i$ a book]*

Os autores dizem que essas formas só ocorrem com predicados dinâmicos, ou seja, predicados que se referem a propriedades de evento, possuindo uma estrutura interna, e tendo no mínimo dois pontos no tempo. Não é o caso do PB, que pode ter *-ndo* com predicados estativos. Em suma, um evento denota uma mudança no mundo do discurso: predicar um evento num momento T implica que certas alterações num momento T sejam diferentes em relação a um momento T anterior. Esse *-ing* é um operador partitivo que seleciona um instante arbitrário num intervalo evidenciado por um predicado dinâmico (ou estativo, no PB); ele é como um determinante indefinido, que também toma arbitrariamente um membro de conjunto denotado por seu complemento. Essa ideia pode ser representada assim:

ing$_i$ [read a novel]

$T.....T_i$

em que T representa um momento no intervalo compreendido entre *"read a novel"*, e *-ing* é coindexado com um membro arbitrário dentro desse intervalo. Ao se juntar *-ing* com verbos dinâmicos, cria-se um predicado estativo, semelhante ao complemento não verbal de *to be*, ou seja, criam-se complementos de tipo *stage level* (Kratzer, 1989). Seu sujeito é localizado pela predicação determinada por AGR num ponto arbitrário dentro de um evento. Essa visão faz com que construções progressivas adquiram formas de uma construção locativa em muitas línguas, como o Alemão Antigo:

(100)

    (a) ik zit te lezen

        I sit to read

        "estou lendo"

    (b) ik loop al de hele morgen op te ruimen

        I walk already the entire morning up to clear

        "eu tenho limpado toda a manhã"

(101)

    (a) ik ben aan het lezen
       I am at the read
       "estou lendo"

    (b) ik ben aan het opruimen
       I am at the up clearing
       "estou limpando"

No próximo capítulo, estudam-se o redobramento do locativo *hi* e suas conse-quências na formação da perífrase de *estar* + gerúndio.

Notas

[1] Com base nessas afirmações é proposta uma linha de hierarquia referencial e específica: Hierarquia Referencial

	não argumento 3ª pessoa	proposição/predicado 3ª pessoa	[-humano] 3ª pessoa	[+humano] 3ª, 2ª, 1ª pessoas
[-espec] [-ref] ←		--	→	[+espec] [+ref]

que vem acompanhada de uma generalização denominada "hipótese do mapeamento implicacional", que se sus-tenta em dois pontos: a) quanto mais referencial, maior a possibilidade de um pronome lexical não nulo; b) uma variante nula em um ponto específico da escala implica uma variante nula à sua esquerda, na hierarquia referencial.

[2] Sendo acusativo no inglês e oblíquo no francês.

[3] Esses exemplos aparecem no texto original com os números (10) e (11), respectivamente.

[4] No seu artigo sobre a existência de miniorações livres no português, Kato (1998a) distingue a minioração livre da dependente. São exemplos de minioração livre: "Bonita a sua casa", "Um artista o seu filho".

[5] Em sua representação, Salvi foi utilizando barras em cima de algumas categorias funcionais. Essas barras foram substituídas aqui por aspas simples: A', A'', A''', V', V'', V'''.

[6] Todas as porcentagens aqui encontradas são devidas a Mattos e Silva.

[7] O mesmo ocorreu com *habere* + infinitivo, quando da formação dos tempos do futuro e do condicional nas línguas românicas.

Redobramento do clítico locativo *hi* e formação da perífrase de gerúndio e infinitivo preposicionado

Apresentação

Este capítulo tratará das seguintes questões:

1. Os clíticos pessoais e locativos integram uma mesma classe. Com isso a descrição dos clíticos pessoais redobrados no Português Arcaico auxilia na descrição do clítico locativo *hi* redobrado. O locativo, com efeito, apresenta poucas ocorrências, de difícil articulação, tendo provavelmente ocorrido a perda das estruturas mais antigas. Já os clíticos pessoais contam com uma riqueza documental maior. Foi necessário, em consequência, recolher ocorrências dispersas e aparentemente não estruturadas do locativo, ordenando os dados a partir das propostas apresentadas a seguir.

2. O redobramento dos clíticos pessoais e locativos tem uma dimensão românica e uma enorme importância na constituição da estrutura do português – fato que aponta para uma inserção latino-vulgar do fenômeno. É bem verdade que as descrições do Latim Vulgar não tratam dessa estrutura. Entretanto, o fato de ela ocorrer no romeno aponta claramente para essa filiação, adotada a postura metodológica de Maurer (1963).

3. A descrição do clítico locativo redobrado *hi* assenta na seguinte proposta: (i) como pronome redobrado, o locativo organizava uma minioração, funcionando como adjunto do verbo, a cuja direita se posicionava; (ii) *hi* se regramaticaliza como complemento do verbo quando a estrutura redobrada se desintegra, se posicionando tanto à direita como à esquerda desse mesmo verbo; (iii) o sintagma preposicionado (SP), parte re-

dobrada do clítico *hi*, se torna complemento do verbo quando esse clítico desaparece; (iv) enquanto minioração, o clítico locativo afeta o verbo que expressa a predicação primária, transpondo-o de verbo temático a verbo auxiliar.

4. A auxiliarização de *estar* está relacionada ao redobramento sintático, particularmente do clítico locativo *hi*, que acabaria por desaparecer enquanto tal. De todo modo, a perda de clíticos provocou uma reorganização na gramática, ponto central deste livro.

5. Como parte dessa reorganização, *estar* combina-se com formas nominais do verbo, dando origem às perífrases de gerúndio e infinitivo preposicionado. A sintaxe do gerúndio e do infinitivo compreende basicamente duas estruturas. Na primeira, essas formas nominais funcionam como núcleos de uma predicação primária: gerúndio como ablativo absoluto, infinitivo narrativo. Na segunda, eles funcionam como núcleos de uma predicação secundária.

SIMILARIDADES ENTRE OS CLÍTICOS PESSOAIS E OS CLÍTICOS LOCATIVOS

Os clíticos pessoais e os clíticos locativos integram uma mesma classe, pois apresentam muitos traços em comum, adiante explicitados. Ambos têm uma representação muito distinta no *corpus*: enquanto os locativos são raros, por se tratar de fenômeno mais antigo, os clíticos pessoais são abundantemente documentados.

Procedi primeiramente a uma descrição de clíticos pessoais redobrados no Português Arcaico (sem entrar na discussão dos clíticos pessoais não redobrados) para fazer depois a reconstituição das fases mais antigas do clítico locativo *hi*.

A partir da Nova Nomenclatura Gramatical Brasileira (1959), as gramáticas do português, descritivas ou históricas, passaram a tratar separadamente os pronomes pessoais e os "advérbios" locativos do tipo *hi*, *en*, *aqui*, *aí*, *ali* etc. Isso não acontecia nas gramáticas do português anteriores a essa data, nem mesmo nas gramáticas românicas, como na italiana e na francesa.

Acompanhando Ilari et al. (1990), vou considerá-los todos como pertencentes à mesma classe dos pronomes, porque os locativos e os pronomes pessoais compartilham os seguinte traços:

(i) ambos têm a forma átona / clítica ou tônica / não clítica:

(1)
    (a) ***Cá*** *está a Maria / A Maria está* ***aqui***.
    (b) *Eu* ***lhe*** *telefonei ontem / Eu telefonei* ***para ele*** *ontem*.

(ii) ambos podem ser retidos ou elididos na sentença:

(2)
    (a) *Pedro veio (aqui) ontem.*
    (b) *Pedro comprou (isso) ontem.*

(iii) ambos podem ser duplicados, fazendo-se seguir de um sintagma nominal (SN) ou de um SP:

(3)
    (a) *Pedro veio **aqui na minha casa** ontem.*
    (b) *Pedro **a** viu ontem, **a Maria**.*

(iv) ambos ocupam a mesma colocação em relação ao verbo (próclise ou ênclise):

(4)

    (a) *Ele **cá** esteve ontem / Ele esteve **cá** ontem.*
    (b) *Ele **a** viu só ontem / Ele viu-**a** só ontem.*

(v) ambos podem ser dêiticos:

(5)
    (a) *Olhe para **cá**.*
    (b) *Pegue-**o**!*

(vi) ambos podem funcionar como argumentos do verbo:

(6)
    (a) *João veio **aqui**.*
    (b) *João deu-**o** a uma ONG.*

Os pronomes pessoais da 3ª pessoa possuem marcas de pessoa, gênero, número e caso, e os de 1ª e 2ª, as de pessoa, número e caso. Já os pronomes locativos *hi* e *en* (que não existem mais no português atual) somente possuíam marca de caso, respectivamente locativo e genitivo.

De acordo com Kato (1999), deve-se distinguir o nominativo por *default* do pronome forte, que não tem caso atribuído ou checado, do nominativo estrutural do pronome fraco (*he* do inglês, *je* do francês), que é regido por tempo/concordância, ou INFL. No PE, língua de sujeito nulo, o nominativo é por *default* porque ele ocupa a

76 Fundamentos sintáticos do Português Brasileiro

posição de tópico, sendo redobrada (ou redobrando) a concordância, que é pronominal, como em toda língua de sujeito nulo. Já no PB temos o pronome forte e o fraco, por termos perdido a característica de sujeito nulo:

(7)
(a) PB [ELE$_i$ [$_{IP}$ ele$_i$ fala bem]]   Ing. [HIM$_i$ [he$_i$...]]   Francês [LUI$_i$ [il$_i$...]]
(b) PE [ELE [$_{IP}$ fala Ø bem]]   Ital. [LUI [parla Ø]]

Os pronomes nos casos dativo e acusativo, também denominados formas do caso oblíquo, podem ser *tônicos* ou *átonos*. As formas *tônicas* estão sempre no caso dativo e são usadas somente com preposição. As formas *átonas* podem ocorrer tanto no caso dativo como no acusativo e são sempre regidas pelo verbo.

As formas acusativas e dativas de 1ª e 2ª pessoas no plural são homônimas. No acusativo e dativo singular essas mesmas pessoas podem ser usadas tanto num como noutro caso; as formas *me, te, se* são usadas predominantemente em função de acusativo; *mi, ti, si* são usadas preferencialmente como dativo, mas *me, te, se* também podem ser usadas como dativas. Na 3ª pessoa, as acusativas e as dativas apresentam neutralização das marcas de gênero e número.

Do ponto de vista de sua colocação, as formas tônicas, tanto independentes como dependentes, podem ocupar o lugar umas das outras. Assim, uma forma nominativa pode ocupar o lugar de uma acusativa (semelhante ao PB *eu vi ele* por *eu o vi*), como em (8 a-c):

(8) *Ele* acusativo:
(a) [XIII: 1287 HGP 137:19] [...] *a nossa herdade de Pineiros a qual ffoy de Pedro Coçado e a qual leixou a sa neta Maria Fernãdez en sua voz,* [...] *per tal preito damos **ella** a uos que lauredes ella commo nõ desfalesca per mĩgua de lauor* [...]
(b) [XIII: 1269 HGP 182:12] [...] *damos a uos Joanino Dogresso e a uossa moller Marina de Deus e a toda uossa uoz aquella vina dos muymẽtos qual foy de Pelayo Fernandez en tal maneyra que lauredes **ella** e proueytedes bem e fiel mẽte en tal maneyra que nõ falesca per lauor* [...]
(c) [XIII: 1271 HGP 185:9] [...] *eu* [...] *dou e doo e outorgo ao moesteyro de Sancta Maria d'Oya quantas vinas ey e quantas gaanar ena villa de Fornelos assy de ma madre como doutros; doulas en tal condizõ a Sancta Maria que eu tena **ellas** en mina vida e nõ nas possa vẽder nẽ emponorar per nulla maneyra en toda ma vida* [...]

Formas dativas como *mim* e *ti* podiam aparecer na função de sujeito, coocorrendo (9a-b)[1] ou substituindo formas nominativas em certas orações comparativas (9c-f):[2]

(9)   *Mim, ti* nominativos:
(a) *mas casemo-nos **eu e ti***
(b) *ora vamos **eu e ti***
(c) *Mais o coraçom pode mais ca **mi***
(d) *Porque mataste aquelle mouro que era melhor que **ti***
(e) *Ca tu vees que milhor cavalleiro ca **ti** a guanhou*
(f) *Sodes milhor cavalleiro e mais ardido ca **mim***

Também os pronomes dependentes tônicos e átonos podiam se substituir uns aos outros. As formas oblíquas[3] podiam assumir no Português Arcaico a função de acusativo quando se tratava de pessoas, o mesmo acontecendo no português atual. Pode-se encontrar também as formas oblíquas sem preposição, ou como acusativo ou como dativo. Os pronomes tônicos dependentes podiam ter um *emprego enfático*, segundo as gramáticas, como em (10a), no qual o pronome vem acompanhado de preposição, ou como em (10b-e), sem preposição:

(10)   *Mim, ti, ell* preposicionados:
(a) *Ora todalas animalias vençem **a mym***
(b) *Eu nom temo **ty***
(c) *E o senhor disse ... que enforcariam **ell***
(d) *Ca todo **mi** aven assi, d'esto seede sabedor*
(e) *Nen me val Deus nen **min** poss'eu valer*

O objeto direto enfático podia ser expresso pelo dativo, preposicionado ou não. No Português Arcaico podia se dispensar o uso da preposição, como em (11a-g), mas já no Português Quinhentista isso não mais acontecia (11h-i):

(11)   Clíticos pessoais como objeto direto enfático:[4]
(a) *Contando como cativarom **elle** e os outros oito*
(b) *Sojugam **sy** meesmos*
(c) *Segure **mim** e meus portos*
(d) *Desomrramdo **ssi** desomrra nos e todo seu linhagem*
(e) *Leixarei **elle***
(f) ***El**, amiga, achei eu*
(g) *Nom poss'eu... nem **mi** nem **el** forçar*
(h) *viu-me **a mim** e não **a ele***
(i) *A quem cuidas que venceram os godos? **a mim**? não por certo, se não **a ti***

78 Fundamentos sintáticos do Português Brasileiro

Os locativos também podiam ser substituídos uns pelos outros: *hi* por *en/ende*, *hi* por *aqui/ali/aí*:

(12) Alternância de uso dos locativos *hi* e *ende*:
(a) [XIII SG 289:21] *Mas por esta cinta e por esto al que tem em lugar de correas me fiz t[os]quiar, e nom me acho delo mal pois **por i** dei cima a tam fermosa aventura come esta.*
(b) [XIII CSM1 187:29] *Que lle disse, se livre seer queria, / que lle déss'algo, e se non, no[n] seria. / El dar non llo pode. Ca o non tragia, / e **poren** foy-sse mui trist' e mui coitado.* [Vê-se nestes exemplos que *por i* de (12a) pode também aparecer como **por en**, como em (12b), guardando o mesmo sentido.]
(c) [XIII SG 430:31, 431:1] *Calede-vos, ca nom a mester. Ca se o al rei dissermos, tal guerra poderá **i** nacer por que mais de IX mil homẽs poderiam i morrer, e con todo esto nom poderia seer vossa desonra vingada, ca sobeja mente é gram [o] oider e a linhagem de rei Bam, e Deus os [tem] en tal onrra e em tal poder que nom cuido que podessen seer dirribados por homem. E por esto leixemos nos en, ca mui gram mala ventura sobejo poderia **en** nacer.* [O verbo *nacer* vem ou com *hi* ou com *en*, guardando o mesmo sentido.]
(d) [XIII SG 149:22] *Calou-se, que nom quiria descobrir tal cousa, ca pella ventura poderia **de i** vir grande mal, ca dultava que Persival matasse Galvam se o pero verdade soubesse.*
(e) [XIII SG 165:24] *"Donzella", disse Gallaaz, "ora nom ajades pavor, mas ide seguramente com Persival, e eu vos digo que, se vos cometerem, ca Deos vos dará i tal ajuda que vos partiredes **de i** leda e honrada".*
(f) [XIII CSM1 129:13] *Pois esto disse, missa foi oyr / mui cantada; mas ante que partir- / s'**en** quisesse, fez-ll'o açor viir / Santa Maria, ond'ouv'el sabor.* [O verbo *partir* pode ser usado ou com *hi* (12e) ou com *en* (12f), e o sentido permanece o mesmo.]
(g) [XIII SG 13:15] *Elles em esto fallando virom vir pela rebeira ua donzella sobre uu palafrem branco, e quando chegou a elles, preguntou, se era **i** Lançarot.*
(h) [XIII SG 1:10] *"Eu demando", disse ella, "por dom Lançarot do Lago. É **aqui**?"* [*Hi* (12g) e *aqui* (12h) têm o mesmo sentido.]
(i) [XIV:1399 HGP 63:9] *Eu Afonso Eanes, notario ppublico del rey nos coutos de Mõfero a esto presente fuj e escripuj e pono **y** meu nome e synal.*
(j) [XV:1410 HGP 99:16] *Et eu Iohan Fernandes Sfarido, notario publico de nosso Señor el Rey en Viueiro, a esto que dito he cõ as ditas testemoyas*

*presente foy e esta carta fiz escripujr para o dito cõuento e puge **aqui** este meu sig(+)no en testimoyo de verdat.*

(k) [XV:1442 HGP 110:13] *Et eu Gonçaluo Fernandes, notario ppublico jurado dado por don Pedro abbade do moesteiro de Vjla Noua de Lourẽçaa enna vjla de Vjlla Noua [...] esta carta de concãbea e permutaçon en mjna presença fige escriuir por outorgamento dos sobre ditos et **ay** puge meu nomme e sinal [...]* [*Hi* (12i), *aqui* (12j) e *aí* (12k) foram se permutando ao longo do período medieval.]

VARIANTES DO LOCATIVO NO PORTUGUÊS ARCAICO

Antes de concentrar a atenção no redobramento do locativo *hi*, exemplificarei três itens que integravam a gramática dos locativos no Português Arcaico:

(13) Locativo *hi*:
    (a) [XIII:1278 HGP 75:18] *[...] e escriuj esta carta per mãdado das partes e <u>puge **y**</u> meu sinal en testimúio de uerdade [...]*
    (b) [XIII-XIV CA 209:10] *E mia senhor e meu lum'e meu ben, / pero que m'eu muitas terras andei, / nunca **i** tan fremosa don(a) <u>achei</u> / come vos [...]*
    (c) [XIII CSM1 16:38] *[...] mai-la santa dona, quando ll'oyu dizer tal trayçon, / en hũa torre o meteu en muy gran prijon, / jurando muyto que o faria **y** <u>morrer</u> [...]*
    (d) [XIV DSG 46:18] *[...] e pousando entanto en hũa eigreja de San Pedro que **hi** <u>avia</u> [...]*
    (e) [XIV SP 296:8] *E a molher que desta maneyra viuer cono clerigo deue sseer enssarrada en hũũ moesteyro que <u>faça</u> **hy** peendença en toda ssua uida [...]*
    (f) [XV CDP 162:26] *E quando el-rrei ouve de fazer suas vodas em Valhadolide com dona Branca, segundo contámos, <u>chegou</u> **hi** ho conde dom Henrrique e dom Tello seu irmão [...]*

(14) O locativo *en/ende*:
    (a) [XIII SG 9:9] *Ora podedes ir com nosco de consuum, ca assi começamos nos ir apos ella, e nom nos <u>partiremos</u> **ende** ataa que saibamos onde estas vozes veem que della saem [...]*
    (b) [XIII CSM1 96:31] *Poi-lo Bispo soube / per el a verdade,/ mandou-lle tan toste / mui sen piedade / que a vezindade / leixas[s]'da cidade / toste sen desden, / e que ssa via/ logo sse <u>foss'</u> **en** [...]*

80 Fundamentos sintáticos do Português Brasileiro

(c) [XIII CSM1 129:37] *Pois esto disse, missa foi oyr/ mui cantada; mas ante que partir-/s' en quisesse, fez-ll' o açor vĩir / Santa Maria, ond'ouv' el sabor* [...]

(d) [XIII CSM1 173:12] *Eva nos foi deitar/ do dem' en sa prijon,/ e Ave en sacar* [...]

(15) O locativo *u*:

(a) [XIII FR 154:11] *Nenhua cousa que for metuda en contenda en juyzo nõ possa seer uenduda nen alleada nen trasposta do logar u é, ata que seya liurada per juyzo ou per aueença* [...]

(b) [XIII CSM1 122:28] *Este donzel, [...] foy buscar u o põer / podesse* [...]

(c) [XIII CSM1 244:29] *U ides assi, marido, / de noite come ladron?*

(d) [XIII CSM1 5:30] *[...] e foy-o deytar, / [...] u deytan a cevada* [...]

(e) [XIII CSM1 72:66] *[...] mas vos ide põer / a paga u mia eu porria* [...]

(f) [XIII CSM1 73:129] *[...] poi-los foi contar e volver, / a arca pos u el dormia* [...]

(g) [XIII CSM1 106:126] *Quand' este miragre viron, / tornaron mui volonter / u leixaran as relicas* [...]

(h) [XIII CSM1 15:12] *[...] e queimou quant' avia / na iegreja, mas non foi u siia / a omagen da que foi Virgen pura* [...]

ORIGENS DO LOCATIVO *HI*

O presente estudo do locativo *hi* se assenta num universo de 3.348 ocorrências, assim distribuídas pelos séculos examinados:

Tabela 1 – Total das ocorrências do clítico locativo *hi*

Período	Clítico locativo *hi*	
	Ocorrências	%
XII-XIII	1.739	52
XIV	1.266	38
XV-XVI	343	10
Total	3.348	100

A tabela 1 evidencia o progressivo desaparecimento de *hi* no *corpus*, certamente substituído por formas reforçadas tais como *aqui, aí, ali*.

O locativo *hi*,[5] segundo alguns autores hispânicos, representa a fusão de dois advérbios latinos – lat. *ibi* "ali" > port. *i*, e lat. *hic* "aqui"> port. *i* –, que têm o sentido de "aqui/aí/ali", marcando o lugar onde se está ou o lugar para onde se vai. O primeiro passou por uma alteração: lat. *ibi* perde a consoante [b], que em contextos de vogais desaparece, passando a forma a ser *ii*, e com a crase das duas vogais surge o nosso *hi*. A primeira forma latina era átona, e a segunda, tônica. Dentre as línguas ibéricas somente o catalão conservou as duas formas separadas.

Quando comecei a fazer o levantamento do locativo *hi* em textos portugueses medievais, notei que uma pequena quantidade deles não confirmava as descrições tradicionais sobre os clíticos pronominais, pois apareciam como primeiro elemento da sentença. Concluí que o Português Arcaico ainda mantinha restos da forma latina *hic*, tendo havido confluência tanto de forma como de sentido, mas não de posição em relação ao verbo. Assim, propus que as duas formas latinas, *hic* e *ibi*, tinham sobrevivido na fase medieval do português e que integravam estruturas diferentes. Vou chamar de *hi(c)* a forma tônica, e de *hi* a átona. Passo a estudar esse desconhecido pronome tônico.

Hi(c) era um pronome tônico, fazia parte do núcleo funcional DP e não aparecia em construções de redobramento. Foi encontrado em poucos exemplos, que se concentram quase que exclusivamente no século XIII e seu comportamento, em linhas bem gerais, é o seguinte:

(i) ocupava tanto o primeiro quanto o último lugar da sentença, vinha antes de clíticos pessoais/reflexivos e aparecia, na maioria das vezes, em orações independentes:

(16)
    (a) [XIV DSG 146:38] [...] *muito tempo foi comigo naquesta cidade de Roma e morou en este meu moesteiro e **hi** o <u>soterraron</u>* [...]
    (b) [XIV DSG 159:40] [...] *mandou fazer sa cama cabo do muimento do martir e **hi** <u>se deitou</u> a folgar* [...]
    (c) [XIII FCR 35:6] *E, si o da uila achare al aldeano ena uila, demostrele plazo con .I. fiel pora outro dia, exida de misa matinal, ala collacion hu aya alcalde; e, sele y demandare casa con pennos, e y lela <u>dé</u>* [...]
    (d) [XIII SG 86:17] *Ide a ũu castelo que é aqui ũa legoa pequena e i o <u>acharedes</u>.*

(ii) assumia o papel de anunciador de uma sentença, como articulador discursivo:

(17)
    (a) [XIII CEM 342:6] *Loavan un dia, en Lugo, Elvira / Pérez* [...] */ e Don Lopo* [Lias] *diss'**i** enton, / per bõa fé, que já x'el melhor vira* [...]

82 Fundamentos sintáticos do Português Brasileiro

(b) [XIII CA 413:3] *Negueo mia coita des ũa sazon; / mas con gran coita que ouv(e) e que ei, / òuvi-a falar i como vus direi: / enos cantares que fiz des enton / en guisa soube mia coita dizer / que nunca mi-a poderon entender!*

(iii) podia ser empregado com o sentido de "então":[6]

(18)

    (a) [XIII FCR 82:9] *[...] si aquesto non conplire aquel que dá el octor, per hi caya, e, **hy** hu dere el octor, **hy** dé fiador que faça quanto mandaren alkaldes.*

    (b) [XV SVA1 187:1] *[...] adusserom-nos pera Cesarea, a de Estracio. E **i**, [...] mudarom-nos os nomes e venderom-nos a ũa judia mui boa [...]*

    (c) [XIV LLCP 244:4] *Os fidalgos portugueses lhi responderom: "Senhor, os que aqui estam hoje, este dia, vos faram vencer, ou **i** todos prenderemos morte".*

(iv) podia se combinar com preposições como *des, per* e *por*:

(19)

    (a) [XIII CEM 64:7] *E dos poldrancos de Campos levarei grandes companhas / e dar-vos-ei en ajuda tôdolos de Val de Canhas; / e des **i** pera meu corpo levarei tal guisamento, / que nunca en nen un tempo trouxo tal Pero Sarmento [...]*

    (b) [XIII CA 341:19] *E por esto rogo Nostro Senhor / que lhe meta eno seu coraçon / que me faça ben, poi'-lo a ela non / ouso rogar [...] Se per **i** seu ben ouvess'a perder; / ca sen ela non poss'eu ben aver / eno mundo, nen de Nostro Senhor [...]*

    (c) [XIII SG 58:13] *E quando vio o escudo de Galvam, conhoceo-o por **i**, e ouve gram pesar, ca sempre lhe fezera amor [...]*

(v) sobreviveu em pronomes circunstanciais de lugar como *aqui, ali* e *aí*:

(20)

    (a) [XIII SG 199:25] *"Perto daqui", disse Galvam, "ha ũa irmida u o quisera eu levar quando este cavalleiro me cometeo; **ahi** irá el bem e a gram onra [...]"*

    (b) [XIII SG 444:5] *"Que faremos? ca se leixarmos **aqui** muito Galvam eu cuido que morrerá com pesar". "Senhor, disserom eles, nos teeriamos por bem de o alongarmos daqui e de o guardarmos em hũa camara ata que estes sejam soterrados. Ca, sem falha, se aqui muito está, morrerá."*

    (c) [XV VS1 43:40] *E a besta engoly-a logo e sofreo **aly** muitas pe / nas. E desi a cabo de pouco aquella besta deitou-a de ssy ẽ / fundo do lago [...]*

Vejamos agora o comportamento do clítico *hi*: ele fazia parte de uma minioração e podia se tornar complemento de verbos; podia ocorrer sozinho ou acompanhado de um SP, nos casos de redobramento. Alguns exemplos:

(21) Clítico locativo *hi* simples:
    (a) [XIII:1274 HGP 73:32] [...] *que é gaancia do casal de Casela e no Vilar de Dõ Senĩ quanto y auia Martin Eanes e Azẽda Moniz asy d'auóó como de conpras e de gaancias* [...]
    (b) [XV:1426 HGP 169:37] [...] *et nõ agoardando, que o moesteiro posa tomar suas casas e cortinas cõ quantas boas paranças nos y fezeremos et teueremos feitas.*
    (c) [XIII FR 247:4] *E se a casa ouuer mester de se refazer e de se adubar e o senhor a nõ quiser adubar, frõt[e]o aaquel que a ten e possaa leyxar. E dé o aluger do tempo que y morou e nõ mays.*
    (d) [LLCP 278:6] *E entom passou o rio aalem, e parou-se nos caminhos dos vaos todos, porque nom sabia por qual vao queria passar, nem per qual caminho viinha. E atendeo i dous dias.*

(22) Clítico locativo *hi* redobrado:
    (a) [XIII:1298 HGP 208:5] *e a quinta parte de .xvj. peças d'erdade que son y **enno couto de Bueu*** [...]
    (b) [XIII SG 422:30] *E os filhos del-rei que i jaziam **no paaço** chegarom i primeiro e acharom sa madre cabo del-rei dormindo e o coitelo sobre ela* [...]

Com respeito à grafia, tanto o pronome locativo *hi(c)* como o clítico *hi* apresentavam grafias semelhantes e variáveis: *i, hi, y, hy, hj*, como se veem em:

(23) Grafias de *hi*:
    (a) [XIV LLD 75:9] *E Mília Fernandes seve casada com Fernam Rodrigues de Vasconcelos, e ha i filhos* [...]
    (b) [XIII CR 302:17] [...] *hu m'el fez muytas uezes coutad'estar, na ermida do soueral. Se el non uen **hi**, madre, ey que farey* [...]
    (c) [XIII CSM1 214:12] *De monjes gran convento eran y* [...] *un tesoureir'y era aquela sazon* [...]
    (d) [XIII FCR 115:19] *E quise alçare, meta suas bestias a foro sobrelas outras que **hy** iazen* [...]
    (e) [XIV:1386 HGP 286:5] [...] *que os ditos sstromentos sscreuj e a cada huu deles meu signal **hj** fiz que tal (+) é en testemonho de uerdade* [...]

Como não há estudos sobre o clítico *hi* redobrado, foi difícil organizar seus dados; por isso resolvi fazer uma proposta de análise, que apresento a seguir.

O clítico locativo *hi* redobrado: etapas de mudança

Uma hipótese central preside a subdivisão desta seção: o locativo se manifestou primordialmente em estrutura redobrada, sendo que um conjunto de alterações reduziu-o ao locativo simples.

Recordo que para o estudo do clítico *hi* redobrado foi necessário considerar os clíticos pessoais redobrados de acusativo e dativo, analisados com detalhe no capítulo "Consequências do redobramento do clítico locativo *ende*". Com esses dados, pude articular uma proposta baseada em etapas de modificação do clítico redobrado, proposta essa resumida no quadro 1:

Quadro 1 – Etapas de mudança do clítico locativo redobrado *hi*

Etapa A	Etapa B	Etapa C
Redobramento original	Redobramento modificado, tendo em vista:	Simplificação do redobramento, considerando-se:
(i) estrutura contendo dois pronomes correferenciais e em adjacência estrita; (ii) se adjunge à direita do verbo; (iii) o constituinte preposicionado é iniciado pela preposição *em*.	(i) a perda da adjacência estrita entre os dois pronomes, provocada pela cliticização do pronome fraco ao verbo, tornando-se seu complemento; (ii) a permanência da correferencialidade entre os dois pronomes; (iii) o constituinte redobrado, ainda adjunto ao verbo, que se movimenta para a esquerda ou para a direita da sentença; (iv) a elipse do pronome fraco e consequente transformação do constituinte redobrado em complemento do verbo; (v) o surgimento de três tipos de estrutura: deslocada, descontínua e elíptica.	(i) a perda da correferencialidade entre os dois pronomes; (ii) a variação entre o pronome fraco e o constituinte redobrado; (iii) o pronome fraco, que aparece sozinho com o verbo; (iv) o desaparecimento do pronome fraco.

Estrutura original (EO)	Estrutura deslocada (EDesl.)	Estrutura descontínua (EDesc.)	Estrutura elíptica (EElip.)	Estrutura simplificada (ES)
a) A princípio, independentemente do tipo de sentença, se posicionava sempre à direita do verbo; b) posteriormente, passou também a se posicionar depois de um complementizador, em sentenças dependentes, e depois de nomes quantificados ou advérbios, em sentenças independentes.	a) Estrutura deslocada do tipo 1: (i) colocação do clítico à direita do verbo; (ii) deslocamento do SP para a esquerda da sentença. b) Estrutura deslocada do tipo 2: (i) colocação do clítico à esquerda do verbo; (ii) deslocamento do SP para a esquerda da sentença.	a) Estrutura descontínua do tipo 1: (i) colocação do clítico à direita do verbo; (ii) aparecimento de itens lexicais entre os dois pronomes; (iii) movimentação do constituinte redobrado para o fim da sentença. b) Estrutura descontínua do tipo 2: (i) colocação do clítico à esquerda do verbo; (ii) o verbo aparece entre os dois pronomes, na maior parte dos casos; (iii) possibilidade de o constituinte redobrado se movimentar para o fim da sentença quando relativizado.	a) O pronome fraco, como complemento do verbo, é elidido. b) O constituinte redobrado se torna complemento do verbo.	O pronome fraco pode aparecer enclítico ou proclítico ao verbo, dependendo do tipo sentencial e do item lexical que está no início da sentença.

Foram encontradas somente 150 ocorrências de *hi* redobrado, que estão distribuídas como mostra a tabela 2:

86 Fundamentos sintáticos do Português Brasileiro

Tabela 2 – Distribuição do clítico locativo redobrado *hi* no Português Arcaico

	Clítico locativo *hi* redobrado			
	*hiSP*V(V)	V*hiSP*	*hi*V*SP*	Total
1ª fase	3/77 4%	39/77 51%	35/77 45%	77
2ª fase	-	21/38 55%	17/38 45%	38
Total	3	60	52	115

Enfatizei nessa tabela a colocação do clítico redobrado em relação ao verbo (v): (i) *hiSP*V(v) significa que o clítico redobrado pode se colocar antes de um verbo, simples ou não; esses casos foram juntados porque o número de ocorrências, com dois verbos, era extremamente baixo; (ii) V*hiSP* indica que o clítico redobrado ocorreu depois do verbo; e (iii) em *hi*V*SP*, o verbo aparece entre o clítico e seu redobramento. O clítico redobrado antes do verbo praticamente não existia mais. O clítico redobrado depois do verbo e o verbo entre os dois pronomes têm ocorrências quase iguais nas duas fases do Português Arcaico.

Vejamos agora como foi a constituição das etapas de gramaticalização da minioração com *hi* redobrado, para examinar posteriormente os resultados desse tratamento.

Segundo a hipótese que anima o arranjo desta seção, o locativo redobrado passou por três etapas de modificação:

1. Etapa A, em que predomina a *estrutura original* (EO) e na qual a minioração está em adjunção a um verbo;
2. Etapa B, na qual predomina uma *estrutura deslocada* (ED), em que (i) o pronome fraco funciona como complemento do verbo, (ii) o constituinte redobrado está em adjunção ao verbo, movimentando-se pela oração, e (iii) desaparece o pronome fraco e o SP se torna complemento do verbo;
3. Etapa C, na qual aparece uma *estrutura simplificada* (ES), em que o pronome fraco figura sozinho e depois desaparece.

Cada estrutura vai ser vista como uma etapa independente, uma faceta no tratamento gramatical dos locativos. Entretanto, saliento que "etapa" não significa aqui necessariamente um "momento" da gramática dos locativos, a ser substituída por outra etapa/momento, situado posteriormente na linha do tempo. Entenda-se por "etapa" uma determinada gramática da classe em exame, que convive com outras gramáticas numa mesma sincronia, mudando apenas a frequência de seu uso.

Dois fatos relevantes vão ser considerados na descrição dessas estruturas: (i) o tipo de oração, independente ou dependente, e (ii) a colocação do clítico redobrado na sentença, levando em consideração o tipo sentencial. Como se sabe, as mudanças começam pelas orações independentes e chegam depois às orações dependentes. É nas orações dependentes que são conservados os últimos vestígios da mudança.

Com respeito à colocação do clítico locativo na estrutura redobrada, ele segue as mesmas regras de cliticização observadas por um clítico locativo.

Salvi (1990) destaca que o noroeste da península ibérica sempre foi uma região muito conservadora do ponto de vista linguístico, e por isso guardou um tipo de cliticização que vigorou durante toda a época romance. Essa cliticização primitiva levava em conta o tipo oracional: todo constituinte átono se liga ao primeiro elemento da sentença, ou seja, a uma conjunção, quando a oração é dependente, ou a um nome quantificado, quando a oração é independente. As outras regiões da Romênia passaram por outro estágio de cliticização de pronomes átonos e deixaram para trás o antigo modo de cliticização. Agora eles se cliticizavam à volta do verbo, numa posição de próclise ou ênclise.

Levando-se em conta a observação de Salvi e o posicionamento do clítico redobrado, pode-se propor que em matéria de cliticização as línguas dessa região bem conservadora, ou seja, o galego, o português e o leonês, apresentaram, no romance, dois tipos de cliticização: (i) um tipo mais antigo, com exemplos do século XIII, que leva em conta a qualidade do primeiro elemento da sentença, isto é, um pronome átono se cliticiza a esse primeiro elemento e em decorrência disso pode aparecer o fenômeno da interpolação, quando entre o clítico e o verbo se interpõem itens lexicais, ou (ii) um tipo mais recente, no qual o clítico vem adjacente ao verbo, numa posição de próclise ou de ênclise, conforme o tipo de sentença. O tipo mais antigo de cliticização atingia sobretudo a classe dos clíticos redobrados.

No primeiro caso temos a ocorrência de alguns fatos ligados a ele: (i) o clítico locativo se colocando perto do primeiro elemento da sentença, surgindo, assim, os casos de interpolação de constituintes entre o locativo e o verbo; (ii) o verbo se deslocando para outra posição, pois o clítico não pode aparecer como primeiro elemento da sentença, e assim o verbo se movimenta para a posição C, de CP, ficando como primeiro elemento da sentença, ao qual o clítico, átono, se apoia; (iii) alguns advérbios e conjunções, situados no início da sentença, atraem o clítico locativo para uma posição adjacente a eles.

No segundo caso temos o clítico gravitando à volta do verbo e se posicionando antes ou depois dele.[7]

Assim, o locativo *hi* vai apresentar diferentes posições de colocação: (i) adjacente ao primeiro elemento da sentença, (ii) imediatamente antes do verbo, (iii) imediatamente depois do verbo. Encontramos essas posições quando se trata de um verbo simples, pois com locuções verbais e verbos complexos as colocações podem ser diferentes.

88 Fundamentos sintáticos do Português Brasileiro

ETAPA A: A ESTRUTURA ORIGINAL

A Etapa A contém a estrutura redobrada em sua versão primária e por isso essa estrutura foi designada de estrutura original (doravante EO). É a etapa mais antiga e a menos documentada de todas, mas, reunindo dados dos clíticos pessoais e do clítico locativo *hi*, tentei reconstituí-la, em linhas gerais. Vejamos como teria sido.

A EO era uma minioração que tinha a seguinte estrutura:

$$[_{SC/SP} \; hi \; [SP]]$$

e que apresentava as seguintes características:

(i) era uma estrutura contínua, como em (24) e (25);

(ii) continha dois pronomes, um fraco e um preposicionado, que estavam em adjacência estrita, como em (24) e (25);

(iii) se comportava como um pronome único, como em (24) e (25);

(iv) se colocava em adjunção ao verbo, como em (24) e (25);

(v) a preposição que acompanhava o SP era *em*, como em (24) e (25);

(vi) se posicionava à direita do verbo, independentemente do tipo de sentença, como em (24), exemplos de sentenças independentes, e (25), exemplos de sentenças dependentes; e

(vii) tinha a seguinte representação em relação ao verbo:

$$... [_{TP} T{+}AGR_i \; [_{SV} \; [_{SV} \; t_i \; [\; V \;] \; [_{SC} \; cl \; [SP]]]]]$$

Vejamos todos os exemplos encontrados:

(24) EO em orações independentes:

    (a) [XIV CGE2 195:20] *Teodemyro, rey dos Suevos, <u>morreo</u> logo* **hy em Sevylha**.

    (b) [XIV CGE2 410:5] *[...] e meteronse ẽ hũa villa que chamavã Tavera [...] pera se defenderẽ hi, pois que aas naves nõ se podỹa colher. [...] E morreron hy, dos das naves, mais de quatrocẽtos homẽẽs e, dos outros muytos. E perderõ hy essas gentes quatro naves das suas. Pero, cõ todo esso, morrerõ hi assaz dos das naves. E <u>moraron</u>* **hy ẽna terra** *essas gentes hũũs poucos dias [...]*

    (c) [XIV CGE2 446:21] *[...] <u>mãdou</u> Mafomede [...] <u>fazer</u> naves* **hy em essa cidade e em Sevilha e ennos outros logares** *que soube que avya avondo de madeira [...]*

(25) EO em orações dependentes:
(a) [XIII CA 794:9] *E pera qual terra lh' eu fugirei, / logu' el saberá man-dado de mi, /ali u for'; e pois me tever **i** / **en sa prison**, sempr' eu esto direi* [...]
(b) [XIII:1298 HGP 208:5] [...] *e a quinta parte de .xvj. peças d'erdade que son* **y enno couto de Bueu** [...]
(c) [XIII FR 217:5] *Se aa ora que morrer o padre ou a madre ou qual quer delles, se alguu non ouuer fillos ena terra e outro fillo que for* **y na terra** *filharsse e apoderarse da boa que lhys perteeçe por erança* [...]
(d) [XIII CEM 247:9] *Dé-mi o que por el perdi / e un bon penhor aqui / por mia soldada; / e irei eu, se el for* **i** / **na cavalgada** [...]
(e) [XIII CEM 570:25] *E non daria ren por viver **i** / **en este mundo** mais do que vivi* [...]
(f) [XIII LVL 49:28] *E então o filho que andava **i na nave** ouvio aquela pa-lavra que sa madre dissera* [...]
(g) [XIV:1345 HGP 258:21] [...] *para reçeber ende o preçõ e para põer* **hj en seu logo e en nosso nome** *algũa pessçoa que procure e menistre as ditas herdades* [...]
(h) [XIV SP 318:14] *Mvdarsse querẽdo algũũ clerigo da ssa jgreia pera fazer uida enoutra que fosse de rreligiõ, bem o pode fazer, pero primeyramẽte o pode demãdar a seu bispo que lho outorque ou a outro prelado meor se o ouuer* **hy ẽ aquel logar**.
(i) [XIV SP 523:15] *E ssenõ que a<s> ffirmẽ con testemũho dos melhores que acharẽ* **hy nas cabanas**.
(j) [XIV CGE2 443:22] [...] *e que estava* **hy na corte** *hũũ filho dessa dona Timbor* [...]

Outros tipos de exemplo mostram que nessa mesma etapa a minioração com *hi* redobrado passou por alterações em (v) e (vi), duas das características apresentadas anteriormente. Essas alterações foram:

(v') a EO passou a se adjungir também a complementizadores ou a nomes quantificados ou a advérbios. Quando a sentença era independente, a EO se colocava à direita do verbo, como sempre fez, mas quando ela começava por nome quantificado ou advérbio, a EO se posicionava à direita deles. E quando a sentença era depen-dente, a EO se colocava à direita do complementizador. Com o locativo *hi* só foi localizado um exemplo, e na oração dependente, mas há muitos exemplos com o clítico pessoal dativo:[8]

90 Fundamentos sintáticos do Português Brasileiro

(26)

> [XIII:1299 HGP 214:3] [...] *e a todolos outros que **y en esse moesteyro** a Deus <u>seruẽ</u> e seruirã* [...]

(vi') ampliou a gama de preposições que podiam coocorrer com *hi*, como nos exemplos a seguir:

(27)

    (a) [XIII CEM 123:5] *Don Estêvão achei outro dia / mui sanhudo depos un seu om'ir; / e sol non lhi pôd'un passo fogir / aquel seu ome depos que el ia; / e filhô-o **i pelo cabeçon** / e ferio-o mui mal dun gran baston / que na outra mão destra tragia* [...]

    (b) [XIII CEM 543:21] *[...] en Toledo sempr'ouço dizer / que mui maa* [vila] *de pescad'é; / [...] // E se de min quiserdes aprender / qual pescado ven en esta sazon, / non[o] á i, sol lhis ven i salmon; / mais pescad'outro, pero despender, / mui rafeç'é, por vos eu non mentir: / Ca vi eu a Peixota remanir / **i sô un leit',***

    (c) [XIII SG 136:24] *[...] ũu dia che aveo que a ventura o levou na entrada da furesta. E achou **i sob ũu carvalho** ũu cavalleiro dormindo sobre seu scudo* [...]

    (d) [XIII SG 298:28] *Entom se forom de pos o cervo e entrarom em ũu vale e virom **i entre ũas moutas** ũa ermida pequena u morava ũu homem bõo mui velho de santa vida e que avia muito que ja i fezera serviço a nosso Senhor.*

    (e) [XIV CGE2 443:25] *E Bernaldo, quando o ouvyo, pesoulhe muyto de coraçon e desafiouho porende logo **hi ante el rey*** [...]

    (f) [XIII:1281 HGP 132:2] *Mando **y a esse moestero de Monte de Ramo** o meu casar de Uila Ester cõ o meu quiñõ do Couto e cõ todas las outras cousas que y aio e deuo a auer* [...]

Em suma, nessa etapa vamos encontrar uma minioração na sua estrutura primitiva com dois tipos de comportamento envolvendo, primitivamente, uma adjunção à direita do verbo: (i) num primeiro momento, nenhum elemento da sentença parece afetar a posição da minioração e assim aparece à direita do verbo, podendo estar distante dele ou não; (ii) num segundo momento, a minioração passa a ser sensível a alguns itens lexicais e em decorrência disso o tipo sentencial é levado em conta, o que faz surgir diferentes lugares de adjunção dessa minioração: agora, ela aparece se posicionando ou à direita de um complementizador quando a sentença é dependente, ou à direita de um nome quantificado ou advérbio quando a sentença é independente, e ainda continua a se posicionar à direita do verbo, quando a sentença é independente e não apresenta nomes quantificados ou advérbios.

ETAPA B: MUDANÇAS NA ESTRUTURA ORIGINAL

Esse tipo de estrutura é encontrado tanto em orações dependentes quanto independentes, como aparece nos exemplos anteriores.

ETAPA B: MUDANÇAS NA ESTRUTURA ORIGINAL

A característica da Etapa B é a perda da adjacência estrita entre o pronome fraco e seu constituinte redobrado, quando da agregação do clítico ao verbo na qualidade de seu complemento. Com isso o SP, continuando como adjunto, tem a liberdade de se movimentar pela sentença, indo para a sua direita ou esquerda. Essa etapa apresenta três tipos de mudança da EO, sendo que cada uma é independente da outra: (i) na 1ª mudança, o clítico se vincula ao verbo se posicionando enclítica ou procliticamente a ele, e o SP se desloca para a periferia esquerda ou direita da sentença; (ii) na 2ª mudança, a vinculação do clítico ao verbo causa uma descontinuação entre o pronome fraco e seu SP, e provoca o aparecimento de itens lexicais entre os dois; e (iii) na 3ª mudança, o clítico se elide, restando somente SP, que se torna complemento do verbo. Estudemos cada uma dessas mudanças.

Primeira mudança: estrutura deslocada

A primeira mudança ocorrida na EO originou a estrutura aqui chamada de deslocada (EDesl.) e recebeu esse nome porque (i) o SP se antepõe ao clítico, e (ii) o clítico se torna complemento do verbo se posicionando como enclítico ou proclítico ao verbo, o que origina dois tipos de deslocamento. Quando o clítico está enclítico ao verbo temos uma estrutura deslocada do tipo 1, e quando o clítico está proclítico ao verbo, surge a estrutura deslocada do tipo 2. Vejamos cada um desses deslocamentos.

Estrutura deslocada do tipo 1

Quando o pronome fraco se encliticizou ao verbo, a EO ficou assim:

$$... [_{TP} T{+}AGR_i [_{SV} [_{SV} t_i [V \ cl_j] [_{SC} [e]_j SP]]]]]$$

e o SP, redobramento do clítico, adjunto a esse mesmo verbo, se deslocou para a esquerda da sentença, ocupando uma posição mais alta que CP, talvez a de TopP:

$$... [_{SP} SP]_k ..... [_{TP} \ T{+}AGR_i [_{SV} [_{SV} t_i [V \ cl_j] [_{SC} [e]_j [e]_k]]]]]$$

O deslocamento do SP locativo para a esquerda da sentença está bem pouco documentado no Português Arcaico, mas ainda pode ser encontrado tanto em orações dependentes como em independentes.

92 Fundamentos sintáticos do Português Brasileiro

(28) SP locativo deslocado à esquerda, na oração independente:
   (a) [XIII CSM1 183:28] [...] *mais **ena ygreja** mannãa <u>seremos</u> **y** [...]*
   (b) [XIII CSM1 43:20] [...] *ca o demo **no seu coraçon** / <u>metera</u> **y** tan grand'* *erigia, / que per ren non podia mayor* [...]
   (c) [XIII CSM1 90:24] *E porend'un aldeão de Segovia, que morava / na aldea, hũa vaca perdera que muit' amava; / e **en aquela ssazon** / <u>foran</u> **y** outras <u>perdudas</u>* [...]
   (d) [XIII CSM1 149:22] ***Ant' a eigreja qu' en un vale jaz**, / e ant' a porta paravan-ss' en az / e <u>estavan</u> **y** todas mui quedas en pas* [...]
   (e) [XIII CSM1 122:22] *En aquela praç' avia un prado mui verd' assaz* [...] ***Sobr'aquest'** hũa vegada / <u>chegou</u> **y** un gran tropel / de mancebos por jogaren / à pelota* [...]
   (f) [XIV DSG 81:10] ***En aquel logar hu estava en oraçon con os frades** <u>avia</u> **hi** hũũ tonel en que soiam meter azeite* [...]

(29) SP locativo deslocado à esquerda, na oração dependente:
   (a) [XIII SG 349:26] *Mas quando tu fores livre, destrue este castelo e quantos i son fora as donzelas que **en presom** <u>jazem</u> **i** [...]*
   (b) [XV:1448 HGP 260:3] [...] ***no moosteiro de sam Saluador de Uairam** [...] <u>estando</u> **hy** ha senhora Janebra de Ssaa, dona abaesa do dito moosteiro, e a honrada Líjanor Díjaz, prioressa [...] emprazou e fez prazo a Lourenço Afonsso* [...]
   (c) [XV:1454 HGP 262:27] [...] ***na clasta de Sam Salluador de Uayram da hordem de Sam Bento** [...] <u>estando</u> **hij** em cabijdo a honrada e rrelle-giosa senhora Jenebra de Saa, dona abadesa do dicto moesteiro* [...]
   (d) [XV:1484 HGP 267:4] [...] ***no paaço do mosteyro de Sam Saluador de Bayram** [...] <u>estando</u> **hy** a senhor donna Líjanor do Rego* [...]

Estrutura deslocada do tipo 2

Quando o pronome fraco se posicionou em próclise ao verbo, também como complemento do verbo, surgiu a estrutura:

$$... [_{TP} \text{ T+AGR}_i [_{SV} [_{SV} t_i [cl_j v] [_{SC} [e]_j \text{ SP}]]]]]]$$

e seu SP, que continuava adjunto ao verbo, se deslocou para a esquerda da sentença, dando origem ao que chamei de deslocamento 2 (Edesl.2):

$$... [_{SP} \text{ SP}]_k ..... [_{TP} \text{ T+AGR}_i [_{SV} [_{SV} t_i [cl_j v] [_{SC} [e]_j [e]_k]]]]]$$

(30) SP locativo deslocado à esquerda, em orações independentes:
- (a) [XIII CSM1 208:4] *Eno nome de Maria* / *çinque letras, no-mais, y á* [...]
- (b) [XIV:1385 HGP 61:27] *Eu Pedro Fernandez,* [...] *polo dito Vasco Gomez* **en esta carta que o dito Hohan Peres escripuyo en meu lugar e per meu mãdado** *este meu signal* **y** <u>figy</u> *en testemuyo de uerdade* [...]
- (c) [XIII:1296 HGP 206:14] *Eu Vidal Domĩguiz* [...] *vy una carta feyta per Martĩ Peris* [...] *que mĩ mostrou Esteuãi Nunez* [...] *e a rogo del* **ééste treslado** *meu sinal* **y** <u>pugi</u> [...]
- (d) [XIV:1301 HGP 219:29] [...] **en esta carta que Johã Tome fez de meu mãdado** *meu sinal* **y** <u>pono</u> *que tal est* [...]
- (e) [XIV:1385 HGP 61:27] *Eu Pedro Fernandez,* [...] *polo dito Vasco Gomez* **en esta carta que o dito Hohan Peres escripuyo en meu lugar e per meu mãdado** *este meu signal* **y** <u>figy</u> *en testemuyo de uerdade* [...]

(31) SP locativo deslocado à esquerda, em orações dependentes:
- (a) [XIV SP 552:4] *E ainda en poer este sêsso ha departimẽto ca* **en logares hy** <u>ha</u> **en que o põ o [papa] e (os) outros en que o poẽ os bispos en seys bispados**.
- (b) [XIII CEM 115:17] *E* **en Cistel, u verdade soía** / *sempre morar, disserom-me que non* / <u>morava</u> *i avia gran sazon* [...]
- (c) [XIII FCR 118:22] **En Castel Rodrigo**, *ningun requero que pan e uino* **hy** <u>aduxer</u>, *non dé portadgo* [...]

Tanto no deslocamento 1 como no deslocamento 2, o SP tem sua posição primária à direita do verbo; o que torna os dois deslocamentos diferentes é a posição do clítico em relação ao verbo e a posição ocupada pelo SP depois do seu deslocamento. Quando o clítico está enclítico ao verbo, seu SP ocupa uma posição acima de CP, talvez a de tópico na sentença, e quando o clítico está proclítico ao verbo o SP ocupa uma outra posição na sentença, talvez abaixo de CP. Essa é uma questão a ser mais bem estudada com mais exemplos.

Segunda mudança: estrutura descontínua

A segunda mudança ocorrida na EO deu origem à estrutura descontínua (EDesc.) e foi assim chamada porque (i) o clítico, já complemento do verbo, pode aparecer na posição enclítica ou proclítica a esse mesmo verbo, e (ii) o SP aparece separado de seu redobrador, surgindo itens lexicais entre ambos. Essa estrutura está muito bem documentada em todo o Português Arcaico e é bem frequente. Vejamos como ela surgiu.

94 Fundamentos sintáticos do Português Brasileiro

Estrutura descontínua do tipo 1

O pronome fraco se encliticizou ao verbo, se separou de seu SP

... $[_{TP}$ T+AGR$_i$ $[_{SV}$ $[_{SV}$ t$_i$ $[$ V cl$_j$ $]$ $[_{SC}$ $[$e$]_j$ SP$]]]]]$ ...

e entre ambos apareceram itens lexicais

... $[_{TP}$ T+AGR$_i$ $[_{SV}$ $[_{SV}$ t$_i$ $[$ V cl$_j$ $]$ .... $[_{SC}$ $[$e$]_j$ SP$]]]]]$ ...

Os itens lexicais, indicados com reticências na estrutura, podem ser de vários tipos: nome (complemento ou sujeito posposto), advérbio, SP, pronome em adjunção.

(32) SP locativo se posicionando afastado do clítico e se posicionando à sua direita, em orações independentes:
  (a) [XIII SG 423:18] *E cavalgarom muitas jornadas ata que chegarom aa riba do mar e <u>acharom</u> **i** a mui fremosa nave **na riba** que Salamom e sa molher fezeram [...]*
  (b) [XIV SP 445:19] *Uagando algũa eygreia per algũa rrazõ en que ouuesse algũũ dereyto de padroado nõ deue o bisp<o> nẽ outro prelado <u>poer</u> **hy** clerigo **enela** ameos de o apresentarẽ os padres.*
  (c) [XIV CGE2 40:14] *Ca Espanha se rega cõ nove ryos cabedaes [...] os quaees nove ryos som estes [...] E affora estes <u>ha</u> **hy** outros muytos ryos **nas Esturas e en Galliza e em Portugal e en Andaluzia** [...]*
  (d) [XIII:1299 HGP 209:19] *[...] e <u>mãdo</u> y para hũa pitança **a esse moesteyro** enno dia en que me soterrarẽ.*
  (e) [XIV DSG 243:23] *Se ofereceres tua oferta ao altar e hi te nembras que o teu proximo ha algũa querela de ti, <u>leixa</u> **hi** tua oferta **ante o altar** e vai primeiramente sair da querela de teu proximo [...]*

(33) SP locativo afastado do clítico e à sua direita, em oração dependente:
  (a) [XIV DSG 222:24] *Rogo-te, padre, que me digas se devemos creer que o fogo do inferno he hũũ ou se **ha hi** tantos fogos **no inferno** quamtos som os pecados dos homẽẽs que em ele atormentan [...]*
  (b) [XIII SG 463:12] *Quando Giflet estava no outeiro viu que el-rei entrara na barca com as donas, deceu-se ende e fo-se contra ala quanto o cavalo o pode levar ca esmou, se chegasse com 'tempo, que se <u>meteria</u> **i** com seu senhor **na barca** [...]*

(c) [XIV CGE2 108:17] [...] *que sempre tragyam a Roma das cousas stranhas que allo achavam e das que elles nõ avyã. E contam as estorias que forom hy tragydos desta vez leõões e elifantes* [...] *E ainda, segundo diz Plimio, hy avya hũa ave a que chamavam Fenis; e dizem que nõ <u>ha</u>* **hy** *mais de hũa* **no mundo**.

(d) [XIV CGE2 436:9] [...] <u>*estando*</u> **hy** *Bernaldo* **em Saldonha**, *correo terra de Leon e guerreava muy de ryjo quanto mais podya a el rey dom Afonso* [...]

(e) [XIII CR 302:23] [...] *na ermida do soueral. Rogu'eu* [...] *que <u>ach</u>'oi'eu* **hy**, *madr', o meu traedor* **na ermida do soueral** [...]

(f) [XIII SG 446:26] *E fez logo aduzer os santos evangelhos e recebeu logo menagem e juramento. Disi enviou per toda sa terra preto e longe aos que del terra tĩiam que veessem a ele e pos-lhi dia en que <u>fossem</u> i com ele com todo seu poder* **na Joiosa Guarda**.

(g) [XIII CR 303:9] *Ca sey que <u>uen</u>* **hi** *de grado, a* **sancta Maria de Reca** [...]

Estrutura descontínua do tipo 2

O pronome fraco, já complemento do verbo, se posiciona procliticamente a ele e o SP continua adjunto ao verbo, ou seja, à sua direita. Com esse movimento do clítico para antes do verbo a EO se torna descontínua, com o verbo entre o clítico e o SP, conforme a estrutura:

$$ ... [_{TP} \text{ T+AGR}_i [_{SV} [_{SV} t_i [\text{ cl}_j \text{ V }] [_{SC} [\text{e}]_j \text{ SP}]]]]]] $$

A estrutura descontínua com o verbo entre os dois pronomes é a forma mais comum e já apresenta o comportamento de um redobramento clítico moderno, isto é, o clítico aparece cliticizado ao verbo, e o SP aparece como um complemento oblíquo independente. Vejamos exemplos:

(34) Clítico em próclise ao verbo e SP à direita do verbo, em orações independentes:

(a) [XIII CSM1 278:21] *Demais un rico pano* **y** <u>*deu*</u> / **na iegreja** [...]

(b) [XIV SP 265:25] *E os aciprestes ssom en tres maneyras: as duas ssom enas jgreias cathadraaes, a outra nas jgreias dos bispados, ca(da) hũũ\<s\>* **hy** <u>*ha*</u> **en algũas jgreias** *que tẽẽ logares de dayaes* [...]

(c) [XIV SP 328:12] *Abades* **hy** <u>*ha*</u> **enalgũũs logares e en moesteyros** *ou priores que nõ obedeçẽ senõ ao apostoligo.*

(d) [XIII FCR 74:1] [...] *si mays metiren, hos alcaldes uazien el corral. E qui* **hy** <u>*estouer*</u> **sobre seu coto**, *peyte* [...]

96 Fundamentos sintáticos do Português Brasileiro

(e) [XIII SG 444:5] *"Que faremos? Ca se leixarmos aqui muito Galvam eu cuido que morrerá com pesar". "Senhor", disserom eles, "nos teeriamos por bem de o alongarmos daqui e de o guardarmos em hũa camara ata que estes sejam soterrados. Ca, sem falha, se aqui muito está, morrerá". E el-rei i <u>se acordou</u> **em este conselho** [...]*

(f) [XIII:1283 HGP 77:27] *[...] damos e outorgamos a uos Johã Dominguez e a uossa moler Sancha Rodriguez [...] a meadade de foro e da erdade de Camseyda [...] e dou uos y demais a uos sobreditos e a uosos filos e a uosos netos todalas pesqueyras que som feitas e quamtas mays **y** <u>poderdes fazer</u> **in este foro e in este termio de suso dito** que as fazades e que dedes deças sempre áó moesteyro iam dito per seu máórdomo méó e dizemo do pescado que y filarẽ [...]*

(35) Clítico em próclise ao verbo e SP à direita do verbo, em orações dependentes:

(a) [XIII FCR 114:23] *Alkaldes e iurados anden perlas cales e rayguen os omnes e ueian cada unos que uida uiuen; e, si esto non fezeren, cayales en periurio. E de cada aldea den iurado; e iure en mano del alkalde que faça dereyto e rayge hos malos omnes que **y** <u>ouere</u> **en aldea**; si non, peyte o dano que for feyto per ladrones o per maos omnes.*

(b) [XIII SG 403:12] *Mas a besta, quando se sentiu ferida, meteu-se so a agua e começou logo a fazer ũa tam gram tempestade polo lago que semelhava que todo-los diaboos do inferno **i** <u>era</u>[m] **no lago** [...]*

(c) [XIII SG 422:30] *E os filhos del-rei que **i** <u>jaziam</u> **no paaço** chegarom i primeiro e acharom sa madre cabo del-rei dormindo e o coitelo sobre ela [...]*

(d) [XIV:1373 HGP 92:27] *[...] segũdo lo fezerẽ cada hũ dos outros sseus omẽes que **y** <u>morarẽ</u> **en essa terra** nas herdades do dito mosteyro [...]*

(e) [XIV:1321 HGP 77:20] *[...] e que dedes ende ĩ cada un ano áó moesteyro de chouzã per seu maordomo meadade de uino no lagar e meadade de todo pam que **y** <u>lauorardes</u> **na eyra** [...]*

(f) [XIV:1335 HGP 282:10] *[...] e mãdou aos homẽes e molheres que **hj** <u>morã</u> **na dita quintáá e casaes e herdades sobre ditas** que daquj adeante obedeçessem e rrespondesem ao dito senhor arçabispo [...]*

(g) [XIV SP 87:20] *Pero se a eygreia ẽ tal estado esteuer que a nõ possam hy fazer por algũu enbargo que hy aia, deue ser feyta en hũa(s) das outras eygreias da villa a mays onrrada que **hy** <u>ouuer</u> **ẽ aquel bispado** [...]*

(h) [XIV CGE2 371:8] *[...] e veeo a Cordova. E sayo el rey a lidar cõ elle. E venceo el rey e fez prender todos aquelles que hy forom e fez tomar todallas cousas que **hy** <u>acharom</u> **na hoste de Çoleyma** [...]*

(i) [XIV CGE2 434:6] *E dous altos homeens que* **hy** _avya_ **enna corte** *enton* [...] *ouveron seu conselho de o dizer aa raynha, que, por rogo della, fosse Bernaldo lançar a tavolado* [...]

(j) [XIII:1283 HGP 77:27] [...] *damos e outorgamos a uos Johã Dominguez e a uossa moler Sancha Rodriguez* [...] *a meadade de foro e da erdade de Camseyda* [...] *e dou uos y demais a uos sobreditos e a uosos filos e a uosos netos todalas pesqueyras que som feitas e quamtas mays* **y** _poderdes fazer_ **in este foro e in este termio de suso dito** *que as fazades e que dedes deças sempre áó moesteyro iam dito per seu máórdomo méó e dizemo do pescado que y filarẽ* [...]

(k) [XIV DSG 209:35] *preito que* **hi** _avia de desembargar_ **em a corte do emperador** [...]

Com poucos dados encontrados sobre o afastamento do SP em relação a seu redobrador, é difícil determinar se esse afastamento caracterizaria uma deslocação à direita do SP.

São escassos os exemplos da estrutura descontínua com outros itens lexicais, além do verbo, interpondo-se entre os dois pronomes:

(36)

(a) [XIII FCR 25:22] *Toda uinna aya .xx. stadales en coto. E quen* **y** _achare_ *porcos* **eno couto**, *tome ende dos* [...]

(b) [XIII FCR 71:13] *Tod omne que heredat outorgare,* **y** _dé_ *fiador* **sobrela heredat** *que aia ualia dela heredat dublada* [...]

(c) [XIII:1262 HGP 43:14] [...] *mays fiquem as vozes de estes lugares ditos que estas partes ia ditas* **hy** _deuẽ a auer_ *por sempre* **a esse ia dito moesteyro** [...]

(d) [XIII:1296 HGP 205:30] [...] *enna flíǵisia de Santa Maria de Tebra e enna flíǵisia de San Saluador dj de Tebra a monte e a ffonte u quer que y via uos for e quanto eu e esse meu marido* **y** _auemos_ *assy de conpra commo de gáánadio* **en essas flíǵisias e en Ffafiães** [...]

(e) [XIV CGE2 113:18] *Entom andavã por caudees nas Spanhas* [...] *seus sobrynhos, que elle* **hy** _posera_ *por guarda da terra* **em seu logar**.

(f) [XIV SP 405:11] *Ca seera contra rrazõ e que cousa de julgar os homẽs de morte ou de lisiom eno logar que he estabeleçudo pera serujr hy Deus e pera ffazerlhy hy obras de piedade. E outrossy nõ deuẽ hy a ffazer, merchandia nẽ deuẽ a ssoterrar mortos dẽtro en ella segundo dissemos eno titolo dos sacramẽtos. E nõ* _deuẽ_ **hy** *a* _estar_ *cõ os clerigos homẽs leigos* **eno coro** *quando dizem as oras moormẽte aa missa* [...]

98 Fundamentos sintáticos do Português Brasileiro

Terceira mudança: estrutura elíptica

A terceira mudança é a mais bem documentada de todas as três. Nela ocorre a elipse do pronome fraco e o SP é reanalisado como argumento do verbo:

$$... [_{TP} \; T{+}AGR_i \; [_{SV} \; t_i \; [\; V \; SP \;]]]$$

Esse novo complemento do verbo pode se posicionar à direita ou à esquerda do verbo, e os exemplos dessa estrutura são muitos. Então selecionei alguns:

(37) SP locativo como complemento do verbo, em sentenças independentes:
  (a) [XIII SG 1:7] [...] *foi grande gente asunada em Camaalot* [...] *aveeo que ũa donzella chegou i* [...] *e <u>entrou</u> **no paaço** a pee como mandadeira* [...]
  (b) [XIII SG 16:12] *E quantos **no paaço** <u>siam</u>,* [...] *e maravilharom-se ende muito desto que aveo, e nom ouve i tal que podesse fallar por ũa gram peça, ante siam calados e catavam-se ũus aos outros* [...]
  (c) [XIII SG 39:25] *E elles vierom e virom o corpo <u>jazer</u> **no muimento** e disserom: "Senhor, assaz avedes i feito e nom convem que mais i façades, ca este corpo nom será daqui movido"* [...]. *"Si será" disse ũu homem velho que i stava* [...]
  (d) [XIII SG 82:23] *E era tarde tanto que nos anouteceo na furesta, e ouvemos i a ficar. E <u>pousamos</u> **em ũa choça** que i achamos* [...]
  (e) [XIII SG 95:27] *E aquella egreja <u>stava</u> **em meio de ũu gram chaão mui ermo**. E forom para alla para pousarem i aquela noite* [...]
  (f) [XIV DSG 4:25] *E dementre todos escarnecian do santo homen foi hũu mancebo aa fonte por da agua en hũa gram canada e tomando a agua da fonte <u>entrou</u> hũu mui gram peixe **na canada** e quando se tornou o mancebo, deitando a agua da canada ante aqueles que hi siiam comendo, caeu o peixe en terra e era tan grande que abastou aquel santo homen Onrado quanto pôde comer naquel dia.*
  (g) [XIV CGE2 25:26] [...] *por que lhe semelhou aquella terra boa pera lavrar e cryar gaados e pera caçar con aver e com cãães, <u>morou</u> **em ella** hũũ grande sazon. E fez hi sacrificio a Dyana* [...]
  (h) [XIV CGE2 36:2] *E <u>escreveo</u> **ẽ hũũ marmor** quatro leteras que diziam "Roma" e estas achou hy despois Romulo quãdo a pobohou* [...]
  (i) [XV CDP 268:1] *E <u>esteve</u> el-rrei **em Sevilha** quatro meses, e ante que d' alli partisse escreveo a el-rrei dom Pedro de Purtugall como queria aver paz e amizade com elle, e que ell enviaria taaes ao estremo de que fiava por seus procuradores, pera trautarem aveença antr'elles, e que el-rrei dom Pedro mandasse hi outros com que seus feitos fossem concordados.*

(38) SP locativo como complemento do verbo, em orações dependentes:
(a) [XIII SG 6:5] [...] *e muitos outros cavalleiros catavam contra ũas freestas que stavam* **sobre a ag(u)oa**, *e virom i seer ũu cavalleiro que era natural d' Irias* [...]
(b) [XIII SG 19:31] *Rogo-vos que nom vades* **em esta demanda** [...] *mas sei verdadeiramente que, se i vai, que fará tam gram dapno nos cavalleiros que aqui som, que todo seu linhagem nom nos poderá cobrar* [...]
(c) [XIII SG 22:4] *E depois que foram* **no paaço**, *cada ũu dos cavalleiros foi seer com sua molher ou com sua enten*[de]*dor ou com sua amiga. E taes ouve i que poserom com suas amigas de as levarem* [...]
(d) [XIII SG 39:3] [...] *e disse-lhe que* **soo aquella arvor** *sta o muimento onde sae a voz* [...]. *E se vos i queredes ir* [...]
(e) [XIII SG 42:12] [...] *as cavallarias e as perfeitanças que os cavalleiros da Mesa Redonda fezerom* **em aquella demanda** *e as maravilhas que i acharom* [...]
(f) [XIII SG 66:11] *"Agora leixaredes minha demanda, ca a fazer vos convem, e mais vos valera i veer vosso conpanheiro que jaz* **em na montanha**" [...]
(g) [XIII SG 71:33] [...] *quando o soubesse que o cavalleiro* **com ella** *era, elle era tam bravo que mataria a donzella e quantos a i ajudassem* [...]
(h) [XIV DSG 23:7] *E porque aquel moesteiro estava* **en cima dũũ monte muito alto**, *non parecia nen hũu campo chãão en que podessen fazer horta de verças pera os frades que comessem, tirado huum mui pequenĩho logar que aparecia na costa do monte, pero era embargado per hũu gran penedo que nascia hi naturalmente e tiinha todo o logar coberto.*
(i) [XIV DSG 46:18] [...] *e pousando entanto* **en hũa eigreja de San Pedro que hi avia** [...]
(j) [XIV DSG 70:19] [...] *mais nen hũũ dos homẽẽs que* **no moesteiro** *eran non poderon tomar, nem frade nen segral, ca assi o prometera Nosso Senhor a San Beento que guardaria aqueles que hi vivessen* [...]
(k) [XIV DSG 85:18] *Adur o santo homen compriu a sa oraçon e a alma tornou ao corpo e a todos aqueles que hi estavan apareceu que todo o corpo do menĩho tremeu quando a alma* **en el** *entrou* [...]
(l) [XIV CGE2 15:9] *E outras gentes veheron* **en Espanha** [...] *Ainda hi ha outra terra a que chamam Luçena* [...]
(m) [XV CDP 104:12] *E como aquella ementa era desembargada com el-rrei, diziam os desembargadores a cada hũua pessoa a mercee que lhe el-rrei fazia, e mandavam a sseus escrivães que lhe fezessem logo as cartas; e em esse dia aviam de ser feitas ou no outro a mais tardar,*

100 Fundamentos sintáticos do Português Brasileiro

> *so a penna que dissemos. E sse hi avia taaes perfiosos que andavam mais apos el-rrei, afficando-o com outras petiçoões depois que aviam desembargo de ssi ou de nom, ou* <u>*moravam*</u> *mais tempo **na corte**, se era honrrado pagava certa pena de dinheiro, e se pessoa rrefece davom-lhe vinte açoutes na praça e mandavom-no pera casa;* [...]
>
> (n) [XV CDP 107:9] *E porque achou que os procuradores perlongavam os feitos como nom deviam e davam aazo d'aver hi maliciosas demandas, e o peor, e muito d'estranhar, que levavom d'amballas partes, ajudando hũu contra o outro, mandou que **em sua casa e todo seu rregno** nom* <u>*ouvesse*</u> *vogados nẽhũus;* [...]

Enfim, a estrutura reduplicada foi se tornando aparentemente simplificada, ou seja, um dos elementos da estrutura se transformou numa categoria vazia.

ETAPA C: A ESTRUTURA SIMPLIFICADA

Na Etapa C ocorre uma simplificação do redobramento, caracterizada pela ocorrência do clítico *hi* sozinho e seu posterior desaparecimento. Sua prolongada existência se deve ao fato de ele ter se tornado uma flexão locativa do verbo.

O clítico locativo *hi* redobrado e os tipos de verbo com que se constrói

Depois de ordenar os exemplos, apresento uma tabela das ocorrências dos verbos simples com o *hi* redobrado. Essa tabela contém (i) as duas fases do Português Arcaico, (ii) a posição do clítico redobrado em relação ao verbo, e (iii) a ordenação dos verbos por tipos. Quando se comparam as duas fases nota-se que são quase os mesmos verbos que permanecem, havendo uma concentração dos verbos estativos/existenciais (*estar, haver, ser, jazer*).

O clítico locativo redobrado *hi* apareceu com 42 verbos, que foram reunidos em quatro categorias: (i) verbos "auxiliares" (*ser, estar, haver, jazer* e *ter*) – representados aqui entre aspas porque no Português Arcaico eles ainda não tinham todas as características de um auxiliar atual –, com um total de 5 verbos, (ii) verbos de movimento (*ir, vir, andar*) e alguns inacusativos (*chegar, morrer*), com um total de 8 verbos, (iii) verbos locativos (*mandar, fazer, meter, enterrar, leixar, pôr* etc.), com um total de 9 verbos, e (iv) outros verbos (*dar, falar, aduzir, beber, desafiar, dizer* etc.), com um total de 20 verbos.

Tabela 3 – Tipos de verbo que figuram com o clítico redobrado *hi*

Tipos de verbo	*hiSPV*		*VhiSP*		*hiVSP*		Total geral
	1ª fase	2ª fase	1ª fase	2ª fase	1ª fase	2ª fase	
"Auxiliares" (5)	1	-	9	13	7	16	46
Movimento/inacusativos (8)	-	-	7	2	6	1	16
Locativos (9)	-	-	12	10	6	3	31
Outros (20)	2	6	9	-	2	3	22
Total	3	6	37	25	21	23	115

Vou me deter somente nos chamados "auxiliares", detalhando sua ocorrência na tabela 4:

Tabela 4 – Verbos "auxiliares" que figuram com o clítico redobrado *hi*

Verbos "auxiliares"	*hiSPV*		*VhiSP*		*hiVSP*		Total geral
	1ª fase	2ª fase	1ª fase	2ª fase	1ª fase	2ª fase	
Estar	1	-	3	8	3	5	20
Haver	-	-	1	2	3	7	13
Ser	-	-	4	2	1	3	10
Jazer	-	-	-	1	-	1	2
Ter	-	-	1	-	-	-	1
Total	1	-	9	13	7	16	46

A tabela 4 mostra que o clítico locativo redobrado ocorre predominantemente com o verbo *estar*, comprovando o que vem sendo afirmado neste livro.

Vejamos alguns exemplos desses verbos:

(39) verbo <u>*estar*</u> + *hiSP*:
   (a) [XIII FCR 74:1] *Tod omne que iuyzio ouere de corral, metan dos (dos) uozeros e non mays. E, si mays metiren, hos alcaldes uazien el corral. E qui **hy** <u>estouer</u> **sobre seu coto**, peyte quarta de mor.. E, si elos lo leyxaren, sean periuros.*
   (b) [XV:1448 HGP 260:3] *Saibham quantos este estormento de prazo virem que no ano do nasçimento de nosso Senhor de mill e quatroçentos e quorenta e oyto, terça feira, víjnte e tres dias de Janeiro **no moosteiro de Sam Saluador de Uairam da hordem de Ssam Beento**, setuado no julgado da Maya, termo e bispado da mujto nobre e ssenpre leall dicade do Porto, <u>estando</u> **hy** ha senhora Janebra de Ssaa, dona abaesa do dito moosteiro, e a honrada Líjanor Díjaz, prioressa [...] emprazou e fez prazo a Lourenço Afonsso [...]*

102 Fundamentos sintáticos do Português Brasileiro

    (c) [XIV SP 158:22] *Outrossy mostrando que am gram võõtade de ffazer todo o que lhys mãdarẽ por pẽẽdẽça. E deuẽ* **hy** *estar cõ elles sseus clerigos* **aa porta da jgreia** [...]

    (d) [XIV CGE2 436:9] [...] *estando* **hy** Bernaldo **em Saldonha**, *correo terra de Leon e guerreava muy de ryjo quanto mais podya a el rey dom Afonso* [...]

    (e) [XIV CGE2 443:22] [...] *e que* estava **hy na corte** *hũũ filho dessa dona Timbor* [...]

(40) Verbo *ser* + *hiSP*:

    (a) [XIII:1298 HGP 208:5] [...] *e a quinta parte de .xvj. peças d'erdade que* son **y enno couto de Bueu** [...]

    (b) [XIII CSM1 183:28] [...] *mais* **ena ygreja** *mannãa* seremos **y** [...]

    (c) [XIV SP 219:21] *Ca este foy cõsagrado de San Pedro* [...] *e* foy **hy** *cõ elle* **ena consagraçõ** *Santiago* [...]

    (d) [XIII SG 403:12] *Mas a besta, quando se sentiu ferida, meteu-se so a agua e começou logo a fazer ũa tam gram tempestade polo lago que semelhava que todo-los diaboos do inferno* **i** era[m] **no lago** [...]

    (e) [XIII SG 440:8] *E disse-lhis Estor: "Eu vi en III que matou Gaeriet". "Como, disse Lançarot,* **i** foi *Gaeriet* **em esta lide?"**

(41) verbo *haver* + *hiSP*:

    (a) [XIII FCR 114:23] *Alkaldes e iurados anden perlas cales e rayguen os omnes e ueian cada unos que uida uiuen; e, si esto non fezeren, cayales en periurio. E de cada aldea den iurado; e iure en mano del alkalde que faça dereyto e rayge hos malos omnes que* **y** ouere **en aldea**; *si non, peyte o dano que for feyto per ladrones o per maos omnes.*

    (b) [XIII CSM1 208:4] **Eno nome de Maria** / *çinque letras, no-mais,* **y** á [...]

    (c) [XIV DSG 81:10] **En aquel logar** *hu estava en oraçon com os frades* avia **hi** *hũũ tonel en que soiam meter azeite* [...]

    (d) [XIV SP 87:20] *Pero se a eygreia ẽ tal estado esteuer que a nõ possam hy fazer por algũu enbargo que hy aia, deue ser feyta en hũa(s) das outras eygreias da villa a mays onrrada que* **hy** ouuer **ẽ aquel bispado** [...]

    (e) [XIV SP 318:14] *Mvdarsse querẽdo algũũ clerigo da ssa jgreia pera fazer uida enoutra que fosse de rreligiõ, bem o pode fazer, pero primeyramẽte o pode demãdar a seu bispo que lho outorque ou a outro prelado meor se o* ouuer **hy ẽ aquel logar**.

    (f) [XIV CGE2 40:14] *Ca Espanha se rega cõ nove ryos cabedaes* [...] *os quaees nove ryos som estes* [...] *E affora estes* ha **hy** *outros muytos ryos* **nas Esturas e en Galliza e em Portugal e en Andaluzia** [...]

(g) [XIV CGE2 434:6] *E dous altos homeens que **hy** avya **enna corte** enton [...] ouveron seu conselho de o dizer aa raynha, que, por rogo della, fosse Bernaldo lançar a tavolado [...]*

(42) Verbo *jazer* + *hiSP*:
[XIII SG 422:30] *E os filhos del-rei que **i** jaziam **no paaço** chegarom i primeiro e acharom sa madre cabo del-rei dormindo e o coitelo sobre ela* [...]

Os dados mostrados até aqui retrataram o comportamento de *hi* redobrado. Mostrei o percurso dessa estrutura, que viria a desembocar num locativo simples. Analisado como uma minioração, o locativo abriu caminho à formação da perífrase de gerúndio, pegando uma carona no processo de gramaticalização de *estar*. Esse tema será examinado na próxima seção.

A predicação estativa
e a gramaticalização de *estar*

Pretendo demonstrar nesta seção que o redobramento de *hi* e seu funcionamento como minioração foram fundamentais no processo de gramaticalização de *estar*.
Três processos linguísticos convergiram aqui:

1. Uma alteração no esquema acentual latino teve grandes repercussões na estrutura fonológica da língua, estendendo-se para os outros níveis gramaticais. Na morfologia, houve grandes alterações na flexão nominal, ocasionando a perda do caso. Na sintaxe, a língua lançou mão do redobramento sintático como um meio de reforçar as flexões e não perder a expressão da noção de caso. Esse reforço veio na forma de preposições, que eram colocadas antes das palavras alteradas. Paralelamente, uma série de pronomes circunstanciais, como os locativos, entraram no esquema do redobramento sintático, dando surgimento aos locativos redobrados *hi* + SP e *en* + SP. O mesmo aconteceu com algumas expressões modais, dando surgimento ao modal redobrado *assi* + SP. As preposições tiveram, portanto, um papel crucial nessas estruturas, que sofreram alterações no seu redobramento. Também os processos de adjunção/complementação tiveram seu peso na gramaticalização de *estar*, como se verá.

2. O envolvimento de *estar* com o locativo redobrado *hi* + SP tornou longo o processo de gramaticalização desse verbo. Ele começou sua carreira no latim como um verbo

pleno intransitivo e transformou-se num verbo funcional "quase transitivo" com um "complemento" locativo. Mas o grande avanço de sua gramaticalização ocorreu no Português Arcaico, quando *estar* passa a constituir estruturas locativas, atributivas e modais, culminando com sua transformação num verbo auxiliar, acompanhado de gerúndio, infinitivo preposicionado e particípio.[9] No século XX, já distante de suas andanças medievais, o verbo *estar* deu novo passo em seu longo percurso, e começou a se transformar num afixo prefixal, como em *tafalânu, tafaládu*.

3. A longa coexistência entre os verbos *ser* e *estar*, quase imperceptível no início e depois já competitiva, levará esses verbos a intercambiar propriedades. Interessa-me aqui o deslocamento de *ser* locativo por *estar*, passo que afetou igualmente as construções atributivas, ainda que de modo mais discreto.

Começo por tratar da predicação estativa, de interesse óbvio para quem estuda verbos como *estar*.

Como se sabe, há uma estrutura conceitual, propriamente mental, através da qual o ser humano organiza e descreve suas percepções do mundo físico. Na expressão linguística dessa percepção podem-se identificar (i) estados de coisas de pequena ou longa duração, (ii) eventos, (iii) processos e (iv) ações. Lyons (1977: 483) reúne estado, evento, processo e ação sob a denominação geral "situação".

Segundo ele, a situação pode ser *estática* ou *dinâmica*:

> Uma situação estática (ou estado de coisas, ou [simplesmente] estado) é concebida como existindo, antes do que acontecendo, como sendo homogênea, contínua e imutável ao longo de sua duração. Uma situação dinâmica, de outro lado, é algo que acontece (ou ocorre, ou tem lugar): ela pode ser momentânea ou duradoura.

O mundo físico conta com entidades que se movem (seres humanos e animais), que são movidas e ainda as que são estáticas, de forma permanente. Aqui temos portanto a dinamicidade e a estaticidade.

Lyons assim define a agentividade: um agente é qualquer entidade animada, X, que intencional e responsavelmente usa sua própria força, ou energia

> para ocasionar um evento ou para iniciar um processo; a instância paradigmática de um evento ou de um processo no qual a agentividade está envolvida mais obviamente será aquela que resulta na mudança da condição física ou localização de X ou de outra entidade, Y.

A citação anterior pode ser considerada como uma miniteoria da predicação. Aparentemente, Lyons considera a predicação como a resultante (i) de papéis temáticos, (ii) do caso, que ele não menciona nesta passagem, e (iii) do operador aspectual.

Um contraste com o papel temático Agente é dado pelo Locativo, relevante para um trabalho que vai investigar o verbo *estar*. O entendimento desse papel implica considerar as seguintes dimensões:

1. primeira dimensão: verticalidade, a mais saliente das dimensões espaciais, como em "em cima *versus* embaixo";
2. segunda dimensão: transversalidade, "frente *versus* atrás", que gera uma oposição assimétrica; essa dimensão é menos saliente que a da verticalidade, mas é mais saliente que a oposição "esquerda *versus* direita";
3. terceira dimensão: horizontalidade, "esquerda *versus* direita", que gera uma oposição simétrica.

Lyons relaciona uma entidade (x) a um lugar (y), estabelecendo relações estáticas ou posicionais e relações dinâmicas ou direcionais.

Nas relações estáticas ou posicionais, y pode ter ou não dimensionalidade:

1. sem dimensionalidade, representada pela preposição *at* (x, y) e exemplificada com os advérbios *here*, *there*, sendo que tamanho e dimensão são irrelevantes;
2. com dimensionalidade, representada pelas preposições *on* (x, y), em que y é representado como uma linha ou uma superfície, e *in* (x, y), em que y é representado como uma área fechada ou volume.

Nas relações dinâmicas ou direcionais y é tratado ou (i) como "alvo" – *to* (x, y), *onto* (x, y), *into* (x, y), que em muitas línguas é gramaticalizado no caso dativo –, ou (ii) como "fonte" da locomoção – *from* (x, y), *off* (x, y), *out of* (x, y), que é gramaticalizado no caso ablativo.

Estas observações terão importância mais adiante, quando forem estudadas as preposições que passaram a se construir com *estar*.

A gramaticalização de *estar* pode ser resumida em três etapas:

- *Estar* é um verbo intransitivo, temático, exercendo as propriedades de um verbo pleno.
- *Estar* passa a operar como um verbo quase transitivo atemático, fase em que ele toma três direções: (i) locativo, (ii) atributivo, (iii) modal. A estrutura locativa foi decisiva para a auxiliarização de *estar*, e acabaria por deslocar o verbo *ser* locativo.
- *Estar* avança mais em seu processo de gramaticalização, auxiliarizando-se como verbo atemático, aproximando-se das formas nominais em *-ndo* e em *a -r*, até constituir com elas as perífrases de *estar* + *-ndo* e *a -r*. As perífrases assim formadas expressam o aspecto progressivo em português.

106 Fundamentos sintáticos do Português Brasileiro

O seguinte quadro permite uma visualização dessas fases de gramaticalização, preservado o sentido de "etapa" definido como momentos não necessariamente sequenciais.

Quadro 2 – Etapas da gramaticalização de *estar*

	Etapa A Verbo pleno (ainda no latim)	Etapa B Verbo funcional (na fase romance e arcaica)			Etapa C Verbo auxiliar (na fase arcaica)
Tipo sintático	Intransitivo	"Quase transitivo"			Inacusativo
Tipo semântico	Locativo	Locativo	Atributivo	Modal	Ø
Sentidos	a) "estar de pé" b) "parar"	a) "encontrar-se em um lugar" b) "encontrar-se em um estado" c) "encontrar-se em uma situação" d) "permanecer"			Suporte de Pessoa, Número, Tempo-Modo atribuídos ao verbo principal
Traços do verbo / da minioração	[+locativo] [+posicional] [-desloc.] [+pontual]	[+locativo] [-posicional] [-desloc.] [+pontual]	[-locativo] [-posicional] [-desloc.] [+pontual] [+quantificação partitiva]	[-locativo] [-posicional] [-desloc.] [+pontual] [+modalização]	a) *estar* + -do: perfectivo b) *estar* + -ndo: imperfectivo c) *estar* + prep. –r: imperfectivo / iminencial
Traços e estrutura do sujeito, do verbo e da minioração	[+animado] SN/*pro*	[±animado] SN/*pro*			Ø
Estrutura sintática da minioração	Ø	*Hi* + SP *Hi* SP locativo Adv locat. Loc. Prep. Adv + Adv	Adjetivo SP adjetival	Advérbio AdverbialP SP adverbial *Assi* + Adj *Assi* + SP *Assi* + Adv	Ø
Exemplos	*(Galaaz)* *estede*	*O homem está hi em casa/com a moça.* *O homem está hi.* *O homem está em casa / com a moça.*	*O homem está alegre.*	*O homem está bem.* *O homem está às turras com a mulher.* *O homem está assi contente / de mal / assi mal.*	*O homem está falado.* *O homem está falando.* *O homem está para falar/ por falar.* *O homem está a falar.*

O quadro 2 mostra o grande desdobramento alcançado pelo verbo *estar* no português quando se tem em conta sua origem, a forma latina infinitiva *stare*, do verbo *sto, steti, status*, que tinha o sentido principal de "estar de pé" (43a), além de outros, derivados, como "manter-se num lugar" (43b) e "permanecer imóvel" (43c):

(43)   O verbo latino *stare*:
     (a) *stare ad januam*
       "estar de pé à porta"
     (b) *ex eo, quo* **stabant**, *loco recesserunt*
       "eles deixaram o lugar onde se encontravam"
     (c) *moveri videntur ea quae* **stant**
       "os objetos imóveis parecem se mover"

Em (43), *stare* organiza as sentenças, pondo em marcha a plenitude das propriedades de um verbo.

Passemos agora a ver com detalhes cada uma das etapas mencionadas anteriormente, começando por algumas afirmações relativas à predicação estativa, exercida por *estar*.

ESTAR COMO VERBO INTRANSITIVO E TEMÁTICO

Observa-se nos textos mais antigos, escritos em "linguagem" (como era denominado o Português Arcaico), o aparecimento, em raros exemplos, de um *estar* (< infinitivo latino *stare*) intransitivo, cuja semântica é difícil de ser descrita atualmente. Seu sujeito podia ser anteposto ou posposto, e o verbo significava "ficar de pé".

Acompanhando *estar*, havia dois outros verbos que compartilhavam propriedades semelhantes, eram também intransitivos, tendo desaparecido no português atual: *seer*[10] (< infinitivo latino *sedere*, "estar sentado") e *jazer* (< infinitivo latino *iacere*, "estar deitado").

Tomados em seu conjunto, esses verbos apresentavam as seguintes propriedades:

(i)   eram verbos plenos e estativos, possuindo o traço de [-deslocamento];
(ii) eram locativos e posicionais, pois indicavam os modos como uma pessoa podia se apresentar: "em pé", "sentada" e "deitada", respectivamente;
(iii) eram verbos temáticos, possuíam um sujeito próprio, que exibia o traço [+animado]; o sujeito podia vir expresso ou não, já que estava representado na flexão verbal;
(iv) esses verbos organizavam a seguinte estrutura:

[DP VAGR/ VAGR DP][11]

108 Fundamentos sintáticos do Português Brasileiro

Os verbos *seer* e *jazer* não serão estudados aqui, pois cada um deles merece um trabalho próprio, tal a riqueza que encerram. Eles somente serão mencionados à medida que for necessário algum esclarecimento sobre o uso do verbo *estar*.

Do *estar* que guardou o mesmo sentido do verbo latino "ficar de pé" foram encontrados apenas alguns exemplos na *Demanda do santo graal*, texto escrito no século XIII, mas que chegou até nós através de uma cópia do século XV:

(44)   *Estar* intransitivo e locativo posicional [= "de pé"]:
    (a) [XIII SG 28:12] *Ao serão, quando siiam comendo, aqui vos vem a donzella laida [...] E vio Galuam **star** e foi-se para ante elle e disse-lhe assi [...]* [= "ficar de pé"]
    (b) [XIII SG 100:2] *Os touros se partirom dali [...] os que tornarom eram tam magros e tam cansados que nom **podiam estar** se adur nom [...]* [= "não podiam ficar de pé"]
    (c) [XIII SG 123:9] *[…] e tanto perdera ja do sangue que nom **podia** ja **estar** [...]* [= "não podia conservar-se de pé"]
    (d) [XIII SG 443:19] *[…] e filhou-lhi tam tam gram doo ao coraçom que nom **pode estar** e caeu em terra com Gaeriet [...]* [= "não pode ficar em pé e caiu"]
    (e) [XIII SG 396:25] *[...] foi mal treito, que das chagas que do sangui [que] adur **podia** ja **estar** [...]*
    (f) [XIII SG 105:7] *E os touros que tornavam eram tam magros e tam cansados que adur **podiam estar** [...]*
    (g) [XIII SG 219:12] *Quando Erec entendeo que a vistar lhe convinha, disse que lhi nom era mester, ca seu cavalo era ja tam magro e tan lasso que nom **podia** ja **estar** [...]*
    (h) [XIII SG 443:11] *Quando esto viu Galvam nom ouve tanto de poder que podesse falar ren nem que **podesse estar**, ca lhi faleceu o coraçom e o corpo e caeu em meo do paaço como morto e jouve mui gram peça esmorido.*

É possível que essa construção estivesse em desaparecimento, pois, no mesmo século XIII, recorria-se à expressão *em pé*, aparentemente para assegurar o sentido original:

(45)
    (a) [XIII CR 15:11] *[...] senhor, quando os auogados razoaren ante uós, fazede-os **star** <u>en pee</u> e nõ consintades a elles que digan parauras torpes, nen uillãas, senon aquellas que perteecen aos preytos [...]*

Estar intransitivo podia aparecer também com o sentido de "parar", "estacar", "aguentar-se", como em (46), em que transcrevo todos os exemplos encontrados:

(46) **Estar** intransitivo ["parar", "estacar", "aguentar"]:

(a) [XIII CSM1 131:44] [...] *e os demões a alma / fillaron del en sa sorte,/ mais los angeos chegaron / dizendo: "**Estad'**, **estade!**"* [= "parai, parai"]

(b) [XIII SG 110:10] *Quando Boorz a ele chegou, saluou-o; e el leixou o que dizia* [e] *er saluo*[u]*-o e **steverom** anbos entam* [...] [= "detiveram-se"]

(c) [XIII SG 136:26] *E achou i sob ũu carvalho ũu cavalleiro dormindo sobre seu scudo, e tinha seu elmo e sua espada e sua lança cabo de si e seu cavallo andava pacendo. E Persival **esteve** e catou-o e nom no pode conhocer pello rostro que era tinto das armas* [...] [= "parou"]

(d) [XIII SG 86:10] *Tanto que o vio, **steve**, ca bem vio que era cavalleiro andante; pero nom o conhoceu que era Galvam* [...]

(e) [XIII SG 107:9] [...] *ca assi como o cavelleiro leva e manda seu cavallo a qual parte quer pello freo e o faz **star** quando quer, assi faz a esteença, quando é bem firme.* [= "faz parar"]

(f) [XIII SG 321:6] *Artur o Pequeno **esteve** tanto que os vio e disse aos outros* [...]

(g) [XIII SG 156:33] [...] *mas foe-se pella riba do rio. E quando vio que nom poderia passar, **esteve** e tomou sua lança e seu escudo e seu elmo e sua espada e pos todo acabo de ũa pena* [...]

(h) [XIII SG 177:32] [...] *e cavalgaram e andaram tanto que chegaram aa ora de meo dia a ũa cruz unde se partiam duas carrerias. E Persival **esteve** e disse a Galvam* [...]

(i) [XIII SG 198:12] *Quando el viu a batalha, **esteve** por cata-los, mais nom* [conhe]*ceu nenhũu* [...]

(j) [XIII SG 198:17] *"Senhor cavalleiro, eu vos rogo por cortizia que leixedes esta batalha* [t]*a que sabia quem sodes anbos". E o cavalleiro **esteve** tanto que viu que o rogava de coraçom e fastou-se ũu pouco a fora de Galvam e disse a Erec* [...]

(k) [XIII SG 219:30] *"Ai senhor cavaleiro, se vos praz atendede ũu pouco ataa que fale com vosco". E el **esteve** logo* [...]

(l) [XIII SG 257:22] *E Ebes começou a dar vozes: **Estade** dom Tristam, **estade**. Mais el nom **steve** por en e ferio-o* [...]

(m)[XIII SG 259:3] *E o cavaleiro teve olho pos si quando ouviu Tristam ir depois si e **esteve**, ca bem entendeo que nom ia se nom por peleja.*

(n) [XIII SG 236:27] *E quando virom Erec que jazia de bruços,* [...] *nom no conhecerom,* [...]. *E pero, porque cuidarom que era cavaleiro andante, **esteverom** e disserom* [...]

(o) [XIII SG 277:31] *E onde os conhecerom, **steverom**, e Senella seu irmão de Caulac falou primeiro* [...]

(p) [XIII SG 295:16] *Entom ouvirom ũu homem que fazia seu gram doo* [...]. *E Galaaz **esteve** e disse aos outros* [...]

110 Fundamentos sintáticos do Português Brasileiro

  (q) [XIII SG 307:5] *E quando chegarom aa entrada da foresta,* **esteverom** *e disse Persival* [...]

  (r) [XIII SG 337:30] *Entom* **esteverom** *e atenderom ata que chegou Galaaz a eles* [...]

  (s) [XIII SG 340:27] *E nom andarom muito por ella que o caminho por que iam elles partiu em quatro careiros. E Galaaz* **esteve** *logo e disse aos tres irmãos* [...]

  (t) [XIII SG 359:13] *Quando Boorz e Persival virom o escudo de Galaaz pendurado ante a choça,* **esteverom** *e disse Boorz a Persival* [...]

  (u) [XIII SG 369:28] [Um] *dia, indo asi, aveo-lhe que achou Gaariet e Giflet, e* **esteverom** *tanto que lhi virom trazer duas espadas.*

  (v) [XIII SG 377:17] *Asi se foi Estor fazendo seu doo* [...] *achou Galvam e Gaariet, e saluarom-no* [...] *E ele* **esteve** *e saluou-os* [...]

  (w) [XIII SG 412:28] *Entom disse* [a] *Agravaim: Estade ata que vos diga ũu pouco, e el* **esteve***.*

  (x) [XIII SG 458:23] *E pero bem esmarom ambos di si que eram cavaleiros andantes e, tanto que chegarom,* **esteverom***.*

  (y) [XV SVA1 97:5] *E* **mandou estar** *o carro e decerom ambos em na agua* [...]

  (z) [XV SVA1184:8] *Mais eles* **esteverom** *ũu pouco e, esfregando seus rostros, disserom* [...]

Em (46), o contexto de verbos de movimento permite a interpretação semântica de "parar", "deter-se". Entretanto, em contexto de verbos estativos, o sentido será de "ficar parado", "permanecer":

  (47) **Estar** intransitivo ["ficar parado", "permanecer"]:

    (a) [XIII SG 151:2] *Pois Lançarot e Persival chegarom aa cruz que estava ante a cella,* **esteveram** *atees que disse Persival a Lançarot* [...] [= "permaneceram"]

    (b) [XIII SG 373:4] *E tanto que deceu viu a barca ir* [...]. *E pois* **esteve** *tanto que a nom pode veer.* [= "ficou parado"]

    (c) [XIII SG 408:34] *ficarom os geolhos ante a tavoa e* **esteverom** *en prezes e en orações ata mea noite tam ledos* [...]

    (d) [XIII SG 432:4] *Entom começou a pensar e* **esteve** *asi gram peça que nom falou ren* [...]

    (e) [XIII CSM1 157:20] *Ambos assi* **esteveron** */ ta que ela foi prennada* [...]

O sujeito de **estar** nos exemplos anteriores apresentava os seguintes traços: (i) [+animado], (ii) [+estativo sem deslocamento], (iii) [+locativo posicional, indicando a posição vertical].

Os exemplos de (45) a (47) mostram que no estágio de verbo pleno *estar* já não se apresentava conjugado em todos os tempos e modos, parecendo que a cada sentido correspondia um ou outro tempo ou modo verbal: (i) com o sentido de "de pé" aparece maiormente no infinitivo, como verbo auxiliado, tendo *poder* como auxiliar (que vem só no presente ou imperfeito do indicativo), e (ii) com o sentido de "parar", "estacar", *estar* ocorre no perfeito do indicativo ou no modo imperativo. Como se sabe, restrições morfológicas desse tipo assinalam a especialização de uma forma, que é um dos sinais de seu desaparecimento.

Alguns adjuntos acompanhavam o verbo *estar* pleno: (i) com o sentido de "de pé", geralmente vem acompanhado dos advérbios de tempo *adur* (= apenas) ou *já*, sendo que também os dois podem estar associados, e (ii) com o sentido de "parar", "estacar", pode vir acompanhado de advérbio ou SP locativo.

Os tipos oracionais em que *estar* ocorre são na grande maioria independentes, mas há algumas ocorrências em orações dependentes.

ESTAR COMO VERBO "QUASE TRANSITIVO" E TEMÁTICO

A primeira alteração de *estar*, mudando de verbo pleno intransitivo para verbo funcional "quase transitivo", ocorreu ainda no latim e se deveu à influência de *esse*, um verbo inacusativo e existencial que possuía miniorações locativas como *hi* + SP e *en* + SP adjungidas a ele.

O verbo latino *esse* organizava a seguinte estrutura:

[DP VAGR/ VAGR DP]

O verbo *estar*, como já foi dito anteriormente, tinha a estrutura

... [DP VAGR/ VAGR DP]

com o DP como seu sujeito e podendo aparecer antes ou depois do verbo.

Sendo parecidas, as estruturas de *esse* e *estar* foram confundidas e *estar* sofreu uma reanálise mudando de tipo: passou de intransitivo a inacusativo. A minioração locativa *hi* + SP passou a se adjungir a ele,

... [$_{SV}$ [$_{SV}$ VAGR] [$_{SC/SP}$ *hi* [SP]]]...

motivando as transformações estudadas na seção "*Estar* como verbo auxiliar atemático".

112 Fundamentos sintáticos do Português Brasileiro

No Português Arcaico ainda são encontrados vestígios dessa longa interação entre *estar* e a minioração locativa. É o que pretendo mostrar na parte que trata do verbo *estar* locativo.

As construções com *estar* se encontram disseminadas por todo o período medieval da língua, em que esse verbo tinha as seguintes propriedades:

1. Selecionava diversos tipos de sujeito não agentivo, que ocupava um lugar no espaço, sem movimento, construído adjacente ao verbo ou dele separado por diferentes expressões, significando "encontrar-se num dado lugar concreto", "encontrar-se com ou perante alguém", "encontrar-se num dado lugar abstrato". Podia também apresentar em alguns exemplos o sentido de "permanecer em algum lugar por um dado tempo".

2. Podia vir seguido de um grupo variado de construções locativas, atributivas e modais, as quais funcionavam como min--orações.

   2.1. As construções locativas eram constituídas de: (i) locativo redobrado [*hi* v SP], em que o SP era encabeçado pela preposição *em*; (ii) locativo *hi* simples, tanto pós-verbal [v *hi*] quanto pré-verbal [*hi* v]; (iii) SPs em que se notava um aumento significativo das preposições, construídos adjacentes ou separados do verbo.

   2.2. As construções atributivas eram constituídas de vários tipos de adjetivo, de certos advérbios, e de particípios, que podiam aparecer adjacentes ou distanciados do verbo.

   2.3. As construções modais eram constituídas de (i) advérbios/adverbiais temporais, (ii) advérbios/adverbiais aspectuais, formando uma lexia complexa com *estar*.

3. Nesta etapa, ele podia aparecer em todos os tempos e modos, e também em todas as pessoas, ocorrendo em vários tipos oracionais: oração independente, oração correlata e oração dependente.

Nos próximos itens estudarei *estar* como verbo locativo, atributivo e modal, acompanhado de construções que funcionavam como min--orações.

A transição de sujeito [+animado] para [-animado] não elidiu o subtraço [+verticalidade]. Essa alteração levou a uma seleção mais rica do sujeito, que começa a mudar lentamente:

(i) num número muito grande de exemplos recolhidos no século XIII, começam a aparecer sujeitos com o traço [-animado], mantido o traço [+verticalidade]. A novidade agora é que os novos sujeitos podiam ser *árvores, castelos, montes íngremes* etc., isto é, [-animados], porém [+verticais].

(ii) depois, foram admitidos outros tipos de sujeito, até mesmo o sujeito nulo. O sentido do verbo começa a se alterar, visto que seu sujeito não integra mais uma só tipologia. Nessa fase ele já perdeu seu traço de [+posicional], mas mantendo ainda o de [+locativo], começando a trilhar o caminho que o levará a tornar-se um verbo atributivo. Nesse momento, *estar* ainda manifesta traços de um verbo pleno, mas já anuncia a mudança para funcional atributivo.

Estar locativo

O verbo *estar*, enquanto locativo, aparece acompanhado de vários tipos de locativo: (i) *hi*, oriundo da minioração com *hi* redobrado; (ii) pronomes circunstanciais *u* e *onde*, vindos diretamente do latim; (iii) pronomes formados na fase romance, *acá*, *alá*, *acó*, *aló*; (iv) pronomes formados com *hic*, como *aqui*, *ali*, e posteriormente *aí*; (v) SPs iniciados com vários tipos de preposições, (vi) locuções prepositivas.

É importante salientar que o verbo *estar* é intrinsecamente locativo posicional. Esta seção trata, portanto, não da aquisição de uma propriedade semântica, e sim de uma alteração sintática. Quero demonstrar que a minioração locativa com a qual ele passou a se construir o transpôs de intransitivo a "quase transitivo", visto que os componentes da dita expressão num dado momento foram reanalisados como complementos de *estar*. Vejamos em detalhe como foi o casamento de *estar* com essa minioração, pois o surgimento das construções locativas com esse verbo está associado a esse relacionamento.

Estar + *hi* + SP

A construção desse verbo com a minioração locativa permitiu (i) que vários tipos de pronome circunstancial se construíssem com *estar*, e (ii) que SPs com outros tipos de preposição passassem a figurar com esse verbo.

Vou examinar primeiramente as modificações pelas quais passou a minioração.

a. *Estar* + *hi* SP

São poucos os exemplos em que *estar* aparece junto com o locativo redobrado, mas podem-se observar todos os passos percorridos na gramaticalização da estrutura redobrada: (i) estrutura original em (48), (ii) estrutura deslocada em (49), estrutura descontínua em (50), estrutura elíptica em (58) e estrutura simplificada em (51-57) mais adiante.

114 Fundamentos sintáticos do Português Brasileiro

(48) *Estar + hi* SP na estrutura original:
  (a) [XIV LLCP 241:18] *E o ifante dom Pedro* **esteve** *i̠ acerca da vila XVI dias, com gram poder de fidalgos portugueses e de Galiza;* [...]
  (b) [XV SVA1 198:15] *Mais os sergentes, que* **estavam** *i̠ a derredor, disserom* [...]
  (c) [XIV LLCP 157:38] *E enviou-o el rei dom Afonso pera Nagera e pera Riba d'Evro, que estevesse i e guardasse aquela frontaria, de que se temia dos Mouros. E* **estando** *i̠ em Nagera, per mui grandes quenturas que fazia, como faz em Agosto, dava ja o rio vao,* [...]
  (d) [XIV CGE2 443:22] [...] *e que* **estava** *hy̠ na corte hũũ filho dessa dona Timbor* [...]

(49) *Estar + hi* SP na estrutura deslocada:
  (a) [XV:1448, HGP 260:3] *Saibham quantos este estormento de prazo virem que no ano* [...] *no̠ moosteiro de Sam Saluador de Uairam da ordem de Ssam Beento, setuado no julgado da Maya, termo e bispado da mujto nobre e ssenpre leall cidade do Porto,* **estando** *hy̠ ha senhora Janebra de Ssaa, dona abadessa do dito mosteiro, e a honrada Líĵanor Díĩaz, proressa, e as outras donas do dito moosteiro, chamadas ao diante declaradas em pressença do mĵ, tabaliam, e das testemunhas adiante excriptas, a dita senhora dona abadessa, por acordo e outorga da dita prioressa e donnas, emprazou e fez prazo a Lourenço Afonsso* [...]
  (b) [XV:1454 HGP 262:27] *Saibham quantos este estormento virem que* [...] *na̠ clasta de Sam Salluador de Uayram da hordem de Sam Beento, ssetuado no jullgado da Maia, termo da ssempre leall çidade do Porto,* **estando** *hiĵ em cabijdo a honrada e rrellegiosa senhora Jenebra de Saa, dona abadesa do dicto moesteiro e as outras honradas freiras donas Lianor Domingujz, prioresa, Lianor do Rego e Viollante Rodriguiz e Margarida de Saa e Isabell Ferreira, freiras do dicto moesteiro, chamadas para o que sse ao adiante segue per soom de canpaa tangida segundo seu custume, emprazou e per prazo deu a Joham Domingujz* [...]
  (c) [XV:1484 HGP 267:4] [...] *no̠ paaço do mosteyro de Sam Saluador de Bayram da hordem de Sam Bento que he no julgado de Maya, termo da çijdade do Porto,* **estando** *hy̠ a senhor donna Líĵanor do Rego, abadesa do dito mosteyro, e Bí'jolante do Rego, prioresa, e Li'janor Cardosa e Isabell Aranha e Brijatijz do Rego e Lyanor Çaquota e Isabell d'Azevedo, a dita senhor donna abadesa e priosera e donnas e conbento do dito mosteyro per são de canpãa tangijda como he de seu custume, ẽprazarã e per prazo derã a Afomso Aluarez* [...]

(50) *Estar + hi* SP na estrutura descontínua:
  (a) [XIII FCR 74:1] *E qui hy estouer sobre seu coto, peyte* [...]
  (b) [XIV SP 405:11] *E nõ deuẽ hy a estar cõ os clerigos homẽs leigos eno coro quando dizem as oras moormẽte aa missa* [...]
  (c) [XIV LLCP 209:36] *E el rei Ramiro lhe pedio que fezesse i estar a rainha e as donas e donzelas e todos seus filhos e sus parentes e cidadãos naquel curral.*
  (d) [XIV CGE2 436:9] [...] *estando hy Bernaldo em Saldonha, correo terra de Leon e guerreava muy de ryjo quanto mais podya a el rey dom Afonso* [...]
  (e) [XIV SP 158:22] *E deuẽ hy estar cõ elles sseus archiprestes e sseus clerigos* [...]
  (f) [XV SVA1 141:28] [...] *e das maravilhas que el contava dava muitas testimuinhas daqueles do poboo que i estavam a redor* [...]

Alterações da minioração *hi* + SP levaram *estar* a apresentar dois tipos de locativo, agora reanalisados como seus complementos: o clítico *hi* (a estrutura simplificada), de um lado, e o sintagma preposicionado *em* SN (a estrutura elíptica), de outro. Vejamos cada um deles.

b. *Estar + hi*

Um levantamento de *estar* + clítico *hi* simples teve, como resultado, o seguinte: (i) foram encontrados somente 161 exemplos; (ii) 134 deles aparecem em orações dependentes, mais precisamente em orações relativas, e 27 em orações independentes; (iii) quando em oração independente, o *hi* aparece sempre enclítico ao verbo, e quando em oração dependente está, quase sempre, proclítico ao verbo.

Na tabela 5 pode-se ver que a posição do *hi* em orações dependentes é predominantemente proclítica, com 80% das ocorrências, mas há 20% que aparece em ênclise.

Tabela 5 – Posição do clítico locativo *hi* em relação a *estar* em orações dependentes

Séculos XII-XIII		Século XIV		Séculos XV-XVI	
*hi*V	V*hi*	*hi*V	V*hi*	*hi*V	V*hi*
21/134	5/134	54/134	17/134	32/134	5/134
16%	4%	40%	12%	24%	4%

Vejamos exemplos desses fatos:

(51) *Estar* com o locativo *hi* enclítico, em orações independentes:
  (a) [XIII CR 294:3] [...] *e a pastor estaua [i] senlheyra* [...]
  (b) [XIII SG 48:13] *E Gallaaz perguntou aos monges, se avia i algũu que soubesse guarecer chagas.* [...] *E Gallaaz foi mui alegre e steve i tres dias depois* [...]

116 Fundamentos sintáticos do Português Brasileiro

(c) [XIII SG 106:17] [...] *quand[o] el vinha aa fonte e decia, esto mostra que elle viera perto do Santo Graal. E **stará** i e mudar-se-a tanto [...]*

(d) [XIV LLCP 60:3] *E quando houve Noe seiscentos annos, foi o deluvio, e fez a arca e **esteve** i onze meses.*

(e) [XIV LLCP 168:3] *E Dom Pero Fernandez soube-o u era com os Mouros, e enviou dizer a el rei que iria a fazer algũus banhos em sa terra, e que estaria em eles e se banharia em eles; e que enviasse i quantos enviar quisesse, que nom leixaria de fazer banhos e de se banhar em eles, por ele nem por quantos el i enviar quisesse, a tanto que i seu corpo nom veesse [...]; e esto lhe enviou dizer ante ũus dous meses, e o dia que i seria. E **esteve** i bem seis domaas com mui gram poder que trouxe dos Mouros, e feze-os e banhou-se em eles assi como o disse, e nom veo i nem ũu que o leixasse de fazer.*

(f) [XIV LLCP 174:21] *Este foi o que tirou as armelas da ponte de Cordova a pesar dos Mouros, e trouve-as pera Valedolide, onde era senhor, e pose-as em Santa Maria a Antigua, e hoje em dia **estam** i.*

(g) [XIV CGE2 112:5] *E Julyo Cesar **steve** hy algũus dyas e conbateuhos muy ryjamente [...]*

(h) [XIV CGE2 144:1] *E **esteve** hy despois algũus dyas ataa que mandou descobryr toda essa terra [...]*

(i) [XIV CGE2 257:29] [...] *foisse elle pera Elna e **esteve** hi algũs dias [...]*

(j) [XV VS1 46:27] [...] *e virõ / hũu canpo muy fremosso e muy frolido e de / muy boo odóór. E **estavã** hy muitas almas. e hy a / vya hũa fonte de agua viva.*

(k) [XV SVA1 167:5] [...] *veerom a Ortosiada [...] E em outro dia **esteverom** i porque todos quantos criiam em Nostro Senhor forom todos atá ali com el [...]*

(52) *Estar* com o locativo *hi* enclítico, em orações dependentes:

(a) [XIII CSM1 281:6] *Desto direy un miragre / que contar oý/ a omees e molleres / que **estavan** y [...]*

(b) [XIII SG 47:26] *E Galaaz disse: "Veede-lo aqui!" e mostrou-lhes Mellias que **stava** i [...]*

(c) [XIV SP 409:10] *E taes logares come estes de qual natura quer que seiã chamãlhys moesteyros ou casas de rreligiõ por que **estã** hy os homẽs de gram deuoçõ [...]*

(d) [XIV SP 502:9] *Defendemẽto e segurança deuẽ a auer ena eigreia os homẽs que fogirẽ ou ueerẽ a ela e todalas outras cousas que **esteuerẽ** hy.*

(e) [XIV LLCP 157:36] *E enviou-o el rei dom Afonso pera Nagera e pera Riba d'Evro, que **estevesse** i e guardasse aquela frontaria, de que se temia dos Mouros.*

(f) [XIV LLCP 213:7] *El foi em romaria a Roma e ouvio dizer que **estava i** um cavaleiro que lidava por estes feus com aqueles daquela terra, que os queria livrar.*

(g) [XIV LLCP 296:12] *E dom Martim Sanchez, quando entrou em Portugal, soube que el rei estava da outra parte, e enviou-lhi dizer que se tirasse e que lidaria com o seu poder, ou se nom que se tirasse afora mais d'ũa legoa, que nom parecesse o seu pendom, e que lidaria com todos aqueles que el i tĩia. E al rei conselharom-no os seus que nom **estevesse i**, mais que se fosse a Gaia, e [...]*

(h) [XIV CGE2 241:22] *[...] con outra grande companha de treedores, os quaes **estavã hy** por defender o castello [...]*

(i) [XV SVA1 194:19] *E entom Sam Clemente entendeo que pela ventura que aquel era seu padre e encherom-se-lhe os olhos de lagrimas. E seus irmãos, Niceta e Aquila, que **estavam i**, queriam descobrir a cousa [...]*

Das orações dependentes exemplificadas anteriormente, muitas são relativas, o que contrasta com os exemplos em (54), nas quais as relativas têm o clítico proclítico ao verbo.

(53) *Estar* com o locativo *hi* proclítico, em orações dependentes de vários tipos:

(a) [XIII SG 89:1] *Er meterom anbos mãos aas spadas e ferirom-se de tam grandes golpes, assi que, se **i stevessedes**, veriades os fogos sair dos elmos [...]*

(b) [XIII SG 96:12] *E depos esto acabo de ũu pouco entrou ũu lume tan grande na ousia, como se cem candeas acesas **i stevessem** [...]*

(c) [XIV:1399 HGP 63:1] *[...] et promete o dito abbade a dita Ines Peres em todo o tempo da sua vida que ella vier topar ao dito moesteyro de Môfero que uos dem y hua raçõ en quanto **y esteuerdes** e que uos façã ajuda e defendemento quando uos conplir e eu a dita Ines Peres todas y outorgo.*

(d) [XIV:1313 HGP 150:18] *Et nos diades [...] terça de todas las coussas que Deus y der saluo figos et as figeyras se as **y ouuer estarẽ** hu nõ façã dano nos outros nouos ou nõ estarẽ y e esso mesmo das outras aruores que y esteuerẽ [...]*

(e) [XIV SP 122:20] *[...] ca enquanto os pecados **hy estã** nõ he logar cõuenhauel a Deus [...]*

(f) [XIV SP 313:19] *E esto he por que algũus quando entrã en ordẽ fazeno cõ mouimẽto de sanha dalgũas cousas [...]. E depoys que **hy stam** canbhãxelhis as voontades e rrepeendẽsse [...]*

(g) [XIV SP 371:21] *E estes taes nõ podẽ assoluer os outros senõ os daquelles logares hu os enuiã tã solamẽte e enquanto **hy steuerẽ** [...]*

118 Fundamentos sintáticos do Português Brasileiro

(54) *Estar* com o locativo *hi* proclítico, em orações dependentes relativas:

(a) [XIII SG 27:26] *E abraçou-os el rei e beijou-os mui de coraçom chorando. E os outros homêes que i stavam outrossi [...]*

(b) [XIII SG 39:25] *"Si será", disse ũu homem velho que i stava [...]*

(c) [XIII SG 471:15] *E tanto que foi des armado foi a hũu altar de Santa Maria que i stava e ficou os geolhos ant' el [...]*

(d) [XIV DSG 35:18] *E aqueles que hi estavan levaron o corpo da menĩha [...]*

(e) [XIV DSG 39:27] *Enton levaron-no aa pousada homens que hi estavan, en sas mããos*

(f) [XIV: 1306 HGP, 82:7] [...] *e façades y duas casas pallaças segũdo os formaes que y estam, e o nosso móórdomo que uos dé yda nossa madeyra [...]*

(g) [XIV:1313 HGP 150:20] *Et nos diades [...] terça de todas las coussas que Deus y der saluo figos et as figeyras se as y ouuer estarẽ hu nõ faça dano nos outros nouos ou nõ estarẽ y e esso mesmo das outras aruores que y esteuerẽ e daedes cada anno hua bõa galina e dous pães trijgos de senos dineyros leonesses [...]*

(h) [XIV SP 238:1] *E pela uentura os outros cristãos que hy esteuessẽ douidariã por ende nõ entendendo a rrazõ por que o fazẽ [...]*

(i) [XIV LLCP 209:34] *Mandou-o tirar da camara e levou-o ao curral, e poe-lo sobre ũu gram padrom que i estava, e mandou que tangesse seu corno a tanto ataa que lhe sahisse o folego.*

(j) [XIV LLCP 227:18] *E el rei e todolos fidalgos forom em este conselho, e postarom suas azes naquel campo em que estam ora as vinhas. E dom Rodrigo Froiaz acaudelou aqueles que i estavam, e oolhou u estava el rei dom Sancho e rompeo per todalas azes.*

(k) [XV SVA1 332:21] [...] *chamou o homem boo os clerigos e os leigos que i estavam [...]*

(l) [XV CDP 113:19] [...] *depois tornava asperamente contra elles reprendendo-os muito d' o que feito aviam, e assi andou per hũu grande espaço. Os que hi estavam que aquesto viam, sospeitando mall de suas rrazoões, aficavam-se muito a pedir mercee por elles, [...]*

(m) [XV CDP 186:20.] [...] *e dos rremos e outros aparelhos nom sse salvou senam mui pouco, que poserom em hũua naao de Laredo que hi estava.*

(n) [XV:1450 HGP 114:4] [...] *para o conplir el e nos por el obligamos as ditas vjña e casa cõ todo o benfeyto que y esteuer et de as laurar e rreparar.*

Fazendo parte da estrutura simplificada, o locativo *hi* com *estar* é empregado com dois sentidos: "permanecer em algum lugar por um dado tempo" (55) e "encontrar-se em algum lugar" (56).

(55) *Estar* + clítico *hi* simples, com o sentido de "permanecer em algum lugar por um dado tempo":

(a) [XIII SG 48:13] *E Gallaaz perguntou aos monges, se avia i algũu que soubesse guarecer chagas.* [...] *E Gallaaz foi mui alegre e **steve** i tres dias depois* [...]

(b) [XIV LLCP 60:3] *E quando houve Noe seiscentos annos, foi o deluvio, e fez a arca e **esteve** i onze meses.*

(c) [XIV LLCP 61:19] *Depois, tornou-se Jacob aa terra de Canaam, Ebrom, e **esteve** i sete annos, ataa que foi vendudo Joseph em no Egipto.*

(d) [XIV LLCP 101:34] *E veerom estes Godos em Espanha e **esteverom** i trezentos e oitenta annos, e muitos deles se tornarom aa fe de Christus.*

(e) [XIV LLCP 168:3] *E dom Pero Fernandez soube-o u era com os Mouros, e enviou dizer a el rei que iria a fazer algũus banhos em sa terra, e que estaria em eles e se banharia em eles; e que enviasse i quantos enviar quisesse, que nom leixaria de fazer banhos e de se banhar em eles, por ele nem por quantos el i enviar quisesse, a tanto que i seu corpo nom veesse* [...]; *e esto lhe enviou dizer ante ũus dous meses, e o dia que i seria. E **esteve** i bem seis domaas com mui gram poder que trouxe dos Mouros, e feze-os e banhou-se em eles assi como o disse, e nom veo i nem ũu que o leixasse de fazer.*

(f) [XIII SG 293:27] *Entom começarom a demandar pousada pelo castello, ca **estar** queriam tanto i taa que ouvessem cavalos*

(g) [XIII SG 258:22] [...] *e ficou com el com gram pesar de sa morte* [...]. *E **steve** i tanto taa que foi morto e filhou-o e levou-o a ũa abadia* [...]

(h) [XIII SG 294:15] *E quando os outros doos irmãos virom este golpe, nom ousarom i mais **estar** por que estavam desarmados* [...]

(i) [XIII SG 428:2] *Entom se tornou ante a tavoa e ficou seus geolhos. E nom **esteve** i se pouco nom, quando caeu en terra e a alma se lhi s[a]iu do corpo* [...]

(j) [XIII SG 457:4] *E Lucan* [...] *outrosi en geolhos, nom **esteve** i muito que viu o estrado en derredor del-rei cheo de sangui* [...]

(k) [XIV CGE2 112:5] *E Julyo Cesar **steve** hy algũus dyas e conbateuhos muy ryjamente* [...]

(l) [XIV LLCP 61:28] *Tornou-se Joseph com seus irmãos ao Egipto, e morreo. E poserom-nos em ũu ataude de ferro e **esteve** i ataa que sairom os filhos de Israel do Egipto.*

(m) [XIV LLCP 174:21] *Este foi o que tirou as armelas da ponte de Cordova a pesar dos Mouros, e trouve-as pera Valedolide, onde era senhor, e pose-as em Santa Maria a Antigua, e hoje em dia **estam** i.*

(n) [XIV LLCP 297:34] *E en'outro dia foi a eles a Guimarães e lidou com eles e vence-os outra vez e encerrô-os trás os muros de Guimarães. E* **esteve** i *outro dia, e vio que nom queriam tornar mais.*

(o) [XV VS2 (61):12] [...] *teu / padre hirá agora comigo pera o mosteyro pera / esta festa e* **estará** hy *tres ou quatro dias* [...]

(p) [XV SVA1 167:5] [...] *veerom a Ortosiada* [...] *E em outro dia* **esteverom** i *porque todos quantos criiam em Nostro Senhor forom todos atá ali com el* [...]

Não discutirei aqui a eventual precedência da construção locativa sobre a temporal, sustentada na literatura corrente. Meus dados apontam antes para uma convivência desses valores.

(56) *Estar* + locativo *hi* simples com o sentido de "encontrar-se em algum lugar":

(a) [XIII CSM1 281:6] *Desto direy un miragre / que contar oý / a omees e molleres / que* estavan **y** [...]

(b) [XIII SG 27:26] *E abraçou-os el rei e beijou-os mui de coraçom chorando. E os outros homêes que* **i** stavam *outrossi* [...]

(c) [XIII SG 51:11] *Outro dia manhãa foi Gallaaz ouvir missa com sua companha em ũa capella que* **i** stava, *e depois que ouvirom missa*

(d) [XIV:1399 HGP 63:1] [...] *et promete o dito abbade a dita Ines Peres em todo o tempo da sua vida que ella vier topar ao dito moesteyro de Môfero que uos dem* y *hua raçõ en quanto* **y** esteuerdes *e que uos façã ajuda e defendemento quando uos cosnlir e eu a dita Ines Peres todas* y *outorgo* [...]

(e) [XIV:1306 HGP 82:7] [...] *e façades* y *duas casas pallaças segũdo os formaes que* **y** estam, *e o nosso móórdomo que uos dé yda nossa madeyra* [...]

(f) [XIV:1313 HGP 150:18-20] *Et nos diades* [...] *terça de todas las coussas que Deus* y *der saluo figos et as figeyras se as* **y** ouuer estarẽ *hu nõ façã dano nos outros nouos ou nõ* estarẽ **y** *e esso mesmo das outras aruores que* **y** esteuerẽ *e daedes cada anno hua bõa galina e dous pães trijgos de senos dineyros leonesses* [...]

(g) [XIV SP 122:20] [...] *ca enquanto os pecados* **hy** estã *nõ he logar cõuenhauel a Deus*

(h) [XIV SP 161:17] [...] *en moesteyro ou en logar apartado en que* esté **hy** *en toda sa uida por pecado grande que fez* [...]

(i) [XIV LLCP 233:33] *E eles cada vez se encendiam mais e mais na peleja por cobrar a cabeça, assi que, pela força grande dos boos fidalgos que* **i** estavam, *houverom-na de gaanhar, e tirou-se afora.*

(j) [XIV LLCP 297:28] *E ali, sô aquel portal que **i** está, se derom moitas e bõas feridas, e foi assi que os houve dom Martim Sanchez a levar, e passar pela Portela do Espinho, contra Guimarães, mal a seu grado.*

(k) [XIV DSG2 61:11] *E os que **hi** estavan ouvian os seus braados [...]*

(l) [XV CDP 231:18] *[...] e Gomez Carrilho [...] hindo mui ledo em hũua galee em que el-rrei fingeo que o mandava pera lhe entregarem a villa d'Aljazira pera estar **hi** por fronteiro [...]*

(m)[XV CDP 83:16] *E el-rrei mandou-o deitar na rrua per hũua janella da casa honde pousava, e disse aos bizcainhos que estavom **hi** muitos: "Vedes hi o vosso senhor de Bizcaia que vos demandava por seus" [...]*

c. *Estar* + SP

Com a elipse do locativo *hi*, outros SPs acompanham *estar*, com forte predominância do SP introduzido por *em*, o que já ocorrera na estrutura de *hi* redobrado:

(57) *Estar* + SP introduzido por *em*:

(a) [XIII CEM 529:1] *En Almoeda vi **estar** oj'un ricom'e diss'assi [...]*

(b) [XIII CEM 1:12] *[...] de perdoar quẽ-no mal deostasse, com'el fez a mim, **estando** en sa pousada [...]*

(c) [XIII CEM 99:50] *[...] e achou Belpelho **estando** en ũa eira [...]*

(d) [XIII SG 392:16] *[...] foi Palomades cristão [...] E u **estava** na santa agua lhi aveo ũa gram maravilha [...]*

(e) [XIII SG 48:3] *[...] e levou-o a ũa casa de ordem que **stava** em ũa valle [...]*

(f) [XIII:1280 HGP 186:33] *[...] como leua en boca essa casa e cona vina que **está** en essa chousa [...]*

(g) [XIII:1287 HGP 137:28] *Et quando quisserdes vendemar ou segar, chamardes o ffreyre que **esteuer** en Santa Maria de Biade.*

(h) [XIII SG140:39] *Aqui u nos somos nom has tu rem d'adubar, ca teu lugar e tua seeda **sta** na casa do inferno com a rainha Genevra [...]*

(i) [XIII SG 184:17] *O lũuar fazia mũi bõo, assi que bem poderia veer longe quem **estava** em ũu mũi gram chão [...]*

(j) [XIII SG 299:14] *[...] e sairom-se com elle por ũa vidreira que **estava** na ousia da capella [...]*

(k) [XIV:1307 HGP 83:5] *[...] que auemos en aquella casa que **está** na rrua de Batitalas [...]*

(l) [XIV LLCP 225:34] *E el rei, **estando** em Agua de Maias, a par de Coimbra, chegou dom Rodrigo Froiaz e el rei foi com el mui ledo, e [...]*

122 Fundamentos sintáticos do Português Brasileiro

(m) [XIV:1309 TPM 417:7] *Dom Denis [...] faço saber que eu recebo em mjnha guarda e ẽ mjnha encomẽda e so meu defendimẽto todollos scollares que **steuerem** no Studo de Cojmbra [...]*

Admitirei que a estrutura *estar* + *hi* + SP exemplificada em (48-57) é um estágio anterior na gramaticalização desse verbo, a que se seguiram as construções exemplificadas em (58-60, 62-72). Daí a importância de investigar os outros pronomes locativos e preposições que passaram a construir-se com *estar*, visto que elas fizeram esse verbo transitar de intransitivo para quase transitivo, como já se disse. Passo a tratar ligeiramente dessas construções.

Estar + outros pronomes locativos

a. locativos derivados de *hic*: *aqui*, *ali* e *aí*:

(58)

(a) [XIII CA 673:17] *[...] quando j(a) agor(a) aqui **estou**, u vus non poderei guarir, nen ei poder de vus fogir!*

(b) [XIII CR 334:21] *[...] e ir-m' ey, quando mandardes, mais aqui non **[e] starey** [...]*

(c) [XIII SG 7:17] *Dom Lançarot, filhade esta spada, ca ella é vossa e por testimunha de quantos aqui **stam**.*

(d) [XIII SG 324:24] *E rei Mars que **estava** ali disse [...]*

(e) [XIII CSM1 266:22] *E el ali **estando**, fillou-ss'a dizer / ben mil Ave Marias por fazer prazer / aa Madre de Deus [...]*

(f) [XIV LLCP 15823] *E dom Joham lhe disse que ele **estava** ali per mandado d'el rei dom Afonso, seu senhor, e que se nom partiria dali ataa que se nom tornassem os outros pera onde viinham, com seus pendões, ataa que os ele nom podese veer.*

(g) [XIV DSG 156:34] *[...] e disse que alli **estaria** ataa que nosso Senhor lhe enviasse algũu conselho [...]*

b. Locativos formados na fase romance *acá*, *alá*, *acó*, *aló*, *além*:

(59)

(a) [XIV DSG 213:22] *Ca a ponte per que o cavaleiro vio passar os justos e os bõõs aos logares deleitosos que **estavan** aalen da ponte he a carreira estreita per que homen ven aa vida perduravil [...]*

(b) [XV SVA1 61:12] *[...] e alá **estam** muitos deles em testemunho da ressurreiçom de Jesu Cristo [...]*

c. Locativo de herança latina *hu*:

(60)

    (a) [XIII CA 378:15] [...] *de parecer mui ben, u estever', Deus, que lhe fez tan muito ben aver, me dê seu ben* [...]

    (b) [XIII CA 459:3] [...] *leixar-m' aqui, u m' ora 'stou, viver* [...]

    (c) [XIII CR 339:21] [...] *ca meu conracon non é, nen será, per bõa fé, se non do* [que] *quero ben* [...] *o meu, diss' ela será hu foy sempre e hu está, e de uós non curo ren* [...]

    (d) [XIII CSM1 27:34] *Pois a candea fillada! ouv' aquel monge des i/ ao jograr da viola, ! foy-a põer ben ali / u x' ant' estav', e* [...]

    (e) [XIII CSM1 29:49] *"Movamos", / a sa conpan*[n]*ia, / "que gran demorança / aqui u estamos / bõa non seria / sen aver pitança"* [...]

    (f) [XIII SG 13:2] [...] *e levou-o a* [a] *ribeira do rio u o padram stava* [...]

    (g) [XIII SG 50:11] [...] *ira commigo alli u stam dous cavalleiros d*[a] *Mesa Redonda* [...]

    (h) [XIV:1316 HGP 90:21] [...] *e damos a foro o nosso terrẽo que é das vniuersarias que jaz hu esteuo a Rua dos Ferreyros* [...]

    (i) [XIV:1322 HGP 154:8] *Et dar nos edes tres almudes de castanas secas e limpias pela cesta de Ribadauia dos castineiros que chantarom hu estaua a vina cada anno* [...]

    (j) [XIV:1345 HGP 283:33] [...] *metemos en posse vos, dito senhor arçebispo, da dita quintãa de Baulhj hu ora uos estade* [...]

    (k) [XIII SG 166:23] [...] *e por esto se desenpararam e começaram a fugir contra onde estava o mato mais espesso por guarecerem i* [...]

    (l) [XIII SG 472:15] *Entom rogou ao irmitam, por Deus, que o levasse onde esta seu irmão e que queira i servir a Deus como el* [...]

Reuni na tabela 6 indicações sobre a frequência de uso dos pronomes circunstanciais locativos.

Tabela 6 – *Estar* acompanhado de pronomes circunstanciais locativos

	Século XII-XIII			Século XIV			Século XV-XVI			Total geral
	V-	-V	Sub-total	V-	-V	Sub-total	V-	-V	Sub-total	
Hi, aí	19	28	**47**	34	64	**98**	18	34	**52**	197
Aqui, acá, cá	8	15	**23**	2	6	**8**	5	8	**13**	44
Ali, alá, lá	4	4	**8**	9	7	**16**	15	6	**21**	45
U	-	26	**26**	-	29	**29**	-	13	**13**	68
Onde	-	5	**5**	-	25	**25**	-	33	**33**	63
Subtotal	31	78	**109**	45	131	**176**	38	94	**132**	417

124 Fundamentos sintáticos do Português Brasileiro

Quanto à posição do locativo em relação ao verbo, ele pode antepor-se ou pospor-se. Esse posicionamento parece estar condicionado ao tipo de oração na qual *estar* está inserido. Já nos dados do século XX a posição do locativo é quase sempre depois do verbo, tanto no PE como no PB.

A tabela 6 mostra uma clara predominância do locativo *hi* sobre todos os demais, numa proporção respectivamente de 47% por 53%. Essa predominância deve estar correlacionada com as alterações que ele provocou em *estar*. Será importante investigar a frequência das preposições, para ver se predomina igualmente aquela que introduz o SP que *hi* duplica. É o que veremos a seguir.

Estar + SP

No estudo das SPs, separei as preposições em dois grupos: as que indicam uma topologia vaga, e as que indicam uma topologia mais precisa.

a. *Estar* com preposições de topologia vaga – *a*, *de*, *com* e *por*:

(61) *Estar* + SP introduzido por *a*:
(a) [XIII SG 15:32] *Entam ficou os giolhos ante elle e disse-lhe [...] Gallaaz nom lhe quis sofrer que* **stevesse** *assi a seus pees, e dessi ergeo[-o] [...]*
(b) [XIII SG 217:14] *"Senhor cavaleiro, vos* **estades** *a pee e eu a cavalo, e ainda com tal andança queredes a batalha?"*
(c) [XIII LVL 47:26][...] *el foi-se* **estar** *a uma fonte que estava perto do castelo [...]*
(d) [XIV CGE2 323:3] *[...] tanto que entraron enna villa, mandou Tarife cavalleiros que* **estevessem** *aas portas [...]*
(e) [XV SVA1 31:6] *"Envia o Senhor ante mim sempre, porque* **está** *aa minha destra, que nom me mova [...]*

(62) *Estar* + SP introduzido por *de*:
(a) [XIV DSG 222:2] *Per que dá a entender que huum inferno* **stá** *de cima em algũua parte desta terra em que nós vivemos [...]*
(b) [XIII SG 463:15] *E a barca* **esta[va]** *da riba tanto como deitadura de besta.*

(63) *Estar* + SP introduzido por *por*:
(a) [XV VS1 40:30] *E de huum cabo do mõte ao / outro* **estava** *por ponte hua tavoa que avya cinquo mil / passadas em longo e huum pee em ancho.*

(64) *Estar* + SP introduzido por *com/sem*:
    (a) [XIII:1276 HGP 130:29] [...] *dou a foro una casa cõ sua cortiña que <u>cõ ela</u>* **está** *que eu ey en Çerrações* [...]
    (b) [XIII FCR 84:24] [...] *non dé mortuorum por si nin por omne de sua casa que* **esté** <u>*con el*</u> *a seu ben fazer* [...]
    (c) [XIII CEM 190:2] *En tal perfia qual eu nunca vi, vi eu Don Foan <u>con sa madr'</u>* **estar** [...]
    (d) [XIII CEM 472:3] [...] *fi' de clerigon, que non 'a en sa terra nulha ren, por quant'* **está** <u>*con seu senhor mui bon,*</u> [...]
    (e) [XIII CEM 558:10] [...] *se queredes <u>con as gentes</u>* **estar***, Don Fernando, melhor ca non estades,* [...]
    (f) [XIII SG 361:33] [...] *e* **estavam** <u>*com elle*</u> *dois cavalleiros todos armados* [...]
    (g) [XV:1500 HGP 179:29] [...] *ao qual daredes de comer e de beber entramẽte* **estuber** <u>*con bos*</u> *a recadarlo* [...]
    (h) [XIII CA 746:1] *Quand' eu* **estou** <u>*sem mia senhor,*</u> *sempre cuido que lhe direi* [...]

b. *Estar* com preposições que indicam uma topologia mais precisa – *ante, contra, entre, sob, sobre, trás/detrás*:

(65) *Estar* + SP introduzido por *sobre, sob/so*:
    (a) [XIII SG 219:14] *Galvam* **estava** <u>*sobre ũu cavalo grande e fremoso*</u> [...]
    (b) [XIII SG 170:4] *Assi fallando* **steveram** *gram peça <u>sobre a fonte</u>* [...]
    (c) [XIII SG 6:5] [...] *dom Lançarot e muitos outros cavalleiros catavam contra ũas freestas que* **stavam** <u>*sobre a ag(u)oa*</u> [...]
    (d) [XIII SG 83:28] [...] *ũu castello* [...] *que* **stava** <u>*sobre ũa ribeira*</u> [...]
    (e) [XIII SG 39:1] [...] *e disse-lhe que <u>soo aquella arvor</u>* **sta** *o muimento* [...]
    (f) [XIII SG 46:40] [...] *e foi-se pelo deserto pera hũũ logar muit' ascondudo que avia nome Sublacos, porque* **está** <u>*sô hũa lagoa.*</u>
    (g) [XIII SG 463:1] *Quando Giflet chegou ao outeiro* **esteve** <u>*so hũa arvor*</u> *ata que se fosse a chuva* [...]
    (h) [XIV:1310 HGP 89:19] [...] *e ho quarto do souto de Tortores e ho quarto das castiñeyras que* **estan** <u>*sobello pááço de Pedro Rodrigues*</u> [...]

(66) *Estar* + SP introduzido por *ante/diante/perante*:
    (a) [XIV SP 142:10] [...] *ca entõ bem pode mãefestar sseus pecados primeyro* **estando** *de <u>deante aquel</u> que sse maenfestar quer* [...]

126 Fundamentos sintáticos do Português Brasileiro

    (b) [XV SVA1 181:1] [...] *estando i perante todos, encomendou-a a ũu homem boo* [...]

    (c) [XV SVA1 190:17] **Estavam** *i deante Niceta e Aquila e Sam Clemente, seus filhos* [...]

(67) *Estar* + SP introduzido por *entre*:

    (a) [XIV CGE2 114:26] [...] *mandou a suas companhas que sayssem a gram pressa acima dhũũ outeyro que hy **stava** entre a vylla e a hoste* [...]

    (b) [XIV:1312 HGP 149:8] [...] *damos a uos* [...] *a nossa vina da Nugeyrina que **está** entre a de Maria Perez do Barreo e a do espital* [...]

    (c) [XIV:1314 HGP 151:26] [...] *a teer de nos o nosso lugar da Lama que **está** ontre o casar do Uaado dua parte e daa outra do camyno que uay de Maceedo para o porto Aoleyros* [...]

    (d) [XV:1426 HGP 169:15] [...] *cõuem a saber que vos aforamos duas casas que estan enna aldea de Çea, et hũa delas foy de Johan Mjgeez que chamã Asara onde seem as bofoas en dia de feyra; et a outra **está** ontre ela e a d'Afonso de Longos que foy de Esteuo Yanes.*

(68) *Estar* + SP introduzido por *atrás/detrás*:

    (a) [XIV CGE2 141:14] [...] *coydando que se tornaryam de noyte ao outeyro* [...] *foy feryr os inmiigos que **estavã** ja detras as carretas* [...]

    (b) [XIV CGE2 142:7] *E el rey Atilla, como quer que **stava** detras as carretas vençudo e ençarrado* [...]

(69) *Estar* + SP introduzido por *pós, após, depois*:

    (a) [XIII CSM1 146:2] [...] *é como a omage de Santa Maria alçou o gẽollo e recebeu o colbe da saeta por guardar o que **estava** pos ela* [...]

(70) *Estar* + SP introduzido por *contra*:

    (a) [XIV LLCP 249:6] *Ali começarom de fugir, e gram parte deles pera a az do corral que **estava** contra a ribeira do mar, que ainda estava folgada.*

    (b) [XIV DSG 130:4] [...] *homen continuadamente contra ele come na lide hu a aaz **está** contra outra* [...]

    (c) [XV VS2 (76):11] *Assy que o santo tenpllo / rreçebya todos os outrosssem enbargo nehuum / mais a mim ssoo cativa. nom queria rreçeber nenhua / guisa. mais assy como aaz de cavaleyros **estava** / contra mim que me nom leixava entrar* [...]

As tabelas 7 e 8, a seguir, resumem os achados.

Tabela 7 – *Estar* com preposições que indicam posição vaga

	Séculos XII-XIII			Século XIV			Séculos XV-XVI			Total geral
	V-	-V	Sub-total	V-	-V	Sub-total	V-	-V	Sub-total	
Em	71	14	**85**	147	15	**162**	96	7	**103**	350
Com/sem	21	9	**30**	39	13	**52**	29	2	**31**	113
A	11	1	**12**	7	1	**8**	13	1	**14**	34
Por/pelo/per	1	-	**1**	3	-	**3**	2	1	**3**	7
De	-	-	**-**	2	1	**3**	2	-	**2**	5
Subtotal	104	24	**128**	198	30	**228**	142	11	**153**	509

Tabela 8 – *Estar* com preposições que indicam posição mais precisa

	Séculos XII-XIII			Século XIV			Séculos XV-XVI			Total geral
	V-	-V	Sub-total	V-	-V	Sub-total	V-	-V	Sub-total	
Ante	22	4	**26**	24	6	**30**	11	3	**14**	70
Diante	3	1	**4**	4	-	**4**	-	-	**-**	8
Pos, depois	1	-	**1**	1	-	**1**	-	-	**-**	2
So/sob	4	2	**6**	12	1	**13**	1	1	**2**	21
Sobre	16	1	**17**	4	5	**9**	5	3	**8**	34
Entre	-	-	**-**	7	-	**7**	3	-	**3**	10
Contra	-	-	**-**	3	-	**3**	2	-	**2**	5
Ajuso	1	-	**1**	-	-	**-**	-	-	**-**	1
Suso	1	-	**1**	-	-	**-**	-	-	**-**	1
Subtotal	48	8	**56**	55	12	**67**	22	7	**29**	152

As tabelas 7 e 8 mostram a ocorrência de um total de 661 preposições em nossa amostra. As que indicam posição vaga compreenderam apenas 8 itens, contra 11 itens das que indicam posição mais precisa. Mesmo assim, conforme esperado, as primeiras ocupam 77% das ocorrências, contra apenas 23% das segundas.

No século XIV se acentuam certas tendências de aumento ou diminuição da frequência de uso. Isto traz uma evidência adicional à convicção de que esse século teve uma importância especial no Português Arcaico.

Em todos os casos, a posição pós-verbal do SP se mostrou o lugar privilegiado, bastando para isso consultar os subtotais anotados na última linha dessas tabelas.

A tabela 6 mostrou que *estar* seleciona preferencialmente o locativo *hi*. É significativo que a preposição *em*, que introduz o SP reduplicado desse locativo, tenha igualmente tomado uma grande distância entre as demais preposições, ocorrendo em 69% dos casos. A preposição *com*, que também é duplicada por esse locativo, tem da mesma forma um índice expressivo de ocorrência.

128 Fundamentos sintáticos do Português Brasileiro

Estar + locuções prepositivas

(71)

(a) [xv:1414 HGP 100:18] [...] *mãdey et mando as mjñas duas casas que son enna vila de Ponferrada que **estan** en par de Santa Maria da dita bila de Ponferrada junto cabo ao* [...]

(b) [xvi:1506 HGP 243:23] [...] *e damos enno dito aforamjento, segun que dito he, a nosa vjña, dizjmo a Deus do dito moosteyro que se chama a vjña de Reuoreda, syta enna feligresia de Santa Maria de Rreuoreda, que **está** çerca da dita villa de Rredondela, segundo que sobre sy está valada e murada e vay ao longo da congostra que vay da dita villa de Rredondela para donde bjue Juã Rricõ* [...]

(c) [xiv DSG 174:1] [...] *e chamou hi todolos frades e, **estando** en meiogoo deles, tomou o sagramento do corpo* [...]

(d) [xv vs1 41:6] *E avya na sua boca duas serpentes. e hua tíínha a cabeça cõtra / juso. e a outra contra suso. E **estava** em meo de duas / traves muy grandes que estavã atravessadas cõ muy / grandes portas.*

(e) [xv sva1 142:17] [...] *ca eu conhosço muitos que **estam** em meo de vós outros* [...]

(f) [xiv DSG 58:6] [...] *todolos aqueles logares que **estavan** derredor dele crecian no amor de Deus* [...]

(g) [xiv DSG 127:12] [...] *e arderon todalas cousas que derredor da cela **estavan*** [...]

(h) [xiv DSG 7:8] [...] *ũa bainha que **stava** della no meo do ar* [...]

(i) [xiv DSG 95:26] *E aquella egreja **stava** em meio de ũu gram chão mui ermo* [...]

(j) [xiv DSG 125:16] *E andou tanto por suas jornadas que chegou a ũa abadia que **stava** em riba do mar* [...]

(k) [xiv DSG 149:4] *A castra sem falha **estava** em meeo da subida por u subiam aa montanha* [...]

(l) [xiv DSG149:6] [...] *e em todo o meo **estava** a cadeira tam fremosa e tam rica* [...]

(m)[xv:1414 HGP 100:18] [...] *mãdey et mando as mjñas duas casas que son enna vila de Ponferrada que **estan** en par de Santa Maria da dita bila de Ponferrada* [...]

(n) [xiii:1283 HGP 191:31] *Petro Periz de Bayona, fillo de don Petro de Vilaça, estando na villa de Bayona na curtiña que fuy de Maria de Deus dissi que el entreguaua a dita curtiña e as casas que **estan** a par dessa curtina* [...]

(o) [XIII:1298 HPG 80:9] [...] *dou en doaçõ por uoso herdamẽto liure e quito o casarello da carneçaria [...] e **está** cabo d' outras uosas casas en que uos agora morades [...]*

(p) [XIII:1299 HGP 216:27] [...] *e deuedes a chãtar de vina o meyo do agro que **está** a par do dito logar [...]*

(q) [XIV:1310 HGP 89:16] [...] *qual quarto do casal eu e meus hermãos téémos en concanbia ho quarto que chamã de Pumarino que **está** cabo da vina que uos Clemente Yanes deu [...]*

(r) [XIV:1316 HGP 90:30] [...] *os nossos casarellos que forõ lagares que **está** áá peña yndo para os moyños de mão destra cabo hũa viña do mosteyro dito [...]*

(s) [XIII SG 162:16] [...] *cheguei a ua quintãa desta donzella que **esta[v]a** a entrada desta furesta [...]*

(t) [XIII SG 63:14] [...] *hum dia aveo que **stavamos** acabo de a agoa [...]*

Vou me ater brevemente no *estar* atributivo e no *estar* modal apenas para dar uma ideia mais completa do que foi a modificação desse verbo. O foco principal para este livro, entretanto, é o *estar* locativo.

Estar atributivo

Estar atributivo tinha a propriedade de atribuir uma qualidade transitória ao sujeito, entendendo-se por isto um sujeito que se "encontra num dado estado que pode ser interno a ele". Esse estado podia ter um caráter concreto ou abstrato.

Estar atributivo podia vir acompanhado de miniorações estruturadas por (i) adjetivos e adjetivais (= expressões adjetivas), (ii) particípios em *-udo* e em *-do*:

(72) *Estar* atributivo, com adjetivos (a-l) e particípios (m-o):
    (a) [XIII SG 118:27] *E aquelles, que **stavam** mui sanhudos [...]*
    (b) [XIII CEM 342:11] [...] *mais Lopo Lias **estede** constante [...]*
    (c) [XIV SP 116:17] *E estabeleçeu que nõ ffosse feyto en homẽs que nõ ouuessẽ ydade saluo ende menĩhos que **esteuessẽ** fracos ou enfermos de guissa que sse temessem de chegar aginha a morte.*
    (d) [XIII CA 137:] *Pero **estou** led' en meu coraçon [...]*
    (e) [XIV SP 302:3] *Seguros **deuẽ star** os clerigos hu morarẽ.*
    (f) [XIII CA 710:5] *U vus eu vi fremosa **(e)star**, / e m' òuvi de vos a quitar, / ali tenh' eu o coraçon: / En vos, senhor, e [en] al non!*
    (g) [XV VS 44:27] *E a alma **estava** fraca que nõ pode rresponder.*
    (h) [XIII CA 158:11] *Que prol vus á de eu **estar** / sempre por vos en grand' affan?*

(i) [XIV:1385 HGP 61:9] *Eu, o dito Esteuo Peres, que **estou** presente, asy reçebo de uos, a dita abadesa e conuẽto, o dito foro* [...]

(j) [XIII:1283 HGP 191:35] *[...] e o dito abbade don Henrrique **estando** presente na dita curtina, o dito Pedro Periz filou vun nabo con suas uerssas na mao da dita curtina e meteuo ao dito abade na mao* [...]

(k) [XIV:1399 HGP 62:38] *Esta carta e doaçõ fiquy firme e dom frey Joham Lourenço, abbade do dito mõesteyro de Mõfero que presente **está**, asy reçebe a dita doaçõ* [...]

(l) [XIII SG 264:16] ***Estade** quedos e leixade o cavaleiro ir em paz* [...]

(m) [XIII CEM 141:1] *Don Martin Galo **est'** acustumado de lhi daren algo todos de grado* [...]

(n) [XIII SG 149:10] *E sabede que **estava** ainda armado de espada e de bafoneiras* [...]

(o) [XV LLCP 217:29] *Este rei dom Pedro, chamarom-no assi, porque no seu tempo **esteve** sempre o reino manteudo e guardado em justiça* [...]

Quando o particípio apresenta traços locativos, parece duplicar a expressão *ende*, como se pode ver nestes exemplos:

(73)

(a) [XIV DSG1 13: 6] *E pois se tornou o monge que estas novas trouxera, achou que naquela hora foi a monja sãã da féver, en que o abade que **estava** ende muito alomjado dissera que seeria sãã* [...]

(b) [XIV DSG1 16:22] *[...] **estando** ende muito alonjado del, tan grande foi o temor e o tremer e a lassidoen que veo sobr'el* [...]

Sustento aqui que a construção de *estar* atributivo licenciou *estar* auxiliar + particípio, o que mostra uma vez mais a importância da minioração no processo de gramaticalização desse e de outros verbos.

São bem conhecidos os estudos da auxiliarização de *ter*, em que a minioração exerceu um papel igualmente importante, inicialmente predicando o objeto direto desse verbo, em suas construções como verbo temático, e depois tornando-se adjacente a *ter*, já agora como verbo auxiliar, dando origem à série dos tempos compostos do passado. Assim, construções como "*Tenho o livro escrito*", que denotavam uma posse referida ao presente e um aspecto perfectivo, migraram para "*Tenho escrito o livro*", perdida a noção de posse e mudado o aspecto para imperfectivo (Ribeiro, 1993).

A história de *estar* atributivo é paralela a essa. De intransitivo e temático ele passa a verbo funcional, quando seguido de miniorações exemplificadas anteriormente, e também por formas nominais do verbo, constituindo-se as perífrases que serão estudadas na seção "O verbo *estar* como auxiliar de gerúndio e de infinitivo preposicionado o Português Arcaico".

Estar modal

Estar modal atribuía um processo transitório pelo qual um sujeito estava passando, diferindo de *estar* atributivo porque agora o sujeito se "encontra numa dada situação que é externa a ele". Essa situação pode ser concreta ou abstrata.

As miniorações que acompanham o verbo eram assim estruturadas:

(i) advérbio *assi* numa construção de redobramento [*assi* v sp], cujo sp é "*en nesto*";
(ii) advérbio *assi* sozinho [(*assi*) v (*assi*)] em posição pré ou pós-verbal;
(iii) sp, algumas vezes introduzidas pela falsa preposição *en*;
(iv) advérbios e adverbiais como *bem*, *mal* etc.

O advérbio *assi* teve uma origem bem curiosa: (i) se originou da construção latina *ad + sic*; (ii) a etimologia de *sic* mostra que essa palavra contém o sufixo *-i*, característico do antigo caso locativo indo-europeu, que no latim foi assimilado ao caso ablativo; isto quer dizer que *estar* modal guarda relações de difícil rastreamento com *estar* locativo; (iii) a partícula final *-ce/-c* é um antigo demonstrativo que tinha o papel de reforçar essa forma latina (Ernout e Meillet, 1967).

Assi passou pelas mesmas fases que seu aparentado *hi*: (i) começou a vir antes ou depois do verbo com seu sp num caso de redobramento, (ii) se separou desse sp e passou a aparecer sozinho, (iii) elidiu-se. *Assi* passou igualmente a licenciar o aparecimento de miniorações expressas por adjetivos e advérbios modais. A seguinte escala tenta captar esse passo na gramaticalização de *estar*:

estar pleno > *estar* "quase transitivo" locativo > *estar* "quase transitivo" modal

O verbo continua a mudar semanticamente: de "estar ou encontrar-se num dado estado transitoriamente" (ou seja, estar passando por um processo interno ao sujeito) > "estar ou encontrar-se transitoriamente numa dada situação" (predicado *stage level*, ou seja, estar passando por uma situação que é externa ao sujeito, mas que o afeta diretamente):

"estar num dado estado" > "estar numa dada situação"

Vejamos alguns exemplos:

132 Fundamentos sintáticos do Português Brasileiro

(74) *Estar* modal, com *assi* + SP (a-c), *assi* (d-f), *assi* = Ø (g), SP (h-n), *en* (o-p), advérbios (q-u):

(a) [XIV LLCP 90:32] *E enviou a el rei que saisse a departe e falaria com el, e el rei assi o fez. Eles que **estavam** <u>assi em esta fala</u>, saio ũa gram serpente do freo a el rei Artur, e quando a vio, meteo mão a espada e começou a encalça-la, e Modrech outrossi.*

(b) [XIII CSM1 238:16] *El <u>assi</u> **estando** <u>en mui gran pavor</u>, / viu entrar un ome negro de coor [...]*

(c) [XIII SG 60:31] *[...] e elles **stando** <u>assi a pee</u> diserom a dom Queia [...]*

(d) [XIII CEM 210:14] *Esto non digu' eu por ben que lhi queira, / mais por que **est'** <u>assi</u>, a meu cuidar.*

(e) [XIII CA 60:10] *Mentr' eu viver', mais guardar-m' ei / que mi-o non sábia mia senhor; / c' <u>assi</u> (e)**starei** d' ela melhor, / e d' ela tant' end' averei [...]*

(f) [XV FP 19:15] *[...] hũa aguya leuaua hũu cáguado, com os pees, no haar, e nom ssabia como o comesse. E <u>assy</u> **estando**, ssaltou peramte ella hũa gralha e disse [...]*

(g) [XV VS 41:23] *E ella jazendo chorando os malles que / avya fectos. Rrecontãdo suas mĩguas por que aquellas penas padecia. E a pouca d' óóra achou-se fora. e nõ soube / per que guisa sayra. E ella **estando** [Ø]. Abryo os olhos e vyo / o angeo.*

(h) [XIII CSM1 131:41] <u>*En este coidad'* **estando**</u> */ muit' aficad' e mui forte, / ante que o começasse, / door lo chegou a morte.*

(i) [XIII SG 260:6] <u>*Em este cuidado*</u> ***stava*** *o cavaleiro pagão quando se fez afora dessa batalha [...]*

(j) [XIV LLCP 232:30] *E o ifante falou com seu padre, e seu padre houve sobr' esto conselho. E ũus deziam que era bem, e que fosse alá o ifante, e per ali se cobraria a vila; e outros deziam que poderia esto seer engano. **Estando** <u>em esto</u>, disse dom Rodrigo Froiaz, por conselho dos Portugueses que i estavam, que eram muitos e bõos [...]*

(k) [XIV SP 92:22] *[...] segũdo conuẽ assynaadamẽte aos coraçoens daquelles que **estam** <u>en teeuras de pecado</u>.*

(l) [XIII SG 408:34] *[...] ficarom os geolhos ante a tavoa e **esteverom** en prezes e en <u>orações</u> ata mea noite tam ledos [...]*

(m)[XIII SG 397:18] *[...] e leixou-se ir a Palomades que **estava** <u>a cavalo</u> [...]*

(n) [XIII SG 125:30] *[...] ca mais **stava** <u>em orações e em rogos</u> que em al [...]*

(o) [XV CGE2 476:3] *[...] foisse pera Çamora. E, <u>em</u> **estando** hy, morreo de sua doença.*

(p) [XIV DSG 179:38] *[...] e todo seu estudo e todo seu trabalho era <u>en</u> **estar** continuadamente <u>en sa oraçon</u>.*

(q) [XIII CEM 90:31] *Pero da Ponte, se Deus vos perdón, non faledes mais en armas, ca non / vos **está** bem, esto sabe quen quer* [...]

(r) [XIII CA 58:3] *Desejand' eu vos, mia senhor, / seguramente morrerei; / e do que end' **estou** peor, / é d' ũa ren que vos direi* [...]

(s) [XIII CEM 90:31] *Pero da Ponte* [...] *non faledes mais en armas, ca non vos **está** ben* [...]

(t) [XIII CEM 523:3] *Ca, pois d' amigos mal **está**, non pode bõa estança aver* [...]

(u) [XIII CR 294:]* [...] e a pastor **estaua** [i] senlheyra* [...]

Afirmo que a palavra *en* de (74 o-p) é uma falsa preposição porque se trata, na verdade, do locativo *ende*, proveniente de latim *inde*, que examinarei no "Consequências do redobramento do clítico locativo *ende*". Assim, a expressão "*en falando disto*" equivale mais ou menos a "falando desse lugar físico ou argumentativo a respeito disto": observe-se o SP redobrado por *en*. Com o tempo, desaparecendo da língua-E o redobramento dos locativos, a palavra *en* foi reanalisada como a preposição *em*, do latim *in*.

Além da etimologia de *assi*, os dados sobre *estar* modal mostram alguns paralelismos com *estar* locativo:

1. O advérbio modal *assi* ocorre bastante em todo o Português Arcaico, mesmo tendo assumido um percurso declinante. Ele não desaparece; na verdade, modifica-se, afastando-se de *estar* modal e ocorrendo em outros ambientes sintáticos.

2. Os exemplos com *assi* redobrado vão rareando, provavelmente já estavam se tornando vestígios após um uso muito intenso.

3. Acentua-se o uso do SP que redobra *assi*, ocorrendo também advérbios do tipo *bem, mal* etc.

Apresento alguns exemplos deste último tipo:

(75) *Estar* modal seguido de *bem, mal*:

(a) [XIII CEM 90:31] *Pero da Ponte, se Deus vos perdon, non faledes mais en armas, ca non / vos **está** ben, esto sabe quen quer* [...]

(b) [XIII CEM 111:5] [...] *quero saber de vós que mi o digades; / e dizede-mi-o, ca ben vos **estará**: / pois vos esta, por que trobastes, já / morreu, par Deus, por quen [ora] trobades?*

(c) [XIII CEM 190:15] *E dix' eu: – Senhor, non vos está ben / de perfiardes, mais **está-vos** mal, / con vossa madre* [...]

(d) [XIII CEM 403:23] *Ca nunca el de seu / aver ren deu, / esto ben sei eu, / que lh' **estevesse** ben; / Demos lho deu, / pois que lhi prol non ten; / muito lh' é greu, / quando lho ped' alguen* [...]

134 Fundamentos sintáticos do Português Brasileiro

(e) [XIII CEM 443:6] [...] *hua donzela jaz [preto d]aqui / que foi ogano un clérigo servir / e non lhi soube da terra sair: / e a dona cavalgou e colheu [i] / Don Caralhote nas mãos; e ten, / poi-lo á preso, ca está mui ben, / e non quer d'el as mãos abrir* [...]

(f) [XIII CEM 523:13] *De mais, quen á mui gran poder / de fazer algu' e o non faz, / mais de viver parco lhi praz, / pois que non val nen quer valer, / a grand' estança que prol lh' á? : / ca, pois d' amigos mal está, / non pode bõa estança aver* [...]

Esses três tipos de *estar* são encontrados com grande frequência em todos os tipos de texto examinados e em toda a época estudada. As construções podiam vir combinadas, coocorrendo locativas e locativas, locativas e atributivas, locativas e modais, atributivas e atributivas, atributivas e modais, e ainda modais e modais. Mostrei alguns exemplos:

(76) Coocorrência de possibilidades de *estar* locativo/atributivo/modal:
   (a) [XV LLCP 125:14] [...] *e disse: "Como viindes assi, senhor?". Respondeo entom Afonso Anriquez: "Venho mui mal, ca me arrancou meu padrasto e minha madre, que **estava** com ele na az."* [locativo + locativo]
   (b) [XIII FR 234:2] *Outrosy mandamos que se omen sen memoria ou sen syso ou que nõ aya ydade ou que aya feyta trayçon a al rey ou contra senhor ou contra qualquer senhorio ou monge ou freyre (ou) que aya feyta promissõ ou que **esteue** per huu ano em ordẽ en prouo, der algũa cousa de seu, nõ ualha.* [locativo + modal]
   (c) [XIII CEM 441:1] *Joan Fernándiz, un mour'**est'** aqui / fugid', e dizen que vó-lo avedes* [...] [locativo + atributivo]
   (d) [XIV:1333 HGP 155:8] [...] *en presença de mj̃, Durã Fernandes, notario publico del Rey en Monte Rey, Johan de Naue, alfayate desta méésma villa, **estãdo** en geonlos preso cõ hũa cadẽa na gargãta, ante Johan Beya, alcayde de Monte Rey por Roy Paez de Bema que o queria yr justiçar e matar.* [construção modal + atributiva]
   (e) [XIII CSM1 127:60] *Toda a noit' a mesquinna | **estev'** assi braadando / ant'o altar en gẽollos.* [construção modal de *assi* redobrado + locativo]

Evidentemente o tratamento tripartite de *estar* "quase transitivo" não esgota as possibilidades sintáticas desse verbo, pois podemos encontrá-lo acompanhado de outros pronomes circunstanciais, advérbios e adverbiais.

Essas classes podiam ser do tipo temporal, como *logo, já, agora/ora, hoje, por um ano, hoje em dia, outro dia, uma gran peça* (= "um bom tempo") etc., ou do tipo aspectual, como *nunca, sempre, continuadamente, toda a vida, muitas vezes, cada dia, até amanhã* etc. Alguns exemplos:

(77) *Estar* com pronomes circunstanciais, advérbios e adverbiais temporais (a-d) e com advérbios e adverbiais aspectuais (e-f):
(a) [XIII CEM 292:1] ***Estavan*** *oje duas soldadeiras / dizendo ben, a gran pressa, de si [...]*
(b) [XIII CA 459:3] *Se m'ora Deus gran ben fazer quisesse, / non m'avia mais de tant'a fazer: / leixar-m'aqui, u m'ora* ***'stou****, viver.*
(c) [XIV LLCP 158:17] [...] *e lançou as chaves per cima do muro, e veo-os atender a um vao mui boo e mui chão que i estava, per que poderiam caber mui bem LXX ou LXXX cavaleiros de suum. E nom estavam d'i mais de ũa legoa, e atende-os i bem ataa meo dia, que chegou o ifante dom Sancho de Castela, filho d'el rei dom Afonso a parti-los, u* ***estavam*** *ja os pendões mui chegados ũus aos outros.*
(d) [XIV LLCP 61:19] *Depois, tornou-se Jacob aa terra de Canaam, Ebrom, e* ***esteve*** *i* *sete anos**, ataa que foi vendudo Joseph em no Egipto.*
(e) [XIII:1283 HGP 78:6] [...] *e non guardar o prazo peite áá outra parte pela auctoridade del rey.c.mor. De pea da moeda que corer e o preito e a carta* ***estando*** *sempre* *ẽ seu reuor permaecente.*
(f) [XIV DSG 179:38] [...] *e todo seu estudo e todo seu trabalho era en* ***estar*** *continuadamente* *en sa oraçon [...]*

ESTAR COMO VERBO AUXILIAR ATEMÁTICO

Ver seção "O verbo *estar* como auxiliar de gerúndio e de infinitivo preposicionado no Português Arcaico", em que estudaremos a formação dessas perífrases no Português Arcaico.

VARIAÇÃO E MUDANÇA DE SER E ESTAR NO PORTUGUÊS ARCAICO

Observando-se a convivência dos verbos *estar* e *ser* ao longo de todo o Português Arcaico, constata-se primeiramente o emprego deles como formas sinônimas, predominando o verbo *ser* locativo sobre o verbo *estar*, situação que se inverte com o tempo.

Para o exame desse intrincado problema – ou melhor, desses usos em variação – teremos de estudar, de um lado, o conflito entre *esse* e *sedere*, que já vinha do latim,

136 Fundamentos sintáticos do Português Brasileiro

e, de outro, o embate entre *ser* e *estar*, iniciado em terras galaico-portuguesas. Previamente a isso, vejamos a frequência de uso dos dois verbos no período medieval:

Tabela 9 – Total das ocorrências dos verbos *estar* e *ser*

Período	Verbo *estar*		Verbo *ser*		Total	
	Ocorrências	%	Ocorrências	%	Ocorrências	%
XII-XIII	717	27	1944	73	2661	44
XIV	934	46	1096	54	2030	34
XV-XVI	596	45,5	712	54,5	1308	22
Total	2247	37	3752	63	5999	100

A tabela 9 aponta para um movimento inverso na frequência de uso desses verbos. *Estar* mostra claramente um uso crescente, à medida que *ser* decresce, "empatando" os usos entre os séculos XV e XVI. Impossível, portanto, analisar o primeiro deles sem relacioná-lo com o segundo. Isso justifica a próxima seção.

Os verbos latinos *esse* e *sedere*

Esse, forma infinitiva do verbo *sum, fui*, funcionava no latim como um verbo existencial, com o sentido de "ser", "existir" (78 a-b), como um locativo, com o sentido de "estar num lugar" (78 c-f), a que aparentemente estava ligada sua construção como atributivo, assumindo o sentido de "estar numa situação, num estado" (78 g-h).

(78) O verbo *esse* no latim:
  (a) *qui nisi fuisset, quis nostrum **esse** potuisset?*
     "se ele não tivesse existido, quem de nós poderia existir?"
  (b) *flumen **est** Arar*
     "há um rio, o Arar"
  (c) *non licet quem quam Romae **esse** qui...*
     "ninguém pode ficar em Roma, se..."
  (d) *cum Athenis decem ipsos dies **fuissem***
     "tendo ficado em Atenas por dez dias"
  (e) ***esse** cum aliquo*
     "viver com alguém"
  (f) ***esse** ab aliquo*
     "estar do lado de alguém"
  (g) *sic **est** vulgus*
     "tal é a natureza da multidão"
  (h) *bene, male **est***
     "está bem, mal"

Por outro lado, s*edere*, forma infinitiva do verbo *sedeo*, *sedi*, *sessum*, tinha o sentido principal de "estar sentado" (79a) e alguns outros sentidos derivados, como "ficar por um certo período de tempo" (79b) e "ficar parado", quando se refere a coisas (80c):

(79) O verbo *sedere* no latim:
    (a) *stant, non* **seden**
        "eles estão de pé, não sentados"
    (b) *romanus* **sedendo** *vincit*
        "o romano triunfa permanecendo inativo, parado"
    (c) **sedens** *humero toga*
        "a toga repousando sobre o ombro"

Vejamos o que permaneceu destas construções em português e o que mudou.

Os verbos portugueses *ser* e *estar*: pontos de contato

Num primeiro olhar sobre os usos românicos do verbo *ser*, poderíamos imaginar que se trata de item único, pois várias línguas como o francês (e também o inglês) codificam as noções de "existência" e de "encontrar-se em algum lugar/situação" em um único verbo: *être* e *to be*, respectivamente.

Outras línguas, como o português e o espanhol atuais, possuem entretanto dois verbos para expressar essas mesmas noções: *ser* "existência" e *estar* "encontrar-se em algum lugar/situação".

Com respeito a *ser*, e atentando para sua morfologia, alguns exemplos do Português Arcaico parecem apontar para a existência de um só verbo *ser*, visto serem muito semelhantes em seu uso locativo, como demonstram os exemplos recolhidos em (80):

(80)
    (a) [XIII: 1298 HGP 208:5] [...] *e a quinta parte de .xvj. peças d'ercade que* **son** *y enno couto de Bueu* [...]
    (b) [XIII SG 13:6] *Queredes sacar esta espada deste padram? Ca a nom que nenhũum provar de quantos aqui* **som**, *ca dizem que a* [a]*ventura non é sua.*
    (c) [XV:1414 HGP 102:14] [...] *et hũa arqua de leuar pan que* **sé** *aqui en esta casa* [...]
    (d) [XIII CEM 342:9] *Loavan un dia, en Lugo, Elvira / Pérez* [a filha d'] *Elvira Padrõa; / todos diziam que era mui bõa /* [...] // *Ficou já a dona mui ben andante, / ca a loaron quantos ali* **siian** [...]

138 Fundamentos sintáticos do Português Brasileiro

Entretanto, o verbo *ser* português não deriva de um mesmo étimo. Pelo menos duas formas verbais latinas confluíram em sua organização morfológica: as formas {e} e {fu/fo} derivam de *esse* (80a-b), e as formas alternantes {sa/se/si/so} derivam de *sedere* (80c-d). Essas duas etimologias estão intimamente relacionadas a ponto de coocorrerem, concorrerem, variarem e uma delas desaparecer nas mesmas construções mencionadas anteriormente para o verbo *estar*. Em (80a-b) temos *ser* derivado de *esse*, enquanto que em (80c-d) temos *ser* derivado de *sedere*.

Duas questões merecem nossa atenção: (i) há dois tipos de verbo *ser*: *ser*[1] seria do tipo existencial e portanto com o sentido de "existir", e *ser*[2] seria do tipo locativo com o sentido de "encontrar-se em algum lugar/situação", como em (81), e (ii) *ser* e *estar*, embora liberem noção de aspecto, organizam estruturas diferentes.

Dar conta das relações entre *ser* e *estar* tem sido um tema permanente na Linguística portuguesa, dada a singularidade de sobrevivência dessas duas formas no conspecto românico. Não vou tratar desse tema aqui, mas gostaria de comparar as construções locativas e atributivas de ambos, pois em seu processo de gramaticalização *ser* locativo perdeu espaço para *estar*, enquanto que este perdeu terreno para *ser* atributivo.

Ser derivado de *esse* é encontrado em todo o Português Arcaico, com frequência de uso diversa, predominando os sentidos de "existir" (81a-d), "estar", "encontrar-se" (81e-h), "ficar/tornar-se" (81i-n), "acontecer" (81o-q), "pertencer" (81 r-u):

(81) *Ser* < *esse*:
   (a) [XIII CSM1 64:10] *En Armenteira foi un lavrador, / que un cavaleiro, por desamor / mui grande que avi' a seu sennor, / foi polo matar, per nome Mateus* [...]
   (b) [XIII SG 17:23] *[...] ca por esta promesa que fezestes me tolhestes o milhor companheiro* [e o] *mais leal que nunca foi no mundo* [...]
   (c) [XIII SG 27:2] *Ai, disz ella, meu coraçom m*[o] *diz que me* [mete em] *tal pavor e* [em] *tal coita como nunca foi dona de tal guisa por cavalleiro* [...]
   (d) [XIII SG 38:16] *E como eu cuido, vos lhe dar*[ed]*es cima, ca nunca foi cavalleiro que* [a] *acabar podesse* [...]
   (e) [XIII CR 333:5] *Foi-ss'o meu amigo a cas del-rei, e, amigas, con grand' amor que lh'ey, quand'el veer, iá eu morta serey* [...]
   (f) [XIII CEM 415:9] *[...] e quantas cousas eno mundo son a avessas andan* [...]
   (g) [XIII CR 285:24] *[...] mays, se masesse con meu amigo, a luz agora seria migo* [...]
   (h) [XIII SG 1:3] *El rei que era ende mui ledo* [...]
   (i) [XIII CSM1 64:23] *Duas lançadas lle deu un peon, / mas non ll'entraron; e escantaçon / cuidou que era o coteif', enton / más bravo foi que Judas Macabeus* [...]

(j) [XIII SG 24:4] *E tanto que **foi** manhãa, levantou-se o mais cedo que pode, ca muito era em gram cuidado do que avia de fazer* [...]

(k) [XIII SG 2:10] *ca bem sabia que pois se el partia dali que nom tornaria, ca lhe convenria, tanto que **fosse** cavalleiro, entrar aas venturas do regno de Logres* [...]

(l) [XIII SG 2:19] *Senhor, por Deos, fazede-vos nosso novel cavalleiro, ca nom querriamos que **seja** cavalleiro por mão doutro* [...]

(m) [XIII SG 2:24] *Gallaaz, disse Lançarot, queredes vos **seer** cavalleiro?*

(n) [XIII SG 5:29] *este custume manteve senpre, desque **foi** rei e manterrei, ment[r]es viver*

(o) [XIII CSM1 168:70] *e disse-lles: Mal quisera falir / en leixar Deus por ome terrẽal. / [...]. Mais, se Deus quiser, esto non **será**, / nen fora daqui non me veerá / ja mais null' ome* [...]

(p) [XIII SG 6:12] *E os cavalleiros que i siam, forom a elle para veerem o que **era*** [...]

(q) [XIII SG 7:3] *[...] e entam disse o scudeiro que ja alla som muitos cavalleiros da vossa conpanha por veerem* [a] *maravilha. E el rei, tanto que esto ouvio, foi logo para alla com sua conpanha de homeens bõos. E Lançarot, tanto que soube que **era**, logo foi alla apos elles* [...]

(r) [XIII CSM1 25:56] *[...] e pois lle vyu o soon, / começou Deus a loar / e as donas a brasmar / que **eram** d'ordin d'Onna / dizendo* [...]

(s) [XIII CSM1 104:73] *Falssos, maos e encreus, / de Santa Maria **somos**, | a de que Deus quis nacer* [...]

(t) [XIII CSM1 129:4] *Quen fiar na Madre do Salvador / non perderá ende quanto seu **for*** [...]

(u) [XIII CSM1 26:17] *Aquel lais que el cantava / **era** da Madre de Deus, / estand'ant'a sa omagen, / chorando dos ollos seus* [...]

O sentido original de *sedere*, "estar sentado", é raramente encontrado em textos do Português Arcaico; todos os que foram encontrados estão enumerados a seguir:

(82) *Ser* < *sedere* com o sentido de "sentar-se" no Português Arcaico:
  (a) [XIII CSM1 221:99] *[...] e disse a Virgen Santa / ao crerigo: '**Seede**'/ e aquesta moller bõa / comungad' e as[s]olvede* [...]

  (b) [XIII SG 5:12] *E aveeo que entramente andando catando as seedas da tavola redonda, acharom* [scrito]: AQUI DEVE SEER FOAM E AQUI FOAM [...]

  (c) [XIII SG 9:13] *E depois filhou-o el-rei pela mão e assentou-o na seeda da Tavola Redonda u o seu nome era scripto e disse-lhe ao **seer*** [...]

140 Fundamentos sintáticos do Português Brasileiro

(d) [XIII SG 9:33] *E el rei se foi assentar na sua alta seeda. E depois os conpanheiros da Tavola Redonda forom seer cada ũu em seu lugar, e os outros, que nom eram de tam gram nomeada, **seerom** cada ũu por u devia.*

(e) [XIII SG 116:13] *"[...] Mas pois cavalleiro andante sodes, ora **seede** e folgade, se vos prouver, ca certas da vossa vinda me praz muito".*

(f) [XIV DSG 47:3] *E pois fezeron sa oraçon e deron muitas graças a Nosso Senhor, **severon** e contaron muitas bõas cousas d'amor de Deus [...]*

(g) [XIV DSG 125:3] *[...] tornou a alma ao corpo e beceeou e abrio os olhos e alçou a cabela e as costas do chumaço en que jazia e **seve** no leito [...]*

(h) [XIV DSG 178:21] *Este nunca podia estar nen en seu leito, non se podia levantar nen [Ø] **seer** [...]*

(i) [XIV DSG 193:2] *E porque jazia muito espantado e fora de si, aqueles que hi estavan alçaron-no muit' agĩha e fezeron-no **seer** [...]*

(j) [XV FP 54:26] *O uaqueyro, veendo que o caualeyro nom sse queria leuantar, **posse-sse** outra vez a **sseer** no campo [...]*

(k) [XV FP 54:28] *[...] e veendo-os ambos **sseer**, toda a gemte compeçou d'escarneçer.*

"Ficar parado", ou seja, "estar em algum lugar", é o sentido mais comum de *ser* < *sedere* no Português Arcaico, mostrando que ele havia perdido o seu traço [+posição vertical], ficando só com o de [-deslocamento]:

(83) *Ser* < *sedere* com o sentido de "estar em algum lugar":

(a) [XIII SG 11:27] *[...] a seeda perigosa é comprida, uum cavalleiro **see** i [...]*

(b) [XIII CR 321:17] *[...] e, sse el falar non poder ante comigo, nunca iá ledo será [...] Que trist' oie que eu **seio** [...]*

(c) [XIII SG 29:8] *[...] se os que aqui **seem** o soubessem como i eu sei [...]*

(d) [XIII CR 366:5] ***Sedia**-m' eu na ermida de San Simhon e cercaron-mh as ondas [...]*

(e) [XIII CEM 253:9] *Como lh'outra vez já filhou a cadeira u **siia** o Filh'[...]*

(f) [XIII SG 430:17] *[...] e quando se apartava con sa linhagem u outrem nom **seia**, dizia*

(g) [XIII CEM 342:9] *[...] ca a loaron quantos ali **siiam** [...]*

(h) [XIII CEM 156:1] *Un outro dia **seve** Don Foan, a mi comecou gran noj'a crecer de muitas cousas que lh'o'i dizer [...]*

(i) [XIII CEM 156:13] *El **seve** muit' e diss' e parfiou, e a min creceu gran nojo poren [...]*

(j) [XIII CEM 417:4] *[...] se and' ou **sejo**, o cor mostr'antejo, que me faz cuidar [...]*

Estar deslocando *ser* < *sedere* locativo

Tal como aconteceu com o verbo *estar*, no Português Arcaico, tanto *ser* como *seer* aparecem construídos com a minioração locativa *hi* + SP, dando surgimento ao verbo *ser* locativo, que foi sendo substituído pelo verbo *estar* locativo ao longo de todo o Português Arcaico. A maioria dos exemplos encontrados se apresenta bem alterada, aparecendo somente o clítico *hi*, ou seu SP iniciado pela preposição *em*. A quantidade de exemplos do locativo *hi* com o verbo *seer* é pequena, mas bem significativa com o verbo *ser*. Vejamos exemplos de cada um deles em separado.

(84) Verbo *seer* + clítico locativo *hi*:
    (a) [XIII CSM1 178:3] [...] *a un cavaleiro que o[u]ver'a seer ena lide en Sant' Estevan de Gromaz, de que non **pod'y seer** polas suas tres missas que oyu* [...]
    (b) [XIII CSM1 183:28] [...] *mais ena ygreja mannãa **seremos y*** [...]
    (c) [XIII CSM1 204:10] [...] *que Santa Maria, que nos ora, / grande fez na cidade toledãa / [...] **Seend'y** o Emperador d'Espanna* [...]
    (d) [XIII CSM1 284:29] *Hũa viron y **seer** / e mais bela parecer / das outras* [...]
    (e) [XIII SG 4:21] *"Senhos, pois ja cavalleiro é, elle irá mais toste aa corte ca vos nom no cuidades, ca el **sera i** mui cedo".*
    (f) [XIII SG 4:23] *"Pois comendo-vos a Deos", disse Lançarot, "ca me quero eu ir aa corte, ca ora de terça **hei i de seer".***
    (g) [XIII SG 5:7] *E sabede que, quantos na corte eram, foram ende mui ledos, ca muito fora a festa maior, e mais pobre [fosse], delles i non **seerem**.*
    (h) [XIII SG 6:6] [...] *catavam contra ũas freestas que stavam sobre a ag(u) oa, e virom i **seer** uũ cavaleiro* [...]
    (i) [XIII SG 6:11] *E os cavalleiros que i **siam**, forom a elle para veerem o que era* [...]
    (j) [XIII SG 11:27] *"Senhora", disse elle, "a seeda perigosa é comprida, ũu cavalleiro **see i".***
    (k) [XIII SG 11:28] *"Senhora", disse elle, "a seeda perigosa é comprida, ũu cavalleiro see i". "Si?", disse ella. "Pardés, fremosa aventura i Deos deu, ca de muitos que ja i **seerom** nunca i tal foi que i nom fosse morto".*
    (l) [XIII SG 69:29] *"Assi Deos me valha, bem aventurados fostes, ca peça ha que nom ouvi que tres aventuras taes aveessem. É de taes quaes eu ouvi contar. Prouvesse a Deos que aqueecesse eu i, quando vos [a] acabassedes!" "Nom sei", disse elle, "se vos **seredes i**, senam doi mais nom quedarei busca-la, se [outra cousa] minha aventura nom tolhe, ataa que eu saiba [a] verdade do que quer significa".*

142 Fundamentos sintáticos do Português Brasileiro

(m)[XIII SG 240:20] *E quando i achava o nome que i **seer** devia, sabia bem entom que aquel era vivo quem era senhor daquella seeda [...]*

(n) [XIII SG 241:11] *E outrosi o* [julgarom] *todo-los homẽes que i **siam** [...]*

(o) [XIII SG 241:31] *"Ai, senhor, que pesar tam grande que nom **seedes** i tam são como ja outra vegada suestes, ca todo o reino de Logres en mais [valia]!"*

(p) [XIII SG 251:35] *[...] e acabo d'ũa peça disse assi, que os mais que i **siam** o ouvirom [...]*

(q) [XIII SG 308:21] *E sabede que elles verrám i mui de grado tanto que vosso mandado virem, e fazede-lhes saber que **seredes** i com elles em sua ajuda com quanto poder ouverdes [...]*

(r) [XIII SG 308:23] *E sabede que elles verrám i mui de grado tanto que vosso mandado virem, e fazede-lhes saber que seredes i com elles em sua ajuda com quanto poder ouverdes, e poede-lhes dia e sabede que logo i **serám** com vosco.*

(s) [XIII SG 444:26] *[...] e pero tam calados siiam que semelhava que nom **siia** i nengũu [...]*

(t) [XIII SG 447:27] *Mas sen falha na maior seeda da Tavola Redonda que soiam chamar a Seeda Perigosa, nom ouve tam ousado que **ouvesse** i seer.*

(u) [XIV DSG 195:2] *E eu os preguntei ante muitos homens bõõs clerigos e leigos que hi **siiam** [...]*

(v) [XIV CGE2 81:3] *[...] quando foron acerca de Segonça, ẽvyarõ suas enculcas com que lhes ẽvyarom dizer ao tempo que hy **seriam** [...]*

(w)[XV SVA1 92:19] *E esta meesma maneira guarda ainda agora a Egreja, ca o clerigo, pero que seja o bispo em no logar ou que nom **seja** i, os que bautizom ongi-los-am com a crisma que consagrou o bispo [...]*

(x) [XV SVA1 114:19] *[...] meterom-no em Damasco. E **seve** i tres dias que nom vio nem comeo nem beveo [...]*

(y) [XV SVA1 164:23] *E pero a sa semelhança e a sa figura pusi-a pintada em na minha camara, por tal que **seja** i por renembrança e por mostra da minha obra.*

(z) [XV SVA1 298:10] *E a cabo de quinze dias chegou aaquel logar u leixara seu filho enforcado. E achou-o ainda i **seer** [...]*

(85) Verbo *ser* + clítico locativo *hi*:

   (a) [XIII:1258 HGP 70:35] *Esta ẽ conta do gáádo e do auer que é da casa de San Cibrão: .ij. uacas con ij fillos e j. jouẽca de .iij. anos e j. boy e mea de .j. jouẽca j. Johã Mourã e ouellas e porcos quantos y **sum**.*

   (b) [XIII:1299 HGP 214:21] *Et estas cousas dou a esse moesteyro so tal condiçõ que uos nẽno abbade nẽno conuẽto que ora y **son** e forẽ daqui en deante nõ vendam nẽ den en aprestamo nẽ [...]*

(c) [XIII FCR 29:7] [...] *con el faga testigos aos que y **foren** quelle aiuden* [...]

(d) [XIII LVL 48:7] *A rainha perguntou quem achara na fonte. Ela respondeu que não **era** i ninguem* [...]

(e) [XIII SG 13:15] [...] *e quando chegou a elles, preguntou se **era** i Lançarot* [...]

(f) [XIII SG 16:4] *E sabede que, depois que a Tavola Redonda foi começada que nunca todos as[s]i foron asunados, mas aquelle dia sem falha aveo que **forom** i todos; mas depois nunca i er forom.*

(g) [XIII SG 16:5] *E sabede que, depois que a Tavola Redonda foi começada que nunca todos as[s]i foron asunados, mas aquelle dia sem falha aveo que forom i todos; mas depois nunca i er **forom**.*

(h) [XIII SG 16:27] *Desto foram maravilhados quantos i **eram*** [...]

(i) [XIII SG 21:8] *Muito fallarom el rei e a rainha aquella noite com Gallaaz, e os altos homẽes que i **eram** e seu linhagem que o amavam muito.*

(j) [XIII SG 25:2] *Aquelle sem falha non **era** i, ca ja se fora pella manhãa bem armado por atender os outros na furesta de Camalot* [...]

(k) [XIII SG 245:21] [...] *e preguntarom se **era** i Meraugis* [...]

(l) [XIV SP 24:6] [...] *nõ sse deue fazer senõ con grã conselho de todolos homẽs bõõs da terra os mays onrrados e mays sabedores rrazoando ante primeyramẽte muyto os maes que hy acharẽ por que sse deuã a tolher e outrossy os beens que hy **som** e que podẽ seer* [...]

(m)[XIV SP 37:23] *E esto he por que cada hũũ dos apostolos per ssy disse ssa palaura çerta en como cria e ajuntados todos ẽ hũũ **he** hy crẽẽça de Deus conprida* [...]

(n) [XIV LLCP 73:15] *E Paris foi a Grecia e levou XXII naos e duzentos cavaleiros e grandes gentes de pee, e assi veo a Grecia. E entom havia per ventura que era i ajuntada toda a gente da terra a ũa festa que i faziam, e **era** i Elena, a molher de rei Menelaus,* [...]

(o) [XIV CGE2 64:19] *E dizem outrossy que este cantaro foy filhado ẽna casa santa de Jherusalem quando hy **era** Nabucadanosor* [...]

(p) [XIV CGE2 72:19] *E delles vãã aa cidade de Caliz e a outros maravylhosos logares que hy **som*** [...]

(q) [XIV CGE2 85:27] *A oytava batalha foy cõ Claudyo Marcelo* [...] *Mas **foy** hi sua hoste e foy hy vençuda a hoste de Anybal* [...]

(r) [XIV CGE2 221:16] *E todollos arcebispos e bispos e todollos outros que hy **foron** asiinaron dos seus nomes o que hi ordenaron* [...]

(s) [XIV DSG 70:8] *Todo este moesteiro con todas aquelas cousas que hi **son*** [...]

(t) [XIV DSG 88:10] [...] *assi como ja an aquelas que hi **son*** [...]

(u) [XIV DSG 204:2] *ca, pois todos aqueles que hi **son**, veen Deus per hũa claridade comun*

144 Fundamentos sintáticos do Português Brasileiro

(v) [XV CDP 170:4] [...] *se os leixar nom quisesse, que mandaria prender em Sevilha todollos mercadores catellaães que hi **eram** e tomar-lhe todos seus bẽes.*

(w)[XV CDP 170:15] [...] *ca el mandou logo prender em Sevilha todollos mercadores catellaães que hi **eram** e escrever-lhe todos seus bẽes; [...]*

(x) [XV CDP 198:1] [...] *e sabendo parte das maaos que hi **eram**, de que ouverom mui grande rreceo, nom as ousarom d'atender no mar [...]*

(y) [XV CDP 256:11] [...] *e mandou-lhe dizer que nom fosse mais adeante mas que estevesse alli ataa que visse seu rrecado. E mandou chamar o iffante dom Fernando seu filho, que nom **era** hi [...]*

O redobramento pronominal com o locativo *hi* era um freguês muito frequente do verbo *estar*. O jogo parecia empatado, mas *estar* acabaria predominando sobre *ser* nas construções locativas. É muito provável que a vitória de *estar* locativo sobre *ser* locativo se explique pela expansão dos usos daquele. Afinal, *estar* avançou mais depressa que *ser* em seu processo de auxiliarização, construindo todo um conjunto de perífrases que muitos autores já consideram como tempos compostos. *Ser* bem que tentou, mas acabou se especializando como verbo existencial, atributivo e auxiliar da voz passiva.

De novo, uma estrutura redobrada afeta a sintaxe da língua, e com isso mantivemos esses dois verbos, cada qual especializado em determinadas construções.

Ser deslocando estar atributivo

Vimos na seção "*Estar* atributivo" que *estar* se construía com adjetivos e particípios. De novo ele se emparelha com *ser*, que navega nas mesmas águas. Mas olhando os exemplos de ser atributivo nota-se uma grande diferença entre ele e o verbo *estar*. O verbo *ser/seer* podia aparecer, no Português Arcaico, com outro tipo de minioração, que era constituída pelo pronome partitivo redobrado *en/ende* + SP. Esse tipo de minioração não ocorreu com o verbo *estar*. Essa minioração partitiva aparecia com o verbo *seer/ser* somente em construções atributivas, já se apresentava bem alterada, aparecendo somente o pronome *en/ende* (86), ou seu SP iniciado pela preposição *de* (87-88). Esses dois tipos de construção podem ser vistos nos exemplos a seguir:

(86) Verbo *ser* + locativo partitivo *en/ende*:
(a) [XIII SG 1:3] *Vespera de Pinticoste, foi grande gente assunada em Camaalot [...] El rei que **era** ende mui ledo, honrou-os muito e feze-os bem servir [...]*
(b) [XIII SG 59:27] *"Cavalleiro, bem vos aveeo que nom sodes chagado, e bem me é em, assi Deos me valha, ca bem cuido que sodes bom cavalleiro".*
(c) [XIII SG 92:6] *"Ora vos nom acoitedes", disse el, "ca se Deos quiser, cedo ende **seredes** vingada, ca nom é este o primeiro torto que el fez [...]"*

Redobramento do clítico locativo *hi* e formação da perífrase de gerúndio e infinitivo preposicionado   **145**

(d) [XIII SG 96:17] *E depois que as vozes cantarom gram peça tam saboro-samente, que Elaim* **era** <u>*ende*</u> <u>*maravilhado*</u>*, em tam parecerom quatro homẽes em semelhança de angeos* [...]

(e) [XIII SG 141:15] *Aquel pecado te meterá em tam gram coita ou em maior como tu viste a rainha Genevra. Filho, tu es morto e scarnido, e aquel pecado, se o nom leixas, te fará morrer em tam gram desonra, que todo-los de teu linhgem que vivos serám* **serám** <u>*ende*</u> <u>*desonrados*</u> [...]

(f) [XIII SG 158:24] *Non podedes, disse a dona, ca* **siriades** <u>*en perjurado e*</u> <u>*desleal*</u> [...]

(g) [XIII SG 167:7] *"E* **sodes** *vos ja* <u>*em salvo*</u>*", disse el, "de oje mais ir-me-ei eu".*

(h) [XIII SG 233:5] *"Ai Ivam, bõo cavaleiro, que dapno de tal homem se perder! E certas, de vossa morte averám gram pesar muitos homẽes bõos e a Mesa Redonda se deve malamente a queixar, ca os que* **som** <u>*ende*</u> <u>*bem*</u> *podem dizer que som pobres e minguados d'ũu dos melhores cavaleiros do mundo".*

(i) [XIII SG 269:9] *"Faze algũu de teos jogos ante este cavaleiro stranho, que pella ventura falará ende em casa de rei Artur quando alá for, ca bem sei que* <u>*ende*</u> **é***".*

(j) [XIII SG 397:12] *disse Galaaz en seu coraçom que nom podia creer que Palomades tal cavaleiro era que podesse sofrer quanto sofreu que o cavaleiro da torre que fora ja* V *vezes vençudo e que o viu tornar aa batalha são e folgado asi como da primeira* <u>*en*</u> **era** *ja Palomades* <u>*tam*</u> <u>*cançado e tam mal treito*</u> *e tanto perdera ja de sangui que maravilha era como nom era ja morto peça avia.*

(k) [XIII CEM 451:28] *E Don Afonso pois á tal sabor / de fazer bõa casa, começar / a dev'* [el] *assi; e des i folgar / e jazer quand' e quand', u mester for; / descobri-la e cobri-la poderá / e revolvê-la, ca todo sofrerá / a madeira, e* **seerá**-*lhi* <u>*en melhor*</u> [...]

(l) [XIII SG 266:25] *E depois que lhe quebrou a lança, meteo mão a espada que filhara do padrom e começou a dar mui grandes golpes a todos aquelles que o speravam, e era tam ardido e tam vivo que todos aquelles que o viam* **eram** <u>*ende*</u> <u>*spantados*</u>*, que nom alçava homem de golpe que arma o podesse guarecer que o nom matasse ou tolhesse ou chagasse ou nom metesse em terra do cavalo.*

(m) [XIII SG 367:14] [...] *que o segurou que nom moriria daquelas chagas mas que* **seria** <u>*en*</u> *cedo* <u>*são*</u> *con ajuda de Deus.*

(n) [XIII SG 461:12] *Ai, Lançarot, o melhor omem e o milhor cavaleiro que eu nunca vi* [...] *Ora prouguesse a Nosso Senhor que tu esta espada ouvesses e soubesse-o eu! Certas, a minha alma* **seeria** <u>*mais viçosa ende*</u> *pera sempre!*

146 Fundamentos sintáticos do Português Brasileiro

(o) [XIII SG 475:25] *Mas da morte da raĩa Iseu andava ele mui triste, tam sobeja mente a amava muito. Mas da morte de seu sobrinho nom **era** em triste mas mui ledo.*

(p) [XIII CEM 451:28] *E Don Afonso pois á tal sabor / de fazer bõa casa, começar / a dev'[el] assi; e des i folgar / e jazer quand' e quand', u mester for; / descobri-la e cobri-la poderá / e revolvê-la, ca todo sofrerá / a madeira, e **seerá**-lhi en melhor [...]*

(q) [XIII CA 15:12] *Mais vos en preito **sodes** én, / ca me vus non quit' eu por én / de vosso vassalo seer [...]*

(r) [XIII CA 725:22] *E ides-m' ora defender / que vus non veja, mia senhor; / e se m' og' eu visse morrer, / non me **seria** én peor, / ca mi queredes i tolher / quant' og' eu ei en que viver!*

(s) [XIV DSG 36:17] *[...] e ainda pera **seer** ende mais certo, preguntô-o e convidô-o pera sa pousada [...]*

A semântica de *ende*, como se vê, é bastante rica, permitindo localizar um sentido original de local de origem, de onde se caracterizam as noções derivadas de partição.

(87) Verbo *ser* + adjetivo + SP:

(a) [XIII FR 200:17] *Nenhũa molher que ouuer marido fora da terra nõ seya ousada de casar cũ outrẽ ata que **seya** ben certa de morte de seu marido e [...]*

(b) [XIII CSM1 131:23] *[...] un dia meteu ben mentes | como sa alma cativa/ **era** chẽa de pecados / e mui mais morta ca viva [...]*

(c) [XIII CSM1 160:24] *[...] e poren foi compõer / cinque salmos e juntar, / por en ssa loor cre[e]er,/ de que **era** desejoso [...]*

(d) [XIII CSM1 192:177] *[...] mais tardou mui pouco/ que achou o preste, que non **era** rrouco/ de cantar, pero muit' avia cantado [...]*

(e) [XIII CR 291:10] *[...] fez-mi tal preyto e disse quand' e qual dia, ergo sse **fosse** mal treyto de morte [...]*

(f) [XIII SG 35:6] *[...] rei da cidade, que avia nome Evalac [e] era entam pagão, os recebeo mui bem. El rei **era** entam mui triste e mui desconfortado de Tollomer, ũu rei seu vizinho [...] que o guerreava.*

(g) [XIII SG 197:16] *Quando Galvam, que **era** mui lasso e mui cansado da batalha del-rei [...]*

(h) [XIII CEM 102:2] *Don Foão, que eu sei que á preço de livão, / vedes que fez ena guerra - daquesto soo certão [...]*

(i) [XIII CSM1 LXXXIV:1] *[...] é como Santa Maria tirou un mouro, que **era** cativo en Consogra, do poder do diaboo [...]*

(j) [XIII SG 97:9] *Sabede que eu **som** são da chaga que me fez o cavalleiro caçador.*

(k) [XIII SG 50:24] *"Senhor, vos sejades bem vindo, ca por vos **som** livre de prisam".*

(l) [XIII SG 77:7] *E el rei **era** sanhudo feramente da morte da sua filha e cuidava que elles a matarom [...]*

(m)[XIII SG 233:6] *"Ai Ivam, bõo cavaleiro, que dapno de tal homem se perder! E certas, de vossa morte averám gram pesar muitos homẽes bõos e a Mesa Redonda se deve malamente a queixar, ca os que som ende bem podem dizer que **som** pobres e minguados d'ũu dos melhores cavaleiros do mundo [...]".*

(n) [XIII SG 250:29] *[...] e Claudim preguntou a Artur o Pequeno: "**Sodes** certaio do que desejavades?"*

(o) [XIII SG 280:29] *[...] e preguntou-lhe quanto avia que **era** doente de aquel mal [...]*

(p) [XIIISG 268:26] *E el-rei sia aa mesa e seus ricos homẽes com elle, e **eram** mui viçosos de comer [...] mais todos aquelles sem falha que no paaço aventuroso comiam eram avondados de quanto aviam mister atanto que orassem em sa vinda.*

(q) [XIII SG 413:30] *"Ora nos vaamos, ca deste **somos** seguros que nos nom fará desonra."*

(r) [XIV CGE2 41:28] *Pois qual seerya aquelle grande principe ou senhor de grande poder ou muy forte baron que nõ **fosse** contento de seer senhor de tal terra?*

(s) [XIV CGE2 132:2] *[...] elles embarcados, levantousselhes ally hũa tal tempestade que foy perduda grande parte da oste. Mas tanto **eram** louçããos e argulhosos da boa andança do que cobrarom em Roma que, por esta razom, nõ teverom aquella perda por nada.*

(t) [XV VS1 18:18] *E nunca **foy** / doente de pee nem de maõ; mais ẽ toda ssa / vyda foy ssao seu corpo [...]*

(u) [XV VS2 (80):9] *[...] mais o sãcto / homẽ Zozimas **era** mui doente de febre e nõ / pôde ssayr do moesteyro [...]*

(v) [XV SVA1 8:6] *De como Santiago deu são o cavaleiro que **era** enfermo da boca e do rosto.*

(w)[XV SVA1 147:11] *E contou-lhe Sam Pedro de como **era** ainda manco de ũu pee. E disse-lhe toda a razom por que era.*

(x) [XV SVA1 211:30] *E nom sabes que, se todalas gentes, depois que houverem ouvido de mi a preegaçom da verdade e creerem, que, se se quiserem meter a ensinar, faram a mi maior honra?, E pela ventuira cuidas que **som** eu cobiiçoso do meu louvor?*

148 Fundamentos sintáticos do Português Brasileiro

(y) [XV CDP 245:21] [...] *e porém buscava outras maneiras de guerra e nom per batalha, ca el-rrei dom Pedro, por muitos que mandara matar, des i pollos do rreino que sabia que **eram** d'el mal-contentes e o desamavom, nom se atrevia de poer o campo.*

(88) Verbo *ser* + particípio passado + SP:

(a) [XIII:1289 HGP 251:22] [...] *e o dito Pedro Heanes fex pregũta a donna Sancha Sterayz [...] que a esto sijha presente, se **era** pagada e entregada daquel pam de susso dito que era treuudado ao dito moesteyro.*

(b) [XIII CEM 88:3] [...] *e **são** mui maravilhado de ti, por non [ar]rebentares [...]*

(c) [XIII CEM 151:7] *E deste câmbio **foi** el enganado: / d'ir dar [un] rocin feit' e corredor / por ũa muacha revelador [...]*

(d) [XIII CEM 431:23] *Os trobadores e as molheres / de vossos cantares **son** nojados, / a[s] ũa[s] porque eu pouco daria, / pois mi dos outros fossen loados [...]*

(e) [XIII CEM 565:2] *Dona Maria Negra, ben talhada, / dizen que **sodes** de mi namorada. / Se me ben queredes, / por Deus, amiga, que moit' onr' avedes, / se me ben queredes [...]*

(f) [XIII CA 11:5] *Quen oge mayor cuita ten / d'amor eno seu coraçon / de quantos d'el cuitados **son** [...]*

(g) [XIII CA 160:2] *Quer' eu a Deus rogar de coraçon, / com' ome que **é** cuitado d'amor [...]*

(h) [XIII CA 578:22] *ca se vus eu non viss' enton / quando vos vi, poder(a) enton / seer d'afan guardado; / mais nunc' ar **fui** guardado / de mui gran coita des enton [...]*

(i) [XIII CSM1 LXXXII:19] *De toda enfermidade / maa e de gran ferida/ pode ben sãar a Virgen, / que de vertud' **é** comprida [...]*

(j) [XIII SG 132:29] *E elle assi indo, aque-vos o cavalleiro pagão que tam muito avia que andava depolla besta; e **era** armado de ũas armas todas negras [...]*

(k) [XIII SG 138:19] *E elle catava o rio e nom ousava i entrar, ca o via cheo de coobras e vermẽes que nom ha homem que i quisesse bever que logo nom fosse morto, assi **era** [a] agoa enpeçonhentada delles.*

(l) [XIII SG 138:25] *Em esto stando, via sair ũu homem que trazia ũa mui rica coroa douro em sua cabeça; [...]. Depois via ende sair outro outrosi coroado [...]. E depois vio star o terceiro, e depois o quarto [...]. E todos **eram** coroados de coroas douro [...]*

(m) [XIII:1269 HGP 46:7] [...] *vendemos e firmemẽte outorgamos quanta herdade auemos e á áuer deuemos en todáá uila de Fondõe [...] por* çento e çĩcoẽta soldos moeda d' alfonsíís *de que* **somos** *bẽ pagados*, a qual herdade nos auemos de parte de nossa madre ia dicta [...]

(n) [XIII CEM 169:20] [...] e assi poss' eu aver meu dereito, / pois que *d' i* **for** este juiz *tolheito* / e me deren qual quer outr' oidor [...]

(o) [XIV:1351 HGP 58:6] [...] et vendo, ssegũdo dito he, cõ todas ssuas pertẽẽças e dereyturas hu quer que uã a mõtes e a fontes por oytoçentas libras pequenas desta moeda que ora corre de Rey dom Afonso, *das quaes confesso e outorgo que* **sóó** *entrego e bẽ pagado* et renũçio a toda excepçõ que nũca ende diga o contrario; [...]

(p) [XIV SP 45:2] E porende rreçeberõ este nome de Deus que **he** *comprido de sagrada santidade*.

(q) [XIV SP 43:32] Onde por que os homẽs **erã** *apartados do bẽ de Deus e dos bẽẽs da Santa Eygreia* e se perdẽ per estes VII pecados en que caerõ e caem per sa culpa d' Adam [...]

(r) [XIV LLCP 247:27] Ali se renovou a lide muito aficada, assi que as muito alvas lorigas e as ervas do campo **eram** *naquel logar coloradas del*. Os cristãos eram tam fora de força por o gram trabalho que receberom aquel dia e por o muito sangue que perderom, que os nembros nom podiam reger.

(s) [XIV DSG 69:15] E todos aqueles que o seguen devotadamente son juntos con el per devoçon, mais aqueles que en pecado mortal viven **son** *partidos de Deus* [...]

(t) [XIV CGE2 301:9] Ca todos os demais daquelles per que elle fora enlegido **eram** *mortos e saidos d' Espanha*, ca hũũs matara elle e outros morreron de sua morte e outros [...] sayronse fora d' Espanha.

(u) [XIV CGE2 328:21] [...] cearon e folgaron toda essa noite, ca **eram** *assaz canssados do trabalho das armas*.

(v) [XV LA 15:34] Mandou Moyses / no Testamento que se algũũ **fosse** *limpho / da gaffidade* que offerecesse dous passaros [...]

(w) [XV VS1 21:27] [...] todo / o çiliçio de que era vestido *de suas lagrimas / era molhado* [...]

(x) [XV SVA1 115:17] *Aparelhado* **som** *de te obedecer* [...]

(y) [XV SVA1 123:26] E el andou bem fazendo e saando todolos que **eram** *apremudos do diaboo*, ca Deus era com el.

(z) [XV CDP 120:10] Este escudeiro se veo a namorar de Catellina Tosse, e mall cuidados os perigos que lhe avĩir podiam de tall feito, tam ardentemente se lançou a lhe querer bem que nom podia perder d' ella vista e desejo, assi **era** *traspassado do seu amor*.

150 Fundamentos sintáticos do Português Brasileiro

Esses usos de *ser* atributivo se generalizaram mais do que os de *estar* na mesma construção. E *estar* atributivo recolheu-se a construções específicas, recessivas, cristalizadas, como em "estar em sua revora" (89a-f), "estar a direito" (89g-k), "estar em um" (89l-m), "estar à mercê de" (89n-r):

(89) *Estar* atributivo em construções cristalizadas:

(a) [XIII:1280 HGP 188:5] [...] *e a mãda* **estey en sua rreuor**.

(b) [XIII:1281 HGP 47:14] [...] *e peyte áá uoz do moesteyro de Sobrado .CC. os mor. e a carta* **ste ẽ seu reuor** *firme*.

(c) [XIII:1262 HGP 41:27] *Si algua da nossa parte ou da extraya contra este testamento que de boamente fezemos fazer ad britamento quiser uí'jnr, peyte áá uoz del Rey e aa uossa .C. morb. e a carta* **ste** *firme* **en sou rouor**.

(d) [XIV:1329 HGP 52:10] [...] *et peyte a uos por pea sseys çentos soldos e a carta* **esté en reuor**.

(e) [XIII:1257 HGP 69:28] [...] *e quantu demãdar peite otro tanto ááquel a que demãdar dõ prelato e áá uoz del rey peite .d. mbr. e la carta* **estia en sua reuor**.

(f) [XIII FCR 36:20] *Aldeano que rancura ouer de uizinno de uila, parele fiel quele* **ste** *logo* **a dereyto**.

(g) [XIII FCR 36:8] [...] *parele fiel con un aldeano* [...] *e déle con pennos quele* **esté a dereyto** [...]

(h) [XIII FCR 50:2] *Tod omne que firir e non fore ferida mortal, dé fiadores e* **esté a dereyto**

(i) [XIII FR 166:1] *E se a entrega* [for] *d'areygamento e seu sennor ueer ou enuiar seu pessoeyro responder a dereyto ata huu ano, dé boo fiador que* **esté a dereyto** *e que pague as custas do plazo primeyro a que non ueo e dessy entregenho daquella entrega que lhy fillarõ por penhora e responda logo a dereyto*.

(j) [XIII FR 208:7] *Se* **estando** *o marido e a molher* **em huu** *cambyarẽ erdade que fora duu delles cum outrẽ, os frutos daquella herdade que for cambyada ayanos permeos e a herdade seya daquel cuya era* [a outra] *porque foy feyto o cambyo*.

(k) [XIII FR 208:10] *Outrosy* **estando en huu** *se uenderen herdade ou conpraren outra, os fruytos della seiã d'ambos cõmunalmente e a herdade seya daquel de cuia herdade foy feyta a conpra*.

(l) [XIII FR 263:2] *E se alguu teuer ou leer liuros contra nosso deffendimẽto assy como é de suso dito, o corpo e o auer* **stee a mercee** *del rey*.

(m)[XIV:1309 TPM 417:12] [...] *por que mando e defendo que nenhuun nom faca mal a esses scollares nem os feira nen os traga mall, ca aquelle que o ffizesse peitar-me-ja os meus encoutos de seis mill soldos e o sseu corpo* **staria aa mjnha** [...]

(n) [XIII FR 298:24] *Nenhuu caualeyro nen outro om nõ seya ousado de arramar del rey nen de sa az e aquel que o fezer* **esté a mercee** *del rey que faça del o que lli prouuer.*

(o) [XIV SP 579:31] *E sse nõ ouuer de que o peite* **esté** *o corpo* **a merçee d' el rrey.**

Tendo-se recolhido a essas expressões automatizadas, *estar* atributivo deixou o campo livre para *ser.*

Vejamos agora como *estar* concorreria para a criação de perífrases progressivas no português, tema da próxima seção. Primeiramente, algumas observações sobre as formas nominais de gerúndio e infinitivo.

As formas nominais de gerúndio e de infinitivo preposicionado

A sintaxe do gerúndio e do infinitivo compreende basicamente duas estruturas. Na primeira, essas formas nominais funcionam como núcleos de uma predicação primária: gerúndio como ablativo absoluto, infinitivo narrativo. Na segunda, funcionam como núcleos de uma predicação secundária.

Começo por apresentar brevemente o gerúndio e o infinitivo na gramática do latim, como uma preparação para o estudo diacrônico das perífrases em que eles entram.

GERÚNDIO E INFINITIVO NO LATIM

No latim, as formas nominais de gerúndio, infinitivo presente, supino e particípio presente pertenciam à série do *infectum*, que indicava uma ação em curso, enquanto o particípio passado integrava a série do *perfectum*, que indicava uma ação acabada. *Infectum* e *perfectum*, além de remeterem à organização morfológica do verbo latino, representavam ainda o aspecto nessa língua.

O infinitivo presente era um antigo substantivo que possuía as vozes ativa e passiva, e exprimia pura e simplesmente a noção verbal, sem levar em conta nenhuma outra categoria. Essa forma podia ser usada com ou sem preposição, funcionando

152 Fundamentos sintáticos do Português Brasileiro

como complemento do verbo ou do nome. Sem preposição, era empregado como complemento de diversos tipos de verbo: (i) auxiliares (*possum, uolo, scio, debeo*); (ii) verbos indicando uma ideia de início (*incipio, instituo, coepi, occipio, aggredior*) ou de cessamento (*cesso, occupo, desino, sesisto, intermitto, grauor, omitto*), ou uma ação da memória (*recordor, obliviscor*); (iii) verbos que se referem à inteligência ou à vontade (*cupio, opto, cogito, quaero, timeo, horreo, amo*); (iv) verbos de movimento, cujo ponto final era indicado pelo infinitivo, como em "*Abiit aedem visere*", "*Ibat videre feras*", "*Vado piscari*", "*Venimus adorare eum*".

O infinitivo preposicionado começa a aparecer, no latim escrito, a partir de Cícero, com preposições como *inter, praeter, contra, de, iuxta* e *ad*: "*Inter optime ualere et grauissime aegrotare nihil* (*interest*)". Bourciez (1956: 109-11), que estou acompanhando, explica o surgimento do infinitivo preposicionado como uma sorte de cruzamento sintático entre essa forma e o gerúndio:

> Em latim, o infinitivo era sempre ligado diretamente ao verbo, mas certas formas verbais como o gerundivo ou o particípio em -*ndus*, que permaneceram mais próximos ao nome, se construíam com preposições, e dizia-se, por exemplo, "*Syriam ad diripiendum tradidisses*" (Cic. de domo, 23). Criou-se certa confusão entre esses dois usos, produzindo-se cruzamentos sintáticos. Como se dizia "*aggredior dicere*" ou "*aggredior ad dicendum*", resultou daí um terceiro tipo de frase, que foi **"aggredior ad dicere*", de que dispomos de raros exemplos mesmo na época da decadência ("*carnem dare ad manducare*", Jo. 6,52 Itala; "*ipsum elegit ad offerre sacrificium deo*", Sirac. 45, 20 ib.). Analogamente, entre "*cogitat resistere*" e "*de resistendo cogitabat*" (Caes.BG.2,34), podia em princípio ocorrer uma fusão, e com isso chegava-se a *"*cogitat de resistere*".

O gerúndio era um antigo adjetivo que foi substantivado, dispondo de um sufixo -*end*-, paralelo ao sufixo -*ent*- do particípio presente. Usado quase que exclusivamente na voz ativa, flexionava-se no caso genitivo (*legendi*), no acusativo preposicionado (*ad legendum*) e no dativo/ablativo (*legendo*). Funcionava como complemento de nome, complemento de adjetivo e complemento circunstancial nos seguintes casos gramaticais:

(i) acusativo, com preposição (sobretudo *ad*), com a função de adjunto:

    (90) Gerúndio no acusativo, preposicionado:
        (a) *Liber ad legendum*
           "livro para ler"
        (b) *Hortor te ad legendum*
           "exorto-te para que leias"

(ii) genitivo, como complemento de nome ou de adjetivo:

(91)
    (a) *cupiditas legendi*
       "o desejo de ler"
    (b) *cupidus legendi*
       "desejoso de ler"
    (c) *legendi causa*
       "por ler"

(iii) ablativo, como complemento de meio, causa ou maneira, usado sem preposição:

(92)
    legendo fies doctus
    "lendo, você se tornará sábio"

Como adjunto, é usado com as preposições *in*, *de*, *ex* e *ab*:

(93)
    (a) *acerbus in puniendo*
       "duro quando se trata de punir"
    (b) *deterruit me a scribendo*
       "desviou-me de escrever"
    (c) *ex docendo voluptatem capere*
       "tomar-se do desejo de ensinar"

(iv) dativo:

(94)
    solvendo non esse
    "não ser para dissolver"

Tais observações, baseadas principalmente nos autores aqui referenciados, mostram que as preposições foram criando já no latim algumas relações fortes entre o gerúndio e o infinitivo.

No Latim Vulgar, e, portanto, nas línguas românicas, o gerúndio só se conservou na forma do ablativo, substituindo quase por completo o particípio presente.

154 Fundamentos sintáticos do Português Brasileiro

Segundo Bourciez (1956: 81),

> Havia três tipos distintos na língua clássica: *cantando, vendendo, dormiendo*, preservados no latim popular, fazendo entretando o terceiro passar ou a **dormendo* (segundo *vendendo*), ou a **dormindo*, de acordo com uma proporção *-are : -ando :: -ire : x*.

No espanhol, ficaram as formas *cantando*, de um lado, e *vendiendo/partiendo*, de outro, havendo uma assimilação da segunda conjugação com a terceira. O português conservou estas conjugações distintas: *vendendo, partindo*.

Nessa variedade de latim, o gerúndio

> tem como função básica exprimir o complemento de meio, de instrumento e de modo, que se mantém nas línguas românicas, e.g., rum. '*se oboseste umblând*', "ele cansa-se andando", port. '*estudando, aprende-se*', it. '*lavorando sempre, hanno vinto*', "*trabalhando sempre venceram*", etc. (Maurer Jr., 1959: 188).

Em decorrência de seu uso adverbial, o gerúndio passa também a ser complemento de tempo, de causa, de condição, de concessão, de consequência, ou seja, torna-se um gerúndio circunstancial: port. "chovendo, não irei", esp. *"unos galgos que cazando hallé"*, fr. *"restant seulement une maison, y mit feu dedans"* etc. Havia também o gerúndio com valor adjetivo e é provável que desde o Latim Vulgar ele fosse usado com o complemento direto de verbos de percepção (*videre, audire*), como em português "vi-o saindo da igreja".

A. Stimming (1886, apud Patiño Rosselli, 1965: 88), mostrou a inter-relação sintática entre o gerúndio, o particípio presente e o infinitivo no latim. Em outro estudo sobre o gerúndio no Francês Antigo, esse mesmo autor afirma que,

> em suas funções nominais, ele assemelhou-se ao infinitivo e até mesmo invadiu seus domínios, enquanto que em suas funções verbais o gerúndio comportou-se similarmente ao particípio presente. Parece também que o francês arcaico manteve – e de certa forma estendeu – somente a significação ativa do gerúndio latino, não o valor passivo, que foi tomado pelo infinitivo com *à*.

O mesmo Patiño Rosselli (1965: 260, nota 270) cita o trabalho de A. Lachmund (1879) sobre o Francês Antigo, variedade em que o *à* antes de infinitivo funcionava frequentemente como pura marca formal sem conteúdo semântico, muito parecido com *zu* no alemão e *to* no inglês: *"Nel quier noier"*, *"Plus ne quier à demorer"*. Segundo Patiño Rosselli, esse autor

> interpretou esse fenômeno como uma tentativa de dar uma nova e clara expressão formal ao valor original do infinitivo indo-europeu, que era o de inclinação ou direção a, ou relação com algo. A tese de Lachmund mostrou também que o francês arcaico ampliou o leque de usos original do infinitivo no latim, a ponto de transformá-lo num nome flexionável (*"Li oïrs molt li plaisoit"*), o qual era combinável com determinantes e várias preposições (Patiño Rosselli, 1965: 88-9).

Finalmente, H. Soltman (1881), segundo o mesmo autor, p. 89, parte do princípio de que

Verbos latinos que governam um infinitivo mantinham ainda a ideia de movimento numa altura em que o valor original do infinitivo – um nome dativo que indica o alvo de um movimento – não era mais percebido. Então, argumentou Soltmann na linha de Lachmund, as tendências analíticas do romance deram uma manifestação formal clara à relação entre o verbo regente e o infinitivo através do marcador *à*. Dessa forma, a significação básica dessa partícula antes do infinitivo era a noção de movimento.

Quando representava o modo, ou a maneira, o gerúndio no Francês Antigo, como no latim, podia ser empregado com ou sem a "preposição" *en*: "*morons combatant*", "*morons en combatant*". O uso de outras preposições era raro, e quando isso acontecia o complemento precedia o gerundivo: "*A la porte gardant*" / *sor non cors defendant* / *par grant trëu rendant*". Era frequente que o gerundivo fosse substituído pelo infinitivo: "*sueffrent poine dure en amasseir un pou d'argent*" (Bourciez, 1956: 376-7).

Esses dados mostram que algumas línguas românicas aprofundaram uma tendência que ascendia ao latim, e que consistia em estabelecer fortes relações entre as formas nominais do verbo. Agora, é o particípio presente que "entra na roda", fato que levou Said Ali (2002: 146) a reconhecer que no português o gerúndio "tem aplicação muito mais ampla que em latim, fazendo as vezes do particípio do presente, o qual perdeu a função verbal, passando a servir de adjetivo e substantivo". Segundo esse mesmo autor, esses gerúndios podiam ser substituídos por orações adjetivas do tipo "pez que fervia" (95a), "faxas que ardiam" (95a), "almas que padeciam" (95b):

(95)
    (a) *Santo Quintino, senador romano, que foy banhado em azeite e pez **fervendo**... que foy atanazado com faxas **ardendo** [...]*[12]
    (b) *[...] teve por certo que havia alli almas **padecendo** tormentos por ordem da justiça divina [...]*

Mas devem ser lembrados, também, os usos adverbiais do gerúndio, que dão continuidade aos empregos semelhantes do Latim Vulgar. Campos (1980: 47 e ss.) mostra que o "gerúndio circunstancial" emprega-se (i) com sujeito próprio (96a), ou (ii) com o mesmo sujeito da oração principal (96b):

(96)
    (a) *E quando... a mãe chegou... o pobrezinho estirado, rígido, as pálpebras descidas, já estava morto há muito tempo, **tendo** entrançadas no peito... as suas mãozinhas arroxeadas e secas.*
    (b) *[...] os meninos, **sentindo** frio numa banda, e calor na outra, não podiam dormir, e escutavam as lorotas do pai.*

O reconhecimento de que o gerúndio pode ter sujeito próprio é muito importante para este trabalho. A pessoalização das formas nominais – que, segundo Maurer Jr., (1972) fundamentou o surgimento do infinitivo pessoal em português – foi, portanto, mais ampla do que se supunha. Essa propriedade é muito importante se quisermos explicar que as perífrases verbais portuguesas são outra manifestação do redobramento sintático, hipótese central deste livro.

Depois desta breve história do gerúndio, vejamos com mais detalhe sua sintaxe em nossa língua. Para esse fim, serão examinadas as seguintes questões:

1. De acordo com a teoria gramatical gerativista pré-minimalista, os morfemas constituintes das formas verbais desempenham papéis próprios na constituição da estrutura argumental da oração. Assim, o radical verbal projeta os argumentos internos, enquanto a flexão seleciona essa projeção e seu especificador recebe o argumento externo. Qual, portanto, será a atuação desses constituintes na sintaxe do gerúndio e do infinitivo, sabendo-se que essas formas compartilham propriedades verbais e nominais? Para responder a essa questão, vou hipotetizar que o radical do gerúndio e do infinitivo asseguram sua função verbal, enquanto as terminações {-ndo} e {-r} asseguram sua função nominal.
2. Ao selecionar os argumentos internos e externo, o radical verbal licencia o uso do gerúndio e do infinitivo na função de "predicadores primários". Com isto, podemos constatar nos dados a ocorrência do gerúndio como um "ablativo absoluto", termo cunhado pela gramática latina para designar o uso verbal dessa forma, tanto quanto a ocorrência do "infinitivo descritivo", outra designação tradicional com o mesmo alcance descritivo. Duas questões secundárias decorrem desta colocação: (i) o gerúndio absoluto e o infinitivo descritivo dispõem de estrutura argumental que precisará ser descrita; (ii) ambas as formas podem ser tomadas como complemento de uma preposição, prosseguindo o gerúndio e o infinitivo preposicionados como núcleos de uma predicação primária.
3. Ao selecionarem os radicais verbais, {ndo} e {r} licenciam o uso do gerúndio e do infinitivo na função de "predicadores secundários", como miniorações. Enquanto tais, gerúndio e infinitivo atuam em adjunção seja a um verbo, seja a um nome, fazendo ressaltar sua propriedade nominal.

Vejamos essas questões com mais detalhe.

O GERÚNDIO NO PORTUGUÊS ARCAICO

No Português Arcaico, encontra-se o sufixo gerundial *-ndo* selecionando radicais de verbos inacusativos, intransitivos e transitivos:

a. O radical de base ergativa é pouco encontrado em textos do século XIII (97), e aparentemente nem aparece a partir do século XVI:

(97) Gerúndio com radical de verbos inacusativos:
    (a) [XIII CA:43] *Nostro Senhor, como jaço coitado,/**morrend'** assi en/tal poder d'Amor* [...]
    (b) [XIII CA:46] [...] *que farei eu, **vivendo** sempr(e) assi?*

b. O radical de base intransitiva aparece bastante no século XIII (98):

(98) Gerúndio com radical de verbos intransitivos:
    (a) [XIII CA:247] *E prazer non ei se non en chorar! / E **chorando** nunca farei bon son!*
    (b) [XIII CEM:355] *E vós mentes non metedes, /se ela filho fezer,/**andando**, como veedes, /con algun peon qual que* [...]
    (c) [XVI GV1:153] [...] *e o Deos dos anjos servido, / "sanctus", "sanctus", sem cessar/ lhe cantando, / vereis em palhas nacido, / sem candeia e sem luar, / **suspirando*** [...]

c. Finalmente, o radical de base transitiva aparece com frequência nos séculos XIII e XVI:

(99)
    (a) [XIII CA:33] *E estou end'eu mui peor,/que coid'i a perder o sen/**desejando** sempr'aquel ben/do mundo mais grave d'aver* [...]
    (b) [XIII CEM:286] [...] *nem quer'ir per outras fronteiras andar, / **perdend**'o viç'e **dando**-mi trabalho* [...]
    (c) [XVI GV I:137] [...] ***vendo**-a ca entre nós, / nella se verão os ceos* [...]
    (d) [XVI GV V:29] [...] *e vivo mui austinente, / **marteirando** a carne e ossos, / como cá meu corpo sente* [...]

No Português Arcaico, o gerúndio constituía uma minioração que estava sempre em adjunção a um verbo, e podia se apresentar de três modos: (i) podia ser núcleo dessa sentença (ou seja, um ablativo absoluto), (ii) podia ser um predicativo do sujeito e estar adjunto a um SV na qualidade de um advérbio (não constituía uma perífrase), ou (iii) podia ser um progressivo e fazer parte do SV (ou seja, fazia parte de uma perífrase na qualidade de verbo principal), sendo que, quando faz parte do SV, há alguns graus de ligação entre o auxiliar e o auxiliado, dependendo do grau de gramaticalização do auxiliar. Aqui só vão me interessar os itens (ii) e (iii).

158 Fundamentos sintáticos do Português Brasileiro

1. Gerúndio como predicativo do sujeito

Esse tipo de gerúndio tem um caráter adverbial em relação ao verbo principal e nunca dispõe de sujeito próprio. Ele é bastante produtivo no século XIII (100), mas tal produtividade cai no século XVI (101). A perífrase de auxiliar com gerúndio derivou desse gerúndio como predicativo do sujeito estando em adjunção a um verbo. Esse tipo de gerúndio ocupa o mesmo lugar sintático de *hi*, abrindo caminho à formação da perífrase.

(100)
- (a) [XIII CR 274:11] *Madre uelida, meu amigo ui; / nõ lhi faley e con el me perdi, / e moyr'agora, **querendo**-lhi ben; [...]*
- (b) [XIII CA 213:3] *Que muit'á ja que a terra non vi / u est a mui fremosa mia senhor, / de que m'eu trist'e **chorando** parti [...]*
- (c) [XIII CEM 14:22] *[...] e irei pela marinha / **vendend'** azeit'e farinha [...]*
- (d) [XIII CEM 295:3] *[...] estand'ali ant'a porta del-Rei / **preguntando** por novas da fronteira [...]*

(101)
- (a) [XVI GV I:167] *Entrará Branca **fallando** / com Inês; ambas a par / cantando de quando em quando, / e às vezes suspirando entre cantar e cantar [...]*
- (b) [XVI GV II:204] *Mas o que deseja / ser bispo, e portanto prega mui modesto, **calando** e **cobrindo** o mal manifesto, / não é pregador da santa Igreja, / mas ladrão honesto [...]*

2. Gerúndio como progressivo

Esse gerúndio constituía uma perífrase com um verbo auxiliar, compartilhando o sujeito com esse verbo:

(102)
- (a) [XIII CA 272:1] *[...] sempr'ando <u>coidando</u> em meu coraçõn / com'eu iria mia senhor veer [...]*
- (b) [XVI GV II:218] *[...] ando <u>cuidando</u> naquele coitado / daquele Messias que jaz enterrado [...]*

Há dois fatos interessantes na sintaxe do gerúndio. Um deles é o caso do gerúndio aparecendo com a "preposição" *em*, e o outro é o gerúndio aparecendo com o advérbio modal *assi*.

Vou me deter um pouco na questão da "preposição" *em*, pois esse item sempre foi apresentado como tal. Os dados não confirmam essa análise, e por isso venho usando "preposição" entre aspas porque tenho dúvidas sobre a sua verdadeira identidade.

Dados muito interessantes observáveis ao longo de todo o Português Arcaico me levaram a concluir que esse *em* é a sobrevivência do pronome circunstancial locativo *en*, numa construção de redobramento, fato já mencionado neste livro. Desde seu início, esse pronome circunstancial tem se revelado, nas mais diversas construções, com uma tendência a promover seu redobramento a um *status* de constituinte deslocado ou de tópico. É bem acentuada e significativa a tendência atual de *em* + *-ndo* ser usado como introdutor de tópico. Vou dar primeiramente uma breve explicação sobre esse pronome e acrescentar alguns exemplos, pois creio que assim fica mais fácil justificar minha afirmação.

O Português Arcaico, como todas as outras línguas oriundas do latim, contava, entre outros, com dois pronomes locativos que tiveram uma história muito paralela: *hi* e *ende*.

O pronome locativo *ende* e sua forma reduzida *en*, oriundos do latim *inde*, apresentava as seguintes características: (i) possuía o traço [+movimento], marcando o ponto de origem; (ii) seu significado primário, locativo, era "daí" (103a-b), "desse lugar", "disso" (113c-e), podendo também ter um sentido partitivo, como o *en* do francês; (iii) podia aparecer sozinho ou vir numa construção de redobramento, onde a preposição era um *de* (103 f-g); (iv) se juntou a preposições como *des*, *pro*, *por/per*, por regramaticalização; (v) teve grande uso antes do século XIII e na primeira fase do Português Arcaico, decaindo seu emprego até não mais ocorrer no século XVI; (vi) sobrevive atualmente na forma preposicionada *porém*; e (vii) foi usado como variante do pronome *hi*, os quais se substituíram em muitas situações, originando construções cruzadas. Exemplos:

(103) Clítico locativo *en/ende*:
    (a) [XIII CSM2 14:18] [...] *e disse-ll': "Eu trago a[s] meezỹas / con que são de fog'e d'alvaraz. // E leva-t' **en**, ca des oy mais es sãa, / e vai dormir ant' aquel meu altar;* [...]
    (b) [XIII CSM2 29:24] *Mais a Madre do onrrado / Jeso-Crist'a seu chamado / veẽo, e o denodado / demo logo fugiu **en**, / [...] // U ela ressucitado / ouv'o morto e sacado / do rio, que ja buscado / fora daquend'e dalen.*
    (c) [XIII CSM2 86:19] *Dentro ena cova gran gente meteu / e tirou a terr'e a pena fendeu; / e pois lles el dentro viv'apareceu, / tirárono ende sen sse deteẽr. / [...] // E quando o viron, deron **end'** a Deus / graças e loores, chorando dos seus / pellos muito todos, dizendo: "Os teus servos nunca poden mui gran [mal] prender."*

160 Fundamentos sintáticos do Português Brasileiro

(d) [XIII CSM1 110:17] *Quantos aquest'oyron, log'ali veêeron / e aa Virgen santa graças **ende** deron, / e os seus miragres ontr'os outros teveron / por mais groriosos.*

(e) [XIII CA 272:7] *Sempr'ando coidando em meu coraçon / com'eu iria mia senhor veer / e en como lh'ousaria dizer / o ben que lh'eu quero; e sei que non / lh'ousarei **end'** eu dizer nulha ren, / mais veê'-la-ei // pouco, e irei én / con mui gran coita no meu coraçon, // Tal que, se a vir', quantas cousas son eno / mundo non mi-an de guarecer / de morte, pois lhe non ousar'dizer / o ben que lh'eu quero.*

(f) [XIII CSM2 41:30] *Ca un sant'om'y está / que **end'** é Patriarcha / **daquela terra** e á / en pode-la comarca, e consello te dará / bõo, se Deus [me] parca.*

(g) [XIII CSM3 69:16] *Ca assi como lles davan / lançadas pelos costados, / per cada hũa ferida / sayan grandes bocados / daquel cervo que comeran; / e **desto** maravillados / foron **end'** os outros oito / que fezeran mellor sen [...]*

No Português Arcaico, os pronomes locativos *hi* e *en/ende* começaram a se sobrepor em várias construções e passaram a se substituir em alguns contextos, dando surgimento a construções cruzadas. Vejamos alguns desses contextos: (i) preposições como *des*, dando *des i / des en*, como *per/por*, originando *per i / por i / por ende / por en / per en*; (ii) v + *hi* / v + *en/ende*:

(104)

(a) [XIII CSM2 81:2] *E logo mandou a saeta fora / tirar do ollo, e en essa ora / guariu de todo logo sen demora, / des que a saeta en foi sayda, // Que da saetada ren non sentia; / <u>des</u> **i** do ollo atan ben guaria / que ben com'ante vira del viia.*

(b) [XIII CSM2 142:19] *Daquest' avêo assi, / temp'á, en Gasconna, / que hũa dona ouv'y / de pouca vergonna, / que sol non tỹa en ren / d'ir en romaria, / atant'era de mal sen, // A Rocamador, que d'y / mui preto estava. / E poren, com'aprendi, / muito a coytava / hũa ssa moça <u>des en</u>, / dizendo: "Perfia / fillastes que prol non ten [...]"*

(c) [XIII SG 430:31, 431:1] *E Galvam, que era o mais sisudo ca os outros, disse: "Calede-vos, ca nom a mester. ca se o al rei dissermos, tal guerra poderá **i** nacer por que mais de IX mil homẽs poderiam i morrer, e con todo esto nom poderia seer vossa desonra vingada, ca sobeja mente é gram [o] poder e a linhagem de rei Bam, e Deus os [tem] en tal onrra e em tal poder que nom cuido que podessen seer dirribados por homem. E por esto leixemos nos en, ca mui gram mala ventura sobejo poderia **en** nacer."*

Esses exemplos mostram que tanto *hi* como *en/ende* podiam se alternar numa mesma construção. Isso explica o redobramento de *ende* por um SP iniciado por *em*, e não por *de*, o que seria o normal, dadas suas propriedades semânticas de base. Exemplos como os seguintes mostram o cruzamento de construções:

(105) Gerúndio com "preposição" *em*:
    (a) [XIII CSM1 8:14] *Porque o a Groriosa / achou muy fort' e sen medo / en loar sa preciosa / virgĩidad' en Toledo, / deu-lle porend' hũa alva, / que nas sas festas vestisse, / a Virgen santa e salva / e, **en dando**-lla, lle disse: / "Meu Fillo esto ch' envia."*
    (b) [XIII CSM1 18:32] *A Emperadriz, que non vos era de coraçon rafez, / com' aquela que tanto mal sofrera e non hũa vez, / tornou, con coita do mar e de fame, negra come pez; / mas **en dormindo** a Madre de Deus direi-vos que lle fez: / tolleu-ll' a fam' e deu-ll' hũa erva de tal prez, / con que podesse os gaffos todos guarecer.*
    (c) [XIV DSG 224:22] *E pero arderán por sempre, pera veeren sempre os justos que son en paraiso os góuvios que receben **en veendo** Deus sempre, e pera veeren as pẽas que os maaos no inferno sempre receben de que eles escaparon.*
    (d) [XIV DSG 51:22-24] *Se aqueste homen santo quisera mais viver con estes monges que aviam custumes mui contrairos aos seus e que se juntaron contra el pera mata-lo, assi en como el era certo **en querendo**-os **correger**, tanto pela ventura *saira de maneira de mansidoen e d' assessegamento, que perdera o deleito e o prazer que soia a aver. **En querendo carregar** estes que correicon avorrecian, leixara e desprecara pela ventura si meesmo e os outros que correger queria non gaanhara.*
    (e) [XIV DSG 3:15] *Ca, **en se nembrando** homen *dos feitos e das vertudes que os homens en este mundo o fezeron per ajuda do senhor Jesu Cristo, non se embarga porende o bõõ estudo que soe a aver das boas cousas que soe a cuidar e a fazer.*
    (f) [XV CDF 158:34] *[…] o quall aver levou o conde dom Joham Affonsso Tello, o quall era o moor privado que entom el-rrei avia, e que **em guisando** el-rrei dom Fernando por mandar esta embaxada, que sse namorou de dona Lionor Tellez, […]*

As considerações e os exemplos mostram que a "preposição" *em* é, na verdade, o primeiro constituinte da construção redobrada do locativo *en* + SP, de que se omitiu o SP, cruzando-se esse locativo com *hi*.

O INFINITIVO NO PORTUGUÊS ARCAICO

Há mais de um paralelismo que se pode estabelecer entre o gerúndio e o infinitivo, como se viu na literatura citada anteriormente, visto que os dois podem operar como predicadores primário e secundário, com ou sem preposição.

1. Infinitivo funcionando como infinitivo narrativo

Embora não muito frequentes, há ocorrências de infinitivo sem ligação sintática com outro verbo, operando como o chamado infinitivo narrativo:

(106) Infinitivo narrativo:
    (a) [XIII CEM 334:35] *Pois, Lourenço, cala-t' e calar-m'-ei / e toda via tigo mi averrei, / e do meu filha quanto chi m' eu der. // - Joan Garcia, non vos filharei / algo, e mui ben vos citolarei, / e conhosco mui ben / que é / **trobar**.// - **A mofar**, Don Lourenço,* [a] ***chufar****!*
    (b) [XVI GV I:149] *E estes ovos chocarão: cada ovo dara hum pato, e cada pato hum tostão, que passará de um milhão e meio **a vender** barato* [...]
    (c) [XVI GV I:150] *E s'ela baila na voda, / qu'está ainda por sonhar, / e os patos por nacer,/e o azeite por vender, / e o noivo por achar, / e a Mofina **a bailar*** [...]

2. Infinitivo funcionando como adjunto

A forma nominal de infinitivo preposicionado no Português Arcaico parece ter os mesmo usos que a forma nominal de gerúndio: (i) dispunha de raiz verbal, a que se agregava o sufixo *-r*; (ii) era portador do aspecto verbal imperfectivo; (iii) ocorria como um "infinitivo preposicionado absoluto", como em (107); (iv) ocorria como sentença dependente de alguns tipos de svs, como em (108) e (109); e (v) quanto às preposições, podia aparecer com *a*, ora com *en* (110):

(107) Infinitivo preposicionado como adjunto a um SV qualquer:
    (a) [XIII CEM 268:14] [...] *mais preguntar-lh' á de que enfermou, / come maestr'; e, se o ben pagou, / non leix' **a guarir**, polo el preguntar* [...]
    (b) [XIII CEM 438:20] [...] *e de mais, se cansar ou se caer, / e i alguen chegar polo filhar, / jura que alçará voz **a cantar**, / que non aja quen dulte, mal pecado* [...]

(108) Infinitivo preposicionado com verbos de movimento:
    (a) [XVI GV II:234] *Assi que **ando a pastorar** / cem mil bandos de veados* [...]
    (b) [XVI GV II:236] *Estas sam as alegrias / que meu gado **anda a buscar*** [...]
    (c) [XVI GV VI:84] *Mil coisas **ando a buscar** /delas não posso achar / porém ando perfiando / por quão bom é perfiar.*
    (d) [XVI GV V:236] ***Anda** homem **a gastar** calçado, / e quando cuida que é aviado* [...]

(109) Infinitivo preposicionado com verbos de estado:
    [XIII CEM 383:20] *Ben t'ajudaran d'Orzelhon / quantos trobadores i **son** / **a escarnir** o infançon, / ca fremosa dona matou* [...]

(110) Infinitivo com preposição *a* (a) e a "preposição" *en* (b):
    (a) [XIII CSM1 2:11] *E macar eu estas duas non ey / com'eu querria, pero provarei / **a mostrar** ende un pouco que sei, / confiand' en Deus, ond' o saber ven, / ca per ele tenno que poderei / mostrar do que quero algũa ren.*
    (b) [XIII CSM1 63:15] *Sennor, que de madre nome me déste, / **en toller**-mio logo mal me fezeste; / mas polo prazer que do teu ouveste / Fillo, dá-m' este meu que veja riir.*

À semelhança do gerúndio, o infinitivo (preposicionado) pode vir em adjunção a outro verbo, como em (111). Em adjunção ao verbo *estar*, o infinitivo preposicionado deu assim origem à perífrase *estar* + prep + infinitivo:

(111)
    (a) [XIII CEM 268:14][...] *mais preguntar-lh' á de que enfermou, / come maestr'; e, se o ben pagou, / non leix' **a guarir**, polo el preguntar* [...]
    (b) [XIII CEM 438:20] [...] *filhar, / jura que alçará voz **a cantar**, / que non aja quen dulte, mal pecado e de mais, se cansar ou se caer, / e I alguen chegar polo* [...]
    (c) [XIII CEM 383:20] *Ben t'ajudaran d'Orzelhon / quantos trobadores i son / **a escarnir** o infançon, / ca fremosa dona matou* [...]
    (d) [XVI GV I:150] *E s'ela baila na voda, / qu'está ainda **por sonhar**, / e os patos **por nacer**, / e o azeite **por vender**, / e o noivo **por achar**, / e a Mofina **a bailar*** [...]

Vê-se nesses exemplos que *a* + infinitivo tem a mesma sintaxe e a mesma interpretação semântica do gerúndio, o que abriu caminho à participação de ambas essas formas nominais na organização da perífrase com *estar*.

O verbo *estar* como auxiliar de gerúndio e de infinitivo preposicionado no Português Arcaico

Uma observação de caráter geral. Tem sido uma afirmação comum que a perífrase de gerúndio é mais antiga que a de infinitivo. Nossos dados não comprovaram tal afirmação, pois ambas coexistem desde logo. O que as distingue é uma questão de frequência: sem dúvida, a perífrase de gerúndio é mais frequente que a de infinitivo, situação que viria a modificar-se em Portugal. A preferência do PB por *estar* + gerúndio, e a do PE por *estar* + infinitivo preposicionado, pode ser explicada por uma afirmação de Kato (2003), segundo a qual formas no "núcleo" da gramática podem estar em variação com formas em sua "periferia marcada". No caso de nossas perífrases, constatei uma mudança de posição a esse respeito: a perífrase de infinitivo, periférica nos primeiros séculos da língua, tornou-se central em Portugal, mantendo-se no Brasil a centralidade da perífrase de gerúndio. Esta seria, portanto, uma prova adicional da ancianidade do PB, fato bem referido na literatura, que estudei em Moraes de Castilho (1999, publicado em 2001). Afirmo aí que a base do PB é o Português Quatrocentista, que passava nessa época por várias mudanças. Essa posição se alinha com Naro e Scherre (1993), que defendem a mudança natural do PB, com forte atenuação da influência de fatores externos.

Como já foi dito em outras partes deste livro, o clítico locativo *hi* redobrado, funcionando como uma minioração, ao construir-se com *estar* abriu caminho para que outras formas pudessem figurar na mesma função com esse verbo. O gerúndio e o infinitivo preposicionado, também constituindo min+iorações, foram algumas dessas formas favorecidas por esse tipo de aproximação ocorrida entre o clítico e o verbo *estar*. Ocorreram assim dois fenômenos interconectados: *estar* acrescentou um novo passo em seu processo de gramaticalização, transformando-se em auxiliar, e ao construir-se com o gerúndio e o infinitivo preposicionado deu surgimento a uma nova forma verbal, as perífrases de gerúndio e de infinitivo.

Na demonstração deste item, acolherei a postulação de Kayne (1993), segundo a qual o verbo *to have* possessivo é o *output* de *to be* com uma preposição abstrata. Aqui, proponho que *ser* com um locativo abstrato tem como *output* os verbos *estar*, *ser* e *jazer* nas construções com gerúndio do Português Arcaico. *Ser* + operador locativo tem como *output estar* quando o verbo no gerúndio é transitivo ou reflexivo. *Ser* com operador locativo tem como *output ser* quando o verbo no gerúndio é inacusativo ou intransitivo, atribuindo ao sujeito o traço de /posição sentada/. *Ser* com operador locativo tem como *output jazer* quando o verbo no gerúndio é intransitivo ou ergativo, atribuindo ao sujeito a /posição horizontal/.

ESTAR E O GERÚNDIO NO PORTUGUÊS ARCAICO

Partindo da hipótese de que o gerúndio, uma minioração, se agregou ao verbo *estar* devido ao desaparecimento do locativo *hi*, também uma minioração, podemos identificar os passos em direção à integração de *estar* e gerúndio como uma perífrase. Esses passos levam em conta o gerúndio de base verbal transitiva, pois os gerúndios de base verbal ergativa ou intransitiva quase não foram encontrados com *estar*. Esses gerúndios são mais frequentes com o verbo *ser*.

a. O verbo *estar*, um verbo funcional, aparece com um complemento locativo, e muitas vezes com um sujeito explícito. O gerúndio, uma minioração, está em adjunção a *estar*, mais precisamente à sua direita.
b. O verbo *estar* perde seu locativo e o sujeito, tornando-se um verbo inacusativo e auxiliar.
c. O complemento do gerúndio, quando clítico, pode se cliticizar a *estar* ou se antepor a ele.
d. O verbo *estar* passa a ser um auxiliar, ou seja, passa a ser somente um suporte de tempo, e o gerúndio é reanalisado como verbo principal.

Vejamos esses passos em detalhe.

1. *Estar* é um verbo funcional, com um complemento locativo que está localizado sempre à sua direita. O sujeito, quando expresso, vem quase sempre antes de *estar*. O gerúndio aparece adjunto a esse verbo. O verbo *estar* é quase sempre acompanhado de um advérbio/adverbial de tempo, que está em adjunção a esse verbo.

O complemento locativo foi inicialmente o clítico locativo *hi*, que fazia parte de uma minioração, e isso predispôs o verbo a aceitar outros tipos de minioração, daí a sua futura integração com *-ndo*. O clítico locativo foi desaparecendo ao longo do Português Arcaico, mas ainda foram encontrados exemplos que confirmam essa hipótese:

(112) *Estar* com complemento locativo *hi*, aparecendo depois dele:
    (a) [XIV CGE2 408:16] [...] *ẽvioulhes dizer que lhe nõ entrassen ẽ sua terra e que lhe nõ fezessem hi dampno nem hũũ. Mas os das naves nõ leixarom entõ d' **estar** hy, **atendendo** outras naves que lhes avyam de vĩir ẽ o mais gẽtes e mayor ajuda [...]*
    (b) [XIV CGE2 34:14] [...] *despois, elle con sua molher **esteveron** hy hũũ tempo **adereçando** o regimẽto do reyno e poboando a terra [...]*

166 Fundamentos sintáticos do Português Brasileiro

Depois do desaparecimento do locativo *hi*, o seu redobramento se tornou complemento de *estar*:

(113) *Estar* tendo com complemento locativo um SP, encabeçado pela preposição *em*:
- (a) [XV SVA1 61:21] *E nós ambos irmãos* **estevemos** *em Arimatia* **atendendo** *aquesta hora que nos disse Nostro Senhor Jesu Cristo* [...]
- (b) [XV SVA1 147:28] *Mais aqui vos leixaremos de falar dos que* **estavam** *em Cesarea aquel dia* **atendendo** *o prazo em que haviam a desputar em outro dia* [...]
- (c) [XIV DSG 20:37] [...] *e naquela hora acaeceu que el* **estava** *na eigreja* **acendendo** *as lampadas sobre hũũs degraaos de madeiro* [...]
- (d) [XIV DSG 62:22] *E o servo de Deus* **estando** *en sa cela* **fazendo** *sa oraçon, vẽo o enmiigo antigo a el* [...]
- (e) [XIII SG 442:31] *E* **estando** *na rua* **preguntando** *disserom-lhi* [...]
- (f) [XIV CGE2 353:2] *E espreytouho quando* **estava** *na mizquita* **fazendo** *suas orações* [...]
- (g) [XIV CGE2 448:7] *E aquelle Mafomede, rey de Cordova,* **estando** *entom em sua mizquita,* **fazendo** *oraçom, cayu hũũ corisco preto delle que matou dous mouros* [...]
- (h) [XIV CGE2 147:20] [...] *tu* **estas** *em Tollosa* **fazendo** *cõselho ẽ que maneyra moveras contra my arroydo* [...]
- (i) [XIII CSM1 51:60] *E u el* **estava** *en aqueste presit'atal,* **mostrand'** *a Santa Maria ssa coit'e seu mal* [...]
- (j) [XV VS 40:42] *Este valle tam fundo he dos sobrevossos e aqueste mõte tam fedorẽto e de tantas penas he dos que* **estam** *nas carreiras* **esperando** *por mal fazer.*
- (k) [XV VS (75):14] *E eu fui-me mui toste ao mar e vy emtom dez homẽes mançebos* **estar** *na rribeira do mar* **jogando** *e* **ffazendo** *cousas de vaidade de mãçebia* [...]
- (l) [XIV LLCP 138:29] *Este dom Diego Lopez era mui boo monteiro, e* **estando** *ũu dia em sa armada* **atendendo** *quando verria o porco, ouvio cantar a muita alta voz ũa molher em cima de ũa pena.*

Outros SPs, encabeçados por outras preposições, também começaram a aparecer com *estar*:

(114) *Estar* com complemento locativo SP, encabeçado por outras preposições:
- (a) [XIV SP 269:1] *E estes* **stauã** *aa porta do tenplo* **guardando** *que nõ entrasse hi nem hũũ que nõ fosse aposto.*

(b) [XIV DSG 88:17] *Naquela noite, jazendo ja dormindo os frades, San Beento levantou-se pera sa oraçon mais cedo que soia e, **estando** a hũa fẽẽstra **rogando** Nosso Senhor e louvando-o mui de coraçon, viu hũa luz vĩĩr muit' agĩha do ceo alumeando aquela noite que era muito escura.*

(c) [XIII SG 1:11] [...] *"veede-lo, **sta** a aquella freesta **falando** com dom Galuam" [...]*

(d) [XV VS 36:15] *Oo luz viva non mortal verdadeyramente alomeante todalas cousas saa e alomea este cego que **sta** a par do camynho **chamando** e dizendo: – Filho de David ave mercee de mỹ.*

(e) [XV VS (82):20] [...] *e teve mentes e vyo hũu grande leom **estar** aos pees da sãcta molher **beygando**-lhe as peegadas [...]*

(f) [XV SVA1 239:17] [...] *em essa meesma hora que nós **estavamos** ante Simom **ouvindo** como dizia que queria fugir [...]*

(g) [XIII SG 403:20] *Pois os cavaleiros **esteverom** gram peça sobo lo lago **veendo** aquelas maravilhas e a besta nom pareceu [...]*

(h) [XIV CGE2 120:31] [...] ***estando** ãtre seus amores, **cuydando** que se avyã de tornar todos hũũs [...] começarõnos os de Petreo assy a feryr e a matar [...]*

Podem ocorrer também pronomes circunstanciais de lugar entre *estar* e o gerúndio:

(115) *Estar* com pronome circunstancial como complemento locativo:

(a) [XV SVA1 173:27] *E cada ũu deles **estavam** ali **catando**-as e **maravilhando**-se muito delas [...]*

(b) [XV SVA1 212:19] [...] *e que os que **estam** aqui **escuitando** ouçam os escarnicimentos do seu erro [...]*

(c) [XIII CEM 295:3] [...] ***estand'** ali ant' a porta del-Rei **preguntando** por novas da fronteira [...]*

(d) [XIII SG 307:3] *Tee ora de terça **esteverom** ali **catando** aquellas maravilhas [...]*

2. O verbo *estar* perde seu locativo, tornando-se um verbo inacusativo. Entre *estar* e o gerúndio podem aparecer (i) adverbiais de tempo, (ii) o complemento de gerúndio, ou (iii) um SN:

(116) Entre *estar* e o gerúndio aparecem adverbiais de tempo e o advérbio de modo *assi*:

(a) [XIV LLCP 395:4] […] *e haviam-lhi enveja; e, estando na paaço, houverom palavras com este dom Vaasco, dizendo-lhe que era manzelado, porque fora feito em tempo de dom Gonçalo Rodriguiz. E el houve desto*

168 Fundamentos sintáticos do Português Brasileiro

> *gram vergonha, de muitas gentes que i estavam, e **esteve** ũa gram peça* **pensando** *nas palavras, e olheou como eram muito aviladas.*

(b) [XIII SG 255:29] *E pois* **steve** gram peça **fazendo** *sa oraçom* [...]

(c) [XIV CGE2 288:9] ***Estando*** hũũ dia **fallando** *cõ o duque Faxilla, ferio con hũũ paao ẽna cabeça* [...]

(d) [XV VS (69):26] *E **estavam** per toda a noyte **obrando** per ssuas maaõs e cantãdo psalmos e louvores a Deos* [...]

(e) [XIV CGE2 130:20] [...] ***estandoos*** assy **catando** *e a grande fremosura delles, disselhe aquella virgem que aquelles vasos eram do santuario de Sã Pedro apostollo* [...]

(f) [XV SVA1 124:9] *E Sam Pedro, que **estava** ainda **falando** aquestas palavras* [...]

(g) [XIV CGE2 36:34] *Elles **estando** assy **fallando**, chegou o dragon* [...]

(h) [XIV CGE2 249:8] *Oo Paulo! E que **estas** assy **fazendo**, ou onde son os teus conselhos que te trouxeron ẽ aver tan grande quebranto e escarnimẽto como este em que estas* [...]

(i) [XV VS (76):16] *E **estando** assy **pensando** emtendy donde me acontiçia tal cousa* [...]

(j) [XV SVA1 313:8] *E el que o **estava** assi **firindo**, o lavrador disse* [...]

(k) [XV VS 38:31] *E **estando** ella asi **tremẽdo** e chorãdo nẽbrãdo-se dos males que fezera vio vĩir gram cõpanha de dyabóós* [...]

(117) Complemento de *-ndo*:

(a) [XIII SG 180:6] *E el **estando** en esto **falando**, aque-vos vem de contra o ceo ũ tam gram sõo* [...]

(b) [XIII SG 379:12] *En quanto **estavam** en esto **falando**, aque vos vem ũa donzela que chegou a eles* [...]

(c) [XIII CR 290:1] *Hu **estaua** commigo **falando**, dixi-lh' eu* [...]

(118) Entre *estar* e o gerúndio aparece um SN:

(a) [XIV DSG 205:11] *E **estando** os frades **cantando** ante ele e **dando** graças a Deus alçou ele muit' agĩha a voz e braadou* [...]

(b) [XIII SG 310:27] *Ao quarto dia, a ora de prima, u **estava** el-rei **ouvindo** sa missa, veerom a el doos cavaleiros armados* [...]

3. O complemento e o sujeito do gerúndio, quando clíticos, podem se cliticizar a *estar* ou se antepor a ele:

(119)
    (a) [XIII SG 371:27] [...] *e foi-se asi a rei Artur e **este**[**ve-o**] **catando**.*
    (b) [XIV CGE2 21:24] [...] *quando Julyo Cesar vyo aquella ymagẽ, **steve**_a_ **esguardando** hũa grande peça.*
    (c) [XVI GV II:67] *Pois **estou**-_vos_ **alegando** / o porque m'haveis de levar.*

4. O verbo *estar* passa a ser um auxiliar, ou seja, passa a ser somente um suporte de tempo, e o gerúndio é reanalisado como verbo principal.

(120)
    (a) [XIII CR 294:10] *E a pastor parecia muy ben e choraua e **estaua cantando** [...]*
    (b) [XIII CA 279:20] [...] *que lh'ousaria eu algũa ren dizer do ben que lh'eu quer' e **estou atendend'** aquel temp' e non chegou!*
    (c) [XIII CEM 455:12] [...] *mais, u **estava coidando** en al, deu-mi un gran peid' e foi-lhi depois mal [...]*
    (d) [XIII CSM1 22:59] *"Di-me que fazes, meu fillo, ou que **estás atendendo**, que non vẽes a ta madre [...]"*
    (e) [XIII CSM1 56:47] [...] *e viu enton **estar fazendo** os bischocos e obrar na touca a perfia [...]*
    (f) [XIII CSM1 60:9] *Ca tu noit' e dia sempr'**estás rogando** teu Fill', ai Maria [...]*
    (g) [XIII CSM1 60:20] *E ar todavia sempr'**estás lidando** por nos a perfia o dem' arr[anc]ando [...]*
    (h) [XIII CSM1 217:26] *Porend' un dia o espreytou aly u **est[ava pint]ando**, com' aprendi, a omagen da Virgen [...]*
    (i) [XIV DSG 59:21] [...] *el **estando fazendo** gram festa polo mal que fezera a San Beento, caeu o sobrado en que esta [...]*
    (j) [XIV DSG 82:5] *E o spiritu mao achou huum monge velho **estar tirando** sa agua e entrou logo en el [...]*
    (k) [XIV DSG 219:17] [...] *achou aquel don Pasqual que era morto **estar servindo** naqueles banhos per mui grandes caenturas e pois o vio, ficou muito espantado [...]*
    (l) [XIV LLCP 120:23] *O conde com Froiaz Vermuiz chegou-se acerca do arraial e ordenou suas azes e **esteve atendendo** se iria el rei dom Afonso a lidar com ele.*
    (m) [XIII SG 138:19] *E elle **stava catando** o rio e sinava-se da maravilha que via [...]*

170 Fundamentos sintáticos do Português Brasileiro

(n) [XIII SG 197:5] *E o seu cavallo que **estava folgando** [...] começou a rinchar tam fortemente [...]*

(o) [XIII SG 477:29] [...] *e ando[u] a redor catando os IIII ermitães u **estavam fazendo** sa lidice pelo ospede que cheguara.*

(p) [XIV CGE2 92:19] *E entõ sayron os da frota que o **estavã atendendo** e entraron na cidade per força e matarõ e cativarom quantos quiseron [...]*

(q) [XIV CGE2 120:22] *Entõ começaron a feryr nos da outra parte que **stavã sperando** que se tornassem pera Julyo Cesar [...]*

(r) [XIV CGE2 400:14] *El rey dom Ramiro, quãdo ouve novas desto em Castella onde era, que **estava fazendo** suas vodas e seu casamento, leixou os outros feitos todos e tornousse pera Leom o mais apressa que pode [...]*

(s) [XV VS 19:7] [...] *e disse-me: – Que **estás coidando?***

(t) [XV VS 19:8] *O que tu **estás coidando?** Vem ẽ pos mỹ e sigui-me e eu te mostrarey teu padre e tua madre.*

(u) [XV VS 41:35] *E entom virõ vĩir outra alma pella ponte e **estava chorando** carregada de hũu feixe de trigo [...]*

ESTAR E O INFINITIVO PREPOSICIONADO NO PORTUGUÊS ARCAICO

Quando se procura o verbo *estar* acompanhado de infinitivo preposicionado no Português Arcaico, não se acha praticamente nada, tendo sido encontrados somente três exemplos, nos quais o infinitivo preposicionado tem raiz verbal transitiva e a perífrase já está constituída:

(121)

(a) [XIII CEM 108:20] *Pero se ten por fremosa mais que s' ela, por Deus, pode, pola Virgen gloriosa, un ome que fede a bode e cedo seja na forca, **estand' a cerrar**-lhe a boca, chamou-lhe Dona Gondrode [...]*

(b) [XIII SG 81:31] *Quando se ella assi vio cercada, **steve a fazer** sembrante que nom queria mover.*

(c) [XIII SG 242:12] *quando aquelles que **stavam a ouvir** este conto entenderom que aquel era Erec [...]*

OS VERBOS AUXILIARES E AS FORMAS DE GERÚNDIO E DE INFINITIVO PREPOSICIONADO NO PORTUGUÊS BRASILEIRO E NO PORTUGUÊS EUROPEU DO SÉCULO XX

Alguns gramáticos, como Cunha e Cintra (1985), fazem referências à diversidade de tratamento no Brasil e em Portugal das perífrases aqui examinadas. Eles afirmam que a de gerúndio é usada preferencialmente no Brasil, nos dialetos centro-meridionais de Portugal, nos Açores e nos países africanos de língua portuguesa, e a segunda é usada predominantemente no Português Padrão e nos dialetos setentrionais de Portugal. Para examinar essas afirmações, busquei exemplos em *corpora* do Português Contemporâneo falado em Portugal e no Brasil que mostram esse duplo uso:

(122) Dados do PE:
   (a) [XX PF 757:15] [...] *quando o mar tava aqui vinha por detrás e era trai-çoeiro a senhora **tá percebendo** [...]*
   (b) [XX PF 184:29] [...] *enquanto esse rancho **tá cantando** aquelas quadras todas* [...]
   (c) [XX PF 426:32] [...] *a polícia embirra conosco e autuam-nos se for com-pras para fazer negócio **tá a perceber*** [...]
   (d) [XX PF 564:45] [...] *a cobra pode atacar o homem quando **está a dormir*** [...]
   (e) [XX PF 67:54] [...] *ali há outros que **estão a dançar*** [...]

Os exemplos mostram a concorrência entre essas duas formas mesmo no PE, sendo que *estar* + infinitivo venceu essa concorrência, dada a escassez das formas de *estar* + gerúndio.

Comparando esses dados com o que ocorre na modalidade falada do PB, nota-se uma esperada concentração nas perífrases de *estar* + gerúndio:

(123)
   (a) [XX SP EF 153:218] [...] *a figura mais importante é Ademar Gonzaga... **que está montando** um estúdio* [...]
   (b) [XX SP D2 98:1599] [...] *é assim que os táxis **estão fazendo*** [...]

Fica evidente pelos exemplos anteriormente dados que o problema principal é essa diversidade de uso: *estar* + gerúndio no PB e *estar* + infinitivo preposicionado no PE.

Para deixar bem clara qual é a importância da perífrase de *estar* + gerúndio e *estar* + infinitivo preposicionado, é necessário fazer uma comparação com outros verbos auxiliares que aparecem com essas mesmas formas nominais. Tal comparação será feita quantitativamente.

Para finalizar, estabelecerei algumas relações numéricas entre as duas perífrases aqui analisadas.

172 Fundamentos sintáticos do Português Brasileiro

Construí três tabelas comparativas para verificar o comportamento dessas duas perífrases mencionadas, tanto no PB como no PE: (i) a tabela 10 mostra o comportamento da perífrase de gerúndio no PB e no PE; (ii) a tabela 11 mostra como estão distribuídas as perífrases de gerúndio e de infinitivo preposicionado no PE; e (iii) a tabela 12 mostra o comportamento da perífrase de gerúndio no PB e o comportamento da perífrase de infinitivo preposicionado no PE.

Tabela 10 – Perífrases de gerúndio no PE e no PB

	Português Europeu		Português do Brasil		Total	
	Ocor.	%	Ocor.	%	Ocor.	%
Estar	5/285	2	280/285	98	285/464	61
Ficar	3/18	17	15/18	83	18/464	4
Viver	0/3	-	3/3	100	3/464	0.7
Acabar	0/13	-	13/13	100	13/464	3
Ir	64/115	56	51/115	44	115/464	25
Vir	2/10	20	8/10	80	10/464	2
Andar	0/1	-	1/1	100	1/464	0.2
Continuar	1/17	6	16/17	94	17/464	3.7
Levar	0/1	-	1/1	100	1/464	0.2
Passar	0/1	-	1/1	100	1/464	0.2
Total	75/464	16	389/464	84	464/464	100

A tabela 11 mostra que dos dez auxiliares selecionados, somente 5 se constroem com gerúndio no PE: *estar, ficar, ir, vir* e *continuar*, mas no PB todos os verbos auxiliares ocorrem com gerúndio. Comparando cada verbo no PE e no PB temos o seguinte: (i) praticamente não existe mais a perífrase de *estar* com gerúndio no PE, apenas 2%; (ii) no PB ela é categórica; (iii) *ir* + gerúndio tem uma distribuição equilibrada tanto no PB como no PE; (iv) *ficar* e *vir* + gerúndio ocorrem com ± 20% no PE e 80% no PB. Olhando o total das ocorrências de auxiliares com gerúndio, conclui-se que esse tipo de perífrase está desaparecendo no PE (16%), mas continua bem viva no PB (84%).

Tabela 11 – Perífrases de gerúndio e infinitivo preposicionado no PE

	Locuções de gerúndio		Locuções de infinitivo		Total	
	Ocor.	%	Ocor.	%	Ocor.	%
Estar	5/197	3	192/197	97	197/333	59
Ficar	3/14	21	11/14	79	14/333	4
Ir	64/78	82	14/78	18	78/333	23
Vir	2/9	22	7/9	78	9/333	3
Andar	0/23	-	23/23	100	23/333	7
Continuar	1/11	9	10/11	91	11/333	3.5
Passar	0/1	-	1/1	100	1/333	0.5
Total	75/333	22	258/333	78	333/333	100

A tabela 11 mostra que no PE predominam as perífrases com infinitivo preposicionado e o verbo *estar* detém o maior número de ocorrências (97%), sendo seguido por *ficar* (79%) e *vir* (78%). O verbo *andar* é categórico com essa forma nominal. Olhando o total das ocorrências de auxiliares com gerúndio e com infinitivo preposicionado no PE, conclui-se que as perífrases com gerúndio estão, de um modo geral, desaparecendo (22%), e as com infinitivo preposicionado estão em franco progresso (78%).

Tabela 12 – Perífrases de gerúndio no PB e infinitivo preposicionado no PE

	Loc. de gerúndio (PB)		Loc. de infinitivo (PE)		Total	
	Ocor.	%	Ocor.	%	Ocor.	%
Estar	280/472	59	192/472	41	472/647	73
Ficar	15/26	57	11/26	43	26/647	4
Viver	3/3	100	0/3	-	3/647	0.5
Acabar	13/13	100	0/13	-	13/647	2
Ir	51/65	78	14/65	22	65/647	10
Vir	8/15	53	7/15	47	15/647	2.5
Andar	1/24	4	23/24	96	24/647	3.5
Continuar	16/26	61	10/26	39	26/647	4
Passar	1/2	50	1/2	50	2/647	0.3
Levar	1/1	100	0/1	-	1/647	0.2
Total	389/647	60	258/647	40	647/647	100

Finalmente, na tabela 12 comparo a seleção pelos mesmos auxiliares do gerúndio no PB e do infinitivo no PE. Pondo as coisas nesses termos, vê-se que o desenho que daí resulta é mais matizado, ora oferecendo uma situação de equilíbrio (como em *estar*, *ficar*, *vir*, *passar*), ora uma situação de fortes distinções (como em *viver*, *acabar*, *levar* no PB, e *andar* no PE). Essas situações apontam para diferentes ritmos no processo de auxiliarização desses verbos.

Mostrei neste capítulo que o "complemento" locativo que tinha passado a acompanhar *estar* assumiu o caráter de uma minioração locativa. Essa minioração é composta do pronome circunstancial locativo *hi* acompanhado de um SP, o que constitui uma construção de redobramento, ligada ao verbo por adjunção. O locativo *hi* migra para perto de *estar*, tornando-se um complemento, e se posiciona de modo enclítico ou proclítico a ele, conforme o tipo oracional em que o verbo está.

O grande papel do locativo foi, justamente, licenciar a sintaxe de *estar* com outras miniorações. Nesta altura, a mudança gramatical de *estar* e o redobramento de *hi* se cruzam com a do gerúndio e do infinitivo.

A sintaxe dessas formas nominais do verbo é então examinada com cuidado, documentando-se amplamente seu comportamento no latim e no Português Arcaico. Ambas compreendiam basicamente duas estruturas, sendo uma como núcleos de uma

174 Fundamentos sintáticos do Português Brasileiro

predicação primária (gerúndio como ablativo absoluto, infinitivo narrativo) e outra como núcleos de uma predicação secundária (gerúndio e infinitivo na minioração), caso em que funcionavam em adjunção a um verbo mais alto.

Foi, portanto, a gramaticalização de *estar*, o uso de *hi*, do gerúndio e do infinitivo como miniorações que motivaram o surgimento das perífrases de *estar* + gerúndio/infinitivo.

Finalmente, a preferência europeia por *estar* + infinitivo e a preferência brasileira por *estar* + gerúndio, comprovadas quantitativamente em meus dados, são explicadas pela hipótese de Kato (2003), que aqui repito, segundo a qual formas no "núcleo" da gramática podem estar em variação com formas em sua "periferia marcada". No caso de nossas perífrases, constatei uma mudança de posição a esse respeito: a perífrase de infinitivo, periférica nos primeiros séculos da língua, tornou-se central em Portugal, mantendo-se no Brasil a centralidade da perífrase de gerúndio.

Notas

[1] Exemplos de Nunes (1945: 250).

[2] Exemplos de Said Ali (2002: 95).

[3] Exemplos tirados de Huber (1933: 174).

[4] Exemplos de Said Ali (2002: 94-5)

[5] Sendo *i* uma palavra tão pequena, vou grafá-la sempre como *hi* no corpo do trabalho. Nos exemplos, ele virá com a grafia do original.

[6] Os exemplos atestam talvez os primeiros momentos da classe dos articuladores discursivos, que existem no português atual. Ver o capítulo "Consequências do redobramento do clítico locativo *ende*".

[7] Deve ter existido uma fase intermediária, na qual o clítico locativo podia estar adjacente ao primeiro elemento da sentença ou adjacente ao verbo, quando se tratava de seu posicionamento depois do primeiro elemento da sentença.

[8] (26') EO com clítico dativo, em sentenças independentes começadas por nome quantificado (a), ou com advérbio de negação antes do verbo (b):

  (a) [XIII CA 754:1] *Toda'-las gentes **mi-a mi** estranhas son, / e as terras, senhor, per u eu ando / sen vos* [...]

  (b) [XIII CEM 253:15] *Deus nunca **mi a min** nada deu / e tolhe-me bôa senhor* [...]

(26'') EO com clítico dativo, em sentenças dependentes:

  (a) [XIII CA 426:16] *E me dissesse pois, se lhe pesasse, / pero **m'a min** pesaria muit'én* [...]

  (b) [XIII CA 313:1] *Nostro Senhor, que **mi-a min** faz amar / a melhor dona de quantas ela fez*

  (c) [XIII CA 105:14] *ca se el vir'o meu bom semelhar / d'esta senhor, porque **mi-a min** mal ven* [...]

  (d) [XIII CA 615: 23] *Que-quer que mi-a min gracido / fosse de quant'ei servido, / que **mi-a min** nada non val, / mia coita viço seria* [...]

  (e) [XIII CEM 101:20] *[...] e se **mi a mi** a abadessa der/ madeira nova, esto lhi faria* [...]

  (f) [XIII CA 516:3] *[...] pois **mi-a min** Deus non quis, nen mia senhor, / a que roguei de me d'el amparar* [...]

[9] *Estar* + particípio não se inclui no escopo deste livro.

[10] O vocábulo grafado *seer* será utilizado para a forma que se originou do infinitivo latino *sedere*; *ser* será usado para a forma que se originou do infinitivo latino *esse*. Essas observações só valem para o período medieval do português. Depois dessa época só se utilizará o termo *ser*, que é uma fusão de *seer* com *ser*.

[11] DP = *Determiner Phrase* é o símbolo atual da gramática gerativa para sintagma nominal referencial; AGR = flexão verbal de concordância.

[12] Exemplos de Padre Manuel Bernardes, *Nova floresta*, vol. 4: 78, vol. 2: 263 (apud Said Ali, 2002: 354).

Consequências do redobramento do clítico locativo *ende*

Apresentação

Neste capítulo, dou continuidade ao estudo das consequências do redobramento do clítico locativo *ende* do Português Arcaico na sintaxe do Português Brasileiro. O objetivo aqui é mostrar os resultados dessa sintaxe na formação de articuladores discursivos, da conjunção contrajuntiva e dos complementizadores preposicionados.

O clítico redobrado *ende*

O Português Arcaico, como todas as outras línguas oriundas do Latim Vulgar, possuía, entre outros, dois pronomes circunstanciais locativos que tiveram uma história muito parecida: *hi* e *ende*.

O advérbio *hi* vem do lat. *ibi* ou *hic*. Descrito no capítulo "Redobramento do clítico locativo *hi* e formação da perífrase de gerúndio e infinitivo preposicionado", ele exibia as seguintes características: (i) possuía o traço [-movimento], ou seja, não marcava nem a origem nem o percurso ou o fim do movimento; (ii) tinha o sentido principal de "aí", "nesse lugar" (1a-b), além de outro, neutro, "nisso" (1c); (iii) podia ser dêitico ou fórico; (iv) podia vir acompanhado de um sintagma preposicionado (1d), que os gramáticos trataram como um caso de pleonasmo; (v) era usado principalmente com verbos estativos como *ser* (1b), *estar* (1d), *haver*, *ter*; (vi) seu antecedente foi, inicialmente, um sintagma preposicionado locativo com a preposição *em* ou *a*, e posteriormente passou a ter como antecedente qualquer

176 Fundamentos sintáticos do Português Brasileiro

sintagma preposicionado com a preposição *em*; (vii) juntou-se a preposições estativas como *des* (1e), *de*, *a*; (viii) foi usado como variante do advérbio *ende* e foi substituído por este em muitas situações; (ix) teve grande uso no Português Arcaico, começou a rarear a partir do século XVI, tendo sobrevivido no português atual na forma preposicionada *aí*:

(1)

    (a) [XIII CSM2 158:5] *Como uun ome de Moriella, que ameude ya a Santa Maria de Salas e tragia sa magestade, viu ṽir nuveado e pos a Magestade na sa vinna; e non firiu **y** a pedra, e toda-las outras foron apedreadas en derredor.*

    (b) [XIII SG 13:15] *Elles em esto fallando virom vir pella rebeira ũa donzella sobre ũu palafrem branco, e quando chegou a eles, preguntou, se era **i** Lançarot.*

    (c) [XIII SG 29:11] *Entam tornou a Galuam e disse: "Galuam, cree que tu e Morderet, teu irmão, nom nascestes senam por fazerdes maas aventuras e doorosas. Se os que aqui seem, o soubessem como o eu sei, sacar-vos-iam os corações, ja ainda os vos faredes morrer a door e a marteiro. E estes que me ora nom creem o que lhes eu digo ainda o creerám tal ora que nom poderám **i** poer conselho".*

    (d) [XIII CSM2 145:6] *Enton deceu a saeta / e feriu no tavoleyro, / toda coberta de sangui; e creede sen dultança / [...] // Que sanguent'o tavoleiro / foi. E quantos **y** estavan / en redor veend'o jogo / ferament'en s'espantavan, / ca viian fresc'o sangui / e caent', e ben cuidavan / que algun deles ferido / fora de spad'ou de lança.*

    (e) [XIII CSM2 182:1] *A tormenta aquedada / foi, e seu mast'adubaron / e log'a Santa Maria / de Salas s'acomendaron; / e ouveron tan bon vento, / que na mannãa chegaron / a Acr', e perderon medo / e todos maos penssares / [...] // Que ant'avian da morte; / des **i** quantas merchandias / tragian, todas venderon / mui ben e en poucos dias.*

Origem de *ende* redobrado

O pronome circunstancial locativo *ende*, oriundo do lat. *inde*, assumia as seguintes características: (i) tinha o traço [+movimento], de que se marcava o ponto de origem (2a); (ii) tinha o significado de "daí" (2a), "desse lugar", além de outro, neutro, "disso" (2b), podia também ter um sentido partitivo; (iii) podia ser empregado como dêitico ou fórico (2b); (iv) podia vir acompanhado de um

Consequências do redobramento do clítico locativo *ende* **177**

sintagma preposicionado (2e); (v) aparece sob duas formas: *ende* (2b-c), mais próxima de sua etimologia, e *en* (2a), forma reduzida; (vi) com o sentido de locativo era usado com verbos de movimento como *sair, tirar, sacar*; (vii) seu antecedente era principalmente um sintagma preposicionado iniciado com a preposição *de* (2e); (viii) se juntou a preposições como *des, pro, por/per*; (ix) foi usado como variante do advérbio *hi* e ambos se substituíram em muitas situações; (x) teve grande uso na primeira fase do PA, seu uso foi decaindo até não mais ocorrer no fim do período medieval; (xi) sobreviveu na forma preposicionada *porém*. Vejamos alguns exemplos:

(2)

  (a) [XIII CSM2 29:24] *Mais a Madre do onrrado / Jeso-Crist'a seu chamado / vẽo, e o denodado / demo logo fugiu* **en***, / [...] // U ela ressucitado / ouv'o morto e sacado / do rio, que ja buscado / fora daquend'e dalen.*

  (b) [XIII CSM2 86:19] *Dentro ena cova gran gente meteu / e tirou a terr'e a pena fendeu; / e pois lles el dentro viv'apareceu, / tirárono ende sen sse detẽer. / [...] // E quando o viron, deron* **end'** *a Deus / graças e loores, chorando dos seus / pllos muito todos, dizendo: "Os teus servos nunca poden mui gran [mal] prender."*

  (c) [XIII CSM1 110:17] *Quantos aquest'oyron, log'ali vẽeron / e aa Virgen santa graças* **ende** *deron, / e os seus miragres ontr'os outros teveron / por mais groriosos.*

  (d) [XIII CA 272:7] *Sempr'ando coidando em meu coraçon / com'eu iria mia senhor veer / e en como lh'ousaria dizer / o ben que lh'eu quero; e sei que non / lh'ousarei* **end'** *eu dizer nulha ren, / mais veê'-la-ei // pouco, e irei én / con mui gran coita no meu coraçon, // Tal que, se a vir', quantas cousas son eno / mundo non mi-an de guarecer / de morte, pois lhe non ousar'dizer / o ben que lh'eu quero.*

  (e) [XIII CSM1 46:26] *Tod'aquesto que vos ora dito / ei, San Basil'en sa vison viu; / e Santa Maria deu-ll'escrito / un lyvro, e ele o abryu, / e quanto y viu no coraçon fito / teve ben, e logo ss'espedyu / dela. E pois da vison foi quito, / ficou* **en** *con med'e com tremor.*

  (f) [XIII CSM2 114:2] *Aqueste feito soube logo seu abade, / que bon om'era, e ouv'* **en** *gran piadade / e a dous monges disse: "Oy mais aguardade / est'outro de caeda fazer escarnida."*

  (g) [XIII CA 11:8] *Quen oge mayor cuita ten / d'amor eno seu coraçon / de quantos d'el cuitados son, / Nostro Senhor lhe ponha i / conselho, se a el prouguer' / atal per que lh'a tolha* **én.**

178 Fundamentos sintáticos do Português Brasileiro

Esse locativo foi muito difundido entre as línguas românicas da península ibérica, em que aparece nas seguintes formas:

Quadro 3 – Formas de *inde* em algumas línguas românicas[1]

Português		Castelhano		Aragonês		Catalão		Francês		Italiano	
arc.	mod.	arc.	mod.	arc.	mod.	arc.	mod.	arc.	mod.	arc.	mod.
ende		*ende*		*-nde*				*ind*		*nde*	
		end		*end*							
		ent		*ent*				*ent*			
en		*en*		*en*	*en*	*en/-en*	*en*	*en*	*en*		
				ne	*ne*	*ne/-ne*	*-ne*			*ne*	*ne*
				n-/-n	*n-/-n*						
								n'/'n	*n'*	*n'/'n*	*n'*
											an

(3) Castelhano do século XIV (a-b),[2] aragonês do século XIV (c-d),[3] catalão dos séculos XIV e XV (e-f),[4] provençal (g-h),[5] francês medieval (i-j):[6]

(a) *... et que descendió a los infiernos, et que sacó **ende** los padres sanctos...*

(b) *Non ssé astrologia nin so **ende** maestro...*

(c) *... stuuo cerrado en aquella fuessa VII anyos aprés el emperador lo**nde** fizo sacar*

(d) *... algunos tractauan enguanyar lemperador entre los cuales fue acusado villisario el cual **ne** era ignocent...*

(e) *No et pens, però, que aquells qui son condemnats a infern **ne** isquen...*

(f) *Veus-ací tot lo meu bé, fet-**ne** a vostra voluntat*

(g) *en Fransa vos **n**'iretz*
    ("você pode ir à França")

(h) *mas vostres sui, e no **m'en** vuelh partir*
    ("mas eu sou teu, e não quero deixar você")

(i) *puis s'**en** alat en Alsis la citet*
    ("então ele foi à cidade de Alsis")

(j) *ves chi mon fil, qu'**en** ferons nous?*
    ("aqui está meu filho, o que vamos fazer com ele?")

Para a redação deste capítulo, operei com um universo de 3.131 ocorrências, entre formas simples, como *ende, en*, e formas preposicionadas, como *porende, poren*. A tabela 13 mostra sua distribuição no *corpus* consultado.

Tabela 13 – Distribuição do locativo *en* simples e preposicionado

Docs.	Forma simples					Forma preposicionada					Total geral
	ende		*en*		Sub-total	*porende*		*poren*		Sub-total	
	Ocor.	%	Ocor.	%		Ocor.	%	Ocor.	%		
CSM	115	13	118	18	233	126	25	189	17	315	548
CA	104	12	170	26	274	9	2	152	14	161	435
CEM	62	7	102	16	164	13	3	99	9	112	276
*SG	331	37	230	36	561	13	3	150	14	163	724
HGP	66	7	3	0.5	69	5	1	1	0	6	75
FR	41	4	9	1.5	50	11	2	48	4	59	109
DSG	54	6	12	2	66	92	19	12	1	104	170
CGE2	38	4	-	-	38	18	3	87	8	105	143
LM	1	0	-	-	1	47	9.5	64	6	111	112
SVA1	86	10	-	-	86	153	31	10	1	163	249
VS	-	-	-	-	-	5	1	14	1.5	19	19
CDP	-	-	-	-	-	1	0.25	40	4	41	41
GV	-	-	-	-	-	1	0.25	82	7	83	83
GLP	-	-	-	-	-	-	-	14	1.5	14	14
AJS	-	-	-	-	-	-	-	133	12	133	133
GPLP	-	-	-	-	-	-	-				
Total	898		644		1542	494		1095		1589	3131

Foi desigual a distribuição desse locativo de acordo com as fases históricas da língua. A tabela 14 ilustra a progressiva implementação da forma preposicionada e o progressivo desaparecimento da forma simples.

Tabela 14 – Síntese dos usos de *en* no Português Arcaico e nos séculos XVI e XVIII

Fases históricas	Forma simples		Forma preposicionada		Total
	Ocorrências	Porcentagem	Ocorrências	Porcentagem	
1ª fase do PA	1417/2337	61%	920/2337	39%	2337
2ª fase do PA	125/564	22%	439/564	78%	564
Século XVI	-	-	97/97	100%	97
Século XVIII	-	-	133/133	100%	133
Total	1542		1589		3131

Os mais diversos textos da primeira fase do Português Arcaico,[7] sobretudo as *Cantigas de Santa Maria*, oferecem rica documentação sobre os locativos *ende* (e sua variante *en*), e *hi* (e sua variante *desi*), os quais eram empregados igualmente como articuladores discursivos; *en*, em sua forma preposicionada *porém*, deu origem a uma nova conjunção contrajuntiva no português.[8]

180 Fundamentos sintáticos do Português Brasileiro

A descoberta dessas semelhanças me levou a estudar os itens e suas consequências na sintaxe do PB. Surpreende observar que em duas sincronias extremas – o primeiro período do Português Arcaico e a fase contemporânea do português falado culto – a língua jogou e continua jogando com os mesmos mecanismos sintáticos e semânticos desencadeados por suas necessidades discursivas: o pré-requisito de que o item seja um dêitico e um fórico, sofra duplicação sintática e seja preposicionado. Em minha argumentação, considero que a duplicação e o preposicionamento tiveram um papel central nas alterações constatadas.

Etapas de mudança de *ende*

Em seu processo de gramaticalização, *ende* percorreu três etapas, à semelhança de *hi*: (i) etapa A, aqui denominada fase da estrutura original, é a fase do redobramento propriamente dito; (ii) etapa B, ou fase de mudanças da estrutura original; (iii) etapa C, em que ocorre a simplificação da estrutura redobrada. Relembro que o uso da expressão *etapa* não remete a sucessões no tempo, apenas capta as regularidades no tratamento sintático dos locativos.

Esse locativo funciona como uma minioração, agregando-se a outras classes gramaticais (nomes, adjetivos e advérbios antecedidos de verbo-suporte, nomes deverbais, nomes quantificados), que passaram a se construir com complementos iniciados com a preposição *de*. Passo a caracterizar essas três etapas.

Na Etapa A, ou fase do redobramento, os dois pronomes podem estar adjacentes ou não, e são sempre correferenciais. Essa fase deve ser a mais antiga, sendo pouco documentada, caracterizando-se (i) por conter a minioração na sua forma primária em que seus pronomes estão em adjacência estrita, e (ii) por ela estar em adjunção a um verbo ou a outras classes já mencionadas. Essa estrutura será chamada aqui de *original* e pode aparecer adjunta aos seguintes verbos, em sua maior parte monoargumentais: auxiliares (*haver, ser, ter* etc.), de movimento (*ir-se, sair-se, vir-se* etc.), impessoais (*acaecer, parecer, avir, prazer* etc.), reflexivos (*trabalhar-se, guisar-se, nembrar-se* etc.), além de *atender* "esperar", *ajudar, curar* "cogitar", *cuidar* "pensar", *deitar* "tirar" etc. A estrutura assim formada terá a seguinte representação: [v] [*en* + de SN]. Dessa estrutura foram encontrados somente três exemplos:

(4)   O clítico locativo *en* na estrutura original:
   (a) [XIII:1299 HGP 216:24] [...] *áátal preito que nos dedes ende cada ũu ano v e quarteiros de pam pela midida per que rreçebemos os outros cabedaes para a dita oueeça e séér hũu quarteiro **ende de tríjgo** e os quatro de segunda e paguardes o fforo a Santiago,* [...]

(b) [xv:1414 HGP 107:22] *Et por que esto seja certo et nõ veña em dulta, rroguey et mandey ao notário sub escripto que fezesse **ende delo** esta carta de testamẽto et que a signase de seu signo.*

(c) [xv:1516 HGP 67:9] [...] *e de todo enbargo fr qual quer persona que vos la demandar o enbargar em qual quer manera que sea so pena Del dobro de la dita contia et do valor da dita fazenda que vos dé et page por pena o contrarjo fazendo la metade de la dita pena pera la justiça que la executare et la outra metade pera la parte de vos, o dito frey Lopo, mjnjstro em fé e fyrmeza de lo qual otorgé **ende dello** la presente carta de venda em la manera que dita es ante Juan Garcia de Padrjn,* [...]

A Etapa B é caracterizada por um conjunto de alterações da estrutura original: (i) os dois pronomes não estão mais em adjacência estrita, mas ainda são correferenciais, (ii) o clítico *en* se agrega aos mais variados tipos de verbo, tornando-se seu complemento, (iii) o sintagma preposicionado continua em adjunção a esses mesmos verbos, o que pode deslocar-se para a periferia da sentença, à esquerda ou à direita. Essas modificações se agrupam, portanto, em três tipos de estrutura, aqui denominadas *descontínua, deslocada* e *topicalizada*.

Na estrutura *descontínua*, o pronome forte vem separado do fraco por uma pausa marcada por vírgula ou por algum item lexical, e o pronome fraco aparece proclítico ou enclítico ao verbo dependendo do tipo de oração. Essa estrutura será representada como [*en*-v-*en*] ... [*de* SN], na qual se observa, de um lado, o verbo com o clítico, posicionado proclítica ou encliticamente a ele, e, de outro, o SN preposicionado ocorrendo um ou vários itens lexicais entre um constituinte e outro. Dessa estrutura foram encontrados os exemplos a seguir:

(5) O clítico locativo *en* na estrutura descontínua:

(a) [XIII FR 167:10] *Outrosy dementres que for em corte del rey, des aquel dya que se **en** partir **de sa casa** por todo huu dia seya y seguro (E) el con todas sas cousas,* [...]

(b) [XIV:1310 HGP 89:38] *Et que isto sseia certo e nõ uena em dulta, mãdamos uos **en** facer esta carta **desta uençõ** feyta per Ares Peres,* [...]

(c) [XIV CGE2 156:20] [...] *e tomou delle per força toda a terra de Ytallia, segundo adyante ouvyredes, e a cidade de Egipciana; e foy **ende** senhor **della** sem nem hũa contenda.*

(d) [XIV:1345 HGP 258:33] [...] *e para uẽder essas herdades a quẽ por bẽ uirẽ conuyr e para mãdar **ende** fazer carta ou cartas **de pura vẽda** per costrẽgimento e per poder da ley do rreyno* [...]

(e) [XIII:1299 DPNL 160:16] [...] *e reconecemos que todolhas coussas que **ende** ouuemos. **desse quarto do dito Casal** e dele. recebemos ata áquy* [...]

182 Fundamentos sintáticos do Português Brasileiro

(f) [XIII:1299 HGP 216:22] [...] *áátal preito que nos dedes **ende** cada ũu ano .v.e quarteiros **de pam** pela midida per que rreçebemos os outros cabedaes para a dita oueẽça [...]*

(g) [XIII:1299 HGP 216:28] [...] *e que nos dedes cada ano **ende** o meyo **do vino** que Deus y der per nos ou per nosso homme [...]*

(h) [XIV:1301 HGP 217:25] [...] *per tal preyto que dedes **ende** de foro e de renda a nos e a nossa uoz três moyos **de pã** cada anno, dês dia de Santa Maria d'Agosto [...]*

(i) [XIV:1301 HGP 217:28] [...] *per tal preyto que dedes ende de foro e de renda a nos e a nossa uoz três moyos de pã cada anno, dês dia de Santa Maria d'Agosto [...] e séér **ende** a terça **de millo** e a terça **de ce(uey)ra** e a terça **de paynço** e dardes este pã em esse casal ou enna jglleia de [Sam] Fíjs de Çeleyros.*

(j) [XIII:1252 DPNL 109:10] *Jn primis Giraldus petri xxv. Libras. Martinus stephani vij. libra<s>. Gumez falãte. xxxvij. soldos.Fabuleiru.viij. libras e istas libras habet **inde** iij. quarteiros **de milio**. fernandus lebur habet de me .ij. cubas de pane e. i. de uino, e uma archa [...]*

(k) [XIII:1299 DPNL 389:17] [...] *e so tal cõdiçõ. que. uos e os ditos uossos filhos. dedes **ende** a mỹ o quinto **de todo pã e fruyto que deus. der na Ademha** e o terço **de todo pã que deus. der na paul.** colhẽdosse todo per ssj e o terço **de todo vĩho é azeyte que deus. der nas vĩhas e nos holiuaes.***

A estrutura *deslocada* contém o pronome fraco em próclise ao verbo e um pronome forte se posicionando na periferia da sentença, podendo ser um deslocamento à esquerda ou à direita do verbo. Será representada como [*de* SN] [*en*-v]. Foram encontrados poucos exemplos, sendo que em alguns a preposição *de* não aparece, tendo sido marcada com [Ø]:

(6) O clítico locativo *en* na estrutura deslocada:

(a) [XIII CA 60:11] *Mentr'eu viver', mais guardar-m'ei / que mi-o non sábia mia senhor; / c'assi (e)starei d'ela melhor, / e **d'ela** tant'**end'** averei: / enquanto non souberen quen / est a dona que quero ben, / algũa vez a veerei!*

(b) [XIII FR 208:4] *Mays [ou] se for terra e for semeada a macar que nõ paresca o fruyto a sazon da morte, partasse per meo [Ø] **quanto** ende ouuerẽ.*

(c) [XIII FR 253:1] *Mandamos que nenhuu nõ penhore boys nẽ uaccas cũ que aran nen arado nen trilho [...] e o que o fezer torne o que penhorar a seu dono e [Ø] **quanto dano** lhy **ende** ueer e porque o prouou, peyte outro tato quanto penhorou, [...]*

Consequências do redobramento do clítico locativo *ende* **183**

(d) [XIII:1283 HGP 77:31] *Et **de todalas outras cousas que uos y ouuerdes e criardes e gáánardes** <u>nũcas</u> **ĩde** a uos mais demãdem do moesteyro de Chouzã por razõ deste foro* [...]

(e) [XIII FR 200:23] [...] *seyã metudos ambos em seu poder e possaos uender e ffazer delles o que quiser **de morte ende** <u>fora</u>.*

A estrutura *topicalizada* contém o pronome fraco em ênclise ao verbo e um pronome forte posicionado fora da sentença, numa posição de tópico. Será representada assim: [*de* SN] # [V-*en*]. Dessa estrutura há uma quantidade razoável de exemplos:

(7)   O clítico locativo *en* na estrutura topicalizada:

(a) [XIII CA 841:10] *Coitas sofremos, e assi nos aven: / eu por vos, amigo, e vos por mi! / E sabe Deus de nos que est assi; / e **d'estas coitas** non <u>sei</u> eu muit' **én**, /d'eu por vassalo, e vos por senhor, / de nos qual sofre mais coita d'amor!*

(b) [XIII FR 240:18] *Qvando alguu ome que teuer cousas encomẽdadas e **de queyma ou de rouba ou de peçeo de naue ou doutra cousa desuenturada semellauil** <u>liur[ou]</u> **ende** todo o seu sẽ perda e perdeo todo o alheo que tija [en] encomẽda, peyteo a seu dono.*

(c) [XIII CA 514:13] *E **da gran coita,** de que soffredor / foi, e **do mal,** muit'á, sem meu prazer, / a vos <u>dev' **én**</u> <u>mui</u> [bom grad'] <u>a põer;</u> [...]*

(d) [XIII CA 223:8] *E mia senhor, al vus quero dizer / **de** que <u>sejades</u> **ende** <u>sabedor:</u> / non provarei eu, mentr'eu vivo for', / de lhe fogir, ca non ei én poder: / ca pois mi-Amor ante vos quer matar, / matar-xe-mi-á, se me sem vos achar'.*

(e) [XIII:1289 HGP 197:41] [...] *e **do preço nẽ da robora nẽ do faiuyzo** nõ ficou **ende** <u>nẽ uma cousa</u> por dar nẽ por pagar.*

(f) [XIII:1287 DPNL 145:16] [...] *das quaes sentẽças os ditos caualeyros agrauarõ e pedirõ os agrauos e ó dito Juiz sarou os ditos agrauos nas lageas de Juyam .Iiij. dias andados de Nouẽbro. e **de quando** os o dito Juiz sarou pedío **ende** a mj Tabelliõ sobredito o dito Priol <u>húú testemoyo</u> [...]*

(g) [XIII:1285 DPNL 353:20] [...] *e rogamos a qualquer Tabellion que esta carta ujr que faça ende a carta da dita partiçõ. <u>Em testemõyo</u> **da qual cousa** fazemos **ende** esta carta séélar dos seelos de mj̃ Prioressa e do Conuẽto sobreditos.*

(h) [XIII:1292 DPNL 362:24] *<u>Em testemhũo</u> **desta quoussa** mãdamos **en** ffazer Dous es[tru]mentos partydos. por A . b. c. e* [...]

(i) [XIII:1294 DPNL 365:18] *E o dito váásco rrebolo disse. que nũca aquela carta mãdara fazer nẽ sabya ẽde parte. **das quaes cousas** o dito {vasco* *reb} Martim dominguiz. queixada pedyu a m̃j. que lhy desse **ende** <u>hũu</u> <u>testemoyo</u> [...]*

(j) [XIII:1274 DPNL 123:27] [...] *e mãdo **dos .x. morabitinos** ut faciant **inde** mandatum quomodo Maria marti quomodo ego mandaui ad illam facere.*

(k) [XIII:1283 HGP 77:22] [...] *assi como ás arendarẽ os outros oméés do móésteyro e **de todalas outras cousas que y lauorardes e chamtardes** dardes **inde** <u>meo</u> saluo ĩde que nõ dedes nũca do nabal que y lauorardes [...]*

(l) [XIV:1348 HGP 285:38] ***Das quaaes cousas** a dita Dona Giomar Gonçalluez e o dito abbade de Santa Ssenhorĩa pedirõ **ende** <u>senhos</u> <u>esstromentos</u> tal hũu como o outro.*

(m) [XIV:1328 DPNL 190:14] *E esta seentença nõ sse estende Ao dito Gonçalo periz que dizía que queria poer o sseu dereito cõtra o dito testamẽto e que nõ Auja por que ualer **das quaées coussas todas** o dito Priol por ssj e pelo Conuẽto de sseu Mostejro pedeu **ende** A m̃j dito tabaliõ <u>este strumento</u>*

(n) [XIV:1314 HGP 151:33] [...] *e **da froyta toda que é feyt(a) ou que uos y fecerdes** daredes **ende** <u>a meã;</u> [...]*

Depois dessa descrição do locativo *ende*, passo a mostrar seus desdobramentos na sintaxe do Português Arcaico, com reflexos no PB.

Formação do articulador discursivo

A exemplificação contida na introdução deste capítulo mostra que o locativo *en* figura no *corpus* (1) como forma simples ou como forma duplicada – operando, neste caso, como uma estrutura correlata; (2) como forma preposicionada ou como forma não preposicionada. Em ambos os ambientes sintáticos, tal locativo passou por interessantes processos de gramaticalização.

Primeiramente descreverei esses dois ambientes, e depois postularei que a estrutura duplicada permitiu o uso do locativo como articulador discursivo. Em seguida, mostrarei que a forma preposicionada abriu caminho ao uso do locativo *en* como conjunção contrajuntiva (seção "Formação da conjunção contrajuntiva *porém*"), dando origem, finalmente, às conjunções dequeístas (seção "Formação do dequeísmo").

Pesquisas sobre gramaticalização realizadas por Heine, Claudi e Hünnemeyer (1991), Hopper e Traugott (2003), Bybee, Perkins e Pagliuca (1994), entre outros, têm demonstrado que em várias línguas a gramaticalização opera maiormente sobre itens que designam domínios da cognição tais como pessoa, espaço, tempo. Particularmente Heine, Claudi e Hünnemeyer (1991) apontam as seguintes regularidades nas relações entre concreto e abstrato: domínio dos espaços em relação ao dos objetos físicos; domínio do tempo em relação ao dos conceitos espaciais; domínio das relações lógicas em relação aos conceitos de tempo.

Ora, as palavras latinas *inde* e *ibi* remetiam ao domínio do espaço, e não sabemos se em estágios anteriores ao latim os antepassados desses itens teriam designado algum objeto concreto. O exame de línguas atuais mostra que as designações de partes do corpo humano são frequentemente utilizadas para situar o ser humano no espaço, dando posteriormente surgimento a preposições e a conjunções. É esse o caso de *fronte*, no sentido de parte dianteira do rosto, substantivo que, preposicionado, passou a indicar o espaço "defronte", entre outras derivações. Teriam *inde* e *ibi* tido origem semelhante? Isso ainda não sabemos, pois "pegamos o bonde andando", e é já uma representação do espaço que encontramos nas primeiras atestações de *ende* e de *hi*. Nesses usos, as palavras atuam como um dêitico locativo, bastante documentado em nossos dados. Na mesma época, ocorrem usos dessas formas como fóricos, o que definitivamente as habilitou a funcionar como articuladores discursivos.

Comecemos por estabelecer a gramática do locativo *ende*, que podia ter pelo menos três sentidos: "lugar", "causa", "parte", podendo ainda cliticizar-se ao verbo *prazer* como fórico.

ENDE COMO FORMA SIMPLES

O item *ende* podia ter pelo menos dois sentidos: dêitico locativo, indicador de causa, podendo ainda cliticizar-se ao verbo *prazer* como fórico. Operando como um constituinte sentencial, essa palavra assumia os seguintes sentidos:

1. Noção de locativo de origem, seu sentido mais primitivo, marcava o início de um movimento, o lugar de origem do movimento e significava "de lá" ou "daí". Construía-se com verbos de movimento, funcionando geralmente como seu complemento oblíquo:

   (8) Noção de origem:
   (a) [XIII CSM2 14:18] [...] *E metérona mais morta ca viva / na eigreja, vestida dun prumaz. / [...] // Assi gemendo e dando carpynnas, / adormeceu. E logo sen tardar / ll' apareceu a Sennor das reynnas / e começou-a muit' a confortar / e disse-ll': "Eu trago a[s] meezĩas / con que são de fog' e d'alvaraz. / [...] // E leva-t' **en**, ca des oy mais es sãa, / e vai dormir ant'aquel meu altar;*

186 Fundamentos sintáticos do Português Brasileiro

(b) [XIII CSM2 118:19] *En Xerez, preto d'Aguadalquivir, / foi este miragre, que sen falir, / ouv'I tan gran seca, por que fugir / a gent'**en** toda queria./* [...]

(c) [XIII-XIV CA 105:6] *O que conselh'a min de m'eu quitar / de mia senhor, porque me non faz ben, / e me por tan poderos(o) ora ten / de m'**én** partir, nunca el ouv'amor / qual og'eu ei, nen viu esta senhor / con que amor fez a min começar.*

(d) [XIII CSM1 206:2] *E a destro viu estar da capela / de gran fremosura hũa donçela / que de faiçon e de coor mais bela / era que nona neve e a grãa, / [...] // Que lle fezo sinas que sse chegasse / ant'o preste e que ss'agẽollasse; / e ao preste fez que o catasse / a Virgen piedosa e louçãa, / [...] // Que lle meteu o dedo na orella / e tirou-ll'**end'** un ve[r]men a semella / destes de sirgo, mais come ovella / era velos'e coberto de lãa. /* [...]

(e) [XIII CSM2 152:2] *Muitos meges y vẽeron, | mais non poderon per ren / tira-ll'**ende** o cuitelo | per arte per seu sen. / E ela, quando viu esto, | a Rocamador foi-ss'en / rogar a Santa Maria, / u acha todo crischão /* [...] *// Bõo e toda crischãa / que lle ben de coraçon / roga mui gran piadade.*

(f) [XIII-XIV CS 226:7] *A esta coita nunca eu vi par, / ca esta coita peor ca mort' é; / e por én sei eu ben, per bõa fé, / que non fez Deus a esta coita par; / ca pero vej'u é mia senhor, non / ousei veê'-la ¡si Deus me perdon! / e non poss'**end'** o coraçon partir, / nen os olhos, mais non ous'alá ir.*

(g) [XIII SG 105:15] *Os outros dous ficarom, porque acharom tam gram sabor no manjar do Santo Graal, que se nam partirom **ende** em nenhũa guisa pois que a ouverom a sua vontade.*

(h) [XIII SG 208:24] *E estando em aquel chão muito espantado do que via, viu viir contra si ũa loba que tragia ũu cordeiro na boca e dizia-lhe: "Erec, mata este cordeiro, ca a ti comvem a fazê-lo". E elle o matava, mais mui da envidos, e partia-se [e]n logo e leixava a loba.*

Como dêitico locativo, *en* constrói-se contíguo ao verbo, no interior da oração. Os exemplos mostram como essa palavra atuava na localização do sujeito num lugar de origem, normalmente parafraseável por "dali", "daí", "aqui" e "aí", como se viu.

2. Noção de causa, parafraseando-se por "disso", "por isso". Constrói-se com verbos de evento e com verbos apresentacionais:

(9)   Noção de causa:
   (a) [XIII CSM1 16:33] *Quando foron ambos a hũa parte, fillou-s'a chorar / o irmão do Emperador e muito xe lle queixar / de sa moller, que, porque non quisera con ela errar, / que o fezera porende tan tost'en un carcer*

*deitar. / Quand' o Emperador oyu, ouv' **en** tal pesar, / que se leixou do palaffren en terra caer.*

(b) [XII CSM1 43:14] *Todo-los Santos que son no ceo / de servir muito an gran sabor / Santa Maria a Virgen, Madre / de Jeso-Cristo, Nostro Sennor / E de lle seeren ben mandados, / esto dereit' e razon aduz, / pois que por eles encravelados / ouve seu Fill' os nembros na cruz;/ demais, per ela Santos chamados / son, e de todos é lum' e luz; / porend' estan sempr' apparellados / de fazer quanto ll' **en** prazer for*

(c) [XIII CSM2 78:6] *Quand' est' oyron as gentes, / mui gran maravilla **en** / ouveron e ar loaron / muito a que tanto ben / fez e nos faz cada dia, / e os crerigos "amen" / responderon e os sinos / mandaron todos sõar.*

(d) [XIII CA 203:7] *¡Ay eu! Que mal-dia naci / con tanto mal quanto me ven, / querend' ũa dona gran ben / que me fez mal, des que a vi, / e faz, e non s' **én** quer quitar, / e ora faz-[me] desejar / mia mort' e alongar de si!*

(e) [XIII CSM2 124:7] *Ant' abriu sas portas, e seu aver dado / foi mui francamente e ben enpregado / por amor da Virgen de que Deus foi nado, / que non lle ficaro[n] sol dous pepiões, / [...] // Senon esses panos ond' era vestido. / E pois se viu pobre, foi **end'** esmarrido; / mais à Virgen santa, per com', ey oydo, / que o acorresse fez sas orações.*

(f) [XIII CA 39:23] *E dê-me poder de negar / sempr' a mui gran cuita que ei / por vos aas gentes que sei / que punham en adevinhar / fazenda d' om' e 'n' a saber. / E os que esto van fazer, / Deu-los leix' **end[e]** mal achar.*

Nos exemplos recolhidos em (8), *ende/en* indicam o lugar de onde uma pessoa ou um objeto se deslocou, construindo-se com verbos de movimento. Uma primeira modificação semântica ocorreu quando esses dêiticos passaram a usar-se com verbos de outra natureza, como em (9). Essa expansão de combinatória sintática representou uma alteração muito forte, cindindo-se *ende/en* em duas interpretações semânticas: (i) mantendo o sentido locativo, agora um genérico "ali"; (ii) desenvolvendo um papel fórico, de retomada de referentes já mencionados, parafraseando-se com "isso", como em (9). Nesses casos, o item perde a função de complemento oblíquo e assume a função de adjunto adverbial.

3. Como clítico, *en* constrói-se com o verbo *prazer*, constituindo construções cristalizadas, privativas dessa forma reduzida:

188 Fundamentos sintáticos do Português Brasileiro

(10) *Prazer* + *en* fórico:
- (a) [XIII CSM1 108:38] *E pois lles est'apareceu, foi o vento quedado, / e o ceo viron craro e o mar amanssado, / e ao porto chegaron cedo, que desejado / avian; e se lles <u>proug</u>'en, sol dulta non prendades* [...]
- (b) [XIII CSM1 125:15] *Com'ajamos algun fillo, / ca se non, eu morreria./ Poren dou-vos por conssello / que log'a Santa Maria/ de Salas ambos vaamos, / ca que se en ela fia,/ o que pedir dar-ll-á logo, / aquest'é cousa certeira. /* [...] *Muit'**en** <u>proug</u>'ao marido,* | *e tan toste se guisaron / de fazer sa romaria / e en seu camĩo'entraron* [...]
- (c) [XIII CSM2 LVIII:15] *Se ome fezer de grado / pola Virgen algun ben, / demostrar-ll'averá ela / sinaes que lle <u>praz</u> **en*** [...]

A reanálise de *ende/en* mostrada nos exemplos (8) e (9) representou uma mudança e tanto: esses pronomes circunstanciais deixam a centralidade da oração e passam para sua periferia, isto é, migram de complementos para adjuntos, e seu sentido muda de locativos para fóricos. Com efeito, esses itens deixaram de receber caso ablativo do verbo de movimento, afastando-se do núcleo predicativo duro da oração, e passaram a atuar na adjunção à oração, construindo-se com verbos de não movimento.

Vejamos agora o que se pode aprender com as estruturas redobradas.

ENDE EM ESTRUTURAS REDOBRADAS

1. As estruturas redobradas possuem as seguintes características: (i) sempre são dêiticas, podendo ser locativas (11a) ou não (11b); (ii) sempre ocorrem na mesma sentença (11a-b). Vejamos alguns exemplos:

(11) *Ende* em estruturas redobradas:
- (a) [XIII CSM2 41:30] [...] *Mai-lo Papa cremente / certamente / lle disse: "Essa ora, / sen demora, / te vai pera Suria; /* [...] *// ca un sant'om'y está / que **end'** é Patriarcha / **daquela terra** e á / en pode-la comarca, / e conssello te dará / bõo, se Deus* [me] *parca."*
- (b) [XIII CSM2 129:3] *E fez seu doo como faz / moller coitada; mas con fe / disse: "Sennor a que despraz / do mal, v[e]es qual meu fill'é, / que ante ti desfeito jaz; / porend'a Deus, teu Fill', u sé / roga que são e en paz / mio dé; tanto ti peç'en don. /* [...] *// Ora verey o que farás / ou se deste meu mal te dol, / ca ben sei que poder **end'** ás / **de o fazer**. E muit'é fol / o que non cree que darás / ben aos teus e que ssa prol / non queres; ond'oge sen cras / compri logo mia petiçon."*

Consequências do redobramento do clítico locativo *ende* **189**

2. As estruturas redobradas podem ocorrer em pelo menos três arranjos:

(i) todos os elementos da duplicação estão presentes, independentemente da ordem em que aparecem: *en* + SP, *en* … SP e SP … *en*, como no exemplo (12).

(ii) apenas um dos elementos da duplicação está presente: *en* + (SP), (*en*) + SP, como no exemplo (13).

(12) *en* + SP , *en* … SP e SP … *en*:

(a) [XIII:1274 HGP 129:17] *Et deuemos e outorgamos **ende** a dar **deste cassar** ao sobre dito moesteiro terza de pan e meo de vyno, et terza de todollos outrros fruitos sacado ende choussa e nabal e fruito d'aruores […]*

(b) [XIV:1310 HGP 89:38] *Et que isto sseia çerto e nõ uena en dulta, mãdamos uos **en** fazer esta carta **desta uençõ feyta per Ares Peres, notario publico en Villa Noua de Lourẽzãa**, […]*

(c) [XV:1414 HGP 107:22] *Et por que esto seja çerto et nõ veña en dulta, rroguey et mãdey ao notario sub escripto que fezese **ende delo** esta carta de testamẽto et que a signase de seu signo.*

(d) [XIII CSM1 106:19] *Disso maestre Bernaldo: / "Esto mui gran dereit'é / de vos nenbrar das relicas / da Virgen que con Deus ssé, / a que fezestes gran torto / guardando mal vossa fe." / E non quis **en** mais **do terço**, / que fezo logo coller [...]*

(e) [XIII CSM1 58:9] *Gran sandece faz quen se por mal filla / cona que de Deus é Madre e Filla. // **Desto** vos direi un miragre fremoso, / que mostrou a Madre do Rei grorioso / contra un ric ome fol e sobervioso, / e contar-vos-ei **end'** a gran maravilla.*

(f) [XIII CSM2 51:17] *E quando viu que tod'esto ren non lle prestava, / aa eigreja de Chartes levar-se mandava, / e ant'o altar chorando foi tan repentuda / que logo ouve saude; cousa foi viuda / […] // Per toda aquela terra, que os que a viran / andar tolleita das mãos e pedir oyran / deron graças aa Virgen, a que sempr'ajuda / aos coitados, ca **desto** muit'**end'** é tẽuda.*

(g) [XIII CSM1 47:10] *E se **daquesto**, pela ventura, / que digo non me creedes **en**: / eu fui catar a ssa sepultura / e das sas armas non vi y ren [...]*

(h) [XIII CSM1 130:13] *Aqueste **de fazer dano** / sempre-ss'**ende** traballava, / e a todos seus vezĩos / feria e dẽostava; [...]*

(i) [XIII:1283 HGP 77:22] *[…] e que a lauoredes e paredes bem e que seyades uassalos do moestteyro de Chouzã seruentes e obedientes e que dedes ende ĩ cada un ano áó moesteyro de Chouzã per seu maordomo meadade de uino no lagar e meadade de todo pam que y lauorardes na eyra, posta a semente de cõsúó, e meas de castanas e de nozes secas e limpias assi comó ás arendarẽ os outros oméés do móésteyro e **de todalas outras***

190 Fundamentos sintáticos do Português Brasileiro

cousas que y lauorardes e chamtardes dardes *inde* meo saluo ĩde que nõ dedes nũca do nabal que y lauorardes [...]

(j) [XIII:1283 HGP 77:31] *Et **de todalas outras cousas que uos y ouuerdes e criardes e gáánardes** nũcas ĩde a uos mais demãdem do moesteyro de Chouzã por razõ deste foro e desta erdade sobre todo esto;* [...]

(k) [XIII:1289 HGP 197:41] *[...] por preço nomeado que eu Rodrigo Eanes sobre dicto de uos rreçebj, cõuem a ssaber: duzẽtas libras da moeda que corre, quaraenta dineyros por liura e dous dineyros por soldo cõ robora e cõ saiuyzo de quanto a nos e a uos aprougue; e **do preço nẽ da robora nẽ do saiuyzo** nõ ficou **ende** nẽ una cousa por dar nẽ por pagar.*

(l) [XIV:1348 HGP 285:38] *E a dita Dona Guiomar Gonçalluez, assy tomou e reçebeu a dita posse da dita quintãa e dos frujtos e nouos e prooes dela pela gujsa e cõdições que o dito senhor arçebispo manda. **Das quaaes cousas** a dita Dona Giomar Gonçalluez e o dito abbade de Santa Ssenhorĩa pedirõ **ende** senhos esstromentos tal hũu como o outro.*

(13) *en* + (SP), (*en*) + SP:

(a) [XIII:1300 HGP 50: 17] *[...] e que pobledes y lauredes e chantedes e aproueyt(e)d(es) ben e compridamente todos esses lugares e esses herdamentos sobreditos en guisa que (n)õ desalescã cõ mĩgua de lauor e dedes **ende** a nos cada hũ anno en saluo ena villa de Milide cento e çincoenta mrs. d'alffonsíijns* [...]

(b) [XIII:1282 HGP 48: 27] *Et por esto séer certo, fezemos **ende** fazer duas cartas partidas per a. b. c. feitas per Martin Perez, notario da Cruña,* [...]

(c) [XIII:1302 HGP 143: 4] *[...] per tal pleyto que o moredes per uos meesmos e que o lauredes e o paredes bẽ commo sse nõ perça per mingua de bõo paramẽto e que nos diades **del** cada anno per nosso moordomo terça de uino e quarta de toda grãa que Deus y der* [...]

(d) [XIV:1367 HGP 59:40] *Et que esto seia çerto mãdamos nos as ditas partes **dello** fazer duas cartas en hũ tenor tal hũa commo outra feytas per notario.*

Vou considerar que (12a-d) representa a ordem de base de *en, hi* duplicados, sendo (12e-m) o resultado de uma topicalização de SP. Vou postular também que o movimento do SP para a esquerda teve como consequência o desaparecimento de *en* no Português Clássico e Contemporâneo, cujos primeiros momentos aparecem em (13c-d). Outras línguas românicas mantiveram a forma originária de *inde*, como o francês "*Je m'en vais*", e o italiano "*Me ne vado*".

Consequências do redobramento do clítico locativo *ende* **191**

(iii) A partir daqui, radicaliza-se a omissão do locativo, sobrevivendo apenas o SP:

(14) *en = Ø*:
(a) [XIII CSM1 12:7] *Quenas coitas deste mundo ben quiser soffrer, / Santa Maria deve sempr'ante si põer. // E desto vos quer'eu ora contar, segund' a letra diz, / un mui gran miragre que fazer quis pola Enperadriz, / de Roma, segund'eu contar oý, per nome Beatriz, / Santa Maria, a Madre de Deus, ond'este cantar fiz, / que a guardou do mundo, que lle foi mal joyz, / e do demo que, por tentar, a cuydou vencer.*
(b) [XIII CSM1 26:24] *Aquel lais que el cantava / era da Madre de Deus, / estand' ant'a sa omagen, / chorando dos ollos seus; / e pois diss': "Ai, Groriosa / se vos prazen estes meus / cantares, Hũa candea / nos dade a que cũemos." / [...] // De com'o jograr cantava / Santa Maria prazer / ouv'. E fez-lle na viola / hũa candea decer; / may-lo monge tesoureiro / foi-lla da mão toller, / dizend': "Encantador sodes, / e non vo-la leixaremos.*

Em suma, a formulação de (13) explica por que *en* e *hi* desapareceram no português: estando contíguos ao verbo, primeiramente foram duplicados, depois o segundo termo da duplicação se movimentou para a esquerda e, tendo-se afastado do verbo, foi reanalisado como adjunto, elidindo-se as formas locativas.

3. *Ende* em estruturas preposicionadas

Vejamos que preposições podem tomar os locativos como complemento, constituindo-se um SP.

Dentre as preposições que acompanhavam *inde*, apontadas por Ernout e Meillet (1967), *por* e *des* prosseguiram no Português Arcaico, regramaticalizando o item e dando surgimento a novas palavras gramaticais. Nos dois casos, *ende* perde o sentido de "ponto de origem", parafraseando-se pelo demonstrativo neutro *isso*, numa mudança semântica um tanto obscura. As mesmas preposicionais acompanharam *hi*. Vejamos alguns exemplos:

(15) Ocorrências de *en* preposicionado através de *por*:
(a) [XIII CSM1 43:12] *Todo-los Santos que son no ceo | de servir muito an gran sabor / Santa Maria a Virgen, Madre / de Jeso-Cristo, Nostro Sennor / E de lle seeren ben mandados, / esto dereit'e razom aduz, / pois que por eles encravelador ouve seu Fill'os nembros na cruz; / demais, per ela Santos chamados / son, e de todos é lum'e luz; / porend' estan sempr' apparellados / de fazer quanto ll'en prazer for.*

192 Fundamentos sintáticos do Português Brasileiro

    (b) [XIII CSM2 130:14] *Esto fez Santa Maria / por hũa pobre moller / que a de grado servia / come quen ben servir quer; / e **porend'** ela un dia / valeu-ll' u lle foi mester / e mostrou y seu miragre, / que vos non foi mui rafez.*

    (c) [XIII CSM1 280:88] *E logo **poren** / lle perdõou e fez-lle gran ben, / e os mezcradores en desden / tev'e nunca por eles deu ren, / e des en, / nonos ar quis de tal feito creer.*

    (d) [XIII CSM2 127:7] *Pero mui mais que outra ren / a Reynna esperital / esta dona queria ben, / e que lle seu fillo de mal / guardasse, de todo seu sen / lle rogava mui mais que al, / e comendava-llo **poren** / ameud' en ssa oraçon.*

(16)   Ocorrências de *en* preposicionado por *des*:

    (a) [XIII CSM1 22:39] *Depois, un dia de festa, / en que foron juntados / muitos judeus e crischãos / e que jogavan dados, / enton cantou o meño; / e foron en mui pagados / todos, senom un judeu que lle quis gram mal <u>des **ende**</u>.*

    (b) [XIII CSM1 280:88] *E logo poren / lle perdõou e fez-lle gran ben, / e os mezcradores en desden / tev'e nunca por eles deu ren, / e <u>des **en**</u>, / nonos ar quis de tal feito creer.*

    (c) [XIII CSM2 29:19] *El avia começado / madodios e rezado / un salm'; e logo fillado / foi do demo feramen. / [...] // E pois foi apoderado / de ssa alma, muito irado / foi ao fogo privado / pola y pẽar <u>des **en**</u>.*

    (d) [XIII CSM2 365:13] *Metérono en un barco / e passárono alen, / e ýano maltragendo / que lles déss' algũa ren; / e no castel[o] de Nevia / o meteron, e <u>des **en**</u> / o que o peor julgava / fiia-ss'en por mellor.*

EN E *PORÉM* COMO ARTICULADORES DISCURSIVOS

Fávero e Koch (1983, 1986) e Koch (1989a, 1989b) investigaram os conetivos textuais e o valor argumentativo das conjunções *embora, mas*, entre outras. Os itens estudados são dêiticos etimologicamente locativos (*aí, daí*), dêiticos temporais (*agora, então*), advérbios (*mais*) ou sintagmas preposicionados (*embora*), os quais passaram por diferentes processos de gramaticalização.

Pesquisadores do Projeto de Gramática do Português Falado desenvolveram fortemente este filão, identificando e descrevendo articuladores discursivos tais como *agora, então, aí, daí* (Risso, 1993, 1996; Risso, Silva e Urbano, 1996). Toda a Parte 4 do volume I da *Gramática do português culto falado no Brasil* foi consagrada a esse tópico, consolidando as descobertas anteriores (Jubran e Koch, 2006: 403-528).

O uso discursivo de *en/hi* representa uma extensão natural de seu emprego dêitico e fórico, examinados anteriormente. Os exemplos encontrados mostram que nessa função *en/hi* sempre aparecem preposicionados. Deve ter havido uma razão para a escolha da preposição por.

A razão sintática está indiretamente sugerida por Soares Barbosa (1881: 218-36). Depois de definir as preposições, esse notável gramático reconhece nelas duas classes: as preposições de estado e existência, e as preposições de ação e movimento. As preposições de estado e existência "exprimem as relações dos objetos por ordem ao lugar *onde* existem, ou absolutamente, ou também com respeito a outros objetos que no mesmo se acham". E mais adiante: "As situações podem-se considerar relativamente ou às superfícies horizontais, ou às perpendiculares". Ele situa aqui as preposições *em*, *sobre*, *sob*, *entre*, *ante*, *após*, *contra*, *com*, *sem*. Para definir as preposições de ação e movimento ele mostra que "Toda a ação é um movimento ou real ou virtual, e todo o movimento tem um princípio *de onde* parte, um meio *por onde* passa, e um fim *aonde* ou *para onde* se dirige". Aqui foram dispostas as preposições *de*, *desde*, *por* (lugar de onde), *per* (lugar por onde), *a*, *até*, *para* (lugar para onde). Ora, como o sentido primeiro de *ende* era o lugar de onde, nada mais natural que se selecionassem *des* e *por*, mas foi esta a preferida para as articulações discursivas, adiante exemplificadas.

O uso discursivo de *en/hi* representa uma extensão natural de seu emprego dêitico e fórico, examinados anteriormente. Foi sem dúvida seu redobramento, a que se seguiu a topicalização do SP, o fator desencadeador de seu aproveitamento como articulador discursivo, a que se soma o caráter fórico assumido pelo item.

A propriedade fórica de *en* se exercita sobre dois domínios: um constituinte sentencial, geralmente /+humano/, como vimos em (1), ou todo o conteúdo proposicional, caso em que teremos duas situações: ou *en* anaforiza orações independentes, como em (17), ou orações dependentes, como em (18):

(17) *En* anaforiza oração independente:
   (a) [XIII CSM1 22:39] *Depois, un dia de festa, / en que foron juntados/ muitos judeus e crischãos / e que jogavan dados, / enton cantou o meñio; / e foron **en** mui pagados / todos, senon un judeu que lle quis gran mal des ende [...]*
   (b) [XIII CSM1 46:120] *Tod' aquesto que vos ora dito / ei, San Basil' en sa vison viu; / e Santa Maria deu-ll' escrito / un lyvro, e ele o abryu, / e quant'y viu no coraçon fito / teve ben, e logo ss' espedyu / dela. E pois da vison foi quito, / ficou **en** con med' e con tremor [...]*

194 Fundamentos sintáticos do Português Brasileiro

(18) *En* anaforiza oração dependente:
    (a) [XIII CSM1 LVIII:15] <u>*Se ome fezer de grado / pola Virgen algun ben,*</u> /
    *demostrar-ll' averá ela / sinaes que lle praz **en** [...]*
    (b) [XIII CSM1 LXXUU:8] <u>*Toller pod' a Madre de Nostro Sennor / toda tem-*</u>
    <u>*pestade,*</u> *se ll' **em** prazer* [for] [...]
    (c) [XIII CSM1 16:58] *Quando foron ambos a hũa parte, fillou-s' a chorar/ o*
    irmão do Emperador e muito xe lle queixar/ de sa moller, que, <u>porque</u>
    <u>*non quisera con ela errar,/ que o fezera porende tan tost' en un carcer*</u>
    <u>*deitar.*</u> */ Quand' o Emperador oyu, ouv' **en** tal pesar, / que se leixou do*
    palaffren en terra caer [...]

Um caso extremo, indicador de quanto o conjunto duplicado se gramaticalizara,
ocorre quando *ende* duplica a si mesmo, na forma preposicionada:

(19) *Porende... ende:*
    (a) [XIII CSM1 125:9] *E porend' un ome bõo / que en Darouca morava, / de*
    sa moller, que avia / bõa e que muit' amava, / non podia aver fillos, / e
    <u>*porende*</u> *se queixava / muito **end'** el; mas disse-ll' ela: "Eu vos porei en*
    carreira / [...] // Com' ajamos algun fillo, / ca se non, eu morreria."

Casos semelhantes a (19) são bastante estudados na literatura sobre gramaticalização. Alguns exemplos: (1) *Ir* torna-se auxiliar dele mesmo quando se abstratiza seu
sentido de verbo de movimento, próprio aos seus usos enquanto verbo pleno: *"Vou ir
logo depois de você"*. (2) Formas duplamente preposicionadas, como *des* (< *de* + *ex*),
voltam a preposicionar-se, dando origem ao moderno *desde*, o mesmo tendo ocorrido
com *comigo*, de *mecum* > *cum mecum* > *comigo*.

O movimento de SP para a posição de tópico produziu um efeito interessante nesta
fase do Português Arcaico: ocupando uma posição inicial no enunciado, ele passou
a desempenhar o papel de articulador discursivo. E como já era um fórico, tanto esta
propriedade semântica quanto sua localização sintática, fruto de um movimento "para
fora da oração", foram preenchendo os requisitos dos articuladores discursivos, tais
como descritos pelos autores que citei na apresentação deste capítulo.

O articulador discursivo apresenta nas *Cantigas de Santa Maria* as seguintes
características: (i) aparece logo no início da poesia, retomando um refrão que aparece
antes da poesia começar; (ii) se localiza no início da sentença; (iii) pode vir sozinho
ou acompanhado de um SP introduzido pela preposição *de*; (iv) tem o sentido de
"sobre isto que está dito acima", "pela razão acima dita", "disto que foi dito acima";
(v) pode vir correlacionado com outro *porende*, que aparece no final da poesia, como
uma espécie de conclusão.

Para melhor entender o funcionamento desse articulador, convém recordar que as poesias das *Cantigas de Santa Maria* apresentam pelo menos quatro partes: (i) começam com um refrão, ou refrão e mais um comentário aumentando esse refrão; (ii) depois vem a proposta para explicar o refrão; (iii) em seguida vem a história; (iv) e por último vem a conclusão. Como exemplo transcrevo aqui a cantiga 199, do volume 2:

(20)   Cantiga 199

Parte 1
Como é o mund'avondado / de maes e d'ocajões, / assi é Santa Maria / de graças e de perdões.

Ca sse Deus soffr'ao demo / que polos nossos pecados / nos dé coitas e doores / e traballos e coitados, / logo quer que por sa Madre / sejan todos perdõados / por creenças, por jajũus, / por rogos, por orações. / Com'é o mund' avondado / de maes e d'ocajões...

Parte 2
Poren *direi un miragre / que fez por un peliteiro / que morava na fronteira / en un castelo guerreiro / que Burgos éste chamado, / e demais está fronteiro / de Xerez de Badallouce, / u soen andar ladrões. / Com'é o mund'avondado / de maes e d'ocajões...*

Parte 3
E en aqueste castelo / o peliteiro morava, / que da Madre de Deus santa / nunca as festas guardava, / e pola festa de Março, / u el sas peles lavrava, / e do mal que ll'ende avẽo, / por Deus, oyde, varões: / Com'é o mund' avondado / de maes e d'ocajões...

Ca u meteu a agulla / na boqu'e enderençando / as peles pera lavra-las, / non catou al senon quando / a trociu, e na garganta / se lle foi atravessando; / ca os que o demo serven / as del taes galardões. / Com'é o mund' avondado / de maes e d'ocajões...

E daquesta guisa seve / muitos dias que deita-la / per nulla ren non podia / nen outrossi traspassa-la; / demais inchou-ll'a garganta, / assi que perdeu a fala, / e tornou-ll'o rosto negro / muito mais que os carvões. / Com'é o mund' avondado / de maes e d'ocajões...

E pois el parou [y] mentes / e viu que assi morria, / e física que fezesse / nulla prol non lle fazia, / mandou-sse levar tan toste | dereit'a Santa Maria / de Terena, prometendo- / lle sas offertas e dões. / Com'é o mund' avondado / de maes e d'ocajões...

E quando foi na eigreja, / ant'o altar o deitaron / e log'a Santa Maria / muito por ele rogaron; / e el chorand' e gemendo | dormeceu, e non cataron / senon quando ll'a agulla / sayu sen grandes mixões / Com'é o mund'avondado / de maes e d'ocajões...

196 Fundamentos sintáticos do Português Brasileiro

Que fezesse por saca-la; / ca u jazia dormindo, / a Virgen mui groriosa / lla fez deitar, e tossindo, / envolta en hũa peça / de carn'.

Parte 4
E esto oyndo / as gentes que y estavan / deron grandes bẽeições / Com'é o mund' avondado / de maes e d'ocajões...

Aa bẽeita Reynna, / que en ceo e en terra / acorre aos coitados / e perdõa a quen ll' erra, / e pera aver mercee / nunca a ssa porta serra, / e que os guarda do dem'e / de sas maas tentações. / Com'é o mund' avondado / de maes e d'ocajões...

A seguir, apresento alguns exemplos de *poren* como articulador discursivo:

(21)

(a) [XIII CSM2 118:5-15] *Quen algũa cousa quiser pedir / a Deus por Santa Maria, / se de seus pecados se repentir, / ave-lo-á todavia. / Poren vos quero contar sen mentir / Quen algũa cousa quiser pedir / como Santa Maria quis oyr / Quen algũa cousa quiser pedir / un poblo, que se lle foi offerir / por chuvia que lle pedia. / Quen algũa cousa quiser pedir [...]*

(b) [XIII CSM1 34: 5-19] *Macar ome per folia / aginna caer / pod'en pecado, / ben de Santa Maria / non dev'a seer / desasperado. / Poren direi todavia / com'en hũa abadia / un tesoureiro avia, / monge que trager / con mal recado / a ssa fazenda sabia, / por a Deus perder, / o malfadado. / Macar ome per folia [...]*

O uso discursivo do locativo foi, portanto, licenciado por seu redobramento. Isto é, podendo ocorrer *porém* acompanhado de um SP, numa espécie de correlação intrassentencial, abriu-se caminho a *porém* articulador discursivo, numa construção muito frequente nas *Cantigas de Santa Maria*. Em outros documentos da mesma fase do português, esse articulador foi substituído pelo SP que o duplicava, dando lugar ao surgimento de outros articuladores tais como *logo, então* etc. Para se ter uma ideia do peso dessas quatro situações, organizei a seguinte tabela:

Tabela 15 – Ambientes de ocorrência de *porém* redobrado

Porém... SP		*Porém...* Ø		Ø... SP		Total	
Ocor.	%	Ocor.	%	Ocor.	%	Ocor.	%
8	4	23	12	157	84	188	75

A tabela 15 mostra a clara vitória de SP sobre o locativo. Para chegar a esse ponto, é evidente que o SP figurou inicialmente como um redobrador de *porém*, o que é mostrado na tabela 16:

Tabela 16 – SP redobrando *porém*

Porém... SP / porém... Ø / Ø... SP		Outros		Total geral	
Ocor.	%	Ocor.	%	Ocor.	%
188	*75*	*62*	*25*	*250*	*100*

Passo a exemplificar as ocorrências esquematizadas anteriormente.

(22) *Ende...* SP / *poren...* SP: estruturas duplicadas:
    (a) [XIII CSM2 129:3] *Ora verey o que farás / ou se deste meu mal te dol, / ca ben sei o que poder **end' ás** / **de o fazer**.*
    (b) [XIII CSM2 11:6] *Gran piadad' e mercee e nobreza, / **daquestas tres** á na Virgen assaz, / tan muit'**en**, que maldade nen crueza / nen descousimento nunca lle praz [...]*
    (c) [XIII CSM2 51:17] *[...] cousa foi viuda / [...] // Per toda aquela terra, que os que a viran / andar tolleita das mãos e pedir oyran / deron graças aa Virgen, a que sempr' ajuda / aos coitados, ca **desto** muit' **end'** é tẽuda.*
    (d) [XIII CSM2 76:1] *A moller **de sonnar esto** / ouv' **ende** mui gran sabor, / e pois espertou fez logo / como ll' a bõa Sennor / mandara, e pos-ll' o pee / en seu logar;*

(23) *Poren* correlacionado com um SP, como articulador discursivo:
    (a) [XIII CSM2 134:15] *Fol é a desmesura / quen dulta que tornada / a Ostia sagrada / non é en carne pura. // Mas, como cuidar deve / null' ome que non possa / a Ostia ser carne, / pois que Deus quis a nossa / prender e seer ome | e resurgir da fossa, / por seu poder tod' esto / que [é] sobre natura? / [...] // E **porende** vos quero / **desta razon** un preito / contar que ey oydo | mui pouc' á e retreyto; / e creo que terredes / [por estrann' end' o feito] / primeyr', e pois encima / por fremos' aventura.*
    (b) [XIII CSM2 286:12] *Como a demais da gente / quer gãar per fa[l]ssidade, / assi quer Santa Maria / gãar per sa santidade. // Ca se Deus deu aas gentes / jogos pera alegria / averen, todo o tornan / elas en tafuraria, / e daquesta guisa queren / gãar; mais Santa Maria / non lle praz de tal gaança, / mais da que é con verdade. / [...] // E **poren** contar-vos quero / miragre que ey oydo / **desta razon**, que a Virgen fez, Madre do Rey conprido, / que por nos guardar d' inferno / foi na cruz mort' e ferido. / E poren, se Deus vos valla, / amigos, ben m' ascoitade: [...]*
    (c) [XIII CSM1 39:7] *Assi como Jesu-Cristo, / estand' ena cruz, salvou / un ladron, assi sa Madre / outro de morte livrou. // E **porend'** un gran mi-*

198 Fundamentos sintáticos do Português Brasileiro

> *ragre* | *vos direi* **desta razon**, */ que feze Santa Maria, / dun mui malfeitor ladron / que Elbo por nom' avia; / mas sempr' en ssa oraçon / a ela s' acomendava, / e aquelo lle prestou.*

(d) [XIII CSM1 151:7] *Como pod' a Groriosa / mui ben enfermos sãar, / assi aos que non saben / pode todo saber dar. // E* **de tal** *ja* **end'** *avẽo / un miragre que dizer- / vos quer' ora, que a Virgen / quis grand' en Seixon fazer, / dun meñio pegureiro, / a que os pees arder / começaron daquel fogo / que salvaj' ouço chamar.*

(24) *Poren/porende...* (SP = Ø):

(a) [XIII CSM1 34:11] *Macar ome per folia / aginna caer / pod' en pecado, / do ben de Santa Maria / non dev' a seer / desasperado. //* **Poren** *direi todavia / com' en hũa abadia / un tesoureiro avia, / monge que trager / con mal recado / a ssa fazenda sabia, / por a Deus perder, / o malfadado.*

(b) [XIII CSM1 11:27] *A Madre do que livrou / dos leões Daniel, / essa do fogo guardou / un meñio d' Irrael. // En Beorges un judeu / ouve que fazer sabia / vidro, e un fillo seu / - ca el en mais non avia, / per quant' end' aprendi eu - / ontr' os crischãos liya / na escol'; e era greu a seu padre Samuel. / [...] // O meñio o mellor / leeu que leer podia / e d' aprender gran sabor / ouve de quanto oya; / e por esto tal amor / con esses moços collia, / con que era leedor, / que ya en seu tropel. / [...] //* **Poren** *vos quero contar / o que ll' avẽo un dia / de Pascoa, que foi entrar / na eygreja, u viia / o abad' ant' o altar, / e aos moços dand' ya / ostias de comungar / e vĩ' en un calez bel.*

(c) [XIII CSM2 252:14] *Com' é o mund' avondado | de maes e d' ocajões, / assi é Santa Maria / de graças e de perdões. // ca sse Deus soffr' ao demo / que polos nossos pecados / nos dé coitas e doores / e traballos e coidados, / logo quer que por sa Madre / sejan todos perdõados / por creenças, por jajũus, / por rogos, por orações. / [...] //* **Poren** *direi un miragre / que fez por un peliteiro / que morava na fronteira | en un castelo guerreiro / que Burgos éste chamado, / e demais está fronteiro / de Xerez de Badallouce, / u soen andar ladrões.*

1. *En* como introdutor de tópico

Um novo papel discursivo foi assumido por *poren/porende* quando eles introduzem um novo tópico no corpo da composição, ao mesmo tempo que articulam os novos enunciados ao enunciado anterior:

(25) Articulador discursivo / introdutor de tópico:

(a) [XIII CSM1 109:10] *Miragres fremosos / faz por nos Santa Maria, / e maravillosos. // Fremosos miragres faz que en Deus creamos, / e maravillosos, porque o mais temamos; / **porend'** [= "por isso"] un daquestes é ben que vos digamos, / dos mais piadosos. / [...] // Est' avẽo na terra que chaman Berria, / dun ome coytado a que o pe ardia, / e na ssa eigreja ant' o altar jazia / ent' outros coitosos.*

(b) [XIII CSM1 125:7] *Porque é Santa Maria | leal e mui verdadeira, / poren muito ll' avorrece | da paravla mentireira. // E **porend'** [= "a propósito disto"] un ome bõo | que en Darouca morava, / de ssa moller, que avia | bõa e que muit' amava, / non podia aver fillos, | e porende [= "porisso"] se queixava / muit' end' el; mas disse-ll' ela: | "Eu vos porrei en carreira / [...] // Com' ajamos algun fillo, | ca se non, eu morreria."*

(c) [XIII CSM1 186:7] *A creer devemos que todo pecado / Deus pola sa Madr' averá perdõado. / **Porend'** [= "por isso"] un miragre vos direi mui grande / que Santa Maria fez; e la mande / que mostra-lo possa per mi e non ande / demandand' a outre que me dé recado. / [...] // Poren direi com' un clerig' aldeão, / de mui santa vida e mui bon crischão, / ouv' un seu feegres sobervio e loução, / que nunca queria fazer seu mandado.*

A função de introdutor de tópico, documentada nos exemplos anteriores, desencadeou todo um processo de substituição de *porende* por outras classes que, com ele, compartilhavam propriedades semânticas comuns. O conjunto de exemplos (26) (27) mostram essas classes de substituição.

(26) *Poren* substituído por *desto/daquesto* e outras formas preposicionadas:

(a) [XIII CSM2 102:101] ***Desto** contarei de grado / un gran miragre aprovado / que fez por un ordẽado / crerig'a dos santos Fror [...]*

(b) [XIII CSM1 15:7] *Quenas coitas deste mundo ben quiser soffrer, / Santa Maria deve sempr' ante si põer. // E **desto** vos quer' eu ora contar, segund' a letra diz, / un mui gran miragre que fazer quis pola Enperadriz / de Roma, segund' eu contar oý, per nome Beatriz, / Santa Maria, a Madre de Deus, ond' este cantar fiz, / que a guardou do mundo, que lle foi mal joyz, / e do demo que, por tentar, a cuydou vencer.*

(c) [XIII CSM1 58:7] *Gran sandece faz quen se por mal filla / cona que de Deus é Madre e Filla. // **Desto** vos direi un miragre fremoso, / que mostrou a Madre do Rei grorioso / contra un ric-ome fol e sobervioso, / e contar-vos-ei end' a gran maravilla.*

200 Fundamentos sintáticos do Português Brasileiro

(d) [XIII CSM2 229:9] *Muitas vegadas o dem'enganados / ten os omes, porque lle[s] faz creer / muitas sandeces; e taes pecados / desfaz a Virgen por seu gran saber. // E **desto** contado / vos será per mi / miragr'e mostrado / quant'end'aprendi, / fremos'aficado, / e ben ascuitado será, per meu grado, / e dev'a seer, / que o muit'onrrado / Deus, e acabado / pola de que nado / foi, quiso fazer.*

(e) [XIII CSM1 49:7] *Quen dona fremosa e bõa quiser amar, / am'a Groriosa e non poderá errar. // E **desta razon** vos quer'eu agora dizer / fremoso miragre, que foi en França fazer / a Madre de Deus, que non quiso leixar perder / un namorado que ss'ouver'a desasperar.*

Enriquecendo-se o número de preposições que tomavam *esto/aquesto* como complementos, vários sentidos foram sendo representados, permitindo sua substituição por outras classes. Essa situação foi alterada ainda mais quando expressões de tempo e modo passaram a coocorrer, como se verá em (27), (28), (29).

(27) *Poren* substituído por *daquesto/desto* acompanhados de expressões de tempo:

(a) [XIII CSM1 111:19] [...] *Pois que Deus quis da Virgen fillo / seer por nos pecadores salvar, / poren[de] non me maravillo / se lle pesa de quen lle faz pesar. // ca ela e sseu Fillo son juntados / d'amor, que partidos per ren nunca poder seer; / e poren son mui neicios provador / os que contra ela vas, non cuidad'y el tanger. / Esto fazen os malfadados / que est'amor non queren entender / como Madr''Fill'acordados / son en fazer ben e mal castigar. / [...] // **Daquest'** avẽo, tempos sson passados / grandes, que o Conde de Peiteus quis batall'aver / con Rey de Franç'; e foron assũados / en Castro Radolfo, per com'eu oý retraer, / un mõesteiro d'ordĩados / monges qu'el Conde mandou desfazer / porque os ouv'el sospeytados / que a franceses o querian dar.*

(b) [XIII CSM2 38:22] *Con seu ben / sempre ven / en ajuda / connoçuda / de nos Santa Maria. // Con ajuda nos vene / e con ssa amparançca / contra o que nos tene / no mund'en gran balança / por toller-nos o bene / da mui nobre sperança; / mas vengança / filla a Groriosa / poderosa / del, e sempre nos guia. / [...] // **Desto** no tempo d'ante / achamos que fezera / a do mui bon talante / gran maravilla fera / dũa moller andante / mal que seu fillo dera / e posera, / porque fora pecare, / de o dare / ao dem'/ en baylia.*

(c) [XIII CSM2 142:9] *Quen quer que ten en desden / a Santa Maria, / gran mal lle verrá poren. // **Daquest'** avẽo assi, / temp'á, en Gasconna, / que hũa dona ouv'y / de pouca vergonna, / que sol non fia en ren / d'ir en romaria, / atant'era de mal sen, / [...] // A Rocamador, que d'y / mui preto estava.*

Consequências do redobramento do clítico locativo *ende* **201**

(d) [XIII CSM2 259:9] *Muito á Santa Maria, / Madre de Deus. Gran sabor / d' ajudar quen lle cantares / ou prosas faz de loor. //* **Daquest'** *ora un miragre / oý, pouc'á, retraer / que a un arcidiago / avẽo, que gran prazer / avia en fazer prosas / de ssa loor e dizer / sa bondad' e ssa mesura / e seu prez e ssa valor.*

(e) [XIII CSM1 26:9] *A Virgen Santa Maria / todos a loar devemos, / cantand' e con alegria, / quantos seu ben atendemos. // E* **por aquest'** *un miragre / vos direi, de que sabor / averedes poy-l'oirdes, / que fez en Rocamador / a Virgen Santa Maria, / Madre de Nostro-Sennor; / ora oyd'o miragre, / e nos, contar-vo-lo-emos.*

(f) [XIII CSM1 76:15] *Non é gran cousa se sabe | bon joyzo dar / a Madre do que o mundo | tod'á de joigar. // Mui gran razon é que sábia dereito / quen Deus troux'en seu corp'e de seu peito / mamentou, e del despeito / nunca foi fillar; / poren de sen me sospeito / que a quis avondar. / [...] //* **Sobr'esto,** *se m'oissedes, diria / dun joyzo que deu Santa Maria / por un que cad'ano ya, / com'oý contar, / a San Jam'en romaria, / porque se foi matar.*

(g) [XIII CSM2 265:14] *Oraçon con piadade / oe a Virgen de grado, / e guard' á de mal por ela / o que ll'encomendado. // ca aquestas duas cousas / fazen mui conpridamente / gaannar amor egraça / dela, se devotamente / se fazen e como deven; / e assi abertamente / parece a ssa vertude | sobre tod'ome coitado. / [...] // E* **sobr'aquest'** *un miragre / vos rogo que m[e] ouçades / que fezo Santa Maria; / e se y mentes parades, / oiredes maravilla / mui grand', e certos sejades / que per oraçon mostrada / foi ante muit'om'onrrado.*

2. Outros articuladores discursivos motivados por *en*

Construindo-se juntamente com expressões de tempo, conforme comprovado nos exemplos anteriores, *poren* substituído por *desto/daquesto* deu lugar a novas substituições, aparecendo agora como articuladores discursivos tais como *pois, então, agora*:

(28) Expressões de tempo como articuladores discursivos:
(a) [XIII CSM2 261:9] *Quen polo amor de Santa / Maria do seu fezer / algun ben, dar-vo-ll-á ela / que dé, se o non tever. // Por esto dev'ome sempre / a servir e a guardar / a Virgen Santa Maria / e no seu ben confiar; / ca vos direi un miragre / que quis* **pouqu'i á** *mostrar / a hũa sua amiga / que era santa moller.*

202 Fundamentos sintáticos do Português Brasileiro

(b) [XIII CSM2 305:13] *Quen ouver na Groriosa / fiança con fe complida, / non lle nozirá poçõya, / e dar-ll-á por sempre vida. // ca ela troux' en seu ventre / vida e luz verdadeira, / per que os que son errados / saca de maa carreira; / demais, contra o diabo / ten ela por nos fronteira / como nos nozir non possa / en esta vida escarnida. / [...] // **Pois** dizer-vos quer' eu dela / un miragre mui fremoso, / e ben creo que vos seja / d'oí-lo mui saboroso, / e demais pera as almas / seer-voa-á proveitoso; / e per mi, quant' ei apreso, / non será cousa falida.*

(29) Articuladores discursivos formados por expressões de modo:

(a) [XIII CSM1 83:7] *Todo logar mui ben pode / seer deffendudo / o que a Santa Maria / á por seu escudo. // **Onde** [= "por causa de"] **daquesta razon** / un miragre vos quero / contar mui de coraçon, / que fez mui grand' e fero / a Virgen que non á par, / que non quis que perdudo / foss' o poboo que guardar / avia, nen vençudo.*

(b) [XIII CSM1 238:8] *A Santa Maria mui bon servir faz, / pois o poder ela do demo desfaz. // **Ond'** avẽo **desto** que en Conturbel / fez Santa Maria miragre mui bel / por un monge bõo, cast' e mui fiel, / que viu de diabres vĩir mui grand' az.*

(c) [XIII CSM1 115:7] *Torto seria grand' e desmesura / de prender mal da Virgen ssa figura. // **Ond'** avẽo en San Miguel de Tomba, / un mõesteiro que jaz sobre lomba / dũa gran pena, que ja quant' é comba, / en que corisco feriu noit' escura.*

(d) [XIII CSM1 130:8] *A Virgen Santa Maria / tant' é de gran piedade, / que os peccador colle / por feito a voontade. // E **desta guisa** avẽo / pouc' á a un cavaleiro / fidalg' e rico sobejo, / mas era brav' e terreiro, / sobervios' e mal creente, / que sol por Deus un dĩeiro / non dava, nen polos Santos, / esto sabed' en verdade.*

(e) [XIII CSM2 58:7] *De muitas maneiras busca / a Virgen esperital / carreyras en como guarde / os seus de mort' e de mal. // E **de tal razon com' esta** / en Proença hũa vez / amostrou mui gran miragre / a Sennor de todo pres / contra un seu cavaleiro | que tal promessa lle fez / que lle guerlanda faria / de rosas toda, non d' al.*

(f) [XIII CSM1 198:8] *A Reynna groriosa / tant' é de gran santidade, / que con esto nos defende / do dem' e da sa maldade. // E **de tal razon com' esta** / un miragre contar quero / que fezo Santa Maria, / aposto e grand' e fero, / que non foi feito tan grande / ben des lo tempo de Nero, / que emperador deRoma / foi, daquela gran çidade.*

Consequências do redobramento do clítico locativo *ende* **203**

(g) [XIII CSM2 1:6] *Ben pod' a Sennor sen par / fazer oyr e falar. // **Com'** hũa vegada fez / a un mud' a de bon prez / e sordo, que dũa vez / o foi de todo sãar.*

(h) [XIII CSM2 63:12] *De Santa Maria sinal qual xe quer / valrrá muit' a quen en ela ben crever. // Ca que quer que seja daquesta Sennor / valrrá muit' a quen de mal coitada for, / e valer-ll-á contra o demo mayor / ali u sobr' ele gran poder ouver. / [...] // **Ben com'** en Bitoria guariu hũa vez / a un frade mẽor, que de meñez / entrara na orden e y mui bon prez / vivendo gãara. Mas foi-lle mester / [...] // Que o acorresse, como ll' acorreu, / Santa Maria na ora que morreu, / ca un pouc' enante todo se torceu / e parou-sse negro [...]*

(i) [XIII CSM2 142:9] *Quen quer que ten en desden / a Santa Maria, / gran mal lle verrá poren. // **Daquest'** avẽo assi, / temp' á, en Gasconna, / que hũa dona ouv' y / de pouca vergonna, / que sol non fia en ren / d' ir en romaria, / atant' era de mal sen, / [...] // A Rocamador, que d' y / mui preto estava.*

Nos conjuntos de exemplos anteriores, quis demonstrar como pequenas alterações na sintaxe de *en*, *hi* tiveram efeitos inesperados, enriquecendo o quadro dos articuladores discursivos. Uma propriedade semântica comum unifica os itens que assumiram esse papel: são dêiticos, e por isso podem cumulativamente indicar o lugar e o tempo do discurso. São fóricos, portanto podem retomar o que foi dito e anunciar os novos desdobramentos do texto.

A seguir, estudo a gramaticalização de *ende* como conjunção interoracional. Aparentemente, *hi* havia desaparecido, e não deu surgimento ele mesmo a uma conjunção.

Formação da conjunção contrajuntiva *porém*

Aparentemente, apenas *poren*/*porende* assumiram o papel de conjunção, ligando uma sentença à outra, criando o sentido de que a segunda sentença nega os pressupostos contidos na primeira.

São condições para este novo papel do velho locativo *ende*: (1) ser preposicionado; (2) aparecer entre dois enunciados sentenciais, e não mais no início, como é o caso do articulador discursivo; (3) coocorrer com *mais*/*mas*.

Em sua figuração entre duas sentenças, o sentido liberado por *poren* é ambíguo, podendo ser parafraseado por "por isso", isto é, operando do mesmo modo que o *en* fórico analisado neste texto. Vejamos alguns exemplos:

204 Fundamentos sintáticos do Português Brasileiro

(30) *Poren* fórico/contrajuntivo:
- (a) [XIII CSM1 6:19] *E, par Deus, non é de calar / como foy coroãda, / quando seu Fillo a levar / quis, des que foy passada / deste mund' e juntada / con el no ceo, par a par, / e Reĩa chamada / Filla, Madr' e Criada; / e **poren** nos dev' ajudar, / ca x' é noss' avogada.*
- (b) [XIII CSM1 68:23] *Quand' algur ya mal fazer, / se via omagem seer / de Santa Maria, correr / ya lá sen tardança. / [...] // E pois fazia oraçon, / ya comprir seu mal enton; / **poren** morreu sen confisson, / per sua malandança.*

(31) *Porende* coocorrendo com *mas*, contíguo ou distanciado:
- (a) [XIII CSM1 125:9] *E porend' un ome bõo / que en Darouca morava, / de sa moller, que avia / bõa e que muit' amava, / non podia aver fillos, / e **porende** se queixava / muito end' el; **mas** disse-ll' ela: "Eu vos porei en carreira / [...] // Com' ajamos algun fillo, / ca se non, eu morreria."*
- (b) [XIII CSM1 19:30] *Muitos gafos sãou a Emperadriz en aquele mes; / **mas** de grand' algo que **poren** lle davan ela ren non pres, / mas andou en muitas romarias, e depois ben a tres / meses entrou na cidade de Roma, u er' o cortes / Emperador, que a chamou e disso-lle: "Ves? / Guari-m' est' irmão, e dar-ch-ei grand' aver."*
- (c) [XIII CSM1 186] *E o ome bõo sempre le rogava / que sse corregessee o castigava; / **mais** aquel vilão **poren** ren non dava, / assi o tragia o dem' engan[a]do.* (As duas conjunções devem estar em sentenças diferentes e não na mesma sentença, como na desse exemplo.)

Nos exemplos anteriores, entende-se que *poren* retirou de *mas* o sentido contrajuntivo que passou a assumir, por metonímia.

(32) *Porem* coocorrendo com *porque*:[9]
- (a) [XIII CSM1 16:31] *Quando foron ambos a hũa parte, fillou-s' a chorar / o irmão do Emperador e muito xe lle queixar / de sa moller, que, **porque** non quisera con ela errar, / que o fezera **porende** tan tost' en un carcer deitar.* (Quando o CP é duplicado, no caso *que... que*, a sentença com *porque* está numa posição de tópico.)[10]
- (b) [XIII CSM1 2:6] ***Porque** trobar é cousa en que jaz / entendimento, **poren** queno faz / á-o d' aver e de razon assaz, / per que entenda e sábia dizer / o que entend' e de dizer lle praz, / ca ben trobar assi s' á de ffazer.*
- (c) [XIII CSM1 8:11] ***Porque** o a Groriosa / achou muy fort' e sen medo / en loar sa preciosa / virgĩidad' en Toledo, / deu-lle **porend'** hũa alva, / que nas sas festas vestisse, / a Virgen santa e salva / e, en dando-lla, lle disse: / "Meu Fillo esto ch' envia."*

(d) [XIII CSM1 8:33] *Pois do mundo foi partido / este confessor de Cristo, / Don Siagrio falido / foi Arcebispo, poys isto, / que o fillou a seu dano; / ca,* **porque** *foi atrevudo / en se vestir aquel pano,* / [porende = 0] *foi logo mort' e perdudo, / com' a Virgen dit' avia.*

(e) [XIII CSM1 17:32] [...] *pois que a santa doca o fillo do Conde recebeu, / de o criar muit'apost' e mui ben muito sse trameteu;/ mas un irmão que o Cond' avia, mui falss' e sandeu, / Pediu-lle seu amor; e* **porque** *ela mal llo acolleu,* / [poren = 0] *degolou-ll' o menño* h̃ua *noit' e meteu- / ll' o cuitelo na mão pola fazer perder.*

(f) [XIII CSM1 3:7] **Poren** *dela non me quer' eu partir, / ca sei de pran que, se a ben servir, / que non poderei en seu ben falir / de o aver, ca nunca y faliu / quen llo soube con merçee pedir, / ca tal rogo sempr' ela ben oyu.*

(g) [XIII CSM1 88:23] *Per quant' eu dizer oý / a omẽes que foron y, / na santa Gessemani / foron achadas figuras / da Madre de Deus, assi / que non foron de pinturas. /* [...] *// Nen ar entalladas non / foron, se Deus me perdon, / e avia y fayçon / da Ssennor das aposturas / con sseu fill', e per razon / feitas ben per sas mesuras. /* [...] *//* **Poren** *as resprandecer / fez tan muit' e parecer, /* **per que** *devemos creer / que é Sennor das naturas, / que nas cousas á poder / de fazer craras de scuras. /* [...] *// Deus x' as quise figurar / en pedra por nos mostrar / que a ssa Madre onrrar / deven todas creaturas, / pois deceu carne fillar en ela sas alturas.*

(h) [XIII CSM1 100:7] *Gra dereit' é que fill' o demo por escarmento / quen contra Santa Maria filla atrevemento. //* **Poren** *direi un miragre, que foi gran verdade, / que fez en Costantinoble, na rica cidade, / a Virgen. Madre de Deus,* **por** *dar entendimento / que quen contra ela vay, palla é contra vento.*

Nesta seção, estudei a gramaticalização do locativo medieval *ende/en*, mostrando sua origem latina como dêitico locativo, e as alterações sofridas por essa palavra, que foi assumindo novas funções: (i) fórico, em forma simples ou duplicada por SP, como constituinte sentencial, sintaxe que acarretou seu desaparecimento; (ii) fórico, em forma preposicionada, como articulador discursivo; (iii) fórico/contrajuntivo, em forma preposicionada, como conjunção.

Alguns pontos "misteriosos" continuarão a desafiar nosso esforço de entendimento: (1) por que um locativo, portanto dêitico, se transforma num fórico? (2) Ao preposicionar-se, *en* teria passado a concorrer com outras formas dêiticas e fóricas da língua? (3) Por que foi necessário preposicionar o clítico *en* para que ele funcionasse como articulador discursivo?

A primeira pergunta pressupõe uma clara separação entre dêiticos e fóricos – e esse ponto não é pacífico na literatura. Um dêitico seria uma sorte de localizador espacial dos indivíduos, seja no espaço físico (*y*, *aqui*, *aí*, *ende*), seja na distribuição dos papéis aos participantes do discurso (primeira pessoa *versus* segunda pessoa), seja, por metáfora, no pinçamento de coisas já ditas, no espaço do discurso (como em "*estive falando lá naquela seção sobre a etimologia de inde*").

Um fórico é um retomador ou antecipador de coisas já mencionadas ou a mencionar. Pode ser que, ao localizar algo já dito ou a dizer no espaço abstratizado do discurso, uma palavra dêitica enriqueça suas propriedades, atuando simultaneamente como fórico. A ocorrência transcrita anteriormente "*se foron ende queixa*" mostra uma tênue distância entre dêixis e foricidade, pois tanto podemos parafraseá-la por "foram queixar-se ali", como por "foram queixar-se disso". Assim, o trâmite dêixis > foricidade poderia ser encarado como um dos processos de gramaticalização de *ende*, que sendo etimologicamente um locativo assumiu funções típicas dos pronomes fóricos. Nessa transformação, o sentido mais concreto de "espaço físico" se tornou mais abstrato, significando "espaço discursivo". Ora, a literatura sobre gramaticalização citada anteriormente oferece muitos exemplos da mudança semântica *concreto > abstrato* aqui invocada.

O redobramento de *en*, seguido do movimento para a direita de seu "duplo", é um fenômeno bastante comum no Português Arcaico, continua ainda hoje altamente frequente nas línguas românicas ricas em clíticos e, aparentemente, se mascarou no Português Contemporâneo, quando este começou a perder essa classe. Acredito que a fase zero da gramaticalização de *en*, em que o item desaparece na língua portuguesa, tenha sido uma consequência de sua duplicação.

Acresce que se poderia enxergar um traço de iconicidade entre as propriedades fóricas dos pronomes e seu pendor para a duplicação. Os fóricos trazem de novo à nossa mente o que já se tinha mencionado. De certa forma, a primeira menção a determinado referente, seguida de sua retomada pelo fórico, representa uma duplicação no domínio da semântica. Ao reduplicar estruturalmente as expressões, a sintaxe deu uma representação formal à "reduplicação semântica", por iconicidade.

Poren como articulador discursivo foi um novo passo dado pelo velho locativo *inde*, uma estratégia que voltamos a usar nos dias que correm: quando apanhamos um termo de tempo como *agora*, o movemos para fora da oração e fazemos que passe a marcar os diferentes tempos do discurso. O esquema "velho" (= indicar o espaço, indicar o tempo) se junta ao esquema "novo" (= anunciar e ligar tópicos textuais), sem perdas substanciais de propriedades, apenas enriquecendo-as, com a criatividade própria das línguas naturais.

Finalmente, *porém* como conjunção contrajuntiva pode ter surgido devido a fatos sintáticos e a fatos semânticos.

- Uma explicação sintática

Perdendo-se um dos elementos do complementizador duplo, se dá lugar a uma grande alteração no comportamento das conjunções: (i) duas conjunções que estavam em sentenças diferentes passam a ficar juntas e adquirem outro sentido diferente do das duas conjunções; (ii) sentenças dependentes, que estavam numa posição de tópico, passam a ser vistas como antecedendo a principal; (iii) duas conjunções que estavam em sentenças diferentes passam a ficar juntas e uma das conjunções desaparece, mas a conjunção remanescente continua com seu sentido original; (iv) duas conjunções que estavam em sentenças diferentes passam a ficar juntas, uma altera por metonímia o sentido da outra e desaparece, ficando somente a que sofreu a alteração semântica.

- Uma explicação semântica

Porém se tornou contrajuntivo por um processo metonímico. Como era frequentemente usado juntamente com *mas* e *pero*, tomou destes o valor contrajuntivo. Vejamos o comportamento de um de seus parceiros, *pero*.

Pero podia ter vários sentidos: "por isso", "embora", "entretanto":

(33) Usos de *pero*:
    (a) [XIII CSM1 137:24] *Este mong' ordĩado / era, segund' oý, / muit', e mui ben sa orden / fĩia, com' aprendi; / mas o demo arteiro / o contorvou assy / que o fez na adega / bever do vĩo assaz. / [...] // **Pero** beved' estava / muit', o monge quis s' ir / dereit' aa eigreja; [...]*
    (b) [XIII CSM1 142:32] *E en aquel gran lum' enton / viron hũa mui bela / moller de corp' e de faiçon, / e ben come donzela / lles pareceu; e **pero** non / siia en sela, / mas fĩia na mã' un baston / que resprandecia.*

Poren(de) combinava-se com diversas formas; ao combinar-se com *mas* e *pero*, assimilou por metonímia seu valor contrajuntivo:

(34) Usos de *poren(de)*:
    (a) [XIII CSM1 16:58] *Quando foron ambos a hũa parte, filhou-s' a chorar / o irmão do Emperador e muito xe lhe queixar / de sa moller, que, **porque** non quisera con ela errar, / que o fezera **porende** tan tost' en un carcer deitar. / Quand' o Emperador oyu, ouv' en tal pesar, / que se leixou do palaffren en terra caer.*
    (b) [XIII CSM1 280:22] *Est' ome punnou toste de ss' ir / e fez gente da terra vĩir, / que foron o feito descobrir / da verdad' e de quanto mentir / e falir*

*/ foran al Rey. E fez-lo escrever / [...] // E enviou-llo. E pois abriu / el Rei aquel escrito e vyu / que ll' end a verdade descobriu, / log' enton todo mui ben sentiu / e cousiu / que falssidade fora[n a]põer / [...] // A aquel om'. E **logo poren** / lle perdõou e fez-lle gran ben, / e os mezcradores en desden / tev' e nunca por eles deu ren, / e des en / nonos ar quis de tal feito creer.*

Formação do dequeísmo

O processo de *dequeísmo* (aparecimento da preposição *de* antes da conjunção *que*) está ligado ao processo de *queísmo*, e é encontrado somente em duas línguas românicas: espanhol e português. Ele se acha em expansão nas duas variantes americanas dessas línguas, mas parece pouco produtivo nas respectivas variedades ibéricas. E ocorre nessas línguas desde os séculos XII-XIII, tendo ganhado relevância a partir do século XVII.

A construção foi observada e estudada primeiramente no Espanhol Americano por Rabanales (1974), e no Português Brasileiro atual pelo trabalho pioneiro de Mollica (1995). Para esses autores, o dequeísmo é o cruzamento de duas estruturas sintáticas que compartilham traços semelhantes.

As gramáticas modernas do espanhol e do português têm duas posições em relação ao dequeísmo: (i) numa, ele é considerado de uso adequado, portanto dentro do padrão da língua, quando aparece em subordinadas completivas nominais e em orações relativas, e, (ii) noutra, ele é discriminado e considerado fora do padrão da língua quando aparece em orações subordinadas substantivas.

Trabalhando com reduplicação sintática pronominal na fase arcaica do português, achei que a diacronia do dequeísmo podia estar conectada ao processo de reduplicação sintática pronominal, processo esse muito corrente no Português Arcaico, como venho demonstrando neste livro.

Minha hipótese é que o dequeísmo tem sua origem no pronome clítico locativo redobrado *en*, o qual duplicava um SP, organizando a estrutura *en* + *de* SN. Esse locativo redobrado se agregou a verbos, nomes, adjetivos e advérbios, passou por um longo processo de gramaticalização; como consequência, essas classes gramaticais passaram a se construir com complementos iniciados com a preposição *de*. Durante o processo de gramaticalização o clítico e seu sintagma preposicionado se separaram, fazendo com que esse sintagma, encabeçado pela preposição *de*, sofresse um deslocamento para a esquerda da sentença, se posicionando antes do pronome relativo *que*. Daí resultou o dequeísmo nas orações relativas, que depois se irradiaria para as substantivas e as adverbiais. As diferentes alterações estruturais tornaram invisível, por assim dizer, a diacronia do dequeísmo.

Esta seção terá as seguintes partes: primeiramente apresento o problema que focalizo nesta seção. Depois, listo meus objetivos, hipóteses e quadro teórico. Em seguida, discuto o redobramento pronominal e a formação do "deísmo". E, por último, trato da formação do dequeísmo nas orações relativas. Nas conclusões, elenco meus achados e configuro uma área de pesquisas que deverá dar conta da diacronia do dequeísmo em outros ambientes sintáticos.

O DEQUEÍSMO "PINTOU" NA SINTAXE DO PORTUGUÊS DO BRASIL

Comecemos o estudo do fenômeno por um breve resumo do trabalho de Mollica. Segundo essa autora (1995: 12),[11] sentenças como

(35)
>   (a) [...] *eu estou com a impressão **de que** o senhor é candidato ao governo do seu estado.*
>   (b) *Tenho certeza **Ø que** entre mim e o povo há muita coisa em comum e **Ø que** nós nos daremos muito bem.*

(36)
>   (a) *Eu poderia provar para o povo **de que** houve fraude nas eleições passadas*
>   (b) *Eu creio **Ø que** nós temos que fazer associação com qualquer país* [...]

exemplificam dois processos – *queísmo* (35b, 36b) e *dequeísmo* (35a, 36a) –, ambos correntes no português, sendo que o segundo está se destacando atualmente no PB, envolvendo principalmente complementos nominais e orações substantivas objetivas diretas.

O processo do *dequeísmo* consiste na presença da preposição *de* antes da conjunção integrante *que*, formando o conjunto *de + que*; o *queísmo* consiste na utilização somente da conjunção *que*, sem a preposição *de*, sendo que seu lugar é marcado com um Ø, constituindo-se então, o conjunto Ø *que*.

Rabanales (1974, apud Mollica 1995: 22) assim definiu esses dois processos: (i) *queísmo* é a "perda", "elipse", "supressão" ou "ausência" da preposição *de* diante da conjunção integrante *que*, e (ii) *dequeísmo* é a "intromissão" ou "inserção" da preposição *de* antes da conjunção integrante *que*. Ele hipotetizou que o dequeísmo surgiu do cruzamento sintático de duas formas linguísticas relacionadas sintática e semanticamente, de que oferece os seguintes exemplos:

210 Fundamentos sintáticos do Português Brasileiro

(37)

    (a) *espero **que** venga mañana*

    (b) *tengo la esperanza **de que** venga mañana*

    (c) *espero **de que venga** mañana*

    (d) *tengo la esperanza **Ø que** venga mañana*

Assim, uma subordinada substantiva objetiva direta (37a), introduzida por um *que* integrante, tem semelhança com uma subordinada completiva nominal (37b), que é introduzida pela preposição *de* e passa a apresentar também a conjunção integrante *que*, surgindo um *de que*; daí ocorre o cruzamento entre os dois tipos de orações: em (37c) tem-se uma substantiva objetiva direta com *de que* (exemplo de dequeísmo), e em (37d) surge uma completiva nominal com Ø *que* (exemplo de queísmo).

Inspirando-se nas explicações de Rabanales, Mollica (1995) estudou os mesmos fenômenos no PB atual, enfatizando a variação nos usos de *de* + *que* e de Ø *que*. A esse modo de enfocar o problema ela propôs o termo *(de)queísmo*, ou seja, a ocorrência da preposição *de* varia com a sua não ocorrência, marcada com um Ø, vindo daí a transcrição da preposição *de* entre parênteses. Essa variação,

> caracterizada de forma bem ampla, se constitui na possibilidade de empregar-se ou não empregar-se a preposição "de" diante de "que" numa relação de complementação entre ou um verbo, ou um nome, ou um adjetivo, ou uma expressão, presente na matriz, e uma sentença subordinada introduzida pelo complementizador ou pelo relativizador "que". A referida variação pode também ocorrer no interior de locuções conjuntivas com função de conectar enunciados sentenciais. (Mollica, 1995: 45)

Segundo a autora, vários gramáticos brasileiros já haviam mencionado a existência do dequeísmo no português e destacado sua origem como um cruzamento sintático. Cita Barreto (1980, apud Mollica 1995: 19), afirma que o infinitivo preposicionado, muito empregado nos séculos XVI e XVII, deu origem às completivas nominais com "de que". Assim, "determinou de escutar a música", "jurou de cumprir", "ordenou de vender", equivalem a "tomou a determinação de", "fez juramento de", daí surgindo as orações subordinadas "fez juramento de que", "tomou a determinação de que".

Investigando se o dequeísmo português é um fato novo ou se já ocorria no período arcaico, Mollica concluiu que: (i) o (de)queísmo é uma inovação ibérica, ocorrendo tanto no português como no espanhol, e não existindo em nenhuma outra língua românica; (ii) aparece raramente em textos do espanhol arcaico, mas começa a ganhar força por volta do século XVII; (iii) no português já é detectado na *Demanda do santo graal* (obra dos séculos XII-XIII, de que se dispõe de uma versão do século XV) em sentenças subordinadas completivas nominais, como mostram os exemplos em (38a-c), ao lado do queísmo (38d) – embora no trabalho exaustivo de Mattos e Silva (1989), sobre uma obra do século XIV, não tenham sido encontradas ocorrências de (de)queísmo –; (iv) é detectado em todos os séculos no português, segundo um *corpus* composto pela própria autora, como mostram os exemplos em (39):[12]

(38)[13]

    (a) *Enton se foi Tristam mui sanhudo e com grã <u>pesar</u> de que nom matara Palomades.*

    (b) *[...] mui houve rei Artur Grã <u>pesar</u> de que rei mais assi escapou.*

    (c) *... e pois cavalgarom partirom-lhe dali mui ledos e com mui grã <u>prazer</u> de que escaparom tam bem.*

    (d) *Pero que trobam e sabem loar sas senhores o mais e o melhor que eles podem, são <u>sabedor</u> Ø que os que trobam quando a qual sazom a [...]*

(39)

    (a) *Essas coisas de que dicemos forão feytas por espaços de tempos, em vida Del Rey (Livro de linhagens,* anônimo, p. 5, século XII)

    (b) *Dicemos, olhando para a molher de seu Senhor, de que tantas mercas houveis recebida (A arte de furtar,* p. 5, século XIII)

    (c) *Grandes senhores foram liados contra el Rey de que se muyto temiam (Chronica de el Rey D. Affonso,* Rui de Pina, p. 3, século XIV)

    (d) *Estas coisas de que dicemos foram feytos por espaços de tempos, em vida Del Rey D. Affonso (Chronica de D. Affonso Henrique,* Duarte Galvão, p. 2, século XV)

    (e) *mas o que digo entendo de que se isso o fazem (Espelho de casados,* século XVI)

    (f) *Não era assim com meu conhecido, tão discretamente confiado, que sempre apostava, a quem menos sabia, prezando-se de que ninguém melhor que elle ignorava, o que ignorava (Apólogos dialogaes,* século XVII)

    (g) *Sem dúvida, que a saber de que falava de veras, perdera os meus sentidos e também apariência (Anfitrião ou Júpiter e Alomena,* século XVIII e XIX)

    (h) *Cumprindo disposições do Exm Presidente da República e do Monistério da Guera, General Campos tenho a satisfação de avisar a Vossa Ex que expeço pelo correio a guia e os detalhes do conteúdo de três caixas em que vos são enviados modelos das armas de que usa o exército argentino e destinados ao Museu Militar de Artilheria do glorioso exército Brazileiro (Jornal O Paiz –* 1900, século XX)

212 Fundamentos sintáticos do Português Brasileiro

Verificando em que contextos o dequeísmo aparece no século XX, Mollica (1995: 44-6) menciona os seguintes:

1. No começo do século XX apareciam em locução (40a), em orações subordinadas adverbiais comparativas (40b) e os dequeísmos propriamente ditos (40c-e):

(40) Contextos dequeístas no começo do século XX:
  (a) *Não se perdeu tempo em admirar a passagem. A imediata disposição da pequena força avançada para que tomassem as melhores vantagens militares era necessária ao exílio de toda operação. As tropas de apoio estavam ainda muito distantes e **antes de que chegassem**, já estava tomado e convenientemente defendido. (O Paiz,* 11/03/1900)
  (b) *Pelas suas fecundas reações pátrias em bem da ordem e da prosperidade pública, que não se sinta credor d' esses agradecimentos que tanto o penhorava, visto como moda mais fez **de que** procurar cumprir o seu dever* [...]
  (c) *A nenhum dos leitores deve ser estranho o nome de Lopes Cardoso, ou antes o de Victor Vieira, pseudonymo **de que** usa aquelle meu amigo, a creatura mais hábil que o céu cobre. (O Paiz,* 18/04/1900)
  (d) *A companhia acaba de tomar uma resolução acertadíssima e **de que** demonstra o espírito conciliatório de que acha animado o digno gerente dessa importante empresa. (O Paiz,* 28/04/1900)
  (e) *Folgo **de que** o meu artigo seja o vehículo de tão justificado enthusiasmo. (O Paiz,* 19/06/1900)

2. Nos anos 1960 apareceram em orações subordinadas substantivas objetivas diretas (41a-c), em oração subordinada substantiva apositiva (41d), em orações relativas (41e), em locução conjuntiva (41f) e em situação de reorganização dos termos da estrutura por parte do falante [sic] (41g-h) (Mollica, 1995: 45):

(41) Contextos dequeístas nos anos 1960:
  (a) *[...] aqui na sua pauta está escrito no final **de que** há muito escrúpulo dessas mulheres em abandonar os filhos* [...]
  (b) *[...] todo mundo botou na cabeça **de que** a vocação do Rio de Janeiro e a vocação da oposição* [...]
  (c) *[...] nós já avisamos **de que** o alho tem uma substância que é capaz de matar bactéria* [...]

(d) [...] *como é que você explica isso **de que** uma peça foi feita em 34 só agora a primeira apresentação dela* [...]

(e) [...] *porque ela é que car ... carreira os anseios é ... da da ... da sociedade **de que** tem transtornos da da sexualidade* [...]

(f) [...] *o raps é uma tendência normal por causa **de que** ele vem com batidas sequentes* [...]

(g) [...] *existe um fator com que você tem que contar, que alguns atribuem à palavra sorte, que eu não, não coloco bem por aí, mas a índole que essa pessoa vem ao mundo, e trabalha com a índole é ... um problema sério **de que** por mais que você dê os exemplos dificilmente* [...]

(h) [...] *Qual é o momento provável de que isso acontecerá? O momento provável **de que** isso acontecerá é quando as forças americanas* [...]

Apesar desses resultados, Mollica afirma que o dequeísmo: (i) ocorre no português atual do Brasil, provavelmente em todo o território nacional, sendo raro na fala e mais raro ainda na escrita, e aparecendo somente em certos contextos e em alguns falantes; (ii) é bem documentado atualmente em vários países da América espanhola, sendo que seu uso está em expansão; (iii) ocorre com frequência muito baixa no espanhol de Madri e se mostra em fraca expansão, mas é bem difundido no espanhol de Santiago; (iv) ocorre mais na classe média alta e rica, e menos nas classes baixas, valendo essa observação para toda a América, espanhola e portuguesa.

Sintetizando o pensamento da autora, vê-se que (i) no *dequeísmo* tem-se a preposição *de* acompanhando uma conjunção integrante *que*, formando o conjunto *de + que*, enquanto no *queísmo* há a ausência da preposição *de* diante da conjunção *que*, sendo então marcado com Ø + *que*; (ii) o dequeísmo é fruto de um cruzamento sintático entre estruturas semelhantes; (iii) é um processo inovador das línguas românicas ibéricas; (iv) é um fato encontrado desde o século XII-XIII no português e no espanhol; (v) atinge os seguintes contextos no Português Brasileiro atual: orações substantivas completivas, orações subordinadas substantivas objetivas diretas e apositivas, orações relativas, subordinadas comparativas e algumas locuções prepositivas.

Dois pontos prenderam minha atenção nesse trabalho de Mollica. Um deles foi o modo como a autora procurou caracterizar os processos *queísmo/dequeísmo* e, o outro, seu resumo das ideias de Érica Garcia (1986, apud Mollica, 1995) sobre o dequeísmo.

Mollica (1995: 11) insiste em caracterizar o que é *queísmo/dequeísmo*. Para isso lança mão de alguns argumentos não muito claros:

1. O *dequeísmo* é encontrado ao longo de toda a história do português, concluindo daí que "há forças do próprio sistema da língua que proporcionam o surgimento do dequeísmo" (p. 14).

214 Fundamentos sintáticos do Português Brasileiro

2. O *queísmo* representa "o estágio primário da formação das relações de complementação entre sentenças subordinadas" (p. 19).
3. O *dequeísmo* representa uma inovação do português e do espanhol, "enquanto tendência natural a esses sistemas, que aconteceu inicialmente em certos contextos queístas e, posteriormente, em contextos dequeístas" (p. 20).
4. Acredita-se que "a inovação consiste num processo de 'inserção' e não de 'omissão', uma vez que originalmente a variante 'Ø que' foi a base da relação de complementação sentencial em quaisquer dos contextos de subordinação entre orações, na história das línguas românicas" (p. 20).

O outro ponto a chamar a minha atenção foi seu resumo das ideias de Garcia (Erica, 1986, apud Mollica 1995: 28) sobre o dequeísmo. Trata-se de trabalho funcionalista no qual se encontram indícios merecedores de elaboração:

1. O dequeísmo é mais uma *confusão de regência de verbos* do que de cruzamento sintático, explicação esta que não pode ser sustentada porque há verbos que não possuem correspondentes nominais e há nomes que não possuem correspondentes verbais.
2. A preposição *de* introduz noções de (i)"partitivo", como em *comer 'Ø' / comer 'de'*, (ii) de "acerca de", como em *entender 'Ø' / entender 'de'*, e (iii) de "locativo", indicando "separação", tendo o papel de um conector a distância, ou seja, "esse *'de'* a distância tem a finalidade de indicar que o que segue tem conexão com algo anterior que não está muito próximo", e assim essa autora introduz a ideia "da 'distância relativa', segundo a qual a variante *'de'* é um atenuador de sentido *versus* a variante *'Ø'*, de justaposição".
3. A oposição *'Ø' versus 'de'* deve ser estudada em vários contextos estruturais, tais como o modo e o tempo verbais.

As ideias de Garcia prenderam minha atenção porque, pesquisando sobre as construções pronominais redobradas no Português Arcaico, de um modo especial os pronomes clíticos locativos redobrados *hi + em* SN "aí" e *en + de* SN[14] "daí", notei que este último se enquadrava muito bem nas descrições que a autora fazia sobre a preposição *de*, introduzindo as noções de "partitivo" e de "locativo". Por outras palavras, nessas construções, *de* seria mesmo uma preposição? Vou neste trabalho considerá-la como tal, mas não se deve deixar de vista a possibilidade de ser essa forma a segunda parte do locativo *ende*.

Quanto às explicações aventadas pelos diversos autores, seja a do cruzamento sintático, seja a da confusão de regência de verbos, não ficarei com nenhuma delas, porque acho que elas só são válidas quando analisadas de um ponto de vista sincrônico. A entrada da diacronia aqui muda quase tudo. O fato de se tentar dar explicações sincrônicas com pinceladas diacrônicas não é um bom casamento, podendo levar a observações e conclusões pouco sustentáveis, que correm o risco de ser facilmente derrubadas.

OBJETIVOS, HIPÓTESE E QUADRO TEÓRICO

São objetivos desta seção: (1) demonstrar como apareceu a preposição *de* antes do pronome-conjunção *que*, fenômeno que estou chamando de *deísmo*. O *deísmo* tem sua origem na gramaticalização do pronome clítico locativo/partitivo *en* redobrado, que possuía a estrutura *en + de* SN e que funcionava como uma minioração; esse processo foi assim denominado por causa da preposição *de* que encabeça o SP. (2) Descrever como estava o dequeísmo nas orações relativas e (3) verificar se esse conjunto *de que* já se constituía, ou não, numa nova conjunção, mediante a incorporação léxica de *de*. Passo a detalhar esses objetivos.

Com respeito ao *deísmo*, notei que nas primeiras fases do Português Arcaico ocorreram alterações significativas em muitas estruturas sintáticas envolvendo a gramaticalização de minioração e processos como adjunção e complementação; uma dessas alterações é o *deísmo*, termo aqui utilizado na falta de denominação melhor.

Combinando-se com algumas classes gramaticais, esse pronome redobrado deu origem a complementos encabeçados pela preposição *de*; trata-se de complementos de verbos, nomes deverbais, nomes não deverbais, nomes quantificados, adjetivos e advérbios. Essa preposição ocorre, portanto, em três ambientes: (i) introduz argumento sentencial, como em "ter a certeza *de* que...", (ii) introduz oração relativa, como em "um viveiro *de* que tiram mudas", e (iii) pode fazer parte tanto do antecedente como da oração relativa.

O *deísmo* parece ser um processo quase simultâneo ao do *queísmo* no português, pois nas primeiras etapas da língua a conjunção relativa *que* ainda não se construía contígua ao seu antecedente, e a conjunção integrante *que* nem sempre se fazia presente nas orações substantivas.

Com respeito ao *dequeísmo*, vou hipotetizar que ele resulta de dois processos sintáticos do Português Arcaico: o *deísmo* e o *queísmo*.

A constituição histórica do *dequeísmo* é a hipótese central deste trabalho, em que postulo o seguinte, dada a escassez de evidências diretas: (i) é um processo bem antigo na língua portuguesa; (ii) se originou da desagregação do pronome clítico redobrado *en*, quando dele só restou o sintagma preposicionado encabeçado pela preposição *de*; (iii) esse sintagma preposicionado estava numa posição de deslocamento à esquerda, antecedendo a conjunção relativa.

216 Fundamentos sintáticos do Português Brasileiro

O *dequeísmo* parece ter-se implementado assim: (1) seu *début* deve ter ocorrido nas orações com conjunções correlatas, as quantificadas e as comparativas, visto que em ambas aparece um *de* partitivo: (i) nas quantificadas, o sentido de partitivo era compartilhado com o sentido do locativo *en*, coocorrendo as duas classes: cf. *(de) quanto... tanto, (de) quanto... tudo, (de) qual... tal, (de) todo... todo*; (ii) nas comparativas, como *mais ca/que > mais de ca/que*, o *de* está contido no *en* redobrado: *en mais de sn... que*, podendo ficar *en mais que / mais de que*; (2) em seguida, o *dequeísmo* teria alcançado as orações relativas, atingindo seu apogeu no período arcaico; (3) por último, foram atingidas as orações substantivas objetivas diretas que, como se sabe, resultaram de uma reanálise das adjetivas.

Este último tópico me traz ao terceiro objetivo deste estudo, a saber, a formação de uma nova conjunção no português, o *de que*.

Insisto em que a literatura atual sobre o dequeísmo está retratando o processo neste seu último ambiente de atuação. A falta de perspectiva diacrônica tem dado como novo um antigo processo sintático da língua, deslocando a argumentação de seu âmbito real.

Vejamos agora no que consiste o redobramento sintático pronominal, peça-chave para o entendimento do surgimento do processo de dequeísmo.

Como vimos no capítulo "Gramaticalização, redobramento sintático e minioração", o redobramento sintático pronominal é o emprego redobrado ou duplicado de constituintes afins, podendo ser encontrado em línguas não configuracionais, o que não exclui seu aparecimento em línguas configuracionais. Uma língua que possui redobramentos pode ter complementizadores recursivos, quantificadores duplicados, clíticos pronominais redobrados, deslocamentos de sp/sp à esquerda ou à direita, com retomada/não retomada por um clítico, topicalizações com retomada/não retomada por pronomes etc.

Esse processo teve no Português Arcaico um alcance muito amplo, tornando-se o desencadeador da mudança tipológica pela qual o português passou e ainda está passando: a de migrar de uma língua não configuracional ou de ordem livre para uma língua configuracional ou de ordem rígida.

No caso do redobramento sintático pronominal que interessa diretamente a esse capítulo, temos a ocorrência de duas categorias pronominais, a primeira denominada *pronome fraco*, e a segunda, *pronome forte*, de tal modo (i) que ambos estejam contidos numa mesma fronteira sintática, ou seja, dentro da abrangência da categoria cp, e (ii) que o pronome fraco duplique o pronome forte. Quanto ao conceito de pronomes fortes e fracos, estou acompanhando Kato (2004).

O pronome fraco corresponde a (i) clíticos como o acusativo *o*, (ii) dativo *lhe*, (iii) ablativos/locativos *hi/en*, (iv) genitivo/partitivo *en*, (v) pronomes pessoais do tipo *eu>o, você>ocê>ce, ele>ei* no pb, (vi) pronomes reflexivos do tipo *se*, (vii) pronomes possessivos como *sa/sua,seu*, (viii) pronome demonstrativo neutro do tipo *o*, ou, (ix) a um pronome não realizado foneticamente, entre outros. Já o pronome forte equivale a pronomes ou sintagmas nominais preposicionados, representado por (i) SPs do tipo acusativo *ele/a ele/SN/a SN*, (ii) dativo *a ele/a SN*, (iii) ablativo/locativo *em SN/de SN*, (iv) genitivo/partitivo *de* SN, (v) pronome pessoal do tipo *ele*, também existente no PB, (vi) pronome possessivo do tipo *de ele/de SN*, ou (vii) pronome integrante *que* introduzindo uma oração subordinada substantiva.

Os pronomes redobrados podem ocorrer em adjacência estrita ou não. No caso de os pronomes não serem adjacentes, o pronome forte pode se antepor ou se pospor ao seu duplicador, constituindo casos de deslocamento à esquerda / à direita, ou de topicalização.

Em suma, o processo de redobramento sintático pronominal é a utilização de pronomes clíticos para vincular ao seu núcleo os complementos verbais preposicionados, que estão numa posição de adjunção, do mesmo modo que a categoria de sujeito se vincula à parte flexionada do verbo.

Outro conceito importante para esta demonstração é o da minioração, igualmente apresentado no capítulo "Gramaticalização, redobramento sintático e minioração". Diferentes tipos de minioração podem ser encontrados na dependência da categoria lexical do predicado: verbal, nominal, adjetiva e prepositiva. Como vimos, esses tipos podem ser agrupados em dois subtipos: [+v], o das miniorações verbal e adjetiva, e [-v], o das miniorações nominal e prepositiva.

Quanto à sua estrutura interna, ela não é a projeção de uma categoria funcional, mas a projeção lexical do predicado, sendo que o sujeito ocupa o lugar de especificador dessa projeção ou é adjungido a ele.

Como já foi dito anteriormente, o português apresentava nos seus primórdios traços de língua não configuracional, isto é, seus núcleos verbais e nominais não possuíam complementos como os que se conhecem hoje em dia, e sim constituintes que estavam ligados a esses núcleos de modo muito tênue, por adjunção. Esses "futuros complementos verbais" apareciam sob a forma de pronomes redobrados, ou seja, eram compostos de dois pronomes: um clítico e átono, e outro preposicionado e tônico.

O pronome clítico funcionava, num primeiro momento, como complemento do verbo ao se cliticizar a ele, e ao mesmo tempo duplicava o pronome tônico "complemento", que permanecia numa posição de adjunção ao verbo. Esse pronome clítico funcionava como uma espécie de flexão dos complementos em adjunção. Assim, podiam-se ter clíticos dos casos acusativo e dativo duplicando SN objeto direto e SP objeto indireto, respectivamente, ou clíticos dos casos genitivo e ablativo duplicando complementos partitivos e locativos, respectivamente.

Num segundo momento, o pronome clítico se integrava ao verbo ou desaparecia, permitindo assim que os pronomes preposicionados tônicos, adjuntos ao verbo, fossem reanalisados como complemento do verbo.

218 Fundamentos sintáticos do Português Brasileiro

Para este trabalho estou considerando o clítico locativo redobrado *en* + SP como uma minioração prepositiva que se adjungia, nos primórdios do português, principalmente a verbos, mas também a alguns tipos de nome, adjetivo e advérbio.

O REDOBRAMENTO PRONOMINAL, A MINIORAÇÃO E O PROCESSO DE "DEÍSMO"

As estruturas de redobramento pronominal exemplificadas de (42) a (44) funcionam como uma minioração.

A minioração formada pelo clítico locativo [en + de SN]

A minioração contendo o clítico locativo redobrado [*en* + *de* SN], quando se vinculou a verbos, passou por um longo processo de gramaticalização, já estudada na seção "Etapas de mudança de *ende*" deste capítulo.

Os exemplos da estrutura [V-*en*] se apresentam espalhados por todas as classes mencionadas mais anteriormente e são em grande quantidade. Selecionei uma quantia razoável deles para se poder fazer uma ideia de sua importância no Português Arcaico.

(42) O clítico locativo *en* com verbos-núcleo do predicado:
    (a) [XIII CA 558:2] *Que a torto foi ferida! / nunca **én** seja guarida!*
    (b) [XIII CA 558:5] *Que a torto foi malhada! / nunca **én** seja vingada! / Ca non ama!*
    (c) [XIII CA 615:13] *Porque sol dizer a gente / do que ama lealmente: / "se s'**én** non quer enfadar, / na cima gualardon prende," / am'eu e sirvo por ende;*
    (d) [XIII CA 642:11] *Mais en gran sandez andava / eu, quando me non pagava / de con tal senhor viver, / e que melhor ben querria! / E m'**end**' ora pagaria!*
    (e) [XIII CA 649:8] *Quen omen sabe ben querer / já mais servid[a] **én** será; [...]*
    (f) [XIII CA 651:13] *[...] E, certas, sabiádes / ver amor non desejei; / e se vos end'al cuidades, / ben leu tort'**én** prenderei!*
    (g) [XIII CA 666:18] *[...] ca mentr'eu vosso desamor oer', / com'og'eu ei, [e por a]mor tever'/ vosco tan mal mia fazenda, com'eu / tenho con vosco, [non me será] greu/ de morrer, e prazer-mi-á mais **én** // Ca de viver, [...]*
    (h) [XIII CA 680:4] *Pois eu entendo, mia senhor, / quan pouco proveito me tem / de vus dizer quan grand'amor / vus ei, non vus falar[ei] **én**.*
    (i) [XIII CA 602:8] *Mais de tod'esto non lhe digu'eu ren, / nen lh'o direi, Ca lhe pesará **én** [...]*

Consequências do redobramento do clítico locativo *ende* **219**

(j) [XIII CA 611:9] *Mais em tal mundo ¿ por quê vai morar / ome de prez que s' én pod' alongar?*

(k) [XIII CA 434:9] *E se Deus ouv' o gran prazer / de me fazer coita levar, / que bem s'end' el soube guisar / u me fez tal dona veer, / que me fez filhar por senhor! / e non lh'ouso dizer: "senhor"!*

(l) [XIII CA 667:8] *E pesa-vus de vus amar / eu, e non m'ei end' a quitar , // Entanto com' eu vivo for', / ca non ei poder d' al fazer.*

(m) [XIV CGE2 64:15] *[...] e que aquele hermitã vira estar sobre aquelle cruciffixo hũa pedra qual nũca doutra tal ouvyra fallar, [...]. E disse que a tomaram ende os allarves quando entraron em Mérida [...]*

(n) [XIV CGE3 130:10] *E, se vos teverdes por bem de hyr cõmigo, prazerme hya ende muyto.*

(o) [XIV CGE3 219:2] *De como Airam tomou Almaria e Jeem e Beeça e Arjona e lançou ende os Berberiis.*

(p) [XIV CGE3 383:9] *Mas digote que nõ há homẽ que me descercasse Çamora, fazendo ende levãta meu irmããonque lhe eu nõ desse que quer que me demandasse.*

(q) [XIV CGE4 53:17] *[...] e que por esto nõ foy elle a Laedo: por que soube que vós erades tornado, ca o nõ fez por outro mal; e que se quer ende salvar em qual maneira vós teverdes por bem e mãdar vossa corte.*

(r) [XIV DSG 49:5] *[...] e desnuou-se da vestidura que tragia e deitou-se ora antr'as espĩhas ora antr'as ortigas e andou-se envolvendo desnuado assi nas espinhas como nas ortigas. E tanta foi a coita e a door que ende recebeu que todo o deleito e o prazer que ouvera da molher [...] perdeu-o [...]*

(s) [XIV LLD 71:4] *[...] Gil Martins Zote, que foi casado com fillia de Martim Afonso Alcoforado, e houve ende uma filha que [...]*

(43) O clítico locativo *en* com verbo suporte + nome:

(a) [XIII CA 151:2] *Ir-vus queredes, mia senhor, / e fiqu' end' eu com gran pesar, / que nunca soube ren amar / ergo vós, dês quando vus vi.*

(b) [XIII CA 23:15] *[...] pois a mi contra vos mester non ten / nulha cousa, dizede-me ũa ren: / ¿que farei eu, desaconselhado? // E já m'end'eu ben sõo sabedor , / macar mi-o vos non queirades dizer: / morrer cativo, desamparado!*

(c) [XIII CA 297:4] *Se vus eu ousasse, senhor, / no mal, que por vos ei, falar, / des que vus vi: a meu coidar, / pois fossedes én sabedor , / doer-vus-iades de mi.*

220 Fundamentos sintáticos do Português Brasileiro

(d) [XIII CA 304:12] *Por vosso prez e por Deus, mia senhor, / e por mesura e por quanto ben / vus el foi dar, rogo-vus eu por én, / que, se vus og' eu faço pesar i / em vus amar, mia senhor, mais ca mi, / que me non façades **én** sabedor.*

(e) [XIII CA 424:8] *E non pode per mi saber meu mal / sen devinhá'-lo, nen ei **én** pavor, / nen já per outr', enquant' eu vivo for', / o que eu cuid', e digo que cuid' al, / pois que eu punho sempr[e] e'-no negar,/ maldito seja quen mi-o devinhar!*

(f) [XIII CA 15:12] *E per boa fé, mia senhor, / por quite me tenh' eu d'aver / vosso ben, enquant' eu viver', / nen al en que aja sabor. / Mais vos en preito sodes **én**, / ca me vus non quit' eu por én, / de vosso vassalo seer; [...]*

(g) [XIII CA 223:10] *E mia senhor, al vus quero dizer / de que sejades ende sabedor: / non provarei eu, mentr'eu vivo for', / de lhe fogir, ca non ei **én** poder / ca pois mi-Amor ante vos quer matar, / matar-xe-mi-á, se me sen vos achar'.*

(h) [XIII CA 397:12] *E non queredes que vus eu fal' i! / E non poss' eu muito viver assi / que non moira mui ced' **én** com pesar , / Que ei mui grande d'esto, mia senhor: [...]*

(i) [XIII CA 403:4] *Coit'averia, se de mia senhor, / quando a visse, coidass[e] aver ben, / e non poder' eu veê'-la per ren! / Pois **end'** agora tan gran coita ei, / como se d'ela ben cuidass' aver, / non morreria mais pola veer, [...]*

(j) [XIII CA 105:17] *Ca se el vir' o seu bon semelhar / d'esta senhor, por que mi-a min mal vem, / non m'ar terra que m'eu possa per ren / d'ela partir, enquant' eu vivo for', / nen que m'**end'** eu tenha por devedor , / nen outr'ome que tal senhor amar'.*

(k) [XIII CA 338:7] *[...] mais quando cuid' en qual mia senhor vi, / entanto viv', e entanto vivi, / e tenho m'**end'** as coitas por pagado .*

(l) [XIII FR 269:26] *Se alguu abrir fossa ou silo ou poço en carreyra ou en praça ou enoutro logar onde dano possa uijr, nõna leyxe descoberta, mays cobraa de guisa que os que passarẽ per ella nõ lhys uenha **en** mal nẽ dano nẽ perda.*

(m) [XIV CGE2 239:26] *E, pois que esto avemos de fazer e a guerra tragemos antre as mããos, nõ compre a cada hũũ de nos metersse a fazer algũa vileza, ca o Nosso Senhor Jhesu Christo ama toda limpeza e há **em** ódio e avorrece toda çugidade e crueldade.*

(n) [XIV CGE4 146:1] *E o Cide pos a mãao pella barba, segundo avya ẽ custume.*

(o) [XIV CGE4 150:4] *– Pois que vós dizedes que as filhas do Cide nõ eram pera seer vossas molheres nẽ vossas parelhas, por que me pedistes por*

mercee que vos casasse com ellas? Bem devedes de entender que errastes,
pois que tiinhades em coraçõ de as desonrrar e leixar. [...] *E porẽ mando*
agora aos do Cide que vos <u>metã</u> **ẽ** <u>culpa</u> *quanto poderẽ com razõ.*

(p) [XIV CGE4 482:12] *E el rey* <u>ouve</u> **ende** <u>gram despeito</u> *e prometeulhes que, se*
punhassem de vedarlhes aquel passo, que lhes faria poren muytas mercees.

(44) O clítico locativo *en* com nomes não deverbais:
    (a) [XIII CA 28:5] *Par Deus, senhor, sei eu mui ben / ca vus faço mui gran*
    pesar / de que vus sei tan muit' amar. / Mais se o sei, non ar sei ren /
    Per que **end'** <u>al</u> *possa fazer / enquant' eu no mundo viver'.*
    (b) [XIII CA 280:4] *Senhor fremosa, vejo-vus queixar / porque vus am' e amei,*
    pois vus vi; / e pois vos d'esto queixades de mi, / se **én** <u>dereito</u> *queredes*
    filhar, / aque-m'aqui eno vosso poder!
    (c) [XIII CA 309:8] *Pero sei ben, u non jaz al, / que lhes verrá* **én** *muito mal,*
    / que os non pod' **én** *guardar* <u>ren;</u> [...]
    (d) [XIII CA 457:8] *E esta coita, 'n que eu viv' assi, / nunca* **én** <u>parte</u> *soube*
    mia senhor; /
    (e) [XIII CA 651:12] *E, certas, sabiádes / ver amor non desejei; / e se vos*
    end' <u>al</u> <u>cuidades,</u> */ bem leu tort' én prenderei!*
    (f) [XIV:1333 HGP 53:32] [...] *por libras doze pequenas desta moneda del*
    Rey dom Afonso, das quaes me outorgo por bem pagado e rrenũço a
    toda exçepçõ que nũca **ende** *diga* <u>o</u> <u>contrario</u> *e d'aqui endeante façades*
    della uosa uoõtade para senpre.
    (g) [XIV:1322 HGP 154:5] *Et nõ tomaredes y amádigo nẽ outro señorio contra*
    nossa uoontade e se **ende** <u>al</u> *fezerdes que uos rrecebam o casar.*
    (h) [XIII DPNL 96:22] *Si aliquit uenerit com debitas que nõ seiã cunucudas*
    facã **inde** <u>ueritate</u> *{{eg}} e pagẽlas.*
    (i) [XIII:1294 DPNL 365:18] *E o dito váásco rrebolo disse. que nũca aquela*
    carta mãdara fazer nẽ sabya **ẽde** <u>parte.</u>

(45) O clítico locativo *en* com nomes quantificados:
    (a) [XIV:1345 HGP 258:20] [...] *portadores ou portador desta precuraçõ*
    para por nos e em nosso nome e do dito nosso moesteyro parar e re-
    ceber e procurar e menistrar e arrẽdar e uẽder os fruytos e dereytos
    que nos auemos d'auer e receber da nossa herdade d'Agoas Belas e
    para receber **ende** <u>o preço</u> *e para põer hj em seu logo e em nosso nome*
    algũa pessoa que [...]
    (b) [XIV CGE4 99:5] [...] *de guisa que, antre os que morrerõ na batalha e os*
    do encalço e os do ryo, nõ ficarõ **ende** <u>dous mil.</u>

222 Fundamentos sintáticos do Português Brasileiro

    (c) [XIV DSG 28:12] [...] *e mandou que se fossen todos ende, tirado **ende** hũũ* <u>*menĩho pequeno*</u> *que hi ficou.*

    (d) [XIV DSG 32:22] *E todos aqueles beschos que na horta andavan e as verças comian partiron-se do horto e nunca **ende** hi* <u>*hũũ*</u> *ficou.*

(46) O clítico locativo *en* com adjetivos e advérbios:

    (a) [XIII SG 1:3] *El rei, que* <u>*era*</u> ***ende** mui* <u>*ledo*</u> *honrou-os muito e feze-os mui bem servir,* [...]

    (b) [XIII CA 39:21] *E dê-me poder de negar / sempr'a mui gran cuita que ei / por vos aas gentes que sei / que punhan en adevinhar / fazenda d'om' e 'n'a saber. / E os que esto van fazer, / Deu-los leix'**end[e]*** <u>*mal*</u> <u>*achar.*</u>

    (c) [XIII CA 381:15] *Porque cuidava se viss(e) un pesar / de quantos vej' ora de mia senhor, / que* <u>*morreria*</u> ***én** pelo* <u>*mẽor*</u> *, / dereito faç' en me maravilhar, / pois todo vejo quanto receei, / como non moiro, se de morrer ei?*

    (d) [XIII CA 497:10] *– "E senhor, dizen, pero vus tal ben / quero que moiro, que ren non me val, / ca vos dizedes d'est' amor atal / que nunca vus **ende** se non* <u>*mal*</u> <u>*vem.*</u>*" – "Dizen verdad', amig', e pois é mal, / non i faledes, ca prol non vus tem!"*

    (e) [XIII CA 584:4] *Tal sazon foi que me tev' en desden, / quando me mais forçava seu amor; / e ora, mal que pés a mia senhor, / ben me fará, e* <u>*mal-grad'*</u> <u>*aja*</u> ***én**, / ca meu ben é d'eu por ela morrer / ante ca sempr' em tal coita viver.*

    (f) [XIII CA 610:12] *Quand'est'eu cat', e* <u>*vej'*</u> ***end'** o* <u>*melhor*</u> *, / ¿ por quê me non vou algur esterrar, / se poderia melhor mund' achar?*

    (g) [XIII CA 308:10] *Ca me fez Deus coitas saber, / porque mi-as fez todas soffrer, / e* <u>*tenh'*</u> ***end'** esta* <u>*por mayor.*</u>

    (h) [XIV DSG 36:17] *E pois ouvio o queixume que o romeu fazia do bispo, e ainda pera* <u>*seer*</u> ***ende** mais* <u>*certo*</u>*, preguntô-o e convidô-o pera as pousada* [...]

    (i) [XIV CGE3 428:14] *– Vaxenos a gã%ãça! E, se o souberem de Turuel primeiro que nos, sua seera a prol e a honrra, e nos nõ averemos **ende*** <u>*nada*</u> *nem cobraremos nẽ hũa cousa de quanto mal nos hã feito.*

Essas fases e estágios são aqui apresentados de modo linear, para uma melhor compreensão de seu mecanismo, mas isso não quer dizer que eles tenham ocorrido sucessivamente. Sua implementação apresenta certa regularidade, embora o resultado tenha uma aparência caótica, visto que todas as fases se apresentam ao mesmo tempo, conforme a minioração vai atingindo tipos de verbo diferentes. Sempre existe um contexto em que a gramaticalização começa, depois atinge setores que são afins e, por último, se se tratar de uma gramaticalização mais profunda, passa a atingir qualquer outro contexto, fugindo então do âmbito inicial e atingindo os mais diversos ambientes.

O processo de "deísmo"

A gramaticalização da minioração contendo o clítico redobrado *en* desencadeou no português um forte processo de mudança que afetou vários setores da sintaxe:

1. transitivizou verbos, advérbios (*diante de*, *atrás de*, *em pós*, *de pós*, *des de*), adjetivos e nomes, deverbais ou não;
2. criou a nova conjunção *porém*;
3. desencadeou o processo de deísmo, que culminou com o surgimento de outro processo ora em curso, o dequeísmo, e a criação da nova conjunção *de que*;
4. contribuiu para o surgimento de expressões introdutórias de tópico discursivo, em que *en* locativo se incorporou a alguns verbos e a alguns quantificadores (como *en tanto* > *entanto*, *en quanto* > *enquanto*);
5. construiu-se com o gerúndio, como em *em falando*, construção hoje considerada como preposição + gerúndio, embora essa preposição seja na verdade um pronome clítico locativo reanalisado;
6. substituiu o pronome locativo *hi* em várias transitividades de verbos (*fazer hi*, *haver hi* /*fazer ende*, *haver ende*, *des hi* > *des em*, *des enton*).

A explicação do dequeísmo como cruzamento sintático ou troca de regência verbal deve-se ao fato de que os autores consideraram só os exemplos da segunda fase. Insisto em que a ausência de uma perspectiva diacrônica dificultou a percepção do fenômeno.

A seguir, estudaremos os contextos em que o deísmo ocorre.

Ambientes em que ocorre o "deísmo"

Passo a documentar o processo do "deísmo". Primeiramente vai ser mostrado esse processo nos verbos, em seguida nos diversos tipos de nome e, por último, nos adjetivos e advérbios.

1. Verbos com complementos encabeçados pela preposição *de*

A quantidade de verbos que aparece com o sintagma preposicionado encabeçado por *de* é muito grande. Reuni aqui uma pequena quantidade deles apenas para se ter uma ideia de quais são:

(i)   Verbos impessoais: *acaecer* "acontecer", *avir*, *prazer* "sentir prazer", *parecer*.

224 Fundamentos sintáticos do Português Brasileiro

(ii)   Verbos reflexivos: *nembrar(-se)* "lembrar-se", *salvar-se, trabalhar-se, alongar-se, cousir-se, doer-se, enfadar-se, guisar-se* "arrumar-se"/"preparar-se", *guardar-se, pagar-se* "encantar-se", *partir-se* "quebrar-se"/"ir embora", *quitar-se, queixar-se, salvar-se.*

(iii)   Verbos de movimento: *arredar* "afastar-se", *alongar, escapar, ir-se, levar, levantar, lançar* "expulsar", *partir(-se), sacar* "tirar", *sair-se, tirar, vir.*

(iv)   Verbos "auxiliares" e de suporte: *fazer-se sabedor, fazer al, ficar com pesar, filhar dereito, guardar rem, haver, haver de, haver pavor, haver poder, haver coita, morrer com pesar, poer grado, seer sabedor, seer em preito, ter, ter-se por devedor, ter por bem.*

(v)   Verbos transitivos: *andar, atender* "esperar", *ajudar, curar* "cogitar", *cuidar* "pensar", *deitar* "tirar", *desenganar, espantar, escapar, escolher, falar, fugir, fazer, guarir, livrar, loar, levar, outorgar, osmar, prender* "tomar", *pesar, prometer, preguntar, posfaçar, receber, recear, saber, servir, sofrer, tomar, tolher, trameter, vingar.*

Passo a exemplificar essas construções.

(47)   Verbos com complemento encabeçado pela preposição *de*:
(a) [XIII CA 335:1] **D'estas coitas** eu <u>podia</u> <u>falar</u> / come quen as padece cada dia; /
(b) [XIV CGE2 226:7] [...] *aa hora de meo dya, hũũ eclipsse enno sol tan grande que pareceron as estrellas enno ceeo; e <u>foron</u> **dello** muy <u>espantados</u> todollos moradores d'Espanha.*
(c) [XIV CGE4 112:26] *E a el rei <u>prougue</u> muito **do que o Cide lhe mandara dizer** [...]*
(d) [XIV CGE4 39:18] *Quando os mouros andaluzes virõ como os matavã os mariis e lhe tomavã os senhores e tomavã as villas sẽ razõ, <u>pesoulhes</u> muyto **do amor que cõ elles avya**, ca mais se temyã delles que dos cristããos.*
(e) [XIV CGE4 270:2] [...] *foronse pera el rey dom Fernando de Leon que era seu tyo e conselharõno que, en quanto o moço era pequeno, que lhe tomasse o reyno. E elle <u>trabalhousse</u> **dello** quanto pode e tomoulhe villas e castellos e [...]*
(f) [XIV CGE4 321:5] *E por esto <u>se trabalhou</u> **de os sacar da cidade per arte**.*
(g) [XIV LLD 87:13] *E dona Sancha Peres da Veiga, [...], casou com Martim Viegas de Sequeira e nom <u>houve</u> **del** <u>sémel</u>, [...]*
(h) [XIV CGE2 61:7] *E Aariz he villa em que moraron os barboros e [...]. E **dally** <u>sacam</u> muyto vermelhon e muy bõõ [...]*

(i) [XIV CGE4 45:23] [...] *e que, cada que o ouvesse mester, que verria a seu serviço sem sua custa e que tanta guerra faria aos mouros e assi os combateria que toda a terra lhes estragaria.* **Desto** _prougue_ *muyto a el rey e* [...]

(j) [XIV DSG 13:1] *E* **da virgen vassala de Nosso Senhor que jaz coitada da féver que á**, *non* _curedes_, *ca des aqui en deante non averá féver, nen Basilio demandará.*

2. Nomes com complementos encabeçados pela preposição *de* (indico entre parênteses a classe regente)

(i) Nomes deverbais: *coita* (haver), *culpa* (meter), *devedor* (ter por), *lezer* (haver), *prazer* (haver), *preito* (ser em), *pesar* (com), *parte, perda* (haver), *sabedor* (ser, fazer-se) etc.

(ii) Nomes não deverbais: *al* "tudo"(haver, fazer, cuidar), *contrário* (dizer), *custume* (haver), *direito* (filhar, haver), *despeito* (haver), *dano* (haver), *ódio* (haver), *mal* (haver), *pavor* (haver), *poder* (haver), *pesar* (ficar com, morrer com), *prol* (haver), *rem* "coisa" (haver, dizer, guardar), *sabor* (haver), *senhor* (ser), *verdade* (fazer, dizer), *vontade* (ter) etc.

(iii) Nomes quantificados: *ambas, duas cubas, dizimo, meio, meiadade, mais quarteiro, quarto, quinto, quatro morabitinos, quanto(s), três moios, terça, todo, tantos* etc.

Exemplos:

(48) Verbo suporte + nomes com complementos encabeçados pela preposição *de*:

(a) [XIII CA 511:4] [...]; *ca non sei / oj' outra ren com que visse prazer, / pois m'el non quis nen quer d'el defender / e* **de meu mal** _ouve_ tan gran _sabor_, */ mentr' eu viver', sempre o servirei, / Pois ei gran coita, que me dê mayor, // Com que moira!*

(b) [XIII CA 371:14] *E des quand' ela* _fosse_ _sabedor_ / **do mui gran bem que lh'eu quis**, *poi'la vi, / pero me mal ar quisesse, des i / terria-m'eu que estava melhor: / ca me non quis nunca, nen quer, crer / per nulha ren, que lhe sei bem querer.*

(c) [XIII CA 494:12] *Ca pois eu ei tan gran coita d'amor / de que já muito non posso viver, / muit'é ben saberen, pois eu morrer', / que moiro con dereit': e* _gran sabor_ / _ei_ *eu* **d'esto**; *mais mal baratará, / pois eu morrer', quen mia senhor verá, / ca morrerá com[o] eu moir', ou peor!*

226 Fundamentos sintáticos do Português Brasileiro

(d) [XV:1407 HGP 97:24] *Et por que esto seia certo, nos as ditas partes ro-*
gamos a Juã Fernandes de Gonçe, notário publico de terras de Saujñao
*et Sardineyra por lo señor o conde don Fadrique que faça **delo** duas*
cartas as mays firmes que poder, anbas em hũ teno, [...]

(e) [XIII:1290 HGP 200:27] *Et **de todas estas cousas** o çelareyro sobredito*
pediu este publico estrumẽto a mĵ, dito notario, [...]

(f) [XIII:1273 DPNL 119:8] *Em testemoiiu [sic] **da qual cousa** demos a ele*
esta carta séélada de nossus seelus.

(g) [XIII:1300 DPNL 163:27] *[...] e so tal cõdiczõ que esse dõ Gonçalo mendez*
*tẽhá esse casal ẽ toda as uida e receba **ende** todolos frutos e as Rendas*
e os dereitos.

(h) [XIV CGE3 428:14] *– Vaxenos a gããça! E, se o souberem de Turuel*
primeiro que nos, sua seera a prol e a honrra, e nos nõ averemos ende
*nada nem cobraremos nẽ hũa cousa **de quanto mal nos hã feito**.*

(i) [XIV CGE4 267:1] *E el rey dom Sancho ouve **dello** muy grande pesar e*
sacou logo sua hoste e foisse pera Sam Fagundo [...]

3. Adjetivos e advérbios com complementos encabeçados pela preposição *de*

(i) Adjetivos: *alegre* (ser), *certo* (ser), *coitado* (ser), *creudo* (ser), *grave* (ser),
ledo "alegre" (ser), *maior* (ter-se por), *menor* (morrer pelo) etc.

(ii) Advérbios: *fora, mal* (vir, achar), *mal-grado* (haver), *melhor* (ver), *nunca,*
nada (haver), *pior* (estar), *perto* etc.

Exemplos:

(49) Adjetivos e advérbios com complemento encabeçado pela preposição *de*:
(a) [XIII CA 176:1] ***De quantos** mui coitados son,/ a que Deus coita faz aver,*
/ min faz mais coitado viver.

(b) [XIII:1279 DPNL 136:19] *[...] por seruiço que de uos reçebemos conuẽ a*
ssaber. por entrada. hũu. meio. maravedi. e hũu. carne[yro] e hũa fogaça.
*e por [Entrada] Reuor[a] x. soldos. ca tanto a nos e a uos prouge e **do***
***preço** nõ ficou nada por dar.*

(c) [XIV CGE4 352:21] *E ella rogouhos que recebessem seu filho por rey e*
*elles forom **dello** muyto alegres.*

FORMAÇÃO DO DEQUEÍSMO NAS ORAÇÕES RELATIVAS

Neste item, vou responder às questões anteriormente formuladas, sobretudo (1) como apareceu a preposição *de* antes do pronome-conjunção *que*? (2) quais são as várias possibilidades de dequeísmo nas orações relativas?, e verificar se esse conjunto *de que* já se apresentava, ou não, como uma nova conjunção.

Apesar de a oração relativa ser uma herança latina e se pressupor que já tivesse chegado a uma relativa estabilidade, visto tratar-se de uma senhora entrada em anos, ela apresentou, na fase arcaica do português, um vigor jovial e uma capacidade enorme de alterações. No Português Arcaico, ela se apresentava ainda em fase de definição e passou por momentos turbulentos quando seus constituintes resolveram se envolver com um mero clítico, o nosso *en*, que apresentava um pretensioso redobro. Esse casamento trouxe mudanças incríveis para a milenar relativa.

As mudanças se devem a dois fatores: (i) instabilidade do pronome-conjunção *que*, e (ii) a presença do clítico locativo redobrado *en* tanto na oração em que se encontrava o antecedente do pronome relativo como na própria oração relativa. Vejamos o primeiro dos fatores.

Como apareceu a preposição *de* antes das orações relativas?

A oração relativa é introduzida por uma classe instável, que concentra duas propriedades gramaticais: como pronome, retoma um antecedente e desempenha um papel argumental na oração; como conjunção, encaixa uma oração num SN.

Meus dados mostram desde um relativo que preserva suas propriedades de pronome e de conjunção até um relativo que perde suas propriedades pronominais, o que se evidencia quando figura o locativo *en* na oração relativa – esse parente longínquo das relativas copiadoras.

Nos exemplos em que o relativo preserva suas propriedades, ele pode figurar contíguo ou afastado do SN antecedente, conforme demonstrado a seguir.

(50) Relativo contíguo a SN:
 O Galaaz que *chegou é aquele mesmo que deixou a moça do castelo na mão.*

(51) Relativo afastado de SN:
  (a) [XIII CSM1 68:6] *Non pod'errar nen falecer / que[n] loar te sab'e temer. / Dest'* ***un miragre*** *retraer / quero,* ***que*** *foi en França.*
  (b) [XIII FR 234:28] *Se o marido der* <u>*algũa cousa*</u> *a sa molher* ***que*** *lla possa dar e ella* [...]

228 Fundamentos sintáticos do Português Brasileiro

Pode-se supor que o afastamento do relativo em relação ao SN traz problemas em seu processamento, e por isso alguns pronomes começam a figurar no interior das orações relativas. Esses pronomes são correferenciais com o seu antecedente, copiando-o. Parece que o primeiro a ocupar essa posição teria sido o clítico *en*. Outros pronomes são o demonstrativo e o pronome pessoal – esta uma sintaxe que se acentuaria no PB:

(52) Perda da pronominalidade do relativo: primórdios do pronome-cópia:

(a) [XIII FR 220:17] *E quando ueerem a ydade leyxelhes todo o seu per escripto deãte o alcayde e os omees boos assy como a recebeu e délhys conto dos fruytos* **que ende** *recebeo.*

(b) [XIII:1295 HGP 201:11] *[...] conteeudo em hũa carta* **que ende** *he feyta per Giral Domĵguez [...]*

(c) [XIII FR 244:3] *E se lhy lha non der, peyte o dano dobrado* **que ende** *veer aquel a que non deu a carta.*

(d) [XIII FR 255:6] *E o meyrinho ou o sayon que mays toma do dizimo perca todo o dereyto* **que ende** *auia d'auer.*

(e) [XIII FR 138:23] *E mandamos que* **aquel** *a* **que o** *adusserẽ em apenhoramẽto que o recabede e o tenha el de que trouxer que nõ fuga [...]*

(f) [XIV CGE2 47:10] *E em Ouriba há muytas fontes corredias e nacen hy muytas auguas deffesas* **que as** *nõ ousam a fylhar.*

(g) [XIV CGE2 57:19] *E há hy dous celeytes e de hũũ ao outro estam tam maravylhosos lavores* **que os** *nom há ẽ Espanha tanto.*

(h) [XIV CGE2 74:6] *E en seu termho há hũũ monte muy alto e muy defendente* **que** *em outro tempo se acolheron* **a elle** *muytas gentes e [...]*

(i) [XIV CGE2 132:21] *Logo que el rey Allarico foy morto, alçarom os Godos por rey Ataulfo, seu coyrmãão,* **que o** *parecia muyto en todo.*

(j) [XIV CGE3 346:21] *[...] e outrossi a todollos outros homẽẽs* **que** *vollo forem demãdar, [...]*

(k) [XIV CGE4 110:26] *– Senhor, ainda vos ẽvya hũa tenda que foy del rei Unez,* **que** *nunca a homẽ vyo melhor.*

Outro lado da instabilidade do pronome-conjunção *que* foi sua especialização, desaparecendo as formas que com ele conviviam (*ca, u, onde* e *unde*), firmando-se as formas *qual, quem* e *cujo*, além de *como* e *quanto*, seguidas ou não de preposições.

O processo de queísmo, portanto, é mais amplo do que se imagina, pois abrange as orações relativas do Português Arcaico e do Português Contemporâneo, não interessando no Português Arcaico que pronome apareça, como exemplifico a seguir:

Consequências do redobramento do clítico locativo *ende* **229**

(53)

  (a) [XIII CSM1 15:8] *E desto vos quer' eu ora contar, segund' a letra diz, / um mui gran miragre que fazer quis pola Enperadriz / de Roma, segund' eu contar oý, per nome Beatriz, / <u>Santa Maria, a Madre de Deus</u>,* **onde** *este cantar fiz, / que a guardou do mundo, que lle foi mal joyz, / e do demo que, por tentar, a cuydou vencer.*

  (b) [XIII CSM1 2:12] *E macar eu estas duas non ey / com' eu querria, pero provarei / a mostrar ende un pouco que sei, / confiand' en <u>Deus</u>,* **ond'** *o saber ven, / ca per ele tenno que poderei mostrar do que quero algũa ren.*

  (c) [XIII CSM1 32:15] *O monge da dona / non foi connoçudo, /* **onde** *prazer ouve, / e ir-se quisera;* [...]

Ao mesmo tempo em que se despronominaliza, o relativo perde também suas propriedades de conjunção. Como conjunção, aumenta-se a frequência de seu uso preposicionado. Então ele pode ser acompanhado de preposições como *em, com, de* e *a*.

Quais são as várias possibilidades do dequeísmo?

As preposições mencionadas anteriormente tinham uma particularidade muito interessante: uma mesma preposição (i) podia ser subcategorizada pelo SN antecedente, (ii) podia ser subcategorizada pelo verbo da oração relativa, ou (iii) podia ser subcategorizada, ao mesmo tempo, pelo SN antecedente e pelo verbo da relativa. É o que Kato (1993b) chamou "*de* ambíguo".

Esses diferentes contextos indicam que a fronteira sentencial da relativa pode se apresentar de vários modos: no primeiro caso a preposição pertence ao antecedente, no segundo, à oração relativa, e no terceiro pertence tanto ao antecedente como à oração relativa. Explicando melhor, quando a preposição

(i) pertence ao antecedente, não se tem dequeísmo, pois a fronteira sentencial passa entre a preposição e a conjunção relativa, representável assim: [... SN *de*] # [*que*...];

(ii) está contida na oração relativa e sofre deslocamento, ingressando na fronteira sentencial da relativa, como em [... SN] # [*de que*...], tem-se o dequeísmo e

(iii) está contida tanto no antecedente como na relativa, ficando assim: [... SN *de*] # [*de que*...].

Vejamos essas três possibilidades com mais detalhes.

230 Fundamentos sintáticos do Português Brasileiro

1. O falso dequeísmo

Quando o antecedente do relativo subcategoriza um complemento com *de*, tem-se o falso dequeísmo; a oração relativa é iniciada pela conjunção *que*, podendo-se reconhecer que essas relativas apresentam o processo de *queísmo*. Vejamos alguns exemplos.

(54) O clítico locativo *en* na fase A, a redobrada:
    (a) [XIII CA 35:1] *De quant' eu sempre desejei / de mia senhor, non **end'** ei ren; / e o que muito receei / de mi-avĩir, todo mi-aven:* [...]
    (b) [XIII FR 220:14] *E filhe **ende** pera sy meesmo o dyzymo **de** quanto eles ouuerẽ per razõ de seu trabalho.*
    (c) [XIV CGE4 484:6] [...] *que lhe dariam o alcacer da villa que o tevesse elle e que ouvesse as rendas todas, assi como as avya Miraamolin, e que lhe non queriam **ende** minguar nenhũa cousa [Ø = **de**] quanto el soya aver e* [...]

(55) A preposição *de* na fase B, a simplificada:
    (a) [XIII CA 291:8] *A mia senhor gran pesar á / **de** que lhe quer'eu mui gran ben, / e a min gran coita m'én vem:* [...]
    (b) [XIII CA 667:6] *Oimais non sei eu, mia senhor, / ren per que eu possa perder / coita, nos dias que viver', / pois vos non avedes sabor / que vus eu diga nulha ren / **de** quanto mal me por vos ven.*

2. O dequeísmo, afinal

O que temos agora é a preposição *de* subcategorizada pelo verbo da oração relativa. Nunca é demais lembrar que essa preposição encabeça o SP redobrado pelo clítico *en*.

Os seguintes exemplos documentam a reunião da preposição com o pronome relativo no interior da oração correspondente:

(56)
    (a) [XIII FR 240:29] *Qvem algũa cousa doutrin receber <en> encomẽda essa meesma cousa seya teudo de entregar aaquel **de que** a recebeo e nõ seya ousado de a usar e(n) nehũa maneyra* [...]
    (b) [XIII FR 191:4] [...], *e daquelha demanda for uençudo per iuyzo, nõ <a> possa mays demandar per aquella razõ **d[e] que** foy uençudo;*
    (c) [XIII FR 248:5] *E o que as tomar se morrer ante do prazo, seus herdeyros seyã teudos de conprir aquello **de que** el era teudo de conprir se nõ morresse e* [...]

Consequências do redobramento do clítico locativo *ende* **231**

(d) [XIII FR 258:26] *Se aquel que é teudo de pagar a outr͠ı e lhy der en paga besta ou outra cousa **de que** o outro seya pagado, ualla e nõ lha possa mays demandar.*

(e) [XIII FR 287:12] *E este que a ten iure que o nõ sabia que aquel* [de] *que a ouue se a ouue de maa parte ou de furto.*

(f) [XIII FR 255:8] *E se peruentura tal for a cousa **de que** se deue a fazer a entrega que nõ aya y pẽa,* [...]

(g) [XIII CA 69:4] *Entend' eu ben, senhor, que faz mal-sen / quen vay gran ben querer quen lh'o non quer, / e quen deseja muit' ata[l] molher / **de que** non cuida jamais <u>aver ben</u>, / e mia senhor, tod' est' a mi aven / de vos;* [...]

(h) [XIV DSG 2:22] *E quando torno mentes empós min, vejo a riba do mar **de que** me parti e sospiro por ela* [...]

(i) [XIV CGE2 9:14] *Mas da terceira parte, que he Europa, queremos aquy falar mais largo por que tange aa estoria d'Espanha **de que** avemos de contar en este livro.*

(j) [XIV CGE2 61:6] *[...] e em seu termho he o monte em que há o vyeiro **de que** sacam o azougue e* [...]

(k) [XIV CGE3 230:1] *E, quando esto ouve sabido Ydris, o irmãão d'Ally, **de que** já avemos dicto, o qual era adyantado de Cepta, como era morto seu irmãão e o reyno desemparado, passou logo ho mar e veo logo em Mallega e* [...]

(l) [XIV LLD 98:4] *E dona Sancha Martins, [...] depois que lhe morreo dom Gonçalo Rodrigues de Nomães com que seía casada, e **de que** havia seus filhos que* [...]

(m) [XIII PT 58:17] *E, segundo, com' a mi parece, / comigo man meu lum' e meu senhor, / vem log' a luz, **de que** non ei sabor, / e ora vai* [a] *noit' e ven e cresce;* [...]

(n) [XIII PT 73:19] *Ai, amigas, perdud' an conhocer / quantos trobadores no reino son / de Portugal; já non an coraçon / de dizer ben que soían dizer* [de nós] *e sol non falan en amor / e al fazen, **de que** m' ar é peor, / non queren já loar bom parecer.*

(o) [XIII FR 246:18] *E se mays longe a leuar ou mays tempo a teuer **de quanto** pos cũ el, se morrer ou se perder ou se danar, peyte a besta cono dano e cono alquier assy como suso é dito.*

(p) [XIII FR 249:19] *[...] e desy este que pagou possa demãdar cada huu dos que forõ fiadores cũ el que lhy entreguẽ sa parte **de quanto** el pagou.*

(q) [XIII FR 253:1] *[...] e o que o fezer torne o que penhorar a seu dono e quãto dano lhy ende ueer e porque o prouou, peyte outro tãto **(Ø) quanto** penhorou,* [...] (falta a preposição)

232 Fundamentos sintáticos do Português Brasileiro

Evidências sobre o surgimento da nova conjunção de que

Apontar para o surgimento de uma nova conjunção é o terceiro e último objetivo deste texto. Estou postulando que no século XIII já havia evidências da formação de uma nova conjunção, que teria surgido de alguns contextos diferentes. De novo, são poucas essas evidências, que funcionam, entretanto, como indícios nada desprezíveis.

Num desses contextos, há duas preposições *de* que se fundem. Uma delas subcategoriza o antecedente, e a outra é subcategorizada pelo verbo da relativa. A estrutura que daí decorre é assim representada: [... *de* SN] # [*de que* rel...]. Em seguida, tem-se [... SN] # [*de de que*...] uma fusão das duas preposições iguais, ficando [... SN...] # [*de que*...].

Essa reanálise aponta para provável início da lexicalização de uma nova conjunção – *de que* –, que irá, com o passar do tempo, se aplicar a outros tipos de oração que não só as relativas:

(57)

    (a) [XIII FR 184:6] [...] *e se teue a erdade ou aquella cousa en penhores ou en comenda ou arrendada ou alugada ou forçada, nõ se possa deffender per tempo ca estes taes non son teodores por sy, mays **daquelles de que** as teem.*

    (b) [XIII FR 201:15] *Todo omẽ que casar nõ possa dar a ssa molher en arras mays **do dizimo de quanto** ouuer.*

    (c) [XIII FR 202:1] *E se o padre ou a madre quiserẽ dar arra[s] por seu filho, nõ possa mays dar **do dizimo do que** se pod(e) erdar delles.*

    (d) [XIII FR 208:12] *Outrosy estando en huu se uenderẽ herdade ou conprarẽ outra, os fruytos della seiã d'ambos cõmunalmẽte e a herdade seya **daquel de cuya** herdade foi feyta a conpra.*

    (e) [XIII FR 209:14] *E sse peruentuyra per força de delhuuyos e d'augas tãto crescer o ryo que entre enas terras alheas, aquellas terras fiquẽ por suas **daquell** que as ante tija e **de cuyas** erã.*

    (f) [XIII FR 255:3] *Meyrĩho ou sayõ que ouuer de entregar [a] alguu da diuida que lhi outrĩ deua ou doutra cousa que tenha do seu, non tome pera sy mays **do dizimo da valia de quãto** entregar.*

    (g) [XIII FR 224:20] *Porque manda el rey e a ley que o herdeiro, quer seya fillo quer outro, que nõ demãdar a morte **daquel de que** é herdeyro, non aia nada do que ende deuia auer,*

A lexicalização de *de que* não é um fato único na língua. Em mais de uma situação, um locativo se agrega a um verbo, desdobrando-o em dois, mecanismo descrito como incorporação lexical: português *aver* "possuir", *aver y* "existir"; francês *avoir* "possuir", *y avoir* "existir"; italiano *essere* "ser/estar", *esserci* "existir".

Em suma, sustentei nesta seção que o dequeísmo recentemente "descoberto" na sintaxe do PB tem uma diacronia que se desdobra em diferentes perspectivas: o redobramento sintático, a minioração e o surgimento de uma relativa dequeísta.

O redobramento sintático – neste caso, o do clítico locativo *en* – provê a preposição que vai figurar em diversas estruturas oracionais: as correlatas, as relativas, as substantivas e as adverbiais. Neste trabalho, concentrei-me no dequeísmo das relativas.

O clítico locativo *en* tem *status* de uma minioração, sendo que esta estrutura pode dotar o verbo de um complemento introduzido por *de*. Esse processo teve no Português Arcaico um alcance muito amplo, tornando-se o desencadeador da mudança tipológica pela qual o português passou e ainda está passando: a de mudar de uma língua não configuracional para uma língua configuracional.

Mostrei também a lexicalização de uma nova conjunção, *de que*, já ocorrente com as substantivas (*dizer de que*), prevendo-se sua expansão nas relativas (*o menino de que chegou aí é Fulano*).

Será importante prosseguir na exploração da perspectiva aqui aberta, estudando a diacronia do dequeísmo nas orações substantivas, comparativas e algumas correlatas com quantificadores do tipo *tanto... que, tanto... quanto, tal... que*.

Tal programa de pesquisas poderá ter os seguintes tópicos:

1. A ligação entre o dequeísmo e certas conjunções correlatas, dentre as quais são de interesse para este trabalho as quantificadas, mais antigas, e as comparativas, mais recentes. (i) As conjunções correlatas quantificadas do tipo *(de) quanto... tanto, (de) quanto... tudo, (de) todo... todo, (de) qual... tal* etc., no século XIII, são empregadas sem a preposição *de*, mas há raros exemplos atestando sua existência com essas mesmas conjunções quantificadas, parecendo que essa relação ocorreu bem antes do século XIII. (ii) As conjunções correlatas comparativas do tipo *mais que/ca, melhor que/ca* etc., no século XIII, começam a apresentar uma preposição *de* entre o advérbio e a conjunção *que*.

2. A ligação entre o dequeísmo e as orações relativas. Conjunções relativas acompanhadas de uma preposição *de* é um fato corrente no século XIII.

3. A ligação entre o dequeísmo e as orações subordinadas substantivas. Conjunções integrantes acompanhadas de uma preposição de constituem um fato raríssimo no século XIII.

4. A ligação entre o dequeísmo e alguns tipos de oração adverbial. Um "dequeísmo adverbial" poderá surgir nas construções em que aparece a conjunção *que*, assim que o conjunto *de que* esteja bem gramaticalizado.

Como se pode ver, um trabalho sobre o dequeísmo no Português Arcaico será uma tarefa vasta e demorada. Limitei-me por ora ao estudo das orações relativas, em que

234 Fundamentos sintáticos do Português Brasileiro

esse processo é bem patente. Uma proposta paralela será explicar o surgimento das locuções prepositivas igualmente como um resultado do redobramento pronominal. São por demais documentadas expressões como *en baixo de*, *en cima de*, *en prol de*, *en fora de* etc. Nestes e em muitos outros casos é bem visível a presença do locativo *en* + *de* sn.

Notas

[1] Dados tirados de um quadro de Badia Margarit (1947: 35). Os dados do português foram acrescentados por mim. A abreviatura *arc.* significa arcaico, e *mod.*, moderno. Quando as formas são antecedidas ou seguidas de (-), significa que elas ocupam uma posição proclítica ou enclítica, respectivamente. Quando as formas são antecedidas ou seguidas de ('), significa que elas ocupam uma posição inicial ou final de palavra.

[2] Exemplos tirados de Badia Margarit (1947:108-9).

[3] Exemplos tirados de Badia Margarit (1947: 146-7).

[4] Exemplos tirados de Badia Margarit (1947: 192-3).

[5] Exemplos tirados de Jensen (1986: 317).

[6] Exemplos tirados de Jensen (1990: 437).

[7] Acolhi aqui a divisão do Português Arcaico feita por Rosa Virgínia Mattos e Silva, que reconhece duas fases nesse período: a primeira, que vai desde o aparecimento dos primeiros textos portugueses escritos até por volta de 1390, e a segunda, que começa por volta de 1400 e vai até 1540, aproximadamente.

[8] Os advérbios locativos *ende/en* e *hi* serão considerados aqui neste trabalho como pronomes.

[9] Muitas vezes *porque* pode ter o sentido de "para que": [XIII CSM1 24:8] *Santa Maria amar / devemos muit' e rogar / que a ssa graça ponna / sobre nos, por que errar / non nos faça, nen peccar, / o demo sen vergonna.*

[10] [XIII CSM1 19:10] *Dizend' aquesto, a Emperadriz, muit' amiga de Deus, / vyu viir hũa nave preto de si, chẽa de romeus, / de bõa gente, que non avia y mouros nen judeus.* (que = porque)

[11] Os grifos dos exemplos (1) e (2) são meus. Os exemplos (35a) e (35b) correspondem aos de Mollica (1) e (1'), respectivamente; e os exemplos (36a) e (36b) correspondem aos de (2) e (2') da mesma autora.

[12] Exemplos encontrados em Mollica (1995: 38).

[13] Exemplos tirados de Mollica (1995: 18).

[14] O clítico locativo *en* apresenta também uma variante *ende*. Nos primórdios da língua, se usava o primeiro quando a palavra seguinte começava por consoante, e o segundo quando a palavra seguinte era iniciada por vogal. Em todo o Português Arcaico essa variação no uso das formas não foi mantida, podendo ver-se um pouco dele em cantigas.

Redobramento dos clíticos pessoais e do possessivo

Apresentação

Dando continuidade aos objetivos deste livro, mostro neste capítulo as consequências do redobramento dos pronomes pessoais e dos demonstrativos na gramática do PA e seus reflexos no PB.

Na primeira seção da apresentação do capítulo "Redobramento do clítico locativo *hi* e formação da perífrase de gerúndio e infinitivo preposicionado", mostrei as similaridades entre os clíticos pessoais e os clíticos locativos.

Tais similaridades permitem estabelecer um plano de pesquisas que envolvam as duas classes. Este capítulo resultou dessas considerações.

Clíticos pessoais e seu redobramento

Em três séculos do Português Arcaico, recolhi cerca de 1.143 ocorrências de clíticos pessoais, sendo 583 de clítico acusativo, e 560 de clítico dativo, ambos redobradores de SN/SP. A tabela 17 mostra a distribuição desses clíticos:

Tabela 17 – Distribuição dos clíticos pessoais redobrados no PM

Caso	Séculos XII-XIII	Século XIV	Séculos XV-XVI	Total geral
Acusativo	123/583 **21%**	307/583 **53%**	153/583 **26%**	583
Dativo	175/560 **31%**	179/560 **32%**	206/560 **37%**	560
Total	298/1143 **26%**	486/1143 **43%**	359/1143 **31%**	1143

236 Fundamentos sintáticos do Português Brasileiro

Essa tabela reúne as diferentes estruturas de clítico pessoal redobrado, mostrando que, em relação aos clíticos pessoais não redobrados, nota-se um incremento do processo de redobramento no século XIV, taxa que decai ligeiramente nos séculos XV-XVI, sem retomar, porém, os índices dos séculos XII-XIII. O dativo mostrou-se mais estável que o acusativo.

Levando em conta os resultados da tabela 17, perguntei-me que etapas poderiam ser identificadas em seu processo de gramaticalização.

Etapas de mudança dos clíticos pessoais redobrados

Para responder a essa questão, identifiquei nos dados três etapas de gramaticalização, algumas das quais dotadas de mais de uma fase. Reuni minhas respostas no quadro 4:

Quadro 4 – Etapas da gramaticalização do clítico redobrado[1]

Etapa A Estrutura original, com adjacência estrita dos pronomes	Etapa B Mudanças na estrutura original			Etapa C Permanência do pronome forte
Fase única	**Fase 1:** Estrutura descontinuada, dado o movimento do clítico	**Fase 2:** Estrutura com movimento do pronome forte para a periferia da sentença	**Fase 3:** Estrutura com movimento do pronome forte para fora da sentença	Esta etapa corresponde ao quadro contemporâneo dos clíticos
Estrutura original [V] [cl-SN/SP] [X] [cl-SN/SP] (1a-d)	Estrutura descontínua [V-cl] [SN/SP] [X-cl] [SN/SP] (1e-f)	Estrutura deslocada com (i) [SN/SP] à direita (1g) (ii) [SN/SP] à esquerda (1h-i)	Estrutura topicalizada [SN/SP] # [V-cl] (1j)	Estrutura elíptica [V-cl] [cl-V] ou [SN/SP V] [V SN/SP] (1l) Estrutura simples [V SN/SP]

(1) Exemplos de estruturas com clíticos pessoais redobrados:
- (a) [XIII CEM 105:19] *Dizen que lh' a el mais val / esto que diz, ca non al* [...] (Etapa A, estrutura original)
- (b) [XIV CGE2 127:26] *E forom hy presos ambos e os coudees morrerom hy na batalha*. (Etapa A, estrutura original)
- (c) [XIII CEM 606:10] *[...] e dix' eu log' a eito /esto que sei que vos a vos aven* [...] (Etapa A, estrutura original)
- (d) [XIII CEM 247:1] *Quite-mi a mi meu senhor / e dé-mi un bon fiador / por mia soldade* [...] (Etapa B, fase 1, estrutura descontínua)
- (e) [XIII CA 560:19] *Se m' ela min amasse / mui gran dereito faria* [...] (Etapa B, fase 1, estrutura descontínua)
- (f) [XIII SG 167:20] *E el era tam vivo e tam ligeiro que nom lhes semelhava a elles que era ũu soo omem mas mais de XX* [...] (Etapa B, fase 2, estrutura com SN/SP deslocado à direita)
- (g) [XIII CSM1 246:17] *Desta guisa o teveron fora do camĩo / ata[d]'en hũa gran casa vella, o mesquinno* [...] (Etapa B, fase 2, estrutura com SN/SP deslocado à direita)
- (h) [XIII CA 420:1] *A mia senhor atanto lhe farei* [...] (Etapa B, fase 2, estrutura com SN/SP deslocado à esquerda)
- (i) [XIII CSM1 13:62] *O padre, quand' est' oyu, / creceu-lli tal felonia, / que de seu siso sayu* [...] (Etapa B, fase 2, estrutura com SN/SP topicalizado)
- (j) [XIV DSG 5:43] *– Padre, muito me praz [Ø] do que dizes, mais rogo-te que mi digas se aquele tan santo padre de que suso falasti leixou depôs si algũũ seu discípulo que o seguisse*. (Etapa C, fase 1, elipse do pronome forte)

Vejamos com algum detalhe as etapas aqui mencionadas.

ETAPA A: A ESTRUTURA ORIGINAL

A Etapa A, do redobramento original, tem como característica a adjacência estrita dos dois pronomes, que são correferenciais. Essa etapa, a mais antiga delas e a menos documentada, contém as estruturas redobradas em sua versão primária e em sua posição original, ou seja, adjunta à direita do verbo. Esse tipo de estrutura foi designada aqui de *original* (EO), caracterizada pela seguinte representação: [v] [cl-SN/SP] ou [X] [cl-SN/SP], em que o clítico (cl-) pode ser tanto pessoal (dativo ou acusativo) como um locativo (*hi* ou *en*), e pode vir acompanhado de um sintagma nominal (SN) ou preposicionado (SP). V representa um verbo, e X, um nome quantificado, um advérbio

238 Fundamentos sintáticos do Português Brasileiro

ou um complementizador. Dessa estrutura foram encontrados 78 exemplos com o clítico dativo redobrado, mas nenhum com o clítico acusativo.

Levando-se em conta dados tanto do clítico dativo como do locativo *hi*, dá para se inferir que a EO passou por três momentos: (i) num primeiro momento essa estrutura podia aparecer longe do verbo, mas à sua direita (2a), (ii) num segundo momento essa estrutura já se colocava perto do verbo, ainda à sua direita, independentemente do tipo de oração, e não sofria movimento nenhum – (2b-d) em orações independentes, e (2e-g) em orações dependentes –, e (iii) num terceiro momento ela se tornou sensível a alguns itens que apareciam na oração, passando a se movimentar para perto deles quando se tratava de um complementizador, um advérbio ou um nome quantificado. O dativo redobrado ocorre nesse último momento, que vamos ver logo em seguida.

O terceiro momento da EO, visto com exemplos do clítico dativo, mostra um comportamento bem interessante: todo ele se desloca como se fosse um pronome único, e se posiciona perto do item que desencadeou o deslocamento. Esse deslocamento segue a fase primitiva de cliticização: (i) nas orações independentes o motivo do deslocamento pode ser um nome quantificado ou advérbios como *sempre, nunca*, e, (ii) nas dependentes, é o complementizador. Não foi encontrado nenhum exemplo de clítico pessoal com a EO na sua posição de origem; todos se apresentam deslocados.

A EO com o dativo redobrado ocorre em número muito pequeno com as orações independentes; na verdade, apenas sete:

(2)   Ocorrências do dativo na EO, em orações independentes:
      (a) [XIII CA 754:1] *Toda'-las gentes **mi-a mi** estranhas son, / e as terras, senhor, per u eu ando / sen vos* [...]
      (b) [XIII CEM 253:15] *Deus nunca **mi a mi** nada deu / e tolhe-me bõa senhor* [...]
      (c) [XIII CA 19:15] *E quen **mi-a mi** por de mal-sen, / mia senhor, por esto tever', / direi-lh' eu que faça* [...]
      (d) [XIII CA 615-21] *Que-quer que **mi-a min** gracido / fosse de quant' ei servido* [...]
      (e) [XIII CA 516:3] *[...] pois **mi-a min** Deus non quis, nen mia senhor, / a que roguei de me d'el amparar* [...]
      (f) [XIV DSG 1:38] *Pedro, as lagrimas que eu cada dia deito dos meus olhos e per uso sempre **me a mim** son velhas e pera acrecentamento sempre me son novas* [...]
      (g) [XV CDP 103:8] *[...] quantas pitiçoões **lhe a elle** davom, hiam a mão de Gonçallo Vaasquez de Gooes seu scrivam da puridade* [...]

Exemplos como (2a), (2b) e (2d) servem de indícios para se reconhecer que a localização primitiva desse clítico era depois do verbo, pois, quando ele se desloca, leva consigo outros itens que estão ligados ao verbo, como se pode ver em:

Redobramento dos clíticos pessoais e do possessivo **239**

(2a) *toda'las ...son **mi-a mi** estranhas > toda'-las ... **mi-a mi** estranhas son, ou
(2b) *... nunca deu **mi a mi** nada > ... nunca **mi a mi** nada deu, ou
(2d) *... fosse **mi-a min** gracido ... > quenquer que **mi-a min** gracido fosse.

No caso das orações dependentes, que representam 71 ocorrências, o clítico dativo sempre aparece depois do complementizador, que é o primeiro elemento da sentença, havendo também indícios de que o clítico redobrado teria se deslocado de uma posição à direita do verbo, como em (3b) e (3f), entre outros:

(3) Ocorrências do dativo na EO, em orações dependentes:
    (a) [XIII CA 105:14] *Ca se el vir'o eu bon semelhar / d'esta senhor, por que* **mi-a min** *mal <u>vem</u>* [...]
    (b) [XIII CA 189:8] *E que preto que* **mi-a min** <u>d'ir seria</u> / u ela é, (pero long' é d'aqui)* [...]
    (c) [XIII CA 516:3] [...] *pois* **mi-a min** *Deus non quis, nen mia senhor, / a que roguei de me d'el amparar* [...]
    (d) [XIII CEM 570:19] [...] *se* **me a min** *Deus <u>quisess' atender</u>* [...]
    (e) [XIV DSG 12:1] [...] *ca se non receberan o don do Spiritu Santo que* **lhi a el** *Deus <u>dera</u>, ligeiramente poderian caer en pecado* [...]
    (f) [XIII CA 325:8] *Ca non fora tan gran cousa dizer, /se se* **mi-a min** *ben <u>ouvess' a parar</u> / a mia fazenda* [...]
    (g) [XIII CEM 101:20] [...] *e se* **mi a mi** *a abadessa <u>der</u>/ madeira nova, esto lhi faria* [...]
    (h) [XIV CGE 2156:8] [...] *e sobr'esto pensou de lhes dar algũa terra que se* **lhe a elle** *nõ <u>tornasse</u> ẽ dampno* [...]
    (i) [XV LM 32:4] *mais cuydamos que este sofrimento, que* **lhes os rreys** *assi <u>sofrem</u> do assi correrem, que lhes non ueem senom per algũus frades que muytas uezes lhes fazem conciencia em cousas, que o nom som.*
    (j) [XV VPA1 186:1] [...] *ca, se* **me a mi** *apenas <u>avondavam</u> dous filhos, quanto mais entristecera o padre se de todo em todo nom ficara com el nem ũu* [...]
    (k) [XV CDP 276:25] [...] *se este he o meu filho Joane de que* **me a mim** *algũas vezes <u>fallarom</u>* [...]
    (l) [XV CDF 336:14] [...] *dizendo que sse* **lhe a el** *nom <u>prazia de casar</u> com ella, que tampouco prazia a ella de casar com elle, e tomou d'ello assi estormentos.*
    (m)[XVI A 99:35] *sómẽte Jorge de Mello Pereira [...] ficou co a sua náo Belem por* **lhe a elle** *tãbẽ <u>parecer</u> q̃ [...] seruia mais elrey* [...]

240 Fundamentos sintáticos do Português Brasileiro

Há uma quantidade razoável de exemplos com oração dependente que trazem o clítico entre o complementizador e o verbo como em (4a-q). Exemplos assim levantam uma questão: a estrutura redobrada está adjacente ao quê? Ao primeiro elemento da sentença? Ao verbo? Como a quantidade de exemplos era maior quando ela se aproximava de um complementizador ou de um nome quantificado, pode-se considerar que essa estrutura, quando em orações dependentes, está sempre adjacente ao primeiro elemento da sentença, embora o verbo possa aparecer logo depois dela. Mas como havia outro número significativo de exemplos aparecendo na estrutura descontínua, que será examinada logo abaixo, considerei que exemplos de (4) estão adjacentes ao verbo:

(4) Clítico entre o complementizador e o verbo:
   (a) [XIII CA 163:4] *Mais que pouco que **mi-a min** <u>val</u> [...]*
   (b) [XIII CA 205:15] *Pero, senhor, nunca vus eu ousei / de mia coita nulha ren ementar / que **mi-a min** <u>fez</u> o voss'amor levar [...]*
   (c) [XIII CA 313:1] *Nostro Senhor, que **mi-a min** <u>faz amar</u> /a melhor dona de quantas el fez [...]*
   (d) [XIII CA 426:16] *E me dissesse pois, se lhe pesasse, / pero **m'a min** <u>pesaria</u> muit'én [...]*
   (e) [XIII CEM 357:1] *Don Vuitoron, o que **vos a vós** <u>deu</u> / sobre-los trobadores a julgar, / ou non sabia que x'era trobar [...]*
   (f) [XIV DSG 47:11] *E cada que pudia vêẽr a San Beento tragia-lhi da sa raçon do pan que **lhi a el** <u>davan</u> pera comer.*
   (g) [XIV DSG 166:19] *"Aquesto he o que **me a min** <u>semelha</u> ben en este mundo, que cada hũũ cómia ben e beva ben e aja prazer e folgança naquelas cousas en que ouve trabalho".*
   (h) [XIV DSG 200:20] *[...] e depois que as contou morreo e foi-se logo pera aquelas penas que vira e que lhe ja a el eran aparelhadas, mais todo esto que **lhe a el** <u>acaeceo</u> e que nos el contou foi por nosso proveito [...]*
   (i) [XIV CGE3 206:3] *– Senhor, se **te a ty** <u>prouguesse</u> e o por bem tevesses, matariamos nos estes cristãão que sõ aquy contigo, ca muyto asynha o poderemos fazer.*
   (j) [XIV CGE3 435:8] *E dõ Alvaro Fernandez gradeceulho muito e disselhe que nõ tomaria dello nẽ hũa cousa, ca assaz avya no que **lhe a elle** <u>acontecera</u> ẽna sua parte.*
   (k) [XIV DSG 57:25] *Quando **me a min** <u>tiravan</u> do rio vi eu sobre mha cabeça a vestidura do abade e cuidava que el me tirava da água [...]*
   (l) [XV VPA1 105:15] *[...] e contamo-vos aquelo que se encobrio a cada ũu de vós. Nosso é de delivrar o que **vos a vós** <u>convem</u> [...]*
   (m)[XV LE 9:21] *[...] mais se **te a ty** <u>achasse</u> outra pessoa que conhoçesse o teu nobre esplamdor, tu sserias posta em alguu luguar arteficioso e nobre [...]*

(n) [xv lm 119:32] [...] *e entom com esto pode seer certo que he da manhãa assi como **lhe a elle** <u>pareceo</u>* [...]

(o) [xv lm 120:19] [...] *e se lhe o sabuio cheirar bem, segundo sooe de cheirar os outros porcos, quando lhe uaam da manhãa, deue a seer certo que he da manhãa, assi como **lhe a elle** <u>pareceo</u>* [...]

(p) [xvi a 125:2] [...] *cuidarem que elle poderia receber escândalo de jrem contra o que **lhe a elles** <u>parecia</u>,* [...]

(q) [xvi a 168: 36] [...] *do mais que **lhe a elle** <u>disseram</u>.*

A existência quase nula de clítico dativo em orações independentes e a sua concentração em orações dependentes mostra que a EO já era residual no século XIII.

ETAPA B: MUDANÇAS NA ESTRUTURA ORIGINAL

A característica da Etapa B é a perda da adjacência estrita entre os pronomes fraco e forte, o que acarretou a criação de um ambiente de mobilidade para os dois pronomes: o clítico, que se agrega a um verbo ou complementizador, e o SN/SP, que se movimentam ou para a periferia da sentença, ou para fora dela; assim, cada pronome se deslocará independentemente um do outro. Essa etapa apresenta três fases: (i) fase 1, com uma estrutura descontinuada pelo movimento do clítico, (ii) fase 2, com SN/SP se deslocando para a periferia da sentença, à sua esquerda ou direita, e (iii) fase 3, com SN/SP se movimentando para fora da sentença. Vejamos cada uma delas.

Fase 1: estrutura descontínua

Temos na fase 1 a primeira modificação sofrida pela EO – a descontinuidade de seus pronomes, causada pela movimentação do clítico, que se agrega a verbos ou ao primeiro elemento da sentença. Essa cliticização do pronome fraco a verbos ou complementizadores tem como consequência a desagregação do pronome redobrado, o que vai permitir a ocorrência de uma pausa entre eles, preenchida ou não por um item lexical.

Essa estrutura receberá aqui o nome de *descontínua* (EDesc.), sendo representada como [x-cl] ...[SN/SP], na qual x pode ser um complementizador ou um verbo. A quantidade desse tipo de estrutura é muito pequena no dativo e quase nula no acusativo. Vejamos sua distribuição.

1. Na sentença independente → [x = v] [cl-SN/SP] > [v-cl] [SN/SP]

Quando o verbo é o primeiro constituinte da sentença, estando fronteado, a estrutura redobrada tem aparência de estar coesa, mas não está, pois o pronome fraco se encontra cliticizado ao verbo, como mostram os exemplos de (5):

242 Fundamentos sintáticos do Português Brasileiro

(5) Cliticização do pronome fraco ao verbo em orações independentes:

(a) [XIII FCR 46:13] [...] *si non dere salua fe, prenda**lo o quereloso** sin calonna* [...]

(b) [XIII CEM 293:20] [...] *depois, tomaron senhas masseiras / e banharon-se e loavan-**s' a si*** [...]

(c) [XIII CSM2 135:12] *E macar era bela, / foi-**ll' a el** espantosa, / e tremend'el lle disse: / "Ai, Sennor groriosa, / se a Ostia tẽes, / dá-mia por ta mesura."*

(d) [XIII SG 325:8] [...] *e entom aguilharom mais de X a Paramades e matorom-lhe o cavalo e chagarom-**no a el** de muitas chagas* [...]

(e) [XIV DSG 175:7] *E pois se ende ela partio, creceu-**lhi a ele** mais a vertude do corpo e começou a braadar con grande lediça e dizer* [...]

(f) [XV LLCP 128:28] *E foi la o arcebispo de Bragaa e o bispo de Coimbra, meestre Teburça, e disserom-**no ao apostoligo** que nom haviam rei, porque el nom fazia justiça.*

(g) [XV LLCP 474:15] *Este Gonçalo Anes Coronel, o Velho, foi casado com dona Maria Fernandez, [...] e chamarom-**lhe a ela** dona Maria Fernandez Coronel. Pelo sobrenome do marido.*

(h) [XV VPA1 184:19] *Leixade-**me a mi** ante aparelhar o coraçom de vossa madre pera todas estas cousas* [...]

(i) [XV VPA1 239:21] *E disse-**nos a nós*** [...]

(j) [XV VPA1 326:8] *E semelhava-**me a mi** – disse o romeu – que Santiago era mancebo e mui fermoso* [...]

(k) [XV VPA2 59:15] *Convem-**me a mi** de te falar eu algũa cousa?*

(l) [XV VPA2 159:23] *E semelha-**me a mim** que seera grande nossa prol dos meus filhos casarem com vossas filhas* [...]

(m) [XV CDP 178:21] [...] *que logo entendia d'hir a Bizcaia matar ho outro irmaão dom Tello e dar-**lhe a elle** as suas terras* [...]

(n) [XV VPA1 176:4] [...] *a força dos ventos com gram tormenta que houvemos ũa nocte deito-**me a mi,** mizquinha, em aquesta terra* [...]

(o) [XV VPA1 176:5] *E des que forom mortos todos quantos em na nave vinham, deitarom-**me mi** as ondas em cima de ũu penedo* [...]

(p) [XV LLCP 309:31] *E des que lhi folgarom os cavalos tres dias, dom Gonçalo Meendez, com aqueles que trouve e com outras companhas muitas e bõas que esta rainha dona Tereja tiinha consigo, moveo pera dom Martim Anes u estava, em cima dũu monte muito alto contra Coimbra, e lidou com el, e vence-o e desbarato-**o el e todo o poder d'el rei dom Afonso, que consigo tiinha** [...]*

(q) [XV VPA1 237:30] *E pois semelha-**nos a nós outros**, que fomos diante, que nom vas tu a Antioquia* [...]

Redobramento dos clíticos pessoais e do possessivo **243**

(r) [XV VPA2 312:10] [...] *e Sam Mateus, quando vio aquesto, <u>falou</u>-**lhes a todos**

(s) [XV LLCP 433:2] [...] *e fez-lhe querela de como a Gomez Lourenço rousara, e de como a trouvera por forá de Portugal pera terra de Leom e de como a trazia na terra d'el rei de Leom forçada e por força. E <u>pedio</u>-**lhe a el rei** por mercee que lhe alçasse del força e que lhe fizesse del justiça pela força que em ela fezera.*

(t) [XV VPA1 159:13] *E <u>pormetia</u>-**nos a mi e a Niceta** que, se nós o ajudassemos como el podesse haver a honra que havia Dosicheo, que el nos ponria em na honra daqueles triinta [...]*

(u) [XVI A 104:40] [...] *e <u>parecia</u>**lhe ao mouro** que [...]*

As evidências de que esses dois pronomes estão separados são de dois tipos: (i) interposição de um item lexical, como em (6), ou (ii) o verbo pode sofrer deslocamento e levar consigo o clítico, como em (7):

(6)   Ocorrência de um item lexical entre os dois pronomes:
(a) [XIII SG 400:15] *A agua que era tam caente que fervia <u>matou</u>-**a logo a donzela** [...]*
(b) [XIV DSG 157:14] <u>*Disseron*</u>-***lhi*** *enton **ao santo homen** que se levantasse e el levantou-se.*
(c) [XV VPA1 255:24] [...] *logo tanto que Hermogenes soube que Santiago veera, <u>enviou</u>-**lhe** logo **a el** ũu seu decipulo [...]*
(d) [XV VPA1 205:5] *E <u>respondê</u>-**lhe** entom **a Sam Cremente** seu padre e disse-lhe [...]*
(e) [XV LM 79:25] *Ca poderia seer que ueriam algum sabuio que comera dentro no porco na encarna, e untouselhe a cabeça, e o rostro de sangue, e <u>pareceo</u>**lhe** bem **aaquelle que primeiro o uio**, e pensou que lho fezera algum por bem [...]*

(7)   Deslocamento do verbo com o clítico:
(a) [XIII FR 203:4] *Se o esposso dalgũa molher der algũas doas ou panos ou algũas cousas a ssa espossa e morrer o sposo ante que aya de ueer cũ ella e [a] beygou ante que morresse, a esposa aya a meadade de todalhas doas que lhy dera e a outra meadade ayã seus parentes del ou quẽ el mandar. E se [a] non beygiou <u>torne</u>**lhy** ela **a el** todalas dõas que del ouue.*
(b) [XV VPA1 123:4] [...] *mais mostrou-**me** <u>Deus</u> **a mim** que nom é nem ũu homẽe lixoso [...]*

244 Fundamentos sintáticos do Português Brasileiro

    (c) [XV VPA2 244:2] *E disse-lhes Sam Tomas **a el e a seu irmão** [...]*

    (d) [XV VPA1 34:13] *E cada dia estavam todos de ũu coraçom em no Templo e quebrantavam o pam a par das sas casas, e partiam-lho os apostolos **a cada ũu**, e eles filhavam seu comer com alegria [...]*

Ainda na oração independente, quando ela possui um pronome quantificado, o pronome fraco se agrega a ele: [X = pronome relativo] [cl-SN/SP] [V] → [X-cl] [SN/SP] [V]

(8)   Na oração independente, cliticização do pronome fraco ao quantificador:

    (a) [XIII CA 425:1] *Nostro Senhor, quen **m'** oj' a min guisasse / o que eu nunca guisad' averei [...]*

    (b) [XIII CEM 573:8] *E quantos **m'** est' **a mi** dit' an / que non posso comer d' amor [...]*

2. Na oração dependente [COMP] [X] [cl-SN/SP] V → [COMP-cl] [X] [SN/SP] [V]

Na oração dependente, o clítico se agrega ao complementizador e surgem itens lexicais entre os dois pronomes:

(9)   Na oração dependente, cliticização do pronome fraco ao complementizador:

    (a) [XIII CA 93:13] *Se **m'** est' **a mi** podess' escaescer, / logu' eu seria guarid' e cobrado [...]*

    (b) [XIII CA 560:19] *Se **m'** ela **min** amasse / mui gran dereito faria [...]*

    (c) [XIII CEM 255:7] *Por que **vos** eu **a vós** esto sofresse, / se non por ela [...]*

    (d) [XIII CEM 561:2] *E se **mi** Deus **a mi** desse poder / qual oj' el á, pois morrer, de viver, / já mais morte nunca [eu] temeria [...]*

    (e) [XIII SG 297:10] *E eu o sofri mui de grado por honra daquelle por cuja desonra **mo a mim** faziam [...]*

    (f) [XIV DSG 147:5] *E hũũ miragre que **m'el a min** confessou de que o eu preguntei-vos quero eu ora aqui dizer [...]*

    (g) [XIV DSG 153:34] *Pero contarei ante hũũ miragre que **me** ele **a min** disse, [...]*

    (h) [XIV DSG 200:20] [...] *e depois que as contou morreo e foi-se logo pera aquelas penas que vira e que **lhe** ja **a el** eran aparelhadas, mais todo esto que lhe a el acaeceo e que nos el contou foi por nosso proveito.*

    (i) [XIV DSG 237:2] [...] *e aa cima acharon aqueles tres soldos en ouro ascondudos antr'as meezĩhas. E pois **mh'o a min** disseron, non pudi sofrer nen alamarar tan gram mal do frede que nosco vivia comunalmente [...]*

(j) [xv vpa2 345:21] *E aqueles que forom mortos com a peçonha som res-sucitados pola sua saia que eu puse sobre eles, com as minhas mãos, e polo que **me** el **a mim** <u>mandou</u> que lhes dissesse* [...]

Fase 2: estrutura deslocada

Essa fase é a mais complexa e a que apresenta maior número de exemplos no Português Arcaico. Ela evidencia as alterações pelas quais passou o SN/SP contido na EO. Essa segunda modificação apresenta o movimento do SN/SP em direção à direita ou à esquerda do clítico, que se acha procliticizado ao verbo. Denominei a estrutura assim formada de *estrutura com deslocamento do* SN/SP (Edesl.), representando-a assim: [SN/SP] ... [cl-v] para o deslocamento à esquerda, e ... [cl-v] ... [SN/SP], para o deslocamento à direita. Vejamos primeiramente o deslocamento à direita e, depois, o deslocamento à esquerda.

a. Deslocamento à direita

O movimento em direção à direita do clítico consiste no deslocamento contínuo do pronome forte em direção à periferia da sentença, sendo que esse deslocamento se deve ao fato de os itens lexicais referentes ao verbo irem adquirindo posições rígidas em torno do verbo. Esse deslocamento é o que dá o caráter de complexidade a essa fase, pois para se apreendê-lo é necessário dividi-lo em três partes, de forma a carac-terizar um movimento curto, um movimento médio e um movimento longo do SN/SP.

Esse tipo de deslocamento, graças aos exemplos encontrados, pôde ser reconstituído passo a passo, sendo simples, de certa forma, pois ocorre de maneira semelhante tanto na oração independente como na dependente, e também é semelhante em casos envolvendo (i) verbo auxiliar + verbo principal, (ii) verbo suporte e seu SN, (iii) verbo com seu predicativo, ou (iv) verbo com seu argumento acusativo. Para mostrar a sua simplicidade representei essa gramaticalização nos seguintes passos:

(i)   (COMP) (SN)... *me a mim* V (X)
      Vser Adj
      Vhaver SN
(ii) (COMP) SN ... *me* V *a mim* (X)
      me Vser *a mim* Adj
      me Vhaver/ser *a mim* SN
(iii) (COMP) SN ... *me* V (X) *a mim*
      me Vser Adj *a mim*
      me Vhaver SN *a mim*

246 Fundamentos sintáticos do Português Brasileiro

(iv)   (COMP) SN ... V (X) ... *a mim*

Nessas representações foram utilizadas as seguintes siglas: (COMP) para comple-mentizador, V para qualquer tipo de verbo com flexão, fora verbo suporte e verbo predicativo, X para qualquer tipo de item que aparecer depois do V, podendo ser V na forma não finita, SN complemento do verbo, ou Adv como *muito, bem* etc. Quando o item lexical aparecer entre parênteses significa que sua ocorrência é facultativa.

1.   SN/SP com movimento curto

O SN/SP executa um movimento curto quando se coloca depois de um verbo flexiona-do, podendo se apresentar (i) sozinho, (ii) acompanhado de um verbo não flexionado, (iii) com seu complemento direto, (iv) com seu advérbio, (v) como verbo suporte e seu SN, ou (vi) como verbo predicativo e seu adjetivo ou advérbio. Todas essas possibilidades podem ser resumidas assim: SN *me*-V *a mim* X, e podem ser encontradas tanto na oração independente como na dependente. Vejamos exemplos desses casos na ordem em que foram apresentados anteriormente:

(i)   SN/SP depois de um verbo flexionado que se apresenta sozinho

(10)   Na oração independente, o SN/SP vem logo em seguida do verbo flexionado:
(a) [XIII CA 440:4] [...] *e s'ela foi, mesquinh', e eu fiquei, / ¡nunca* **me** *valh'* **a min** *Nostro Senher* [...]
(b) [XIV CGE2 439:4] *E dally adyante* **lhe** *chamaron a elle Bernaldo do Carpo* [...]
(c) [XV VPA1 185:19] *E quem* **me** *defende* **a mi** *que me eu nom bautize?*

(11)   Na oração dependente:
(a) [XIII CEM 153:13] *Aquel rapaz, que lh'o rocin levou, / se lhi levass'a mua que* **lhi** *ficou /* **a Joan Bolo**, *como se queixou* [...]
(b) [XIII SG 167:20] *E el era tam vivo e tam ligeiro que nom* **lhes** *semelhava* **a elles** *que era ũu soo omem mas mais de XX* [...]
(c) [XIII SG 402:20] *E eles esto falando, acharom ũu escudeiro que ia a pee, e preguntarom-no se a*vira **a besta** [...]
(d) [XIII CA 475:5] [...] *porén /* **me** *faz* **a min** *sen meu grado viver / longe d' ela e sen seu ben-fazer* [...]
(e) [XIII SG 29:2] *E saiba que ũu soo cavalleiro* **te** *matará,* **ti e teu sobrinho Patrides** [...]
(f) [XIV CGE2 402:16] *E, por que el rei Mauregato* **lhas** *dera,* **aquellas don-zellas**, *en seu reynado, por esta razõ que dissemos, pedyãnas elles a el rey dom Ramiro, come por foro e certo tributo* [...]

Redobramento dos clíticos pessoais e do possessivo **247**

(g) [XIV CGE3 9:4] *E o conde Fernan Gonçalvez que ẽtom era senhor della, logo que o soube, **o feito daquelle mouro**, ẽvyouho dizer a el rey dom Ramiro de Leom.*

(ii) SN/SP entre o verbo flexionado e o não flexionado

(12) O SN/SP vêm entre o verbo flexionado e X = verbo não finito:
   (a) [XV VPA1 170:6] – *E que cuidas Cremente? Nom tẽes que, quando mester for, que haverás a seer meu sergente, ca quem **me** poderá **a mi** estender e compoer os fremosos estrados e quem me guardará os anees e quem me guisará as vesteduras que hei de mudar cada dia?*
   (b) [XV VPA2 44:4] [...] *ca eu som contigo e nom viinrá nengũu contra ti que te possa empeecer, ca muito poboo **me** ha **a min** de creer em esta cidade* [...]
   (c) [XV VPA1 189:15] *E pois nom **vos** pese **a vós** de trabalhar com ela, ca traspassar todo mandado pecado é.*
   (d) [XV VPA2 263:16] *"Nom **nos** convem **a nós** de haver nem ũa cousa sobre a terra, ca a nossa riqueza em no Ceo reina.*
   (e) [XV VPA2 345:3] – *E esso como? – disse Aristodomo – A tua saia **me** fará **a mim** leixar a minha creença?*

(13) Oração dependente:
   (a) [XV VPA2 85:9] *Bem fora, barões, de **me** haver **a mi** ouvido e de nos nom havermos partidos de Creta.*
   (b) [XV VPA1 155:20] *E outrossi creo que o custume que tu has filhado de nom dormir que tu no-lo contas a nós por tal que **nos** nom pese **a nós** outrossi de deitar e d'espantar ja quanto o sono de nós* [...]

(iii) SN/SP entre o verbo e seu complemento direto

(14) Na oração independente, SN/SP entre o verbo e seu complemento direto:
      [XIV DSG 124:10] *Aqueste **mi** contou **a min** hũũ miragre mui grande que foi feito ascondudamente* [...]

(iv) SN/SP entre o verbo e seu advérbio

(15) SN/SP vem entre o verbo e o seu advérbio:
   (a) [XIII CA 469:5] [...] *non **me** queredes vos **a mi** melhor / do que vus eu quer', amig[u]'e senhor* [...]
   (b) [XV VPA1 168:17] *Nom **nos** pesa **a nós** muito desto porque no-lo mandas tu que és escolheito pela graça de Deus pêra fazer e conselhar o bem* [...]

248 Fundamentos sintáticos do Português Brasileiro

(v) SN/SP entre o verbo suporte e seu SN

> (16) SN/SP entre o verbo suporte e seu SN:
> (a) [XIII CA 69:14] [...] *e se me non valver'/ escontra vos, mia senhor, outra ren, / non **mi-á min** prol, quando me prol non ten cousimento, que me valer devia.*
> (b) [XIII CA 132:9] *Se me Deus non der'/ ben* [da ben]*-talhada, / nen vida longada non **mi-á min** mester.*
> (c) [XIV DSG 217:6] *Ca que prol lh'ouve **a el** de veer os spiritos maaos tan negros e tan avorridos ante que morresse pois lhi non outorgaron o espaço e as treguas que con tan grave medo pedia?*

(vi) SN/SP entre o verbo predicativo e seu adjetivo ou advérbio

> (17) SN/SP vem entre o verbo e seu predicativo:
> (a) [XIII CA 82:10] [...] *mia senhor, des aquel di' ¡ay! / **me** foi **a mi** muyn mal* [...]
> (b) [XIII CA 165:10] [...] *ca d'estas coisas qual-xe-quer / **m'é min** mui grave d'endurar* [...]
> (c) [XV VPA2 321:3] *Mais muito **lhe** fora **a el** mui melhor de morrer em aquel fogo, ca entrou ũu diaboo mui forte em no corpo de seu filho e levou-o mui correndo ao muimento de Sam Mateus, o apostolo.*

2. SN/SP com movimento médio

O SN/SP executa um movimento médio quando se coloca depois (i) de um verbo flexionado + um não flexionado, (ii) do complemento direto de um verbo, (iii) do advérbio que acompanha um verbo, (iv) de um verbo suporte e seu SN, ou (v) de um verbo predicativo com seu adjetivo ou advérbio. Todas essas possibilidades podem ser resumidas assim: SN *me*-V X *a mim*, e podem ser encontradas tanto na oração independente como na dependente. Vejamos exemplos desses casos na ordem em que foram destacados acima:

> (18) SN/SP na oração independente, depois de um verbo não flexionado:
> (a) [XIII CEM 268:9] *Quiçá nono pod' isso guarecer, / que este poder non **lho** quis Deus dar / **a quen non sabe que possa saar / o doente**, meos de guarecer* [...]
> (b) [XIV CGE2 174:12] *E assy foy cruel e maao este treedor contra seu senhor Ilderico que tan solamente nõ **lhe** quis perdoar **aos parentes nẽ aos amigos que os todos nõ matou** [...]*

(c) [XV VPA2 258:9] – *Senhor cabedel, nom **lhes** <u>queiras creer</u> **aaquestes hom̃es vãos e mintirosos e vindiços**.*

(d) [XV LM 85:20] *E em como quer que aja hi algũas cousas de que os monteiros usarom, e pretam aaquelles que de sua natureza querem seer bõos, estas nem outras nom **lhes** <u>podem prestar</u> **aaquelles que de sua natureza som maaos** [...]*

(e) [XV LM 84:21] *Ainda **lhe** <u>soem a fazer</u> **algũus monteiros**, por auerem mais toste os seus cãaes seer feitos, hũa cousa que a muytos monteiros aborrece, pero todavia os cãaes se fazem por ello mais toste de treela, que doutra guisa [...]*

(19) Na oração dependente:

(a) [XV LM 84:8] [...] *e entom uaase quanto puder a parte onde estam as armadas que souber que som mais certas, e esto seia pollos lugares que limpos puder achar por **lhe** nom <u>ir cansando</u> **o sabuio** [...]*

(b) [XV:1433 HGP 170:30] [...] *que **nos** nõ <u>sejades hobrigado</u> **a nos** pagar a dita renda [...]*

(20) Na oração dependente, SN/SP vem depois do verbo não finito e pode ou não estar separado por uma pausa, indicada pela vírgula:

(a) [XIII:1254 IDD 5:22] [...] *e disse que **lhi** <u>ouuiu dizer</u> **a esse frade** que lhi dera essa cela el Rey padre de Rey Don Sancho e [...]*

(b) [XIII CSM1 5:44] *Outra razon quero contar / que **ll**'<u>ouve</u> pois <u>contada</u> / **a Madalena** [...]*

(c) [XIII FR 303:7] *Poys que for alguu ome acusado dalguu mao feyto e for dado por quite per iuizo, nenguu nõ o possa depoys acusar daquel feyto mesmo, saluo se o acusar de torto que **lhy** <u>aya feyto</u> **a el ou a alguu de seus parẽtes** ata aquel graao que nõ podem seer testimõnhyas ou de seus uassalhos ou d'omees de sas conpanhas.*

(d) [XIV CGE3 79:16] *E alçou as mã̃os ao çeeo, dando graças a Deus da merçee que **lhes** <u>avya feita</u>, **a ella e ao conde**.*

(e) [XIV CGE3 89:20] *E eu querolho dar, ca nõ seerya dereito de lho teer per força, por que **nos** <u>averyã que dizer</u>, **a vos e a myn e a quantos vehessem depois de mĩ**, se eu alleyve fezesse [...]*

(f) [XIV DSG 212:29] *E per esto se dava a entender que aqueles **lha** <u>ajudavan a fazer</u>, **a quen** en este mundo el fezera muita piedade e muita misericordia pelas esmolnas que lhis dera.*

(g) [XIV:1333 HGP 53:5] [...] *e elle nõ tí'jña que **lle** <u>dar de comer</u> **aa dita sua filla Thareyia** e que pereçia cõ mĩgoa de nõ auer que comer [...]*

(h) [XV VPA2 74:10] [...] *e como* **lhes** *fezera falar* **a todos** *todalas linguagens*

(i) [XV VPA1 128:15] *E haviam por mui antigo costume os romãos que todolos juizes e os adeantados das províncias, se algũa cousa nova aconticia pelas terras que eles governavam, logo* **lho** *enviavam dizer* **ao Emperador de Roma e aos sanadores** *[...]*

(j) [XV LM 204:13] *E depois que* **as** *tiuer postas,* **a todallas uozarias em geral** *lhe compre de as requerer, e ande por ellas, e esto por fazer estar todollos homẽes quedos xada hum em seu lugar* [...]

(21) Na oração dependente, SN/SP vem depois do verbo suporte + seu SN:

(a) [XIII CEM 236:22] *Tal rapaz que* **lh'** *á mester* **a esta besta**, */ eu cuido ben que lho tenho achado* [...]

(b) [XIII CSM1 LXXVIII:8] *Eno pouco e no muito, / en todo* **lles** *faz mercee / * **aos seus servos** *a Virgen, / Madre do que todo vee.*

3. SN/SP com movimento longo

SN/SP executam um movimento longo quando se colocam no fim da sentença SN *me*-V X ... *a mim*: (i) depois de um verbo flexionado, (ii) entre o verbo flexionado e um não flexionado, (iii) entre o verbo e seu complemento direto, (iv) entre o verbo e seu advérbio, (v) entre o verbo suporte e seu SN, ou (vi) entre o verbo predicativo e seu adjetivo ou advérbio. Todas essas possibilidades podem ser encontradas tanto na oração independente como na dependente. Vejamos alguns exemplos:

(22)

(a) [XIII CEM 104:1] *Já* **lhi** *nunca pediran / o castel'a* **Don Foan** [...]

(b) [XIII CA 756:9] *Provar quer'eu de* **lh'o** *dizer / a mia senhor* **aqueste ben** */que lhi quer'e que non á par* [...]

(c) [XIII CSM1 246:17] *Desta guisa* **o** *teveron fora do camĩo / ata*[d] *'en hũa gran casa vella,* **o mesquinno**.

(23)

(a) [XIII FR 132:10] *E se llo nõ quiser enmendar demandeo per todos assy como perteece a preyto e come dereyto de o braadar, qua en tal maneyra queremos onrra del rey que* **lhy** *nõ tollamos seu dereyto* **a nenguu**.

(b) [XIII FCR 72:16] *E ende, si* **la** *el labrador leyxar la* **heredat**, *el quereloso entre ena heredat sin calonna* [...]

(c) [XIV CGE2 369:4] [...] *e mãdou dizer todallas cousas que* **lhe** *elle mandara dizer* **a hũũ seu irmãão** [...]

(d) [XIV:1335 HGP 92:21] [...] *e que **nos** nõ faça desaforamento nẽ desagisado a nos nẽ aos nosos omẽes* [...]

(e) [XV LM 119:8] [...] *logo que **lhe** o sabuio nom quiser em tal lugar cheirar o porco, e lhe o rastro parecer que uay da manhãa, afastese logo delle* [...]

(f) [XV LM 246:1] *E se **lhe** o uento uier de costas **aos caães que correm**, se os monteiros leixassem passar per sim o uento leuaria as uozes em tal guisa, que os caães que estam nas treelas perderiam a ouuida, e nom poderiam ir aos outros como deuiam* [...]

(g) [XV VPA1 211:14] *Mais, pero, porque sei eu que **as** nom sabes tu bem **todas aquelas sas falas nem aqueles seus mandados**, se te praz que diga eu aqui ante ti algũa cousa delas, eu as contarei todas des o começo.*

(24)

(a) [XIII SG 212:1] *E quando ella viu que **a** filhava o fogo **a ella**, deu grandes vozes e dooridas assi que os do castelo a ouviram* [...]

(b) [XIV DSG 54:38] [...] *vio San Beento que hũũ menĩho negro **o** tirava pela ourela da vestidura fora da eigreja **aquel monge que non podia estar na oraçom**.*

(c) [XIV DSG 59:15] *E leixou naqueles logares monges bõõs e anciããos que dissessem ben sas horas e **a** guardassen ben **sa orden** e el levou consigo aqueles que entendeu que eran mais mancebos.*

(25) Na sentença dependente:

(a) [XIV CGE3 179:11] *E tam de ryjo ferirõ ennos cristããos que **os** arrancarom do campo, **elles e seu rey dom Vermudo**, e fezerõnos fugir.*

(b) [XIV CGE3 305:3] *E Rodrigo levantousse logo e fez sua oraçom a Deus, gradecendolhe o bem e mercee que lhe fazia; e outrossy rogou aa Virgẽ Maria que rogasse por elle ao seu filho que **o** tevesse em sua guarda, **elle e todos seus feitos**.*

(c) [XIV CGE4 306:9] *E que, para esto, pois elle tanto fizera, que lho reconhecessem com algũa boa obra. E entom lhe estabelecerom que **lhe** dessem jantares per suas herdades, **a el e aos que delle decendessem**, pera sempre, assi como davam a el rey per toda sua terra* [...]

(d) [XV LM 84:20] [...] *se nom tanto que o sabuio quisesse comer do porco, que lhe de a comer o coraçom delle, ca milhor he pera o sabuio da treela daremlhe a comer na encarna, depois que **o** tirarem a fora, **o coraçom do porco**, que outra nenhũa carne delle.*

252 Fundamentos sintáticos do Português Brasileiro

(26)

    (a) [XIV CGE2 232:30] *E todos assignarom per suas mããos o processo da enliçon, segundo seu custume, e jurarõ e fezerõlhe menagem de **lhe** seeren obedyentes, **a elle e ao regno**.*

    (b) [XIV CGE2 255:7] [...] *enno qual processo e enliçon esta escripto ẽ como Paulo co todollos outros lhe fezeron menagen de o servir e a jura que todos fezeron de **lhe** seer leaaes e verdadeiros **a elle e ao reyno**.*

b. Deslocamento à esquerda

O movimento em direção à esquerda do clítico consiste no deslocamento do pronome forte em direção à periferia da sentença, provavelmente se posicionando ou no Especificador de IP ou no Especificador de CP. Parece que se podem encontrar aí dois tipos de movimento: um mais curto e um mais longo.

Esse tipo de deslocamento se apresenta mais nítido com o clítico acusativo, pois é possível identificar de onde parte o SN/SP quando se desloca para a esquerda. Há dois pontos de onde ele pode se deslocar: (i) depois de um verbo, seja ele flexionado ou não, ou (ii) do fim da sentença, quando o SN/SP é relativizado.

1. SN/SP se desloca de depois de um verbo, flexionado ou não

(27) Nas orações dependentes, sobretudo com as substantivas:

    (a) [XIII:1254 IDD 13:17] *Itẽ diseron que **os outros dous casaes de Steuã Rodriguiz** que os a̱ dessa auoenga [...]*

    (b) [XIV DSG 24:27] *Mais porque nas oliveiras do moesteiro aparecian ja que pouquetĩhas olivas, mandou-lhes que as colhessen e que as metessen no lagar e [que = Ø] **o azeite que ende tirassen quam pouquetĩho quer que fosse** que lho mostrassen.*

    (c) [XIV DSG 38:3] *E porque o bispo o non queria receber per nen hũa maneira, rogoo-u o cavaleiro de tan gram coraçon que por amor de Deus **o don que lhi dava** non-no despreçasse.*

    (d) [XIV DSG 80:26] *[...] mandou que **o azeite que lhi ficara** que o dessen ao clerigo pobre que o demandara.*

    (e) [XIV DSG 194:32] *Levaron-no depois e soterraron-no e prougue a sa molher que ao quarto dia **a pedra mármor que poseron sobre ele** que a mudassen e posessem outra melhor.*

    (f) [XIV CGE2 199:12] *Por que vos rogo que, **aquello que eu mal fige**, que vos o corregedes, se vos Deus der estado de rey [...]*

Redobramento dos clíticos pessoais e do possessivo **253**

(g) [XIV CGE2 417:6] *E mandou outrossi que,* **aquellas cabeças que a Cordova** **ẽvyava,** *que* **as** *levassen pellas marismas a amostrar e outrossi a terra d'Africa.*

(h) [XIV CGE2 434:18] *Oryos Godos e o conde Tyabelte foron logo aa raynha dizer que,* **aquello que prometera a Bernaldo,** *que o comprisse.*

(i) [XIV CGE3 76:1] *E o arcipreste disse que* **esto** *que nom o faria em nem hũa maneira, salvo se o leixasse o conde comprir sua voontade com a iffante.*

(j) [XIV CGE3 429:18] *E ẽviarõ logo seus mãdadeiros a el rei de Vallença, que soubesse por certo* **que hũũ homẽ a que chamavã Roy Diaz, o Cide,** *que o avya deitado de seu reyno el rei dõ Afonso [...]*

(k) [XV VPA1 113:31] *[...] mais disse-lhes: "Por que me andas perseguindo?", por lhe mostrar mais firmemente que* **o mal que a eles faziam, que eram os seus membros,** *que ele o sofria, que era a cabeça [...]*

(l) [XV VPA1 114:1] *[...] mais disse-lhes: "Por que me andas perseguindo?", por lhe mostrar mais firmemente que o mal que a eles faziam, que eram os seus membros, que ele o sofria, que era a cabeça, e que* **o bem que a eles fezessem quem quer,** *que a ele o faziam, bem como o el dissera em no Evangelho [...]*

(m)[XV VPA1 175:16] *[...] esmei em como ficasse eu sem maldade e sem luxu-ria e que nom fezesse ficar aquel por emmigo de seu irmão e que* **todo o liagem da sa gente, que era mui nobre,** *que o nom tornasse em escarnho.*

(n) [XV VPA1 305:13] *E mandou ao mar que* **aqueles que filhou da nave** *que* **os** *tornasse a ela.*

(28)   Em outras orações dependentes:

(a) [XIII CSM1 XXXV:14] *A Madre de [Deus] / devemos tẽer mui cara, / porque* **aos seus** */ senpre mui ben* **os** *ampara.*

(b) [XIV DSG 79:16] *E el dezia que hũũ menĩho de seu padre avia hũa enfer-midade a que chaman alefante e era tan perigosa que ja todolos cabelos do corpo perdera e o corpo inchara tan rijamente que* **a enfermidade que avia** *non-***na** *podia ja asconder.*

(c) [XIV DSG 173:15] *E, porque* **as grandes pẽas que Deus dá en este mundo aos homens por seus pecados,** *non-***nas** *poderian sofrer se graça del non ouvessen pera aver paceença con que a sofressen [...]*

(d) [XIV CGE2 294:16] *Oo maldito Vetiza, que* **as armas dos Godos, que foron as mais honradas e temudas do mundo e que todollos homeens mais receavã,** *tu* **as** *mandas desfazer e tornar em nada!*

(e) [XIV CGE2 386:13] *Despois que a cidade de Tolledo foy metuda em poder dos mouros per preitesya que trouxerom cõ os Judeus que moravam*

254 Fundamentos sintáticos do Português Brasileiro

> *na villa, ca em outra maneira nõ na poderon tomar per força – pero que* **aquella preitesya** *logo a* quebratarom *os mouros aa clerizia e aos cristããos – por que todos aquelles que hi quisessem viver so o senhorio dos mouros era contheudo que tevessem sua ley e husassem e vivessẽ segundo o custume da sua ley* [...]

(f) [XIV DSG 212:6] *E por esto, Pedro, podemos entender que* **as pẽas do inferno** *quando* **as** *Deus* mostra *a algũũs, profeitan de as veer porque corregen per i a sa vida.*

(g) [XV VPA1 156:8] *E pois gram andamento devemos a haver que* **as nossas pedras preciosas** *nom* **as** metamos *antre os porcos.*

(h) [XV VPA1 231:18] *Mais dirám algũus que estes meesmos mandamentos mostram os filosofos que eu mostro, mais nom é cousa convinhavil, ca da justiça e da mesura bem a mandam eles, mais* **o Deus galardoador dos boos feitos e dos maos** *nom o* conhocerom.

2. SN/SP se desloca do fim da sentença

(29)

(a) [XIII CSM1 16:1] *Quand ss'ouv'a ir o Emperador,* **aquel irmão seu,** / **de que vos ja diss'**, *a ssa moller a Emperadriz* **o** deu,

(b) [XIII CSM1 230:3] *E sobr' esto tanto con el conde falaron, / que aquel bon ome mui mal con el mezcraron; / e de taes cousas* **a el o** acusaron, / per que lle mandava dar morte doorosa.

(c) [XIII CEM 268:9] *Quiçá nono pod' assi guarecer, / que* **este poder** *non lho* quis *Deus* dar / a quen non sabe que possa saar / o doente, meos de guarecer* [...]

(d) [XIV DSG 111:14] *E* **todo o outro poboo que ali achassen** *que o matassen aas espadas.*

(e) [XIV DSG 140:33] *E* **aquesta sentença que aqui ora demos dos martires que non foron marteirados porque desejaron sempre marteiro e fezeron vida muito estreita porque marteiraron seus corpos dementre viveron**, *non-na* damos *geeralmente de todos aqueles que dementre vivian mostravan de si pela vida que fazian que morrerian pola fe cada que fosse mester.*

(f) [XIV DSG 140:33] *Mais* **o amor de Jesu Cristo que el tragia na sa alma e o galardon que lh'el porende deu**, *non lho* poderon *eles* tolher.

(g) [XV VPA1 58:18] *E de mais digo-vos que o bem aventurado Enoch, pola palavra de Deus, foi levado ao Paraiso, e* **a sepultura do bem aventurado Moisem** *nom o* sabe *nengũu, e a morte de Heli, o profeta, nom é achada, em escrito, em nem ũu logar.*

Redobramento dos clíticos pessoais e do possessivo **255**

(h) [XV VPA1 70:21] *E **aquela gente a quem eles serviram** eu **a** <u>julgarei</u>, e depos aquesto sairám e servir-me-am em aqueste logar.*

(i) [XV LM 52:20] *[...] o mais principal he untallos a meude com a azeite e uinagre, porque quando o assi poem, **todallas pulgas que trazem** lhas <u>mata</u> e defendeos que nom ajam outras [...]*

(j) [XIV CGE2 68:13] *E enno seu termho matã hũũ peixe que ha nome alffa-rida e **este pexe** nõ **o** <u>matam</u> em outro logar.*

3. SN/SP se desloca à esquerda do verbo

(30)

(a) [XIII CA 291:9] *A mia senhor gran pesar á / de que lhe que' eu mui gran ben, / e **a min** gran coita **m'**én <u>ven</u> [...]*

(b) [XIII CSM1 148:77] *Desto **a Santa Maria** | todos loores **lle** <u>deron</u> [...]*

(c) [XIII CA 642:15] *Mais est(o) **a min** quen **mi**-o <u>dava</u>, /este ben, que non m'entrava?*

(d) [XIII CA 688:13] *E **a mi**, por mi-o consentir, / **me** <u>pode</u> por jamais <u>aver</u> [...]*

(e) [XIII CEM 234:1] *A **vós**, Dona abadessa, / de min, Don Fernand'Esquio, / estas doas **vos** <u>envio</u> [...]*

(f) [XIII CA 684:11] *Nen **a min** non **me** <u>devi(a) a prazer</u>, / ca sen veê-la ¿que prol mi terria?*

(g) [XIII CEM 256:23] *Quantas queredes vós, tantas filhades, / e **a mi** nunca **mi** nẽ ũa <u>dades</u> [...]*

(h) [XIII CEM 508:5] *[...] **a boi velho** non **lhi** <u>busques</u> abrigo [...]*

(i) [XIII SG 65:4] *"Qual folia que que seja", disse Ivam o Bastardo, "**a mim** teer **me** <u>convem</u> pois que o comecei" [...]*

c. Deslocamento para fora da sentença

A outra modificação é a movimentação do pronome forte para fora da sentença, ou seja, para uma categoria funcional TP, sendo que o clítico se posiciona depois do verbo. A estrutura decorrente desse movimento é chamada de *estrutura com topicalização do SN/SP* (Etop), sendo representada como [SN/SP] # [V-cl]. Dela foram encontradas 329 ocorrências, sendo 97 de dativo e 232 de acusativo.

Nesse tipo de estrutura a preposição que acompanha o SP apresenta o seguinte: (i) no caso do redobro do clítico acusativo, quando contém o traço [+animado], deveria vir acompanhado de preposição, mas isso não acontece, sendo raros os usos prepo-sicionados, e (ii) no caso do redobro do clítico dativo, ocorre o inverso do anterior, pois há um maior número de redobramentos com preposição.

256 Fundamentos sintáticos do Português Brasileiro

(31) Clítico acusativo retomando um SP:

    (a) [XIII FCR 50:22] *Tod omne ou moller que sosacar filla allena pora outro, o outra moller que seu marido ouer, queymenla, e **al baron** <u>enforque**no**</u>, seo poderen auer* [...]

    (b) [XIV CGE2 198:8] *E assy ho tiinha o diabo cego em aquella heresya que, **a muytos dos nobres fidalgos da sua corte**, se nõ queryam têêr a sua heresya, ou os mandava degolar ou lhe tomar os bêês e <u>deita**llos**</u> da terra.*

    (c) [XIV CGE2 459:4] *[...] quando el rey dom Afonso vio as cartas do papa, prouguelhe muyto de coraçom e pos logo dya em que se ajuntassem os ricos homêês e os outros filhos d'algo; e **aos bispos** fezeronlho logo saber e <u>apra-zarõ**nos**</u> pera seerem hy a dya certo pera consagrar a igreja de Santiago.*

    (d) [XV LLCP 296:12] *E **al rei** <u>conselharom</u>-**no** os seus que nom estevesse i, mais que se fosse a Gaia* [...]

    (e) [XV LLCP 56:3] *E **aos que som meninos**, <u>ham mester</u> quem **os** crii e ensine.*

Esse tipo de estrutura ocorre predominantemente em orações independentes, mas aparece também em orações dependentes. Isso vale para os dois tipos de clítico.

(32) Estrutura topicalizada em orações dependentes:

    (a) [XIV DSG 111:3] *E el mi contou que **don Herculan bispo de Perusio e homen mui de santa vida, cujo criado eu fui, e vivendo en religion** <u>fezeron</u>-**no** bispo.*

    (b) [XIV DSG 117:40] *Ca tanta foi a enveja que ouveron ao santo homen Florencio pela besta muda que lhi obedeecia e porque este miragre era mui louvado e muito apregoado por santo e o seu abade Euticio non fazia muitos miragres come ele, e porende **o maao cuido que ouveron pela enveja que os moveu**, <u>meteron</u>-**no** en obra e mataron o usso.*

    (c) [XIV DSG 125:22] *[...] mais eu cuido que o maior de todolos miragres he fazer o morto viver e **a alma que jazia asconduda** <u>fazê</u>-la tornar ao corpo.*

    (d) [XIV DSG 176:24] *E o padre e os fisicos veeran muit'agĩha, mais **o bispo que leixaran enfermo**, <u>acharan</u>-**no** ja morto* [...]

    (e) [XIV DSG 206:34] *[...] pera se dar por esto a entender spiritualmente que **a sua alma** <u>ajan</u>-**na** de levar pera o outro mundo e non per nave, nen per outra cousa corporal assi como a ele quando era vivo parecia.*

    (f) [XV VPA1 70:4] *E dizem os hebreus que **Tare e seus filhos**, quando eram em Caldea, porque nom queriam orar o fogo, <u>deitarom</u>-**nos** os caldeus em no fogo.*

    (g) [XV VPA1 70:5] *E dizem os hebreus que Tare e seus filhos, quando eram em Caldea, porque nom queriam orar o fogo, deitarom-nos os caldeus* *em no fogo. E foi i queimado Aram, o irmão de Abraam, mais **Abraam** livrou-o ende Nostro Senhor que matou o fogo em que o deitarom.*

(h) [XV VPA1 214:24] [...] *e talhou-lhe por ende aquelo com que o geerar podia e deitou-o em no mar, mais **o sangue que correo das chagas** receberom-**no** as ondas e tanto e tam a meude o trouxerom de cá e de lá que se tornou em escuma e naceo ende aquela que chamam Fronditem [...]*

(i) [XV VPA1 230:20] *Ca os mancebos som guardados de Deus por que em no releixamento do desejo da carne amergem o seu pescoço ao carrego da sabença de Deus, e os velhos outrossi som louvados, porque **o custume, que ham usado muito tempo mui mal**, mudam-**no** com o temor de Deus.*

(j) [XIV CGE3 298:1] *E elle avya tal custume que **todollos filhos dos seus altos homẽẽs,** despois que eram de idade de oyto ãnos, logo os elle tomava e cryava**os** ũ seu paaço, ataa que eram tamanhos que fezessem algo per suas mããos.*

ETAPA C: ESTRUTURA SIMPLIFICADA

Na Etapa C, ocorre a simplificação da estrutura redobrada em virtude da elipse de um dos pronomes, o que acarreta o desaparecimento do clítico pessoal.

Esta etapa é crucial para o entendimento da regramaticalização de *ele* como acusativo, sintaxe que seria cuidadosamente preservada no PB.

Ocorre que as formas tônicas, tanto independentes como dependentes, podem ocupar o lugar umas das outras. Assim, uma forma nominativa podia ocupar o lugar de uma acusativa, como atualmente no PB *eu vi ele*, conforme demonstrado em (33 a-d):

(33)   *Ele* como acusativo:
   (a) [XIII HGP ano de 1287, 137:19] [...] *a nossa herdade de Pineiros a qual ffoy de Pedro Coçado e a qual leixou a sa neta Maria Fernãdez en sua voz, [...] per tal preito damos **ella** a uos que lauredes **ella** commo nõ desfalesca per mĩgua de lauor [...]*
   (b) [XIII HGP ano de 1269, 182:12] [...] *damos a uos Joanino Dogresso e a uossa moller Marina de Deus e a toda uossa uoz aquella vina dos muymẽtos qual foy de Pelayo Fernandez en tal maneyra que lauredes **ella** e proueytedes bem e fiel mëte en tal maneyra que nõ falesca per lauor [...]*
   (c) [XIII HGP ano de 1269, 182:14] [...] *damos a uos Joanino Dogresso e a uossa moller Marina de Deus e a toda uossa uoz aquella vina dos muymëtos qual foy de Pelayo Fernandez en tal maneyra que lauredes **ella** e proueytedes bem e fiel mëte en tal maneyra que nõ falesca per lauor; e se per lauor fallezer uos deuedes **ella** a perder [...]*

(d) [XIII HGP ano de 1301, 217:23] [...] *o casal que ey enna* [...] *fonte que iaz na Frí'jguisia de Sam Fí'jz de Çeleyros, o qual nos téémos a foro e a renda do moesteyro de Santa Maria de Melom* [...] *damos **elle** a uoz e a toda uossa uoz mëtre que nos formos viuos* [...]

Em resumo, as mudanças aqui estudadas podem ser captadas pela seguinte escala:

clítico + SP > clítico...SP > clítico ...#SP/SP#...clítico ou SP, ...
clítico > clítico ...#SP > clítico ...[Ø] / [Ø] ...SP.

O pronome possessivo

Os possessivos se particularizam no quadro dos pronomes por estabelecerem na maior parte dos casos, embora nem sempre, uma relação entre um possuidor e uma coisa possuída, tendo esta um caso genitivo privativo. Em consequência disso, (1) a expressão formada pelo possessivo é parafraseável por um SP, como em *a menina trouxe sua bola = a menina trouxe a bola dela*, gerando-se uma variação entre *seu N* e *N dele*; (2) o estudo semântico das expressões em que figura o possessivo deverá, portanto, considerar os seguintes traços:

Quadro 5 – Traços semânticos da estrutura possessiva

TRAÇOS DO POSSUIDOR E DA COISA POSSUÍDA	RELAÇÕES ENTRE O POSSUIDOR E A COISA POSSUÍDA
± Animado	± Alienabilidade
± Humano	
± Específico	

Focalizando o redobramento dos possessivos, hipotetizo que esse processo deu surgimento ao *dele* possessivo no PB, alterando-se as propriedades de *seu*. Para testar essa hipótese examino esses pronomes num *corpus* do Português Arcaico, constituído de texto dos séculos XIII a XVI.

Perini (1985) estudou os pronomes possessivos e os pessoais conjuntamente. Ele notou que o paradigma dos pronomes pessoais vigente na região central do Brasil omite *tu* e *vós*, ficando assim organizado: P1 *eu / nós*, P2 *você / vocês*, P3 *ele / eles*. Os possessivos têm o seguinte paradigma: P1 *meu / nosso*, P2 *seu / seu*, P3 *dele/ dele*. Perini mostra que o quadro dos possessivos apresenta um problema de concordância: enquanto *meu* e *seu* concordam com a coisa possuída, (*meu carro, minha casa*), *dele* concorda com o possuidor (*carro dele, carro dela*). O não surgimento de *de mim* e de *de nós* em lugar de *meu/nosso* ilustraria o princípio de inércia do sistema, que "resiste à mudança o quanto possível"; a este princípio opõe-se o da ambiguidade, que acarretou a substituição de *seu* por *dele*, como possessivo da P3.

Tomando por base o português atual do Rio de Janeiro, Oliveira e Silva (1986) estuda os usos da forma *seu* e da forma genitiva *dele*, usada como variante da primeira. Diz a autora que quando a forma *você* foi introduzida no sistema pronominal houve profundas modificações no sistema dos pronomes pessoais, e essas alterações repercutiram igualmente nos pronomes possessivos, ficando organizado o seguinte esquema:

Quadro 6 – Modificações no sistema dos pronomes pessoais e demonstrativos, segundo Oliveira e Silva (1986)

PESSOA	PRONOME PESSOAL	PRONOME POSSESSIVO
1ª pessoa semântica e morfológica	eu	meu
2ª pessoa semântica e morfológica	tu	teu
2ª pessoa semântica, 3ª morfológica	você	seu
3ª pessoa semântica e morfológica	ele	seu

A nova organização tornou a forma *seu* ambígua, porque podia se referir tanto ao pronome pessoal *você* quanto a *ele*. Uma das formas para amenizar essa ambiguidade foi lançar mão do uso do genitivo *dele*. Comparando os usos de *seu* e *dele*, tanto em textos orais como escritos, a autora concluiu que a forma *dele* é de longe a mais usada e permeia todas as classes sociais, desde os analfabetos até os universitários, enquanto a forma *seu* não é mais usada na língua oral, ficando restrita a textos escritos. A autora agrega, ainda, que o possuidor com o traço /+genérico/ constitui-se num fator categórico para o uso da forma *seu*, como em "*Todos vão para seus lugares*", em contraste com um possuidor /+específico/, que seleciona *dele*: "*João vai para o lugar dele*".

Negrão e Müller (1996) retomam essas ideias, em outro quadro teórico, propondo que *seu/sua* continuam como pronomes de terceira pessoa, tendo porém se especializado para antecedentes quantificados não referenciais, como no exemplo de Oliveira e Silva. Entretanto, acreditamos que para as gerações jovens os elementos quantificados podem ser retomados por *dele/dela*, como em "*todo homem acha que a mulher dele / *sua mulher deve ser uma boa cozinheira*".

Kato (2002a) faz inicialmente uma distinção entre possessivos fracos, que são os prenominais, como em <u>*seu*</u> livro, análogos aos clíticos, e possessivos fortes, pósnominais, como em livro <u>*dele*</u>, análogo ao objeto pronominal *ele/ela* do PB. Em seguida, ela afirma que *dele* no PB pode ter indiferentemente os traços /+animado/, como em "*machucou a perna dele*" (de uma pessoa), e /-animado/, como em "*quebrou a perna dela*" (da cadeira). O PE só admitiria *dele* com antecedente /+animado/.

260 Fundamentos sintáticos do Português Brasileiro

Fazendo uma leitura diacrônica desses autores, constata-se que eles estudam um momento e uma variedade do português, o PB Contemporâneo, no qual já estava consumada a mudança de *dele* para possessivo da terceira pessoa, e *seu* já se tinha regramaticalizado como possessivo da segunda pessoa. Suas contribuições, ainda em termos diacrônicos, se concentram em explicar como se deu a implementação dessa mudança.

Meu objetivo é identificar as condições que cercaram o surgimento de *dele* como possessivo no PB. Desde logo, devo adiantar que essa mudança não ocorreu no período arcaico aqui considerado. Entretanto, nesse período foram lançadas as bases dessa mudança, sobretudo no que diz respeito a *dele*.

Minha hipótese central é que o novo possessivo decorre de alterações operadas sobre o possessivo redobrado do Português Arcaico. No decorrer do trabalho apresentarei hipóteses auxiliares.

Como temos visto neste capítulo, desde o Português Arcaico se atesta a duplicação dos possessivos, em que *seu* atua como constituinte X da estrutura redobrada, seguido de um constituinte Y, que é o SP *dele*. O apagamento de X conferiu a *dele* o lugar no quadro dos possessivos mencionado por Perini. O SP *dele* aparecia no Português Arcaico em duas construções redobradas: *en... dele*, tendo por antecedente um /-animado/, e *seu... dele*, tendo por antecedente um /+animado/. Vou postular que *dele* ampliou suas propriedades gramaticais, o que explica seus usos no PB. Essa variedade, portanto, está conservando um traço herdado da gramática do Português Arcaico, não se podendo, a rigor, atribuir ao PB uma inovação neste particular. A verdadeira pergunta, aqui, é por que o PE o perdeu, questão que formulei em Moraes de Castilho (2001).

Este texto compreenderá os seguintes itens: (1) descrição do possessivo redobrado num *corpus* do Português Arcaico, (2) o SP *dele* como minioração, (3) ampliação das propriedades gramaticais de *dele*.

DESCRIÇÃO DO POSSESSIVO REDOBRADO NUM *CORPUS* DO PORTUGUÊS ARCAICO

Farei inicialmente algumas observações descritivas sobre o possessivo redobrado: (i) descrição do constituinte X, (ii) descrição do constituinte Y, (iii) adjacência/não adjacência de X e Y.

Descrição do constituinte X

1. Pessoa gramatical do pronome fraco

A exploração de todas as possibilidades de redobramento do possessivo mostraria o seguinte quadro:

Quadro 7 – Possibilidades de redobramento do possessivo

P1	Meu ... de mim	Nosso ... de nós
P2	Teu ... de ti	Vosso ... de vós
P3	Seu ... de si/dele	Seus ... deles

De fato, como constituinte X da estrutura duplicada, o possessivo pode aparecer em várias pessoas:

(34) Pessoa do pronome fraco:
    (a) [XIII:1257 HGP 69:32] [...] *e en tal que esta carta sea mays firme e mais ualedeira, fazemos la aséélar de **nossos séélos de dõ Monio Fernandiz e de dõ Arias Niniz.***

    (b) [XIII:1283 HGP 77:8] [...] *e outorgamos a uos Johã Dominguez e a uossa moler Sancha Rodriguez e depus **uossa morte de uos ambos** a **uosos filos e filas e a uosos netos e netas de uos ambos sobreditos** a meadade do foro e da erdade de Camseyda [...]*

    (c) [XIII:1299 HGP 215:22] [...] *damos a foro a uos Fernã Perez e a uosa moler Maria Perez e a uu filu ou fila de uos ambos depos **uosa morte dambos** tam solamẽte aquela erdade que a o dito moesteiru en Lamamáá, [...]*

    (d) [XIII:1234 ATP 24:32] *Egeas fafilaz debet por dare a **suos filios de petrus fafilaz**. iiij. solidos de de legionẽsis. ij. quarteiros. de pã. i.ariete. [...]*

    (e) [XIII:1254 IDD 17:26,27] *E os regaengueiros deuẽ ir pola madeira talhada e aduzela **a sa custa dos homẽẽs** e fazer a parede cono pedreiro e chegarẽ a pedra pera fazerem a parede **a sa custa dos homẽẽs** e talharẽ esses a madeira [...]*

    (f) [XIV LLCP 87:21] *Costantim, **seu padre deles**, reinou doze annos, e depois matou-o ũu seu vassalo a traiçom, [...]*

Os exemplos recolhidos em (34) mostram que todas as pessoas eram reduplicáveis, com maior frequência as de P3, dada a natureza maiormente narrativa dos textos analisados.

Mas por que ocorreu uma restrição da amplitude da estrutura redobrada no que diz respeito à pessoa? Note-se, por exemplo, que na literatura se admite a inclusão de *dele* no quadro dos possessivos do PB, mas ainda não se explicou, tanto quanto eu saiba, por que não teria surgido um possessivo *de mim*. Perini, citado atrás, alude a um princípio de inércia, que impediu o surgimento de *de mim* e de *de nós*, e ao princípio de mudança, que explica o surgimento de *dele*. Que filtros teriam impedido a aplicação do princípio de inércia à terceira pessoa, e a aplicação desse princípio de mudança

262 Fundamentos sintáticos do Português Brasileiro

à primeira e segunda pessoas? Ele não detalha a questão, mas se poderia pensar que as expressões da pessoa propriamente dita, isto é, P1 e P2, são menos acessíveis à mudança, a qual "acertaria" com mais frequência as expressões da não pessoa, isto é, P3. Estou levando em conta aqui as considerações de Benveniste (1991).

É sabido que os itens em processo de gramaticalização ganham algumas propriedades e perdem outras. No caso de *seu*, constatou-se mudança de pessoa, pois esse pronome fraco migrou da terceira para a segunda pessoa em virtude de alterações no constituinte Y, fato que examinarei no tópico adiante.

2. O determinante do pronome fraco

O pronome fraco da 3ª pessoa vem precedido predominantemente por artigo ou por pronome indefinido, ocorrendo em frequência menor o artigo:[2]

(35) Artigo + possessivo:
(a) [XIII:1254 IDD 18:3,5] *Itẽ disseron que se el Rey quiser meter seruiçal ena terra de Fermedo deuẽ lhi a dar os ditos regaengueyros a madeyra pera fazer as cubas a sa custa e darẽ os arcos pera elas. E deue el Rey a dar o carpenteyro que faça essa cuba ou essas cubas a **sa custa del Rey**. Pois for feyta a cuba deuã esses regaengueiros a dar os arcos pera ela. E os uimẽẽs e os comẽtos e fazerla el Rey a sa custa e dalo carpenteiro que a faça a **sa custa del Rey**. E a cuba ficar pera a seruizaria.* [preposição *a* + artigo *a*]
(b) [XIII:1254 IDD 33:1] *E outro casal trage Maria Piriz de Rial que conprou **hũũ seu filho de Suer Nuniz** e dan todos uoz e coomha e omezio e gardarẽna portagẽ dos defora.* (entenda-se: *"comprou um casal de̲ hũa sua filha de Suer Nuniz"*)
(c) [XIII CSM3 170:14] *Riba d'Odian'á **hũa ssa eigreja / desta Virgen santa que bẽeita seja**, / que chaman Teren'* [...]
(d) [XIV DSG 65:28] *En tempo dos godos, acaeceu que **hũũ seu rei deles** que avia nome Totila* [...]
(e) [XIV LLCP 92:20] *E veo Briaz, **ũu seu sobrinho de Cadualech**, e matou o adevinho per grande arte.*
(f) [XIV LLCP 93:2] *E, por haver mais firme amor, filhou **ũa sa irmãa deste rei Peanda** por molher, que era mui boa dona e mui fermosa,* [...]
(g) [XIV CGE2 156:13] *Horestes, hũũ patricio, con conselho e ajuda dalgũũs barõões romããos, alçousse con Roma e com toda terra de Ytalya; e foi feito emperador **hũũ seu filho deste Horestes** que avya nome Agustodulo.*

(h) [XIV CGE2 366:29] *E, quando **hũũ seu amo dos moços** aquello vio, doeusse delles e do ben e da mercee que lhe seu padre fezera e de como elle fiava delle, filhou os meninos e foisse com elles pera Miraamolim e contoulhe todo ho feito de seu padre, [...]*

(i) [XV VPA1 183:7] *E ela me respondeo que fora nada de mui nobra lĩagem e que fora casada outrossi com mui nobre homem, e **ũu seu irmão del** entendeo em ela com mui lixoso amor e queria com ela fazer fornizio.*

(j) [XV CDF 82:21] *[...] mas por o grande aficamento em que sse viia, em se partirem **algũus dos seus d'elle** e viinren-se pera el-rrei dom Henrrique, [...]*

Nestes exemplos, predomina o possessivo com traços /humano/, /indefinido/.

Descrição do constituinte Y

A preposição que organiza o constituinte Y podia tomar como seu complemento dois tipos de item: (i) pronomes pessoais fortes, como em (36), e (ii) SN com nome comum ou próprio, antecedidos ou não de artigo definido ou pronome demonstrativo, como em (37):

(36) Possessivo duplicado por pronomes pessoais fortes:

    (a) [XIII 1299 HGP 210:18] *[...] o qual casal de mj̃ ten Ffernã Nunes d'Aldáán, fillo de [...] e donna Mayor Perez, sua moller, ĩ sua vida dánbos e de hũ fillo barõ se o ouuerẽ de consúú e **a sua morte delles** que ficasse hu eu mandasse [...]*

    (b) [XIII CSM2 47:20] *Aqueste mais d'outra ren / amou Santa Maria / e con aver e con sen / de grado a servia; / e jajũava tan ben / cada que **ssa vigia / dela** foi, que pescado / non comiu nen legume.*

    (c) [XIV PP 158:3] *Mays cõ todo esso deuelhy mandar se daquel mal saar que logo uaa tomar pẽẽdença de **seus pecados del ou doutro** per auer conpridamẽte conselho pera alma.*

    (d) [XV:1475 HGP 121:4] *[...] vos damos e aforamos para senpre ja mays por jur de herdade e a vosos suçesores que de vos deçenderen e a tal cõdiçiõ que **a vosa morte de vos** os ditos Garçia Polo e vossa moller lo nõ posades deyxar saluo a hua persona [...]*

    (e) [XV CDP 169:17] *El-rrei lje mandou dizer que pois aquelles baixees estavom em seu porto, que os nom quisessem tomar, ao menos por **sua honra d'elle**, pois estava de presente [...]*

    (f) [XVI:1506 HGP 244:24] *Et fijndo o dito tenpo das ditas **vosas vjdas de vos e da dita vosa moller e das ditas vosas quatro bozes**, que a dita vjña e bouças e herdades en que estã queden libres e quites [...]*

264 Fundamentos sintáticos do Português Brasileiro

(37) Possessivo duplicado por SN preposicionado:
  (a) [XIII LVL 25:31] *Esta Maria Gomes,* **sa irmã de dona Châmoa,** *casou-se com dom Lourenço Viegas, o Espadeiro, e nom houverom filhos.*
  (b) [XIII:1281 HGP 269:16] *E eu Paay Periz da Deuesa e eu Pero Paez e eu Domĩgas Meêdiz,* **sa moler de Pero Paez,** *e eu Maria Paez, sa filha, ẽtramos a uos Pedr'Eanes, [...]*
  (c) [XIII:2ª ATP 20:12] *[...] Gũsalo menẽdiz de lagenelas. i. medio. Morauedil. / suero odoriz. fiador. dona gamua. De moradia. i. Morauedil petrus petriz. ii. Morabetinos.* **suo filio, de dom (sic) gamua.** *Garcia brandon /.i. Morauedil. de pesotas. [...]*
  (d) [XIII: 1254 IDD 11:1] *[...] e disserom que seeria prol del Rey de se partir* **o seu herdamento del Rey** *do dos moêsteiros e aue- / -ria el Rey na se meyadade muy bóós dous casaes.*
  (e) [XIII FR 131:18] *E porende assy como nos deffendemos que nenhuu nõ proue en nẽhua guisa trayçõ, nenhuu mao feyto contra* **sa pessoa de el rey,** *outrossy [...]*
  (f) [XIII FR 135:6] *[...] [e] nõ seya teuda a ygreya de pagar nenhuu preço, mays paguesse muy bẽ* **de ssa boa daquel** *que llo alleou e nõ do da eygreya.*
  (g) [XIV DSG 198:18] *Juiãão que foi o segundo defendedor desta eigreja de Roma, en que ora eu sérvio quanto for* **sa mercee de Deus,** *e que morreu ainda non há sete anos. [...]*
  (h) [XIV LLCP 65:19] *E reinou aqueste Joas e fez matar Zacharias,* **seu filho de Barachias,** *o que mataram ante o templo e o altar e i o apedrarom.*
  (i) [XIV DSG 9:35] *E o monge Libertino outrossi deitou-se ante os pees de seu abade e disse-lhi que aquele mal que el recebera non fora per* **sa crueza do abade,** *mas fora per sua culpa del mesmo.*
  (j) [XIV LLD 107:17] *E Suer Mendes, o Bom, foi casado com dona Urraca, filha d'el conde dom Moninho, irmão de* **sa madre da rainha** *molher do conde dom Henrique de Portugal e [...]*
  (k) [XIV LLD 126:1] *E dom Gonçalo de Sousa, o Bom,* **seu sobrinho d' el conde,** *pedio a el rei por mercê que lhe desse a herdade que fora do conde, [...]*
  (l) [XIV CGE2 420:18] *E foy vençudo Muça e a sua hoste e morrerõ mais de doze myl cavalleiros, sem a outra gente que foy muita ademais; e morreo hy* **seu genrro daquelle Muça,** *que avyanome Garcia.*
  (m) [XIV LLCP 211:4] *Rei Ramiro foi-se a Leom e fez sas cortes mui ricas, e falou com* **os seus de sa terra,** *e mostrou-lhes as maldades da rainha Alda sa molher, [...]*

(n) [XV CDP 153:3] *Segundo testemunho d'algũũs que **seus feitos d'este rrei de Castella** escreverom, elle foi muito compridor de toda cousa que lhe sua naturall e desordenada vontade rrequeria […]*

(o) [XV CDF 187:17] *Onde sabee que no tempo d'el-rrei dom Denis, **seu bisavoo d'el-rrei dom Fernando**, se corria geerallmente em estes rreinos hũua moeda que chamavom dinheiros velhos.*

(p) [XV VS 18:15] *E despois desto, morreu minha madre a poucos dias, em **seu huso de ssa vida** ẽ como soia de viver.*

Reúno na tabela 18 os fatos mencionados até aqui:

Tabela 18 – Preposição + pronome forte *versus* preposição + SN no constituinte Y

Séculos / ocorrências	XII-XIII		XIV		XV		XVI		Total	
	oc.	%	oc.	%	oc.	%	oc.	%	oc.	%
Seu + de ele	38	33	66	45	39	63	3	60	146	44
Seu + de SN	78	67	81	55	23	37	2	40	184	56
Total	116	100	147	100	62	100	5	100	330	100

A tabela 18 mostra que nos três primeiros séculos da língua predominava um SN como complemento da preposição que constitui o termo Y do redobramento. Esses valores praticamente se invertem nos séculos XV e XVI. O termo Y preenchido por pronome sofreu um acréscimo constante na frequência de seu uso, o que apontaria para a implementação de *dele* como um novo possessivo da terceira pessoa. Essa tabela mostra também a queda dramática das ocorrências da estrutura redobrada no século XVI, embora as ocorrências sejam aqui estatisticamente irrelevantes. E como os SNs integram a terceira pessoa, sua predominância, apurada na coluna do total geral, pode explicar igualmente a reanálise de *seu* como possessivo da segunda pessoa no PB.

Seria agora preciso explicar o desaparecimento súbito dos redobramentos e por que *seu* e *dele* foram reanalisados. Para isso vejamos a questão da adjacência/não adjacência dos termos X e Y.

Adjacência/não adjacência de X e Y

A pergunta que se faz neste item é: como X e Y se mostram nos dados do ponto de vista de sua adjacência? E que consequências essa característica teria tido no tratamento do possessivo redobrado?

Encontramos aqui duas situações: X e Y exibem adjacência estrita, e X e Y perderam adjacência. A perda da adjacência ocorreu em três situações: (i) ocorre uma pausa entre X e Y, assinalada nos textos por uma vírgula; (ii) ocorrem expressões entre X e Y; e, finalmente, (iii) Y se movimenta para antes de X. Em seu conjunto, a perda de

266 Fundamentos sintáticos do Português Brasileiro

adjacência implica a reanálise de Y como um adjunto, o que deve ter ocasionado o desaparecimento da estrutura redobrada.

Redobramento do possessivo com adjacência estrita

(38) Possessivo + *de* + pronome forte *ele*:

(a) [XIII FR 203:3] [...] *a esposa aya a meadade de todalhas doas que lhy dera e a outra meadade ayã **seus parentes del** ou quẽ el mandar.*

(b) [XIII CSM2 133:11] *E os **seus escudeyros / dele** foron chorando / contra huas aldeas / e apelido dando. / Enton muitas das gentes / se foron y chegando / e achárono vivo / cabo duus moraes, [...]*

(c) [XIV:1334 HGP 278:26] [...] *emplazou a Gomez Perez, leygo, morador en Tamhal d'Oveya, freygues da Eygreia de San Juyaão de Kalẽdayro,e a ssa molher Maria Steuez, aa hua pessoa depos eles que seia **da su cõdiçõ deles**, a qual nomear o prostumeyro que deles mays uiuer, [...]*

(d) [XIV:1335 HGP 281:30] [...] *e ẽ nome deles meteu ẽ posse corporal Gonçale Steuez, coonjgo de Bragáá,e Franjsco Martiz, coonjgo de Guimarãs, procuradores de dom Gonçalo, arçabispo de Bragáá, per razõ da sa pessoa tam solamẽte e nõ da jgreia de Bragáá e **em seu nome del** de todolos seruiços, trebutos, feus, pensoes, juridições, senhorios, dereitos e de todalas outras cousas que os sobre ditos dom Gonçale Anes e sa molher auiã e [...]*

(e) [XIV:1345 HGP 258:30] [...] *as quaes ela herdou e o dito monesteyro de Vayram en seu nome dela per suçessom de **seu padre e de ssa madre dela** no tẽpo que ela era mõia do dito nosso moesteyro e [...]*

(f) [XIV LLCP 87:21] *Costantim, **seu padre deles**, reinou doze annos, e depois matou-o ũu seu vassalo a traiçom, [...]*

(g) [XIV LLCP 220:30] *E eles louvarom-no, dizendo que nom podia seer cousa que ele demandasse que eles lha nom outorgassem, ca bem certos eram que nom demandaria senom todo aguisado e **sua honra deles**.*

(h) [XIV CGE2 98:21] *Entom lhe derom os Romããos grande cavallarya e veosse com ella aa Spanha e ouve hy muytas batalhas e cada vez vẽcia, ca ele era homen que se fazia muy cõpanheiro dos homẽẽs por **seu amor delles** e por esto viinham muytos ẽ sua ajuda.*

(i) [XIV CGE2 127:17] *Mas nõ querya **a sua boa ventuira delle** e a maa delles e o que stava ordenado que era forçado que se comprisse pelo poder de Deus, ca, o que elle quer que seja, outro nõ o pode desfazer.*

(j) [XIV PP 288:19] *Mays est[o] deuẽ ffazer muyto apostamẽte e cõ grã voontade enas cidades grandes hu ouuer arçebispos ou per **seu mandado delles ou dos outros que teuerẽ sas vezes**.*

(k) [XIV DSG 9:36] *E o monge Libertino outrossi deitou-se ante os pees de seu abade e disse-lhi que aquele mal que el recebera non fora per sa crueza do abade, mais fora per **sua culpa del meesmo**.*

(l) [XIV DSG 11:42] [...] *que non solamente foi depois abade de muitos monges, mais morou com muitas monjas e foi **seu abade delas**.*

(m)[XIV DSG 50:23] *E el non querendo fazer **seu rogo deles**, disse-lhis que taaes custumes aviam eles que non poderian conviir con os seus.*

(n) [XIV DSG 122:14] *E esto non fez el por despreçamento das molheres, mais porque temia que per **sa vista delas** veesse en tentaçon de sa carne.*

(o) [XIV CGE2 235:20] *E em todo esto, os Gascões, que nõ saben vyver em paz, passarom as montanhas e entraron em terra de Cantabria e começaron de roubar. E, quando esto soube el rey Bamba, foi sobre elles e poseos fora da terra muy desonrradamente e con grande **sua vergonça delles**.*

(p) [XIV PP 51:25] *A outra que lhys pom **o sseu nome del meesmo** per que seia conhoçudo ca el he seu senhor e elles seus uassalos.*

(q) [XIV PP 360:12] *E nõ tan solamẽte podẽ os prelados scomugar ssem amoestamẽto os que rroubarẽ o alheo e nõno quiserẽ tornar, mays ainda quaes quer que rroubã **sas casas delles meesmos** cõhoçudamẽte e podẽ o fazer por que elles nõ sse podẽ defender cõ armas senõ cõ sentẽças spirituaes.*

(r) [XIV PP 111:29] *Outrossy tem muy grã prol a crisma que **a ssa força della** arredarra o diaboo do homẽ e o saca de ssa uõõtade e das sas obras que era ia come morada antiga en que mora sen derecto como apoderãdosse do que nõ era seu ca Deus o auia feyto e estabeleçudo por ssa morada.*

(s) [XV VPA1 25:20] ***O seu bispado dele** receba-o outrem.*

(t) [XV VPA1 59:17] [...] *houve dous filhos e nós todos fomos em **seu soterramento deles**, quando morrerom.*

(u) [XV CDP 160:21] [...] *e soube-o Lionor Nunez, e tomou mui gram medo; e trautarom com ella, segurando-a, dom Joham Nuez de Lara, que tiinha sua filha esposada com dom Tello, **seu filho d'ella,** cuidando el que tall segurança fosse firme.*

(v) [XV CDF 9:9] [...] *mandou que todollos bispos e meestres e comendadores e quaaesquer outras pessoas a que ouvessem de dar pousadas de pousentadaria, que tevessem casas nas villas e logares de seu senhorio, que as corregessem todas ataa certo tempo, de guisa que podessem em ellas pousar; e que fossem logo rrequeridos **seus donos d'ellas,** e seus procuradores, que as corregessem; [...]*

268 Fundamentos sintáticos do Português Brasileiro

(w)[XV CDF 157:13] [...] *mas pouco fallando, desviados muito da verdade, melhor fora nom dizer taaes cousas, moormente quando per seu escrever fica maa fama d'algũuas pessoas, que muito he d'esquivar em taaes fallamentos: e por nom cuidardes que dizemos esto por nosso louvos e **sua mingua d'elles**, vejamos primeiro seu desvairado modo d'escrever, o quall bem rroubado sseria do siso quem ho creesse e lhe desse fe.*

(x) [XVI A 117:35] [...] *e assy estes como os outros que os nossos acháuã per as ruas da cidáde, as quáes já andáuã cruzadas como em cousa vencida, todo **seu jntento delles** era recolherse a hũ monte que estáua sobre a cidáde.*

(y) [XVI A 212:2] [...] *e por este exercito ser tam grande nam o passou todo á jlha de Goa, mas ficou a mayór párte na térra sobre abórda do rio em duas capitanias, hũa que estáua sóbre opasso deu a hũ seu capitam principal, e a outra tinha **sua mãem delle Hidalcam** cõ suas molheres: [...]*

(z) [XVI A 261:23] [...] *e segundo este principe per nome Geinál lhe contou, elle éra o verdadeiro rey de Paçém, e nam aquelle que estáua em pósse do reino, mas seu parente e fora gouernador delrey **seu pay delle Geinál**.*

(39) Possessivo + *de* + SN:

(a) [XIII FR 211:23] *Se ome que morrer non ouuer herdeyros nenhuus e fezer **sa mãda das sas cousas**, dereyto é que se conpra a manda assy como a fez.*

(b) [XIII CSM2 61:41] [...] *E diss'assi: "Pois non / quis a Virgen, a que te dei en don, / que vivesses, mais quiso que na az / [...] // Dos mortos fosses por pecados meus, / poren deitar-t-ey ant' **os pees seus / da ssa omagen da Madre de Deus**."*

(c) [XIII:1254 IDD 37:12] *E trageos Affonsso Paaiz ẽ sa uida e de sa molher. E uẽẽ de filhos dalgo e **a ssa morte danbos** deuẽ a dicar / esses dous casaes ao moesteiro de Paazoo [...]*

(d) [XIII:1269 HGP 182:16] [...] *e de toda cousa que Deus hy der uos e uossa uoz dedes ende a meadade ao dicto moesteyro e a Mayor Perez de permeo e **da sua meadade do moesteyro** respõdede a ele ou a quẽ uos mãdar e da outra de Mayor Perez respondede a ella ou a quẽ uos ella mãdar [...]*

(e) [XIII CSM3 2:13] *Quando chegou seu tenpo / que en religion / meteron a minỹa, / vẽo-ll'a coraçon / de pedir **o seu fillo / da omagen** enton / que faagar podesse / e en braços coller.*

(f) [XIII FR 149:12] [...] *pero aueença non possa fazer na demanda se llo non mandar **seu dono da uoz** assijnadamẽte por aquella pessoarya e por outra que sua seya.*

(g) [XIII FR 207:7] *E depoys de **sa morte do padre e da madre** ayã os yrmaos todos sa parte.*

(h) [XIII FR 199:10] *Se manceba en cabellos casar sen consentimẽto de seu padre ou de sa madre, nõ parta con seus irmaos a bõa de seu padre nẽ de sa madre, for a se lhy perdoarẽ ante que morressẽ e se lhy perdoou huu delles e outro non, seendo ambos uiuos, aia* **sa parte da bõa daquel que lhy perdoou.**

(i) [XIII FR 221:15] *Se o padre ou a madre deue[e]rẽ en probeça en* **sa uida dos fillos**, *quer seyã casados quer non, mandamos que segundo como for seu p[o]der de cada huu, que gouerne o seu padre ou sa madre* [...]

(j) [XIII LLV 40:13] *E fege dom Vasco Martins em* **sa filha de João Rodrigues (?) de Fornelo** *dous filhos e uma filha* [...]

(k) [XIII SG 36:27] *E quando aveo pois que el veeo a esta terra por livrar Josep de prisom e o livrou, andou com Josefes,* **seu filho de Josep**, *porque Nosso Senhor fazia tanto bõo milagre que maravilha era.*

(l) [XIII SG 46:26] *Quando Gallaaz ouvio que era da Mesa Redonda, ouve gram pesar e ouve medo que nom fosse* **dos do seu linhagem de rei Bam.**

(m) [XIII SG 81:20] *Assi me fezera Deos bem de tal conpanha qual vos digo, por que todos sabiam que eram pagãos e eram tam honrados u quer que chegassem como se fossem* **seus filhos todos de rei Artur.**

(n) [XIII CSM2 336:4] *Hua vez dos ricos-omes / que, segundo que eu sei, / se juraron contra ele / todos que non fosse Rey, / seend' os mais seus parentes, | que divid' é natural. / [...] // E demais, sen tod' aquesto, / fazendo-lles muito ben, / o que lle pouco graçian / e non tiyan en ren; / mais conortou-o a Virgen / dizendo: "Non dés poren / nulla cousa, ca* **seu feito / destes** *é mui desleal."* [...]

(o) [XIII FR 159:26] *Todo ome que á preyto cũ outro e dá sa uoz a teer a outro ome mays poderoso ca sy que per* **seu poder daquele** *possa apremer seu contendor, o alcayde non lho consenta e* [...]

(p) [XIII FR 176:4] *E se nõ ouuer de que lho peytar, seya metudo en* **seu poder daquel** *contra que disse a falsidade e seruasse del ata que llo peyte todo muy ben e* [...]

(q) [XIII SG 128:7] *E Persival se assentou logo como aquelle que desejava muito a saber* **sua fazenda daquel homem.**

(r) [XIV:1302 HGP 222:17] *Et nos damosuollo en doaçon e por* **sua alma da dita Móór Paez** *e polas nossas que o ayades e pussuyades commo uosso e para todo sempre,* [...]

(s) [XIV DSG 67:26] *Contou ainda San Gregorio que naquel tempo huu clerigo daquela eigreja de Aquileio era mal treito do enmiigo antigo.E* **o seu bispo daquela eigreja**, *que avia nome Constancio, feze-o trager per todalas eigrejas dos martires que eran en seu bispado pera gaanhar saude daquel mal que avia,* [...]

270 Fundamentos sintáticos do Português Brasileiro

(t) [XIV DSG 145:28] [...] *quando a seita dos arrios que naceu dos vanda-los perseguiam os cristãos en Africa e lhes davan muitos tormentos pe rrazom de **sa heresia d'Arrio**, huus cristãos levantaron-se ante todos e defendiam mui fortemente a fe de Jesu Cristo.*

(u) [XIV LLCP 120:24] *E ele veendo que **seu feito d'el rei** nom era senom combater a vila, disse aos seus que bem entendia o talante d'el rei, [...]*

(v) [XIV LLCP 246:8] *Aquela hora foi irada de coita e de pressa aos que estavam em tal batalha, ca **a sa coita dos cristãos** era tam grande, com o gram trabalho que haviam, que home nom o poderiacontar.*

(w) [XIV CGE2 407:9] *E, quando morreo el rei dom Afonso, **seu tiio deste rei dõ Ramiro**, nõ leixou filho herdeiro e alçarom por rey este dom Ramiro, irmãão deste iffante dom Garcia [...]*

(x) [XV CDF 187:17] *Onde sabee que no tempo d'el-rrei dom Denis, **seu bi-savoo d'el-rrei dom Fernando**, se corria geerallmente em estes rreinos huua moeda que chamavom dinheiros velhos [...]*

Redobramento do possessivo com adjacência não estrita

a. Ocorre uma pausa entre o pronome fraco e a preposição seguida de SN, assinalada nos textos por uma vírgula:

(40)

(a) [XIII SG 474:14] *Quando el-rei, que muito de grado escutava o que o arcibispo dizia, ouviu toda **sa vida, de Lançarot**, respondeu: [...]*

(b) [XIV LLCP 150:15] *Este conde dom Pedro foi casado com a condessa dona Eva, filha do conde dom Pero Fernandez de Trava, assi como se mostra **no seu titulo XIII, deste dom Pedro de Trava**, no parrafo 2°, [...]*

(c) [XIV LLCP 155:32] *E dona Joana casou com dom Joham Fernandez Cabelos d'Ouro, filho do daiam dom Fernand'Afonso de Santiago, que foi filho d'el rei dom Afonso de Leom, de gaança; e **sa madre, de dom Joham Fernandez**, houve nome dona Aldara Lopez, filha de dom Lope Sanchez d'Olhoo.*

(d) [XIV LLCP 205:5] *E el lhe disse que verdade era, mais que ele era tanto **seu parente, da rainha dona Aldora**, sa molher, que a Santa Egreja os parteria.*

(e) [XIV LLCP 216:28] *E **os seus, do conde dom Anrique**, talharom-lhe a cabeça e deitarom-na na rua [...]*

(f) [XIV LLCP 220:10] *Este era Alboacem, rei de Tanger, que passara aaquem mar, por cobrar o castelo de Mertola, que lhe tiinha forçado ũu seu tio, o qual castelo fora de **ũu seu avoo, deste Alboacem.***

(g) [XIV LLCP 236:20] *E **ũu seu vassalo, de dom Alvar Pirez**, que chamarom dom Fernam Goterrez, disse a dom Gonçalo Rodriguez que mentia.*

Redobramento dos clíticos pessoais e do possessivo **271**

(h) [XIV LLCP 382:20] *E morreo-lhe esta dona Tereja Airas,* **sa molher, deste dom Stevam Perez Froiam,** *[...]*

(i) [XIV LLCP 407:18] *[...] foi casada com Joham Pirez de Vaasconcelos, por sobrenome Joham Tenteiro, o qual havia seu homizio com Airas Eanes de Freitas, por morte de Gil Martiiz, filho de dom Martim[Paaez] Ribeir[a], que o dito AirasEanes,* **seu segundo coirmão, do dito Joham Tenreiro,** *matara, o qual Joham Tenreiro matou este Airas Eanes em o moesteiro de Fonte Arcada, e [...]*

(j) [XIV LLCP 436:23] *[...] dona Orra Sanchez, que foi madre do conde dom Meendo, o Sousão, e molher de dom Gonçalo de Sousa,* **seu padre, deste conde dom Meendo.**

(k) [XIV LLCP 439:18] *E dom Pero Fernandez,* **seu filho, da dita dona Maria Gonçalvez e de Fernand'Alvarez,** *seu marido, foi casado com [...]*

b. Ocorrem expressões entre x e y, normalmente um verbo:

(41)

(a) [XIII CSM2 73:3] *Pois viu aquel ome que ren valer / non lle podia que fosse fazer, / ben ant'* **o seu altar** *se fez trager / de Santa Maria, e repentir- / [...] Se foi de seus pecados; [...]*

(b) [XIII CSM2 40:5] *O ome non quis per ren / leixar seu fol deleito, / nen catou y mal nen ben; / mais pois conpriu o preito, / ela con sanna poren / diz: "O que será feito, / eu endeito- / o daqui que* **seu** *seja, / sen peleja, / do demo todavia."*

(c) [XIII CSM2 91:17] *Enton ambo-los deytaron / na camara en un leyto, / e des que soos ficaron / e el viu dela o peyto, / logo ambos ss'abraçaron, / cuidand'ela* **seu dereyto** */ aver del; mais non podia.*

(d) [XIII CSM2 105:6] *E dest'un mui gran miragre direi que avẽo / a un cavaleiro que era* **seu,** *non allgo, / desta Sennor groriosa; [...]*

(e) [XIII CSM2 127:13] *El outrossi mui gran sabor / de Santa Maria servir / avia, e por seu amor / a ssa casa queria yr / d'Albeza, u enton mayor / gente fazia y vĩir / a Madre de Nostro Sennor / que en Bregonna foss'enton.*

(f) [XIII CSM2 205:1] *Que fez Santa Maria / dun ome que fazia / muito mal cada dia, / andand'en hũa mata. / [...] // ca britava camỹos, / demaes pães e vỹos / roubava dos mesq[u]ỹos, / e o our'e a prata / [...] // E o al que achava, / que nada non leixava. / Pero muito fiava / na que o mal desata, / [...] //Assi que* **ssas vigias** */ guardava* **dos seus dias,** */ des i malfeitorias / nen sol dũa çapata / [...] // De null'ome fillasse.*

272 Fundamentos sintáticos do Português Brasileiro

c. Y movimenta-se para antes de X:

(42)

(a) [XIII CSM1 21:3] *A que **do bon rey Davi / de seu linnage** decende, / nenbra-lle, crred' a mi, / de quen por ela mal prende.*

(b) [XIII CSM2 70:17] [...] *e senon, Deus se vingará / de ti por quanto quisische / **do demo ssa compan[n]ia**.*

(c) [XIII CSM2 242:31] *O convent' estando / a el asperando / e preguntando / quando chegaria; / mais lá mui queixosa / a moça foi por el, quando / ouve sospeytosa / [...] // Sa vida, e forte / temeu **del sa morte**.*

(d) [XIII CSM3 151:4] *Non conven que seja feita / nihũa desapostura / eno logar en que seve | **da Virgen a ssa fegura**.*

(e) [XIII CSM1 XXXII:4] *Tanto, se Deus me perdon, / son **da Virgen** connoçudas / **sas merçees**, que quinnon / queren end as bestias mudas.*

(f) [XIII CSM2 43:25] *O moç'ouve sabor / pois entrou na capela, / mas **do hermitan mayor**, / que viu dentro **en sa cela**, / u ll'enton Nostro Sennor / deu en un'escudela / grand'e bela / dous pães ben do ceo, / so un veo / que a toda cobria.*

(g) [XIII CSM2 52:3] *Fazer pode **d'outri** vive-los **seus / fillos** aquela que Madr' é de Deus.*

(h) [XIII CSM2 151:6] *E daquest' un gran miragre / mostrou a ũus romeus / que a Rocamador yan / que **[de] ssa Madr'** eran **seus**, / e pousaron en un burgo, / com' aprix, amigos meus; [...]*

(i) [XIV LLCP 128:6] *D'el rei dom Afonso, terceiro de Portugal, e deste nome o segundo, e **d'el rei dom Sancho, seu filho**, que se disse Capelo.*

(j) [XV VPA1 296:13] *E, quando eles forom em na cidade, pousarom en ũa casa d'ũu homem rico que os recebeu mui ledamente per sembrante e deu-lhes de seus vinhos e de seus bõos presentes quanto ende eles quiserom, assi como se fosse per graça de bõo hospede e de verdadeiro acolhimento, mais nom era assi, ca ele o fazia polos embevedar, em guisa tal que levasse **deles seu haver que lhe semelhava mui grande** [...]*

(k) [XV CDP 178:4] *O iffante dom Joham rrespondeo que lhe tiinha em grande mercee querer fiar **d'elle seus segredos** e que lhe prazia muito d'o que tiinha hordenado e era contento de o fazer assi... [...]*

A perda da adjacência sinaliza o desaparecimento do possessivo redobrado, via separação dos constituintes e consequente descaracterização dessa estrutura. O desaparecimento da estrutura redobrada deve ter começado pelo constituinte Y.

Começando por esta situação, nota-se que à preposição se segue um nome (43) ou um pronome forte (44):

Redobramento dos clíticos pessoais e do possessivo **273**

(43) Apagamento do constituinte X; Y está preenchido por prep. + nome:
  (a) [XIII:1269 HGP 182:16] [...] *e de toda cousa que Deus hy der uos e uossa uoz dedes ende a meadade ao dicto moesteyro e a Mayor Perez de permeo e da sua meadade do moesteyro respõdede a ele ou a quẽ uos mãdar e [Ø] **da outra de Mayor Perez** respondede a ella ou a quẽ uos ella mãdar [...]*
  (b) [XIII:2ª ATP 20:3] *Jn paredes super o casal de suero petriz. iiij. Morabetinos. e mediũ e meteolio petro petriz [Ø] **filio de samarugo** e alio a defender.*
  (c) [XIII:1252 ATP 27:11] *Jtem Maria pelagi'j [Ø] **mulier de Dominicus uello**. j. garnacha.*
  (d) [XIII:1252 ATP 27:41] *Jstas sunt debitas que debet dare Petrus martini cognamento pimentel que fecit ĩ simul cum mea mulier Sancia martini. [...] Jn super in morãgaus .v. libras quod fuerunt de rouba [Ø] **filios de gudiu** [Ø] **pelagij** de colinbria. vi. libras. [...] {Dominicus} [Ø] **filios de Dominicus petri** cordecuser xij. libras. [...] In super **filios de Johane corneiru** de portu darufu. vij. libras.*
  (e) [XIV LLCP 107:7] *Dom Afonso, seu filho, era de tres annos quando começou a reinar, [...]. Dom Vermuu, [Ø] **filho deste rei dom Afonso** reinou XXVII annos, [...]*

(44) Apagamento do constituinte X; Y está preenchido por prep. + pronome forte:
  (a) [XIII:1284 HGP 247:27] *[...] e so tal condizon que se se ella Steuaya Periz, nossa fila, cassar per mandado e per outorgamẽto do honrado padre e senhor dõ Viçẽte, bispo do Porto, e per [Ø] outorgamento **de my** Tareyga Mẽdiz, madre da dauãdita Steuaya Periz, [...]*
  (b) [XIII:1285 HGP 248:27] *Conozuda cousa seia a quantos esta karta uirẽ e ouuirẽ que na [Ø] presenza **de mĩj** Steuã Periz, publico tabellion do senor Rey de Portugal [...]*
  (c) [XIII:1288 HGP 195:28] *[...] daquele uoso herdamento que nos vendera Pedro Ferrnandez, uoso mõge, o qual fo a de Pedro Bellos e de dona Sancha, [Ø] madre **de mĩj**, Ffernan Pelaez, [...]*
  (d) [XIII:1289 HGP 196:19] *[...] o qual herdamẽto eu auia ya vendudo a este sobre dicto Rodrigo Eannes e por quanto o dicto Rodrigo Eannes nõ auia aynda [Ø] carta **de mĩj** desse herdamẽto faço [...]*
  (e) [XIV:1316 HGP 224:10] *Conosçuda cousa seia a todos commo en [Ø] presença **de mĩj**, Aras Garcia, notario de Ponte Uedra jurado, e [...]*
  (f) [XV:1407 HGP 97:29] *Testes que estauã presentes: Lourenço de Coynas et Esteuo Bota de Froyã et Nuno Gonçalues et Pedro Afonso, [Ø] escriuãaes **de mĩj**, o dito notario, et outros.*

274 Fundamentos sintáticos do Português Brasileiro

(g) [XIII:1299 HGP 214:26] [...] *mays o abbade e o convento o tenã per si por rrazõ de auerẽ en memoria e en rrenẽbrãça a alma desse Johan Affonso e as nossas e todo dereyto, possissõ e propiedade das [Ø] ditas cousas de nos a tollemos e a uos en nome delles damos por esta presente carta.*

(h) [XIII:1299 HGP 215:22] [...] *damos a foro a uos Fernã Perez e a uosa moler Maria Perez e a uũ [Ø] filu ou fila de uos ambos depos uosa morte dambos tam solamẽte aquela erdade que a o dito moesteiru en Lamamáá, [...]*

(i) [XV:1450 HGP 113:12] *Et nõ [Ø] avendo de vos suçesor en algũ tenpo et avendo y Juan Veloso, voso yrmaão, ou fillo ou netos del, que se torne a el ou a sua geeraçon, segund que a vos he dado e outorgado.*

Outra alteração foi a total omissão de Y, restando então o possessivo sozinho:

(45) Apagamento do constituinte Y:

(a) [XIII:1254 INQ 23:18] *E hũũ desses casaes en que mora Ffernam Martijz foy de Ffernam Cercal que era herdador del Rey. E morreu ẽ esse casal e depos sa morte [Ø] cõprou esse casal Don Affonsso Eanes e dona Orraca sa molher [...]*

(b) [XIV LLCP 106:37] *Dom Vermuu, filho deste dom Hordonho, reinou XVII annos, [...]. Dom Ramiro, seu filho [Ø], reinou VI annos, [...]*

(c) [XV VS 16:16] *E sse Deos has vergonça, nom ha logar hu sse o homẽ ascõda ante os seus olhos [Ø].*

(d) [XV VS 41:3] *E vyo hũa besta tam grande que sobejava sobre os mõtes e era tam fea que non ha homẽ que o podesse dizer. Os seus olhos [Ø] semelhavã outeiros açesos e a sua boca [Ø] era tamanha que caberiã per ella nove mil homẽes armados. E avya na sua boca [Ø] duas serpentes e hũa tíinha a cabeça cõtra juso e a outra contra suso.*

(e) [XV VPA1 35:11] *E sabede que aquela porta era chamada Fremosa, por ũu honramento que posera i Alexandre Ircano em seu tempo [Ø].*

Os fatos que acabo de descrever podem ser assim sumarizados:

1. A perda da adjacência sinaliza o desaparecimento do possessivo redobrado, via separação dos constituintes e consequente descaracterização dessa estrutura. Estruturas adjacentes e estruturas não adjacentes convivem nos mesmos momentos históricos, o que aponta para uma variação sintática. A adjacência estrita é documentada em todos os textos do *corpus*, ao passo que a adjacência não estrita se concentra em poucos textos, variando seus usos quanto à frequência.

2. O desaparecimento da estrutura redobrada deve ter começado pelo constituinte Y quando preenchido por preposição + SN. Daqui o processo deve ter se irradiado para a construção em que Y era formado por preposição + *ele*. Desaparecendo Y, X assumiria novas propriedades gramaticais.
3. A partir daqui, *seu* e *dele* ampliam suas propriedades gramaticais, prenunciando as mudanças hoje encontradas no PB, isto é, *seu* migra para a segunda pessoa, e *dele* assume o lugar deste, como terceira pessoa.

Passo a examinar o que se constatou em (3).

AMPLIAÇÃO DAS PROPRIEDADES DE *SEU*

Com o apagamento de Y, o possessivo remanescente assume diferentes papéis semânticos:

1. O possessivo *seu* contém os traços de /+animado/, /+determinado/ e /+específico/. Em cartas de doação, testamentos e outros, nos quais o nome de "quem mandou fazer o documento" é bem claro, esse pronome vai sempre se referir à pessoa que ordenou aquele documento. O antecedente do possessivo (nome da pessoa) pode estar distante desse mesmo possessivo ou próximo, o que mostra que esse possessivo tem um escopo largo. Vejamos alguns exemplos:

(46)   *Seu* /+animado/, /+determinado/ /+específico/:
   (a) [XII:2ª ATP 20:7] *Noticia de auer que deuen a dar a <u>petro abade</u> Jn palmazianos super uno casal de afonso rodrigiz. vij. Morabetinos. […] Duran [su] de penidelo **suo** sobrino. i. Morauedil. […] **suo** germano. Sueiro de lagenelas. i. Morauedil. minus quarta da saia. […] hec est **sua** manda ad illo ospital de sancto iohane. i. casal que tenet por vij. Morabetinos. in palmazianos ad opera de sancta maria .i. Morauedil a ponte de doiro. i. Morauedil. a opera de sancti petri. i. Morauedil **Suos** afiliados. i. Morauedil a **suo** abade. i. Morauedil. a sancta maria de aluarelios. i. Morauedil […]*
   (b) [XII:2ª ATP 22:7] *Hoc est fĩto de casales de eligoo que tenet alfonsus didaci de monasterio de pedroso. ĩ outeiro. ijos. casales. Et dedit didacus tornĩcas ad monasterio petroso a quinta de uilla de eligoo e **sua** mulier. altera quinta. Et abbas dominus pelagius cõparauit de troitosẽdo tornĩcas quanta hereditate habebat ĩ uilla eligoo. por LXXª. Modios e mater de sturnio testou ad monasterio de pedroso alia tanta hereditate Et menẽdo*

*gũsalui testou ad monasterio pedroso o agru da bouza. E uxor **sua** [o] Juluira teliz o agru da cernada. Et **suo** filio didacus dedit **suo** cortinal de ante porta a pedroso.*

(c) [XIII:1234 ATP 24:10] [...] *Noticia de deuidas de <u>petro fafiaz</u>. A refoios. iiij. morauidis. A freginũ. iiij. morauidis. v.gallinas. i. cabritu. i. quarta de uino.* [...] *Laurencio furtado. iij. morauidis. Petro petri **seu** mancebu de riba de doro. ii.morauidis.* [...] *Martinus de iaraz **seu** manzebu. mediũ. morauidi. Johane petri **seu** fili.[sic] {ii} xij. soldos.* [...] ***Seu** abbate. mediũ morauidi.* [...] *Martinus petri **seu** macebu. i. spadua. i. sexteiru de pã.* [...] *Dordia petri. **sua** filia. iiij. morauidis. e tircia. Tarasia petri **sua** filia. iiij. morauidis.*

(d) [XIII:1210 ATP 23:15] [...] *<u>hous frates sanctj simeõ</u>. x. Morauedios.que me habeãt ĩ mẽte ĩ **suas** orationes.*

(e) [XIII:1ª ATP 21:25] [...] *hec ee nuntia di mãda qi fiz <u>margarida. garcia</u> cũ **seu** maridu. **seu** curpu e **sa** irdadi e cũuĩ a sabir cal.*

(f) [XIII:1254 INQ 10:4,5] *E disserom que esse logar enque ora Rodrigo Affonsso tẽ as casas que moraua y ante Gonçalo Dias dito uelho e era caualeiro e ficou esse herdamento a Orraquinha **sa** filha e foy ele e essa **sa** filha confreires de Eygreioo e leixarõ o que y auiã a Eygreioo por **sa** alma.*

(g) [XIII:1254 INQ 29:16] [...] *disseron que naaldeya deSoutelo ha y tres casaes e son os dous casaes da jgreia de Rogi. E hũũ casal est de Mayor Rodriguiz molher que foy de Ffernam de Caanbra e de **seus** filhos.*

(h) [XIII:1254 INQ 2:15] *E se meter uĩho o jugueyro ẽ **sa cuba** darlhi delle que o auonde.*

(i) [XIII:1254 INQ 3:14] *E Pedro Mauro ha y outra vinha a par de **sa** casa e deulha o juiz a foro de sesta e de meya dereytura.*

(j) [XIII:1254 INQ 17:24,25] *E todos os reguẽẽgos de Fermedo se el Rey ou o señor da terra quiser fazero paaço ou adubar deue el Rey ou o señor da terra a dar o carpenteyro a **sa** custa e o pedreiro pera fazer a parede a **sa** custa.*

(k) [XIII:1258 HGP 71:7,9,10] *Ffazo departimento ĩtre meus fillos. Mando a fillos de Nuno Fernãdez o **seu** quiñũ per cabezaz cada lugar quanto é ĩ herdade de seus auóós; que partã tamano quiñũ como un de seus tios. Mãdo a fillos de Guillelma Fernãdez o **seu** quiñũ per cabeza ĩ Liz. Mãdo a fillo de Tereysa Nunes outrossi o **seu** quiñũ per cabeza ĩ Peraredo.*

(l) [XIII:1290 HGP 139:33] *Item mando que deuedas y mandas pagadas desto que eu mando uẽder, se sobeyar algua rẽ que o den hu ffor mays prol de mia alma e pola alma daquelles onde o eu oue que nõ sey **seus** donos.*

(m) [XIV:1348 HGP 159:13] *Item tres uacas e* [...] *bezerros e sete ouellas e dous años e ssete cabras e quatro cabritos e duas porcas e mea doutra e hũa porcalla con **sseus** fillos e dose patas e treze gallinas cõ quatorze pĩtoos.*

2. O possessivo *seu* tem o traço /-animado/:

(47) Possessivo /-animado/:
(a) [XIII:1ª ATP 22:21] *Et aduenit filí'js meis <u>domũ de chiarneca</u> cum **sujs** ujneis <e cum almunia> e cum lagar que sunt sobre carreira sic ut diujdit cum martino alujtiz e cum salde (.?.) das bragas; por ipso bacelo qui fujt de pedre mozamades e <u>por cortinalj</u> qui fuit martinj petriz cum **sua** almunia e cum **suo** pom[ar] [...] Et aduenit filí'js meis <u>medietas de ujlla noua</u> cum toto **suo** termjno. e medietas de hereditate que est in nostra terra.*
(b) [XIII:1210 ATP 23:5] *[...] ego petrus fafiz tijmẽs diẽ mortis méé Jta meũ habere mãdo dijudere. Jn primjs. <u>.uno</u> <u>casal</u> na poboazõ. que fujt de suejro fafiz com **sua** herda. [sic] e com roteas que modo habet.*
(c) [XIII:1254 INQ 19:10] *[...] e perguntados disseron que na <u>aldeya de Berlenga</u> e en **seu** termho son .uj. casaes e son de herdadores.*
(d) [XIII:1254 INQ 50:26] *E senhos cabritos e senhos capões .vj.vj. dýeiros d'entrada da eyra e senhos meyos alqueires de <u>pã</u> coyto cõ **seu** caldo como est usado de seruiço.*
(e) [XIII:1262 HGP 42:23] *Conuzuda cousa segia a todos que como entenciõ fosse nada vntre Don Johanne, abbade do <u>moensteyro</u> de Santa Maria de Subrado et **seu** conuento da vna parte e vntre [...]*
(f) [XIII:1276 HGP 130:28] *[...], a uos, Johan Uáásquez, fillo de Vaasco Fernandez, dou a foro una <u>casa</u> cõ **sua** cortina que cõ ela está que eu ey en Çerracões [...]*
(g) [XIII:1280 HGP 186:30,31] *[...] a uos Pedro Eanes de Bayona, [...] damos e outorgamos por renda deste dia atá dez anos primeyros uí'jdeyros a nossa casa que auemos ena <u>vila</u> de Bayona en que morou Martĩ Perez, dito Gago, cono **seu** sobrado e cona outra casa como uem áária dá Área e cõ **sua** chousa como leua en boca essa casa [...]*
(h) [XIII 1283 HGP 78:6] *[...] e o preito e a <u>carta</u> estando sempre ĩ **seu** reuor permaecente.*
(i) [XIII:1283 HGP 192:1] *[...] e o dito abbade don Henrrique estando presente na dita curtina, o dito Pedro Periz filou vun <u>nabo</u> con **suas** uerssas na mao da dita curtina e meteuo ao dito abade na mao, [...]*
(j) [XIII:1285 HGP 136:22] *[...] e deuemos este <u>casar</u> e todas **suas** herdades a laurar e parar moy bẽ de guysa que sse nõ percã os ffroytos del per mĩgua de lauor e [...]*
(k) [XIII:1299 HGP 210:13] *Item mando aynda ao [...] (J)ohane de Poyo aquelle <u>casal</u> que eu fige en Trassouto assy commo está cũ **suas** casas e cũ **suas** vinhas e cũ **sseus** pumares e cũ **sseus** chantados e cũ **sseus** rressios [...]*

(l) [xv:1434 HGP 64:5] *Iten mays vos dou enna dita doaçon as mjñas* <u>casas</u> *da Ponte d'Eume cõ* **suas** *plaças que jazen enna figlesia de Santiago da dita villa* [...]

AMPLIAÇÃO DAS PROPRIEDADES DE *DELE*

Neste item vou demonstrar como o novo possessivo *dele* alargou seus usos, estudando o traço semântico do seu antecedente.

Observo inicialmente que, no PM, *dele* funciona como constituinte Y tanto do possessivo *seu* quanto do locativo *en*. Na reduplicação *en... dele*, *dele* tinha por antecedente um inanimado. Na reduplicação *seu... dele*, *dele* tinha por antecedente um animado. Essa comparação é útil porque *dele* foi ampliando seu uso quando redobrava o possessivo *seu* omitido.

Verificarei a seguir como se deu essa ampliação de propriedades, sendo de se notar que até o século XVI esse pronome continuou na 3ª pessoa; a alteração ocorrida no PB se deu posteriormente a esse século.

Começarei esta discussão estudando os traços semânticos de *dele*, que possivelmente distinguem o PB do PE. Nota-se que em meus dados o possessivo forte preposicionado exibe tanto o traço /+animado/, em (48), quando /-animado/, em (49), com grande concentração neste caso, o que aponta de novo para o PB como uma variedade que guardou propriedades gramaticais do Português Arcaico. Vejamos os exemplos:

(48) Pronome forte da duplicação com traço /+animado/:
    (a) [xiii:1290 HGP 139:36] [...] *e se estes meus ffillos morerẽ sen seme anbos eles* [...] *Oraca Pelaez tena todos los béés* **deles** *en sa uida de que son erederos de ma parte e a sa morte ffiquẽ a Môte do Ramo por mia alma.*
    (b) [xiv:1302 HGP 81:15] *Et eu Fernã Fernandez, o sobredito, recibĵmĵ o preyto e vj as demandas que faciã e as razoes que por si poynã e o dereyto que por si auiã e a prazer* **deles** *mandey e perla pea que pararã entre si:* [...]
    (c) [xiv:1367 HGP 59:4] [...] *damos e enprazamos a uos Ynes Perez de Tjneu e a uossos fillos e fillas que óóra auedes e aos netos e netas que* **deles** *seyrẽ por en todas uossas vidas ata a morte do postremeyro de uos* [...]
    (d) [xv:1450 HGP 113:13] *Et nõ avendo de vos suçesor en algũ tenpo et avendo y Juan Veloso, voso yrmaão, ou fillo ou netos* **del**, *que se torne a el ou a sua geeraçon, segund que a vos he dado e outorgado.*

(49) Pronome forte da duplicação com traço /-animado/:
    (a) [xiii:1254 INQ 2:15] *E se meter uĩho o jugueyro ẽ sa cuba darlhi* **delle** *que o auonde.*

Redobramento dos clíticos pessoais e do possessivo **279**

(b) [XIII:1254 INQ 3:20] *E todalas testemuyas disserom que essa jgreia de Santa Maria de Formedo est del Rey e esta en posse de presentar a ela e est na posse* **dela**.

(c) [XIII:1254 INQ 18:20] *Itẽ disseron que todo homẽ que cõprar casal ao jogueiro del Rey deue a dar ao moordomo da terra hũũ carneyro d'entrada ou a ualia* **dele**.

(d) [XIII:1254 INQ 48:22] *E Soeyro Paaiz disseron que sabem esa hermida andar a mááo del Rey. E estar en posse* **dela**.

(e) [XIII:1271 HGP 184:22] [...] *e se essa erdade falecer per lauor que a perçades e senpre huu ome de uossa parte tena essa erdade e seya teudo de pagar esse foro* **dela** [...]

(f) [XIII:1281 HGP 76:10] [...] *e por esto dar a uos cad'ano pra pitãçya por dia de Ssan Johã Bautista .C. mr. Da moeda pequena que foy ffeita en tẽpo da guerra primeyra de Gramada ou a quantja* **deles**.

(g) [XIII:1283 HGP 77:27] [...] *e dou uos y demais a uos sobreditos e a uosos filos e a uosos netos todalas pesqueyras que som feitas e quamtas mays y poderdes fazer in este foro e in este termio de suso dito que as fazades e que dedes* **delas** *sempre áó moesteyro iam dito per seu máórdomo méó e dizemo do pescado que y filarẽ;* [...]

(h) [XIII:1285 HGP 136:22] [...] *e deuemos este casar e todas suas herdades a laurar e parar moy bẽ de guysa que sse nõ percã os ffroytos* **del** *per mĩgua de lauor e* [...]

(i) [XIII:1290 HGP 199:13] [...] *e por que o abbade e o conuẽto sobreditos son e erã padroeyros da dita iglleia e da dita meyadade dessa yglleia e por que o jur e o dereyto de presentar a essa yglleia e áá dita meyadade* **della** *pertééçia e pertééçe ao abbade e ao conuẽto sobreditos en nume e por nume e por rrazõ do dito moesteyro e outrossy porque esse abbade e esse cõuẽto acustumarõ quando a dita iglleia ou a dita meyadade* **della** *uagou ou esteue uaga a guardar os béés* **della** *e outrossj por que fforõ e son en jur e en possissom de gardar os béés sobreditos quando a dita iglleia vagou ou a dita meyadade* **della** *e por que os deuẽ a guardar de dereyto mentre essa jglleia ou a dita meyadade* **della** *esteuer uaga;* [...]

(j) [XIV:1300 HGP 50:18] [...] *e dedes ende a nos cada hũ anno en saluo ena vila de Milide cento e çincoenta mrs. D'alffonsí'jns ou a valia* **deles** *des dia de Santa Maria de Feuereyro* [...]

(k) [XIV 1344 HGP 27] *Et logo o dito Rodrigo Afonso, prior, disso que anparaua e defendia o dito casal e herdamẽtos* **del** *et que* [...]

(l) [XIV:1335 HGP 91:34] [...] *e áátal foro damos a uos os ditos casares que os lauredes e paredes bẽ a todas partes en maneyra que se nõ percã os*

280 Fundamentos sintáticos do Português Brasileiro

> *nouos dessas herdades cõmjgoa de lauor* [...] *bõa parãaça e que tenades as casas **delles** feytas e cobertas e bẽ paradas e que moredes en ellas* [...]
>
> (m) [XIV:1399 HGP 62:18] [...] *todo o dereyto e uoz e propriadades que eu ajo e me pertesçe d'auer em todas las herdades caluas e chantadas e lauradas e por laurar, casas e casaes e formaes **delles** e mõtes y as per hu quen quiserẽ* [...]
>
> (n) [XIV:1399 HGP 62:22] [...] *eu quero e outorgo que ajades e leuedes en hũa doaçõ para senpre o dito moesteyro de Santa Maria de Mõfero e o abade e conuẽto **del** des oje este dito dja em deante para senpre* [...]
>
> (o) [XV:1414 HGP 101:40] *Item mãdo que hũa sentença que oyue da ermjda de Brabos contra os herdeyros **dela**, que a den ao cabidoo da igleia de Lugo.*

Em suma, comparando o que vem na literatura mencionada com os meus dados, é possível explicar o quadro dos possessivos no PB atual como o resultado do redobramento desse pronome. Quanto à pessoa, destacada por Perini, meus dados mostram que *seu* é sinônimo de *dele* e, portanto, no Português Arcaico ainda não se havia iniciado o processo de dissociação entre esses itens, que continuavam indicando a terceira pessoa. Quanto à variação entre *seu* e *dele* relativamente ao traço /+genérico/ e /-genérico/, ainda não posso adiantar nada, pois não comparei meus resultados com os de Oliveira e Silva, em termos quantitativos. Quanto às observações de Kato, posso concluir que *dele* tinha os traços /+animado/ e /-animado/, como no PB atual, e que *seu* ainda era sinônimo de *dele*.

Pesquisando na correspondência publicada em jornais de São Paulo do século XIX, notei que *dele* tem um uso muito restrito, sendo que *seu* oscila na indicação da segunda e da terceira pessoas. Isso indicaria que no século XIX o possessivo *seu* já tinha iniciado sua migração para a segunda pessoa, quando ele se referia a *Vossa Mercê*. Novas pesquisas poderão confirmar ou não estas observações.

Notas

[1] As abreviações contidas no quadro 4 correspondem ao seguinte: V = verbo, cl. = clítico, SN = sintagma nominal, SP = sintagma preposicionado, X = nome quantificado, advérbio ou complementizador, # = a sentença se inicia com o verbo e o que vem antes está fora da periferia desta.

[2] Distinguimos aqui os artigos *o, a, os, as* dos quantificadores indefinidos *um, uma, uns, umas*, rejeitando a inclusão destes entre os artigos.

Teorizando sobre os achados

Apresentação

O objetivo deste capítulo é teorizar sobre os fenômenos examinados nos capítulos anteriores, com ênfase particular no capítulo "Redobramento do clítico locativo *hi* e formação da perífrase de gerúndio e infinitivo preposicionado", e ao mesmo tempo revisitar os aspectos teóricos mencionados no capítulo "Gramaticalização, redobramento sintático e minioração". Entendo este capítulo como um prefácio para outras tantas revisitas.

Para isso, vou mostrar que os fatos encontrados no Português Arcaico oferecem evidências que apontam para uma mudança paramétrica ao nível do princípio de projeção. Explicitando melhor, o indo-europeu (IE) e as suas línguas derivadas, incluindo o Latim Arcaico (LA), podem ser considerados como pertencentes ao grupo das línguas de parâmetro não configuracional ou polissintético. No LA já são evidentes as primeiras alterações em direção a um novo parâmetro, o de se tornar uma língua configuracional e, ao mesmo tempo, analítica. O Latim Clássico (LC) e o Latim Vulgar (LV), mesmo convivendo sincronicamente, continuam essa mudança em ritmos próprios, menos evidente no primeiro e mais clara no segundo. Assim, a variedade culta do latim, mais sintética e de ordem mais livre, convivia com a variedade popular, mais analítica e de ordem progressivamente mais fixa, aprofundando as características do LA, de que o LV era uma continuação direta (Maurer Jr., 1959, 1962). Pode-se afirmar que deste ponto de vista a língua latina foi uma língua em transição. Essa grande alteração em direção a um novo parâmetro se propagou para todas as línguas românicas e ainda não está concluída de todo. Faço considerações mais minuciosas sobre essa grande mudança na próxima seção.

Com essa lenta mudança de parâmetro, a grande maioria dos verbos latinos sofrem profundas alterações sintáticas e é nesse contexto que se situa o verbo *estar*, pois passa de verbo intransitivo a verbo "quase transitivo", com um constituinte locativo como seu complemento. Mais adiante argumento que (i) o verbo pleno *estar* (e também *sedere* e *iacere*) e o auxiliar *estar* (*sedere/iacere*) são um mesmo verbo, possuindo, portanto, estruturas semelhantes; (ii) *sedere/iacere/stare* são idênticos a *esse*, nas estruturas locativas, tendo ocorrido a incorporação de um operador locativo abstrato nos dois primeiros; (iii) *sedere* substitui *esse* nesse contexto locativo; (iv) *stare* substitui *sedere/iacere* e *esse* nos mesmos contextos locativos. O operador locativo abstrato comporta o traço [+aspecto pontual] e se manifesta como *y* no Francês Antigo e moderno, *ci* no italiano moderno, *hi* no espanhol e português antigos, *there* no inglês etc.

Os parâmetros da polissíntese e da configuracionalidade

O parâmetro da configuracionalidade/não configuracionalidade das línguas foi um dos primeiros a serem propostos pela Gramática Gerativa. Procurava-se com ele dar conta de fatos encontrados em algumas línguas como o warlpiri (língua aborígene da Austrália), o japonês e o húngaro. Essas línguas foram consideradas não configuracionais e apresentavam as seguintes características (Raposo, 1992: 235; Damaso Vieira, 1993: 8; Kato, 2002b: 326; Sândalo, 2002: 29-38):

(i) Ordem livre de argumentos;
(ii) Estrutura sintagmática "lisa", ou seja, com somente um nível hierárquico;
(iii) Ausência da categoria sv;[1]
(iv) Existência de constituintes descontínuos, ou recursivos;
(v) Ausência de regras de movimento, ocasionando ordem fixa do auxiliar ou do verbo;
(vi) Utilização de pronomes nulos, ou anáforas zero;
(vii) Sistema casual rico.

As línguas não configuracionais apresentam fatos relacionados à ausência de uma configuração sintática e consequente presença da ordem livre dos constituintes, opondo-se às línguas configuracionais, que dispõem seus constituintes numa ordem fixa. Pensava-se que essa variação fosse devida a uma variação no nível da estrutura-P.

Hale, em 1983, observou que o warlpiri não obedece ao esquema universal da x-barra proposto por Chomsky, pois apresenta uma estrutura muito sintética e sem hierarquia entre os constituintes. Propôs então a existência de dois tipos universais de esquema sintático:

(i) o esquema x-barra, para as línguas configuracionais (inglês, português etc.), que contêm as duas regras universais como em (I),

(ii) o esquema W* para as línguas não configuracionais, que possuem somente uma regra como em (II):

(I)

a) X" -------> Spec X'
   X' --------> X (Compl)*

b)

```
            S
          /   \
       SN       SV
              /   \
            V       SN
```

O esquema x-barra impõe uma organização hierárquica às estruturas sintáticas, pois os constituintes do sintagma se situam em posições específicas e há distinção entre o argumento externo (sujeito) e o argumento interno (objeto) projetados pelo verbo.

(II)

a) X' --------> W* X W*

b)

```
            S
          / | \
       SN   V   SN
```

Nesse segundo esquema, x representa um núcleo lexical e W* representa uma sequência de palavras ou constituintes sem ordem definida, descontínuos, ou seja, não há especificação hierárquica das categorias do sintagma. Como consequência, as línguas aqui integradas geram um conjunto de palavras de extensão arbitrária e sem estrutura interna.

A distinção entre esses dois tipos universais de língua estaria baseada no estatuto da categoria SV. As línguas configuracionais possuem a categoria SV na estrutura sintática, enquanto nas línguas não configuracionais só existe a categoria lexical V. Essa categoria é considerada o núcleo de S, que é gerada pela regra, na qual os SNs representam os argumentos do verbo (complementos e sujeito subcategorizados pelo verbo possuem propriedades sintáticas simétricas), revelando uma estrutura plana ou lisa, pois possui apenas um nível hierárquico:

III) S --------> (SN)* V (SN)*

Estudos posteriores mostraram que "a variação tipológica entre línguas configuracionais e não configuracionais não mais depende da parametrização do sistema

284 Fundamentos sintáticos do Português Brasileiro

de regras sintagmáticas, mas da parametrização do Princípio de Projeção (PPr) que restringe a forma da estrutura-P" (Damaso Vieira, 1993: 11). Constatou-se que o parâmetro da configuracionalidade comporta dois tipos de variação na estrutura-P:

(i) um deles está relacionado com a projeção estrutural dos argumentos verbais;
(ii) o outro se refere ao tipo de categoria projetada como argumento.

Para o item (ii), Jelinek (1985) propôs o parâmetro da projeção [sic], segundo o qual os argumentos verbais, nesse tipo de língua, podem se concretizar na sintaxe do seguinte modo: (i) ou por meio de SNs, foneticamente realizados ou não, (ii) ou por meio de pronomes clíticos/afixos, acoplados à morfologia verbal. No primeiro caso temos as línguas de argumento lexical (japonês, inglês etc.), e, no segundo, as línguas de argumento pronominal (warlpiri, navajo, ojibwa etc.), sendo que nessas últimas os SNs são vistos como tendo o estatuto de adjunto.

Segundo Jelinek, nas línguas de argumento pronominal os afixos e clíticos preenchem todas as posições projetadas pelo verbo que fica então saturado, e também recebem papel-θ e caso. Assim, o verbo não pode reger nenhuma posição externa a ele, e os SNs, que são adjuntos, podem aparecer livremente em qualquer posição, podem ser recursivos ou podem ser omitidos:

> constituiriam, assim, casos extremos de uso de deslocamento com clítico ou de redobramento de clítico, que em línguas como o espanhol constituem opções para a posição de sintagmas plenos. Imagine-se uma língua em que os sintagmas nominais só podem ocupar posições à margem como nos exemplos de deslocamento de clítico e redobramento de clítico do espanhol (Kato 2002: 326).

(1)
> (a) *A Maria le* regaló su abuelo un caballo de pura raza.
> (b) *Lo vi a Juan.*

Para Jelinek as línguas de argumento pronominal possuem as seguintes características:

(i) ausência de regras de movimento sintático, e, como consequência, não se tem a distinção sintática entre posições A e A-barra, pois os SNs são gerados em posição de adjunto, não existem estruturas passivas, nem alçamento de sujeito, nem construções relativas e interrogativas derivadas;
(ii) ausência de miniorações e orações-complemento regidas, porque estão em posição de adjunção; afixos e clíticos são regidos pelo verbo e através da coindexação com eles é que são licenciadas tanto as miniorações como as orações-complemento;
(iii) ausência de categorias vazias, pois os argumentos estão expressos na morfologia verbal.

Baker (1988) propôs o parâmetro da polissíntese para aquelas línguas que Jelinek chamou de línguas de argumento pronominal. Ele concorda com parte desse parâmetro, ou seja, admite a existência de línguas com SN sem função argumental, mas discorda de que os elementos pronominais sejam argumentais, pois para ele os argumentos reais do verbo são representados por categorias vazias como *pro*, variáveis de sintagmas-*qu* e vestígios de incorporação nominal.

Em suma, o parâmetro da configuracionalidade/não configuracionalidade de uma língua está ligado ao princípio de projeção da categoria SV ou, mais precisamente, ao tipo de categoria que preenche os lugares dos complementos projetados pelo verbo. Quando essas categorias são afixos ou clíticos, são eles os argumentos reais do verbo e os SNs/SPs estão em posição de adjunção, podendo se localizar em qualquer lugar da sentença. Essas línguas apresentam padrões sintéticos em quase todos os níveis morfossintáticos, e por isso são chamadas de polissintéticas.

Como foi dito no início deste capítulo, a língua latina, originária do IE, era uma língua não configuracional ou polissintética em seus primórdios, mas apresentando indícios adiantados de mudança.

Admitindo-se a proposta de Jelinek, pode-se dizer que o Português Arcaico também era uma língua de argumento pronominal, pois os complementos verbais se realizavam por meio de clíticos pronominais que se colocavam à volta do verbo, mas os SNs/SPs que acompanhavam esses clíticos não eram argumentais e apareciam numa posição de adjunção ao verbo. Esses clíticos pronominais e seus SNs/SPs constituíam miniorações que estavam adjuntas ao verbo.

A parte da proposta de Baker sobre os argumentos reais do verbo como sendo as categorias vazias como *pro*, variáveis de sintagmas-*qu* e vestígios de incorporação nominal, também pode ser considerada quando se observa o português do ponto de vista diacrônico: primitivamente ele era composto somente de um verbo mais sua flexão de sujeito e a saturação de seus complementos era feita por categorias vazias ou *pro*, e adjungidas ao verbo havia miniorações que determinavam ou especificavam seu sentido. Num segundo momento, essas categorias vazias passam a ser preenchidas por clíticos ou partículas e os SNs têm o papel de adjunto a um dado verbo. Num terceiro momento, tem-se a incorporação do clítico ou da partícula ao verbo, e o SN/SP que estava adjunto ao verbo passa a ser visto como seu argumento.

Para se entender a grande mudança que ocorreu desde o latim até o Português Arcaico, é interessante salientar certos aspectos da língua latina, nos quais se encontram evidências de mudança no valor do parâmetro. Vejamos.

O LATIM COMO LÍNGUA DE TRANSIÇÃO ENTRE OS PARÂMETROS DA POLISSÍNTESE E DA CONFIGURACIONALIDADE

Quando se observam as características consideradas mais importantes de uma língua não configuracional, como aquelas mencionadas anteriormente, e se entra em contato com descrições tradicionais do LC, fica claro que essa língua apresentava várias características próprias de uma língua do tipo não configuracional ou polissintética. Há escassas informações sobre o LA e o LV. É provável que eles também apresentassem traços de uma língua do tipo polissintética.[2]

O LC é o LA mais elaborado e congelado no tempo. Ernout e Thomas (1953) relacionam um conjunto muito interessante de características sintáticas dessa variedade, que mostram que ela apresentava uma situação mista, exemplificando tanto o parâmetro da configuracionalidade quanto o da não configuracionalidade. Sendo esta variedade mais conhecida que o LA e LV, deixarei de enumerar suas características, concentrando-me naquelas de interesse para este livro: tendo-se incrementado a passagem de verbos intransitivos a transitivos, incrementou-se igualmente a ocorrência de dois argumentos oracionais.

O LA e o LV, que derivou do primeiro, seguiram de perto o IE, língua polissintética ou não configuracional, nas seguintes características:

(i)   sistema morfológico rico, criando a oportunidade de existência de constituintes descontínuos ou recursivos;
(ii)   ausência da categoria SV, o que torna a estrutura sintagmática "lisa";
(iii) ordem relativamente livre dos argumentos.

O sistema morfológico do LA era muito rico tanto na flexão nominal como na verbal. O que me interessa aqui é a flexão nominal de caso, pois ela sofreu grandes alterações e pode ter sido o gatilho disparador da grande mudança paramétrica.

O sistema casual do LA comportava seis casos: nominativo, vocativo, genitivo, acusativo, dativo e ablativo, dois casos a menos que os do IE, que também possuía o instrumental e o locativo. O caso ablativo se tornou um caso sincrético, pois representava o antigo ablativo propriamente dito, o instrumental e o locativo. O caso locativo (com o sufixo -*i*) ainda existia no LA, mas foi logo incorporado ao caso ablativo, e o caso instrumental estava já integrado no caso ablativo. Nota-se que a língua latina já apresentava a tendência à redução dos casos (Faria, 1958: 62), pois o nominativo e o vocativo também estavam se confundindo, sobrevivendo somente o primeiro. Há autores que mencionam que o latim dessa época não teria mais que quatro casos: nominativo, genitivo, acusativo e dativo. A restrição de casos aumenta mais ainda no

LV, restando apenas dois: o nominativo nas línguas românicas do ramo oriental, e o acusativo das línguas românicas do ramo ocidental.

As flexões de caso apresentavam vários problemas de identificação, pois a acentuação das palavras no LA havia se modificado bastante em relação à do IE. A mudança de acentuação foi o resultado de uma profunda alteração fonológica do IE. Essa família linguística apresentava um sistema vocálico tonal, um sistema de quantidade (vogais e consoantes longas e breves) e um incipiente sistema de qualidade (vogais tônicas e átonas). O LA perdeu todo o sistema tonal, conservou mais ou menos traços do sistema de quantidade e desenvolveu o sistema vocálico de qualidade, isto é, desenvolveu um sistema baseado no acento de intensidade. Com essa mudança no sistema de acentuação, vogais e consoantes em posição final sofreram grandes alterações ou desapareceram, o que resultou em quase nenhuma diferenciação entre os casos, sobrevindo grande confusão em seu emprego.

Encontra-se também no período arcaico do latim o começo do emprego de preposições + SN, sintaxe que viria a substituir o caso flexional. O novo sistema parece ter sido iniciado pelo conjunto dos casos instrumental/locativo/ablativo acompanhado de preposições como *cum* e *in*. No LV só vai ser mantido o sistema de preposições representando os casos. Vem daqui a designação dessa classe: trata-se agora de *praepositiones*, em que a marcação gramatical antecede o núcleo, desaparecendo lentamente as *postpositiones*, ou marcação gramatical por sufixação.

O verbo latino apresentava uma forma sintética e continha a especificação de um sujeito pronominal, que não precisava ser representado foneticamente. Isto indica que essa língua era uma língua *pro-drop*, propriedade comum que ocorre nas línguas que dispõem de uma concordância verbal muito rica. O lugar em que aparece um sujeito lexicalizado em línguas de sujeito não nulo é preenchido por uma categoria vazia. Quando aparece um pronome lexicalizado em línguas *pro-drop*, este é um pronome forte, externo à sentença que, com a concordância verbal, passa a constituir um caso de redobramento (Kato, 1999). O mesmo fato ocorreu e ocorre em línguas *pro-drop* de origem latina, inclusive no PE, sendo que o italiano, no ramo românico, parece ser a língua *pro-drop* por excelência. No latim, o sujeito externo só era expresso quando se requeria uma interpretação semântica de /ênfase/, figurando nesses casos no caso nominativo *default*, morfologicamento zero, podendo-se afirmar que o sujeito em latim vinha em adjunção à sentença, não sendo ainda um argumento.

Nas línguas românicas que perderam o parâmetro *pro-drop*, como o francês e o PB, aparece um paradigma de pronomes fracos, ingressando na fronteira sentencial. Os pronomes fracos, homófonos aos fortes, aparecem duplicando os pronomes fortes que já existiam e continuam a existir, fato que foi analisado pormenorizadamente em Kato (1999, 2002a). Começam assim a aparecer casos de duplo sujeito (*"Eu, eu vi"*; *"Você, cê paga"*), uma evidência de redobramento.

288 Fundamentos sintáticos do Português Brasileiro

O verbo, primitivamente intransitivo, podia vir acompanhado de SNs e SPs em posição de adjunção. Por exemplo, os SNs no caso acusativo eram empregados independentemente do verbo e serviam para especificar, para restringir seu sentido, e também ocupavam uma posição de adjunção (Faria 1958: 60). Como vestígios dessa fase podem ser citados: (i) o emprego de acusativo com verbo intransitivo, (ii) o emprego dos casos nominativo, acusativo e ablativo absolutos, e (iii) o emprego de dois casos para um mesmo verbo (ou dois acusativos, ou dois dativos, ou um acusativo e um dativo etc.). Em conclusão, pode-se dizer que o verbo não tinha o estatuto de uma categoria sv, sua estrutura sintagmática se apresentava "lisa", sem hierarquia, como em (IIa).

Nesse mesmo período ocorre a transitivização de grande quantidade de verbos intransitivos, que ou passam a selecionar o caso acusativo, ou se tornam reflexivos. O verbo passa a selecionar argumentos, marcados inicialmente por flexão sufixal, substituída paulatinamente pela marcação preposicional. Focalizando essa propriedade, Ernout e Thomas dizem que advérbios autônomos e preposições construíam-se juntamente com determinados casos, em geral o acusativo e o ablativo, que eram igualmente selecionados por verbos. Pode-se supor, portanto, que havia no latim uma variação sintática do tipo

(2)
> (a) *eum fero* [o verbo *ferre* seleciona acusativo]
> (b) *ad eum* [a preposição *ad* seleciona acusativo]

Uma solução para essa variação foi que as preposições se moveram para antes do verbo, transformando-se em prefixos, e o verbo passou, então, a selecionar seu argumento por meio da preposição. Retomando os exemplos anteriores, isso daria origem a:

(3)
> (a) *adfero eum*
> (b) *adfero ad eum*

As orações em (3) exemplificam um caso de outra fonte do redobramento sintático, pois tanto o verbo quanto a preposição-prefixo estão selecionando o mesmo caso acusativo.

Essa mesma estratégia foi aplicada a verbos como *sedere, iacere, stare*, os quais, de intransitivos construídos com um único sn sujeito, passaram a transitivos oblíquos, selecionando um complemento locativo expresso por um clítico. Esse clítico, por sua vez, de acordo com a tendência mencionada anteriormente, duplicou-se num sp, e por isso se pode dizer que também aqui as mudanças sintáticas do latim criaram as condições para o surgimento do redobramento sintático, ainda que por uma via indireta.

Os pronomes no latim dividiam-se em dois grandes grupos: (i) o grupo dos pessoais, reflexivos e possessivos, e (ii) e o grupo dos demonstrativos,[3] relativos, interrogativos e indefinidos. Os dados latinos indicam que esses pronomes apontam para uma tendência muito forte de utilização do redobramento. Outros dados que serão mostrados mais adiante atestam que um outro tipo de redobramento já havia sido usado anteriormente como uma espécie de reforço, sobretudo em pronomes.

Assim, os pronomes pessoais eram usados com ou sem reforço; neste caso, eles eram reforçados sufixalmente por partículas invariáveis como (i) *-mĕt*, em *memet, semet, vosmet*, como em "*Quis te uerberauit? – Egomet memet*" ("Quem te bateu? – Eu mesmo, em mim mesmo"), (ii) *-tĕ*, em *tŭtĕ*, (iii) *-pse, -pte*, em "*suapte manu*" ("de sua própria mão").

O pronome reflexivo *se* podia ser reforçado por redobramento: *sese*, em "*sese diutius non posse*" ("não se poderem suster por mais tempo"), "*aeternas opes esse Romanorum nisi inter semet ipsi seditionibus saeuiant*" ("eterno seria o poder dos romanos se eles não se dilacerassem a si mesmos pelas sedições").

Em seu conjunto, esses dados atestam a forte presença do processo de redobramento no latim.

Ainda em relação ao verbo, ele tinha no IE a voz ativa e a média, mas não a passiva. No LA a voz média se perde quase que totalmente e é criada a voz passiva, que recebe uma representação gramatical analítica, via criação de perífrases.

A ordem dos constituintes na sentença era livre e as sentenças apenas se justapunham umas em seguida das outras, sem conexão alguma entre elas. E sobre isso Faria (1958: 296) diz que a palavra tinha na fase anterior à língua latina um caráter autônomo:

> e o princípio geral que presidiu à formação da frase indo-europeia foi o da simples aposição de vocábulos, guardando cada um a sua independência e autonomia. [Nesse período,] predominou o denominado processo da parataxe em oposição ao da hipotaxe, não obstante este último ter vindo a se desenvolver grandemente mais tarde, em algumas línguas indo-europeias, inclusive o latim.[4]

Ernout e Thomas postulam que a ligação sintática entre orações foi feita inicialmente por uma espécie de correlação, em que aparecia na primeira oração um elemento gramatical ligado a outro elemento que ocorria obrigatoriamente na segunda oração. As estratégias de relativização estão diretamente ligadas ao requisito de maior determinação do SN argumental. Essa oração foi formada por um demonstrativo neutro que aparece na oração em que ocorre o SN, a que se segue a relativa encaixada nesse SN:

(4)　　*unum **illud** est admiratione dignum **quod** captiuos retinendos censuit*
　　　　"isto tudo é digno de admiração aquele que quis que os cativos permanecessem"

290 Fundamentos sintáticos do Português Brasileiro

Com as diversas descrições feitas anteriormente sobre o LA, pode-se dizer que ele foi inicialmente uma língua polissintética, como a sua língua de origem – o IE –, mas muito cedo começou a dar os primeiros passos em direção a uma profunda mudança. Pode-se dizer que ele se apresentava mais como uma língua não configuracional do que configuracional.

Já o LV parece ter ficado a meio caminho entre os dois parâmetros, apresentando uma propriedade tipicamente configuracional, que é a restrição ao movimento longo de constituintes.

O redobramento sintático examinado ao longo deste livro está associado à propriedade de restrição ao movimento longo de constituintes – uma propriedade típica das línguas configuracionais. Encontrei esse processo em várias fases do português, ainda forte do PE e mais atenuado no PB, presente de todo modo em diversas línguas românicas, desde a época medieval até os dias de hoje.

Lembrando as hipóteses de Theodoro Henrique Maurer Jr. sobre o Latim Vulgar, me perguntei se o romeno também disporia de estruturas redobradas, o que pude confirmar na literatura. Esse fato é importante, pois o romeno foi a única língua românica que permaneceu isolada do resto da România, escapando das influências de relatinização ocasionadas pela influência do Francês Medieval, do Latim Eclesiástico, que é uma continuação do LC, e da Renascença carolíngia. Com isso, o romeno seguiu uma diferenciação própria, e seus fatos são muito provavelmente fatos do Latim Vulgar.

No capítulo III de sua *Gramática do Latim Vulgar*, Maurer Jr. (1959: 169 e ss.) aponta para três características do LV em comparação ao Latim Clássico (LC):

1. "A língua vulgar é analítica na construção da sentença, exprimindo categorias e relações cada vez mais por meio de preposições em lugar de casos, por meio de verbos auxiliares em lugar de formas sintéticas da conjugação, por meio de advérbios (e.g. magis alta) em lugar de sufixos, e assim por diante" (p. 191).
2. "A frase popular caracteriza-se por ser mais determinada e concreta" (p. 192). Esse traço se deve à gramaticalização do artigo, e ao maior uso dos pronomes possessivos e demonstrativos etc. Em termos gerativistas, surge uma nova categoria funcional, o DP, irrelevante na variedade culta do latim.
3. "A disposição das palavras se simplifica e se fixa, em oposição ao latim literário, no qual a ordem admite grande liberdade, sujeitando-se antes às preocupações do estilo do que às exigências da gramática" (p. 192). O que Maurer Jr. explica por uma exigência discursiva, vale dizer, do estilo, era na verdade uma forte alteração da gramática, tornando-se o LV (e por via de consequência as línguas românicas) mais configuracional que em seu estágio anterior.

Embora o autor, páginas adiante, relativize essa observação, na verdade um grande salto tinha sido dado, pois o LV havia sofrido uma mudança paramétrica, de língua polissintética para língua configuracional.

O PORTUGUÊS ARCAICO
E O PARÂMETRO DA CONFIGURACIONALIDADE

Continuador cronológico do LV, uma vez ultrapassada a fase romance, como se comportaria o Português Arcaico no quadro do parâmetro que estou focalizando?

Levando-se em conta as propostas de Baker (1988) e de Jelinek (1985), pode-se definir o Português Arcaico como uma língua polissintética na fase mais antiga e configuracional numa fase posterior, mas essas propostas não explicam tudo. Há a possibilidade de se construir um elo entre as duas, e assim se pode explicar melhor a mudança de parâmetro que estava ocorrendo no Português Arcaico.

A proposta de Baker (1988) caracterizaria a fase mais antiga do Português Arcaico, na qual os argumentos reais dos verbos eram constituídos por categorias vazias. Nesse período o Português Arcaico seguia um parâmetro de língua polissintética; assim, seu sujeito[5] estava expresso na flexão verbal e um *pro* ocupava a posição de objeto:[6]

IV) ... $[_{TP}$ T+AGR$_i$ $[_{SV}$ t$_i$ [V *pro*]]] ...

A proposta de Jelinek (1985) caracterizaria uma fase bem mais recente do Português Arcaico, na qual os argumentos reais do verbo podiam se concretizar na sintaxe por meio de pronomes clíticos acoplados à morfologia verbal, sendo que seus SNs tinham o estatuto de adjunto:

V) ... $[_{TP}$ T+AGR$_i$ $[_{SV}$ t$_i$ $[_{SV}$ V-cl$_i$] $[_{DP}$ SN$_i$]]] ...

Essas duas propostas não dão conta de casos como (i) o clítico vindo acompanhado de um SN/SP, num caso de redobramento, e (ii) o SN/SP podendo aparecer como complemento do verbo quando o clítico desaparece. Além disso, fica a pergunta: como os clíticos ocuparam o lugar das categorias vazias?

Minha proposta é a seguinte para os verbos no Português Arcaico:

(i) Primitivamente os verbos tinham seus argumentos saturados por categorias vazias (como proposto por Baker), mas adjungidos a esses verbos havia miniorações (SC nas representações que se seguem) que especificavam o conteúdo de uma dada categoria vazia:

VI) ... $[_{TP}$ T+ AGR$_i$ $[_{SV}$ t$_i$ $[_{SV}$ V *pro*$_j$] $[_{SC}$ DP$_j$]]] ...

Os únicos exemplos encontrados de minioração em adjunção são com o clítico locativo *hi* redobrado, que aparece à direita do verbo.

292 Fundamentos sintáticos do Português Brasileiro

(ii) As miniorações, hoje analisadas como DPs complexos,[7] eram compostas de um clítico mais um SN, sendo que o clítico reduplicava o SN que o acompanhava; comumente se adjungiam à direita do verbo:

VII) ... [$_{SC/DP}$ clítico [SN]] ...

(iii) O clítico se movimentava para perto do verbo, preenchendo a categoria vazia que funcionava como seu argumento, e passando a se tornar argumento desse mesmo verbo. Esse clítico deixava uma categoria vazia na minioração e seu SN continuava a ser um adjunto do verbo, como mostra o esquema a seguir. Esse SN, sem vínculo algum com o verbo, podia se movimentar pela sentença, ocupando mais comumente a esquerda da sentença, como nos exemplos em (5):

VIII) ... [$_{TP}$ T+AGR$_i$ [$_{SV}$ [$_{SV}$ t$_i$ [v cl$_j$] [$_{SC/DP}$ [e]$_j$ SN]]]] ...

Os exemplos encontrados são de clítico acusativo e dativo redobrados:

(5) Clítico acusativo (a-b), clítico dativo (c-d):
   (a) [XIII FCR 46:13] [...] *si non dere salua fe, prenda**lo o quereloso** sin calonna* [...]
   (b) [XIII SG 325:8] [...] *e entom aguilharom mais de x a Paramades e matorom-lhe o cavalo e chagarom-**no a el de muitas chagas*** [...]
   (c) [XIII CEM 247:1] *Quite-**mi a mi** meu senhor / e dé-mi un bon fiador / por mia soldade*
   (d) [XIV DSG 175:7] *E pois se ende ela partio, creceu-**lhi a ele** mais a vertude do corpo e começou a braadar con grande lediça e dizer* [...]

O SN adjunto pode se deslocar para a esquerda da sentença:

IX) [$_{DP}$ SN$_k$] ... [$_{TP}$ T+AGR$_i$ [$_{SV}$ [$_{SV}$ t$_i$ [v cl$_j$] [$_{SC/DP}$ [e]$_j$ [e]$_k$]]]] ...

(6) Deslocamento de SN/SP redobrado por um clítico acusativo (a-b), deslocamento de SP redobrado por um clítico dativo (c-d):
   (a) [XIII SG 48:6] *E **a donzela** leixarom-**na**, ca a nom poderom levar* [...]
   (b) [XV LLCP 296:12] *E **al rei** conselharom-**no** os seus que nom estevesse i, mais que se fosse a Gaia* [...]
   (c) [XIII:1254 IDD 15:8] *E da a el Rey de foro cada ano tres liuras de cera e **ao moordomo da terra** da**lhi** por renda e por portagẽ hua meya liura de cera* [...]

(d) [xiv DSG 145:34] *E **a eles** semelhou-**lhes** que se se calassen da verdade que defendian que consenterian aa heresia d'Arrio que o rei dos vandalos e os seus tiinham.*

(iv) O clítico se cliticizava ao verbo e desaparecia, permitindo que seu SN se tornasse argumento do verbo, como em:

X) ... $[_{TP}$ T+AGR$_i$ $[_{SV}$ t$_i$ [V SN]]] ...

Assim, um verbo como *estar* passa a contar com argumentos de vários tipos: SPs locativos, advérbios locativos, adjetivos e advérbios modais, formas não finitas como particípio, gerúndio e infinitivo, alguns tipos de nome, situações que se encontram descritas no capítulo "Redobramento do clítico locativo *hi* e formação da perífrase de gerúndio e infinitivo preposicionado".

O parâmetro da configuracionalidade, o redobramento pronominal, a minioração locativa *hi* e o verbo *estar*

Como foi visto anteriormente, o Português Arcaico foi nos seus primórdios uma língua polissintética, oscilando para analítica. Em relação aos verbos, eles tinham seus argumentos saturados por categorias vazias, cujo conteúdo era especificado por miniorações que se adjungiam a eles.

As miniorações eram compostas de um pronome fraco e um constituinte preposicionado, sendo que o fraco reduplicava o forte. O primeiro passo dado pelos verbos em direção a uma mudança no valor do parâmetro foi quando os pronomes fracos, ou clíticos, existentes nas miniorações adjungidas a esses mesmos verbos, passaram a complemento deles. O segundo passo foi dado quando os clíticos desapareceram e seus redobros, os SPs, passaram a complementos dos verbos. O Português Arcaico passou de língua polissintética para analítica ou configuracional.

A minioração locativa com *hi* redobrado foi uma das que contribuíram para a mudança tipológica de um conjunto muito grande de verbos. Vejamos como isso aconteceu.

294 Fundamentos sintáticos do Português Brasileiro

O REDOBRAMENTO PRONOMINAL
E A MINIORAÇÃO LOCATIVA *HI*

Acompanhando a proposta de Stowell (1985), a estrutura da minioração locativa *hi* era:

XI) ... [$_{SP}$ *hi* [em SP]]]...

(7)
    (a) *Maria sia **hi em casa**.*
    (b) *João jazia **hi no chão**.*

Hi era um clítico que fazia parte de uma minioração do tipo prepositivo, possuía sujeito em adjunção, integrava uma estrutura de redobramento, constituindo uma predicação secundária, e assim podia se ligar a um verbo na qualidade de adjunto. Juntando a estrutura em (VI) com a (XI), temos:

XII) ... [$_{TP}$ T+AGR$_i$ [$_{SV}$ t$_i$ [$_{SV}$ V] [$_{SP}$ hi [em SN]]]]] ...

(8)
    (a) [XIII:1298 HGP 208:5] [...] *e a quinta parte de .xvj. peças d'erdade que <u>son</u> **y enno couto de Bueu** [...]*
    (b) [XIII SG 351:15] *Entom foram alá e <u>acharom</u> **i en ũu paço** bem CCC donzelas que jaziam esmoricidas com pavor do forte tempo que fezera.*
    (c) [XIII LVL 49:28] *E então o filho que <u>andava</u> **i na nave** ouvio aquela palavra que sa madre dissera [...]*
    (d) [XIV CGE2 195:20] *Teodemyro, rey dos Suevos, <u>morreo</u> logo **hy em Sevylha**.*
    (e) [XIV CGE2 443:25] *E Bernaldo, quando o ouvyo, pesoulhe muyto de coraçon e <u>desafiou</u>ho porende logo **hi ante el rey***
    (f) [XIV CGE2 446:21] *[...] <u>mãdou</u> Mafomede [...] <u>fazer</u> naves **hy em essa cidade e em Sevilha e ennos outros logares que soube que avya avondo de madeira** [...]*
    (g) [XIV PP 318:14] *Mvdarsse querêdo algũũ clerigo da ssa jgreia pera fazer uida enoutra que fosse de rreligiõ, bem o pode fazer, pero primeyramête o pode demãdar a seu bispo que lho outorque ou a outro prelado meor se o <u>ouuer</u> **hy ê aquel logar**.*
    (h) [XIV PP 523:15] *E ssenõ que a[s] ffirmê con testemũho dos melhores que <u>acharê</u> **hy nas cabanas**.*

Teorizando sobre os achados **295**

Como foi visto no capítulo "Redobramento do clítico locativo *hi* e formação da perífrase de gerúndio e infinitivo preposicionado", a estrutura que o clítico apresenta em (XI) foi chamada de Estrutura Original (EO) e representa a ordem primitiva da minioração enquanto adjunta a um verbo. As mudanças pelas quais a EO passou acarretaram a mudança tipológica dos verbos. Essas mudanças foram quatro e originaram quatro estruturas diferentes: estrutura deslocada, descontínua, elíptica e simplificada.

A *estrutura deslocada* (EDesl.) e surgiu quando o pronome fraco se cliticizou ao verbo e seu SP se deslocou para a esquerda da sentença. O clítico podia se posicionar à direita do verbo (XIII, 9) ou à esquerda (XIV, 10). Da estrutura em (XII) temos (XIII) e (XIV), com exemplos em (9) e (10), respectivamente:

XIII) ... $[_{SP}$ em SN$]_k$ ..... $[_{TP}$ T+AGR$_i$ $[_{SV}$ t$_i$ $[_{SV}$ v cl$_j$ $]$ $[_{SP}$ $[e]_j$ $[e]_k$ $]]]]]$ ...

(9)
 (a) [XIII CSM1 183:28] [...] *mais **ena ygreja** mannãa <u>seremos</u> y* [...]
 (b) [XIII SG 349:26] *Mas quando tu fores livre, destrue este castelo e quantos i son fora as donzelas que **en presom** <u>jazem</u> **i** [...]*

XIV) ... $[_{SP}$ em SN$]_k$ ..... $[_{TP}$ T+AGR$_i$ $[_{SV}$ t$_i$ $[_{SV}$ cl$_j$ v $]$ $[_{SP}$ $[e]_j$ $[e]_k$ $]]]]]$

(10)
 (a) [XIII CSM1 208:4] ***Eno nome de Maria*** */ çinque letras, no-mais, **y** <u>á</u>* [...]
 (b) [XIV:1385 HGP 61:27] *Eu Pedro Fernandez, [...] polo dito Vasco Gomez **en esta carta que o dito Hohan Peres escripuyo en meu lugar e per meu mãdado** este meu signal **y** <u>figy</u> en testemuyo de uerdade* [...]
 (c) [XIII:1296 HGP 206:14] *Eu Vidal Domĩguiz [...] vy una carta feyta per Martĩ Peris [...] que mj mostrou Esteuãi Nunez [...] e a rogo del **ééste treslado** meu sinal **y** <u>pugi</u>* [...]
 (d) [XIV:1301 HGP 219:29] *[...] **en esta carta que Johã Tome fez de meu mãdado** meu sinal **y** <u>pono</u> que tal est* [...]

A segunda mudança na EO deu surgimento à *estrutura descontínua* (Edes.) e se deveu ao movimento do clítico para antes (XV, 11) ou depois do verbo (XVI, 12), sendo que seu SP não se deslocou e surgiram itens lexicais entre os dois pronomes. Assim, de

XII) ... $[_{TP}$ T+AGR$_i$ $[_{SV}$ t$_i$ $[_{SV}$ v $]$ $[_{SP}$ hi [em SN] $]]]]$...

obteve-se:

XV) ... $[_{TP}$ T+AGR$_i$ $[_{SV}$ t$_i$ $[_{SV}$ v cl$_j$ $]$ .... $[_{SP}$ $[e]_j$ [em SN$]]]]]]$ ...

296 Fundamentos sintáticos do Português Brasileiro

(11)

(a) [XIII SG 423:18] *E cavalgarom muitas jornadas ata que chegarom aa riba do mar e <u>acharom</u> **i** a mui fremosa nave **na riba** que Salamom e sa molher fezeram [...]*

(b) [XIV PP 445:19] *Uagando algũa eygreia per algũa rrazõ en que ouuesse algũũ dereyto de padroado nõ deue o bisp[o] nẽ outro prelado <u>poer</u> **hy** clerigo **enela** ameos de o apresentarẽ os padres.*

XVI) ... [$_{TP}$ T+AGR$_i$ [$_{SV}$ t$_i$ [$_{SV}$ cl$_j$ v] [$_{SP}$ [e]$_j$ [em SN]]]]]]]

(12)

(a) [XIII CSM1 278:21] *Demais un rico pano **y** <u>deu</u> / **na iegreja** [...]*

(b) [XIII SG 403:12] *Mas a besta, quando se sentiu ferida, meteu-se so a agua e começou logo a fazer ũa tam gram tempestade polo lago que semelhava que todo-los diaboos do inferno **i** <u>era[m]</u> **no lago** [...]*

(c) [XIII SG 422:30] *E os filhos del-rei que **i** <u>jaziam</u> **no paaço** chegarom i primeiro e acharom sa madre cabo del-rei dormindo e o coitelo sobre ela [...]*

A terceira mudança da EO motivou o aparecimento da *estrutura elíptica*, pois ocorreu a elipse do pronome fraco e o seu SP foi reanalisado como argumento do verbo. De novo, partindo de

XII) ... [$_{TP}$ T+AGR$_i$ [$_{SV}$ t$_i$ [$_{VP}$ V] [$_{SP}$ hi [em SN]]]]] ...

obteve-se:

XVII) ... [$_{TP}$ T+AGR$_i$ [$_{SV}$ t$_i$ V em SN]]]

(13)

(a) [XIII SG 1:7] *[...] foi grande gente asunada em Camaalot [...] aveeo que ũa donzella chegou i [...] e <u>entrou</u> **no paaço** a pee como mandadeira [...]*

(b) [XIII SG 16:12] *E quantos **no paaço** <u>siam</u>, [...] e maravilharom-se ende muito desto que aveo, e nom ouve i tal que podesse fallar por ũa gram peça, ante siam calados e catavam-se ũus aos outros [...]*

(c) [XIII SG 39:25] *E elles vierom e virom o corpo <u>jazer</u> **no muimento** e disserom: "Senhor, assaz avedes i feito e nom convem que mais i façades, ca este corpo nom será daqui movido [...]". "Si será" disse ũu homem velho que i stava [...]*

(d) [XIII SG 82:23] *E era tarde tanto que nos anouteceo na furesta, e ouvemos i a ficar. E <u>pousamos</u> **em ũa choça** que i achamos [...]*

Da quarta mudança ocorrida na EO (XII) surgiu a *estrutura simplificada*, ou seja, houve a simplificação do redobramento com o locativo *hi*, que se tornou uma flexão de locativo do verbo:

XII) ... [$_{TP}$ T+AGR$_i$ [$_{SV}$ t$_i$ [$_{SV}$ V] [$_{SP}$ hi [em SN]]]]] ...

Tal estrutura altera-se para:

XVIII) ... [$_{TP}$ T+AGR$_i$ [$_{SV}$ t$_i$ [$_{SV}$ hi-v-hi]

(14)
> (a) [XIII:1283 HGP 77:24] [...] *damos e outorgamos a uos Johã Dominguez e a uossa moler Sancha Rodriguez [...] a meadade do foro e da erdade de Camseyda [...] e que dedes ende ĩ cada un ano áó moesteyro de Chouzã per seu maordomo meadade de uino no lagar [...] e de todalas outras cousas que y lauorardes e chamtardes dardes inde meo saluo ĩ de que nõ dedes nũca do nabal que y <u>lauorardes</u> [...]*
> (b) [XIII:1283 HGP 78:15] [...] *e escriuj esta carta per mandado das partes e <u>puye</u> y meu sinal ĩ testemuyo de uerdade [...]*
> (c) [XIII:1286 HGP 79:7] [...] *damos a uos Saluador Eanes e a uossa moler Mayor Paes [...] a nossa heredade de Souto Yoado cõ todas suas pertéénzas [...] e que nos diades cada un ano por cad' al dessas heredades .XXX. e iii soldos e iij. soldos e .viij. dineyros por crianzas dos gáádos que y <u>criardes</u> [...]*
> (d) [XIII:1292 HGP 141:29] [...] *os herdamẽtos todos que nos abemos de la Batoqua de Mouraços atee o termino de Portugal tan ben esstes que nos uos desstes como os outros que nos y <u>abemos</u> [...]*

A MINIORAÇÃO LOCATIVA COM *HI* REDOBRADO E O VERBO *ESTAR*

Os verbos *estar*, *sedere* e *iacere* formavam um pequeno grupo de verbos temáticos com as seguintes características, já mencionadas no capítulo "Redobramento do clítico locativo *hi* e formação da perífrase de gerúndio e infinitivo preposicionado": (i) eram verbos plenos e intransitivos, (ii) eram estativos, possuindo o traço [-deslocamento], (iii) eram locativos posicionais, privilegiando a posição vertical ou horizontal: "estar em pé", "estar sentado" e "estar deitado", respectivamente, ou seja, continham os traços de [+verticalidade] e [+horizontalidade], (iv) exprimiam o aspecto pontual, e (v) possuíam um sujeito com o traço [+animado]. Esta estrutura está representada em (XIX), com exemplos em (15), em que me limitei a *estar*.

298 Fundamentos sintáticos do Português Brasileiro

XIX) ... [$_{TP}$ T+AGR$_i$ [$_{SV}$ t$_i$ [estar] ...

(15)
(a) [XIII SG 100:2] *Os touros se partirom dali* [...] *os que tornarom eram tam magros e tam cansados que nom* **podiam estar** *se adur nom* [= "não podiam ficar de pé"]
(b) [XIII SG 443:19] [...] *e filhou-lhi tam tam gram doo ao coraçom que nom* **pode estar** *e caeu em terra com Gaeriet* [= "não pode ficar em pé e caiu"]

Estar intransitivo podia tomar, opcionalmente, um DP locativo como adjunto. Esse DP era uma minioração composta do pronome circunstancial locativo *hi* acompanhado de um sintagma preposicionado iniciado pela preposição *em*, o que constituía uma construção de redobramento:

(16)
Maria **está** *hi na mesa.*
"Maria está em pé aí na mesa."

XX) ... [$_{TP}$ T+AGR$_i$ [$_{SV}$ t$_i$ [$_{SV}$ estar] [$_{SP}$ hi [em SN]]]] ...

O verbo latino *esse* era inacusativo e possuía um complemento locativo representado por um SP, contido na minioração locativa com *hi* redobrado:

(17)
Maria **é** *hi em casa.*

XXI) ... [$_{TP}$ T+AGR$_i$ [$_{SV}$ t$_i$ [esse > ser] [$_{SP}$ hi [em SN]]]] ...

O fato de *estar* apresentar um DP locativo em adjunção aproxima sua estrutura à do verbo *esse* "ser" em contextos com locativos. Aquele DP adjunto sofre uma reanálise, passando a ser interpretado como complemento do verbo *estar*, que muda de tipo sintático, passando de intransitivo a "quase transitivo", e depois a inacusativo.

Os primeiros passos para que essa mudança se iniciasse foram dados não propriamente por *estar*, mas por seu milenar irmão e companheiro – o verbo *seer* "estar sentado" –, e isso teria ocorrido ainda no latim. A mudança se iniciou porque as estruturas superficiais dos dois verbos tinham alguns pontos em comum, mas o mesmo não ocorria na estrutura temática. É possível propor etapas para essa aproximação, pois ela não deve ter ocorrido de uma só vez:

(i) num primeiro momento havia dois verbos: *sedere* (intransitivo) e *esse* (inacusativo existencial) com suas estruturas sintáticas individuais;

(ii) num segundo momento, essas duas estruturas começam a ser vistas como parecidas, [SN VAGR] ou [VAGR SN] para *sedere*, e [VAGR SN] ou [SN VAGR] para *esse*, o que leva a considerar esses verbos como iguais, ocorrendo, então, uma reanálise de *sedere*, que passa de intransitivo para inacusativo;

(iii) o verbo *esse*, como existencial, era portador de um "complemento locativo", e os verbos intransitivos em geral estavam passando por uma fase de transitivização. Em consequência disso, também os verbos *sedere/stare/iacere* passam a admitir um "complemento", de caráter locativo. O verbo *stare* apenas acompanhou a transformação iniciada por *sedere*, à semelhança de *iacere*, mas sua mudança iria mais longe e ele permaneceria em uso, enquanto os outros dois desapareceriam.

Depois de reanalisado como inacusativo, o verbo *estar* passou a ser um verbo funcional e atemático. E como tal ele toma três direções, já no Português Arcaico: (i) locativo, (ii) atributivo, (iii) modal.

Como verbo locativo *estar* vai primariamente aparecer com a minioração locativa, contendo o clítico *hi* redobrado em todos os cinco tipos de estrutura em que *hi* redobrado ocorreu.

(18) *Estar + hi* SP na estrutura original:

(a) [XIV LLCP 157:38] *E enviou-o el rei dom Afonso pera Nagera e pera Riba d'Evro, que estevesse i e guardasse aquela frontaria, de que se temia dos Mouros. E **estando** <u>i em Nagera</u>, per mui grandes quenturas que fazia, como faz em Agosto, dava ja o rio vao,*

(b) [XIV CGE2 443:22] *[...] e que **estava** <u>hy na corte</u> hũũ filho dessa dona Timbor [...]*

(c) [XIV LLCP 241:18] *E o ifante Dom Pedro **esteve** i <u>acerca da vila</u> XVI dias, com gram poder de fidalgos portugueses e de Galiza; [...]*

(d) [XV VPA1 198:15] *Mais os sergentes, que **estavam** <u>i a derredor,</u> disserom [...]*

(e) [XIV PP 159:22] *[...] deueos o bispo recõciliar aa porta da jgreia **estando** <u>hy conos clerigos que dito auemos</u> [...]*

(f) [XV VPA1 114:16] *Mais os homens que o acompanhavam **estavam** <u>i com el</u> mui spantados [...]*

(g) [XV VPA1 124:11] *E maravilharom-se aqueles fiees da circuncisom que **estavam** <u>i com Sam Pedro</u> [...]*

(h) [XV VPA1 152:12] *E Sam Pedro parou logo mentes contra os discipulos que **estavam** <u>i com el</u> [...]*

300 Fundamentos sintáticos do Português Brasileiro

(19) *Estar + hi* SP na estrutura deslocada:

    (a) [XIII SG 268:13] [...] *e sabede que aquelles tres dias andou Tristam mui coitado, ca andava chagado tam mal [...]. Mais ao quarto dia sem falha ficou em ũa abadia mui sem seu grado [...]. Galaaz* **esteve** *com el i* II *dias* [...]

    (b) [XV:1448, HGP 260:3] *Saibham quantos este estormento de prazo virem que no ano [...]* no moosteiro de Sam Saluador de Uairam da ordem de Ssam Beento, setuado no julgado da Maya, termo e bispado da mujto nobre e ssenpre leall cidade do Porto, **estando** hy *ha senhora Janebra de Ssaa, dona abadessa do dito mosteiro, e a honrada Lí'janor Dííaz, proressa, e as outras donas do dito moosteiro, chamadas ao diante declaradas em pressença do mĩ, tabaliam, e das testemunhas adiante excriptas, a dita senhora dona abadessa, por acordo e outorga da dita prioressa e donnas, emprazou e fez prazo a Lourenço Afonsso* [...]

    (c) [XV:1454 HGP 262:27] *Saibham quantos este estormento virem que* [...] na clasta de Sam Salluador de Uayram da hordem de Sam Beento, ssetuado no jullgado da Maia, termo da ssempre leall çidade do Porto, **estando** hij *em cabijdo a honrada e rrellegiosa senhora Jenebra de Saa, dona abadesa do dicto moesteiro e as outras honradas freiras donas Lianor Domingujz, prioresa, Lianor do Rego e Viollante Rodriguiz e Margarida de Saa e Isabell Ferreira, freiras do dicto moesteiro, chamadas para o que sse ao adiante segue per soom de canpaa tangida segundo seu custume, emprazou e per prazo deu a Joham Domingujz* [...]

    (d) [XV:1484 HGP 267:4] [...] no paaço do mosteyro de Sam Saluador de Bayram da hordem de Sam Bento que he no julgado de Maya, termo da çijdade do Porto, **estando** hy *a senhor donna Lí'janor do Rego, abadesa do dito mosteyro, e Bí'jolante do Rego, prioresa, e Lí'janor Cardosa e Isabell Aranha e Brijatijz do Rego e Lyanor Çaquota e Isabell d'Azevedo, a dita senhor donna abadesa e priosera e donnas e conbento do dito mosteyro per sõo de canpãa tangijda como he de seu custume, ẽprazarã e per prazo derã a Afomso Aluarez* [...]

(20) *Estar + hi* SP na estrutura descontínua:

    (a) [XIII FCR 74:1] *E qui* hy **estouer** sobre seu coto, *peyte* [...]

    (b) [XIV PP 405:11] *E nõ* **deuẽ** hy **a estar** *cõ os clerigos homẽs leigos* eno coro *quando dizem as oras moormẽte aa missa* [...]

    (c) [XIV LLCP 209:36] *E el rei Ramiro lhe pedio que fezesse* i **estar** *a rainha e as donas e donzelas e todos seus filhos e sus parentes e cidadãos* naquel curral.

    (d) [XIV CGE2 436:9] [...] **estando** hy *Bernaldo* em Saldonha, *correo terra de Leon e guerreava muy de ryjo quanto mais podya a el rey dom Afonso* [...]

(e) [XIV PP 158:22] *E deuẽ hy estar cõ elles sseus archiprestes e sseus clerigos* […]

(f) [XIV DSG2 62:33] *[...] e caeu sobr' ũu menĩho monge filho dũ homen nobre que hi estava con os outros monges seus companheiros* […]

(g) [XIV CGE2 244:24] *En aquella cidade de Nemẽẽs estava Paulo [...] E os que hy estavã con Paulo* […]

(h) [XIV LLCP 296:26] *E el enviou aló, que lhi enviassem daquel vinho. Aqueles homees bõos que i estavam com o poder d'el rei, disserom que lho nom enviariam, mais que, se el i quisesse vĩir, que o partiriam com el aos ferros das lanças.*

(i) [XV VPA1 40:11] *Mas pero conhociam-nos que andavam com Jesu Cristo e viam i estar com eles aquel homem que eles saaram* […]

(j) [XV VPA1 244:31] *[...] ũu daqueles que andavam com el, e clerigos de missa dos outros que i estavam com el* […]

(k) [XV VPA1 141:28] *[...] e das maravilhas que el contava dava muitas testimuinhas daqueles do poboo que i estavam a redor* […]

Alterações da minioração *hi* + SP levaram *estar* a apresentar dois tipos de locativo, agora reanalisados como seus complementos: o clítico *hi* (a estrutura simplificada), de um lado, e o sintagma preposicionado *em* SN (a estrutura elíptica), de outro, já exemplificados nos capítulos anteriores.

O locativo *hi* migra para perto de *estar*, passando a se tornar seu complemento, e se posiciona de modo enclítico ou proclítico a ele, conforme o tipo oracional em que o verbo está. Sua parte redobrada, o SP, ficava posicionada sempre depois do verbo, mas podia, de vez em quando, se deslocar para o começo da sentença, tendo um caráter de adjunção ao verbo, apesar de manter a ligação com o locativo. Quando esse *hi* vai se tornando um clítico do verbo, parece que há uma espécie de rompimento da estrutura redobrada, pois ora aparecia *hi*, ora SP, sendo muito raro que os dois viessem juntos. O locativo *hi* começa, ao longo do tempo, a variar até desaparecer, ficando só seu redobramento SP, que é reanalisado como complemento do verbo.[8] A aproximação de outros locativos ocorria quando o SP estava ausente. Agora *estar* é um verbo com um complemento locativo e aparece com os mais diversos adverbiais locativos, todos com uma característica: não indicavam movimento e possuíam um aspecto pontual.

Vejamos agora o que teria acontecido com o sujeito de *estar*. Como verbo pleno, *estar* era um verbo *temático* intransitivo, dispondo de um sujeito próprio. O sujeito apresentava os seguintes traços: (i) [+animado], (ii) [+estativo sem deslocamento], (iii) [+locativo posicional, indicando a posição vertical]. Com isso, ele tinha um sentido de "ficar de pé", podendo ter outros sentidos decorrentes do primeiro, tais como "ficar parado", "parar". A mudança se dá quando os novos sujeitos mantêm quase todos esses traços, menos o de animacidade.

estar intransitivo > *estar* "quase transitivo" > *estar* locativo

302 Fundamentos sintáticos do Português Brasileiro

Esse modo de apresentação não implica que uma etapa do verbo derive da outra, pois todas elas podiam ocorrer ao mesmo tempo ou não; é apenas uma forma de representação.

Estar passou a subcategorizar também outro tipo de minioração, encabeçada agora pelo advérbio modal *assi,* que vinha acompanhado de seu redobramento SP. Esse advérbio teve uma origem bem curiosa: (i) se originou da construção latina *ad + sic*; (ii) *sic* contém em si o sufixo *i*, característico do antigo caso locativo indo-europeu, que no latim foi assimilado ao caso ablativo; isto quer dizer que *estar* modal guarda relações com *estar* locativo; (iii) a partícula final *-ce/-c* é um antigo demonstrativo que tinha o papel de reforçar essa forma latina.

Esse advérbio passou pelas mesmas fases que seu aparentado *hi*: (i) começou a vir antes ou depois do verbo com seu SP num caso de redobramento, (ii) se separou do seu SP e passou a aparecer sozinho, (iii) se elidiu. *Assi* passou igualmente a licenciar o aparecimento de miniorações contendo adjetivos e advérbios modais. Agora *estar* é um verbo predicativo:

estar "quase transitivo" > *estar* locativo > *estar* predicativo

O verbo continua a mudar semanticamente, significando "estar ou encontrar-se num dado estado transitoriamente", ou seja, "estar passando por um processo interno ao sujeito" > "estar ou encontrar-se numa dada situação transitoriamente", ou seja, estar passando por uma situação que é externa ao sujeito, mas que o afeta diretamente:

"estar num dado estado" > "estar numa dada situação"

Ao subcategorizar miniorações com gerúndio e infinitivo preposicionado, *estar* dá mais um passo em direção a sua descaracterização como um verbo predicativo, passando à categoria de auxiliar. Agora é definitivamente um verbo não temático, pois não possui mais sujeito nem atribui papel-θ ao seu complemento. É apenas um suporte de flexão verbal, aproximando-se das formas nominais em *-ndo* e em *a -r*, até constituir com elas as perífrases de *estar + -ndo* e *a -r*:

estar "quase transitivo" > *estar* locativo > *estar* predicativo > *estar* auxiliar

Seu lado semântico também se descaracteriza bastante:

"estar em um lugar físico" > "estar num estado" >
"estar numa situação" > "estar" > Ø

As miniorações que assinalaram a mudança de verbo intransitivo para "quase transitivo" tiveram outro efeito na história do verbo *estar*. Estou hipotetizando que essas miniorações permitiram que outras miniorações, tais como a de infinitivo preposicionado e a de gerúndio, passassem a ser vistas como complementos desse mesmo verbo, o que restabelece a aparente "quase transitividade" de *estar*, dando assim um passo decisivo para sua gramaticalização como verbo auxiliar e, consequentemente, para a formação das perífrases.

As formas nominais de gerúndio e infinitivo preposicionado sofreram grandes alterações desde o latim até o Português Arcaico, já examinadas anteriormente. Essas alterações criaram as condições para sua aproximação com *estar*, resultando a formação de um conjunto de auxiliares aspectuais no PB, de que trata a seção seguinte.

O VERBO *ESTAR* E AS FORMAS NOMINAIS DE GERÚNDIO E DE INFINITIVO PREPOSICIONADO

Salvi (1987: 230) menciona que

> nas línguas românicas atuais não são visíveis as relações que existem entre a forma verbal plena de *habere*, como indicador de posse, e a forma de auxiliar *avere*. Parecem ser dois verbos totalmente diferentes um de outro, mas quando se tem uma visão diacrônica do problema pode-se enxergar a conexão entre as duas formas, e é o latim que fornece essas evidências.

Kayne (1993), compartilhando da mesma ideia de Salvi, propõe uma teoria sobre a auxiliaridade, baseada em dois pontos: (i) o verbo pleno do inglês *have* e o auxiliar *have* são um mesmo verbo, possuindo, portanto, estruturas semelhantes (ideia desenvolvida por Benveniste), e (ii) *have* é idêntico a *be* nas estruturas de posse, havendo apenas a incorporação de uma preposição abstrata no primeiro.

Baseando-me nas ideias de Salvi e Kayne para tentar explicar a mudança do verbo *estar*, e levando em conta as formas verbais latinas *esse* e *sedere/stare/iacere*,[9] relembro que estes verbos eram intransitivos e locativos posicionais. *Sedere* iniciou a mudança desses verbos, seguido por *stare* e depois pelo *iacere*. *Esse* era um verbo inacusativo usado como existencial e locativo. Entre todos esses verbos houve, ainda no latim, uma troca de traços que culminou com a substituição de uns pelos outros.

Passemos agora à minha proposta, que fica assim: (i) o verbo pleno *estar* (*sedere/iacere*) e o auxiliar *estar* (*sedere/iacere*) são um mesmo verbo, possuindo portanto estruturas semelhantes; (ii) *sedere/iacere/stare* são idênticos a *esse*, nas estruturas locativas, havendo a incorporação de um operador locativo abstrato nos primeiros;

304 Fundamentos sintáticos do Português Brasileiro

(iii) *sedere* substitui *esse* nesse contexto locativo; (iv) *stare* substitui *sedere/iacere* e *esse* nos mesmos contextos locativos. O operador locativo abstrato comporta o traço [+aspecto pontual] e se manifesta, como indiquei anteriormente, como *y* no Francês Antigo e moderno, *ci* no italiano moderno, *hi* no espanhol e português antigos.

Fui levada a propor esse operador abstrato por ter notado a atuação de outro operador, agora de quantificação. O caso é que, juntamente com *hi* + SP, *estar* também se constrói com *ende* + SP. Esse *ende* mostrava usos como um partitivo, vale dizer, como um operador de quantificação, descritos no capítulo "Consequências do redobramento do clítico locativo *ende*".

Conclusões

Resumindo tudo:

1. *estar* apareceria em estruturas de *hi* com redobro [*hi* SP], que poderiam ter opcionalmente adjuntos gerundiais ou infinitivos encabeçados ou não pelo advérbio de modo *assi*:

    [...*i estar* ...] SP ((assi) SV)
2. o clítico locativo passa a aparecer opcionalmente, apresentando variação:

    [... (*i*) *estar* ...] SP ((assi) SV)
3. com o desaparecimento do clítico, se o SV for retido e o SP estiver ausente, esse SV, encabeçado agora por um *assi* em variação, é reanalisado como c-selecionado por *estar*:

    [... *estar (assi)* SV ...] (SP)

As etapas (ou passos, no sentido de Roberts) pelas quais esse verbo passou chegaram ao ponto de ele ser reanalisado como um auxiliar, que não possui sujeito próprio nem atribui papel-θ. Essa reanálise parece estar sofrendo novas alterações, pois o verbo está se tornando um prefixo nos tempos atuais.

O PB dá continuação ao Português Arcaico, definido como uma língua polissintética na fase mais antiga e configuracional numa fase posterior, aprofundando tendências de mudança paramétrica herdadas do Latim Vulgar e concorrendo para que as mudanças operem como um pêndulo: do sintético para o analítico, para o sintético para o analítico etc. Pode-se pensar o mesmo a respeito da configuracionalidade.

Pretendo aprofundar as perspectivas aqui abertas, lidando agora com as consequências do redobramento pronominal na organização da gramática do Português Popular Paulista. Pretendo, igualmente, comparar a variedade popular do português paulista com a variedade correspondente do galego, pois, como se sabe, o português e o galego constituíram uma mesma língua, em seus primórdios. Esta é uma sugestão dada por Johannes Kabatek, no âmbito do Projeto para a História do Português Brasileiro.

Ao terminar este livro, tenho a mais perfeita convicção de que toquei num ponto central para a compreensão da sintaxe portuguesa. O estudo do redobramento, aqui restrito a duas categorias lexicais, configura na verdade um vasto programa de pesquisas. Sinto-me preparada para dar continuidade às pesquisas sobre o Português Arcaico, cujo interesse para o entendimento do PB não é necessário ressaltar. Repercuto, assim, os esforços de tantos linguistas brasileiros e portugueses, tentando agregar um elo a essa corrente – para valer-me de uma imagem cara à professora Mary Kato.

Cheguei igualmente a outra conclusão, em matéria não prevista entre os objetivos do trabalho. Não resisto à possibilidade de incluir esta questão nestas conclusões. Trata-se da periodização do Português Arcaico, levando em conta fatos sintáticos.

As duas grandes divisões, já estabelecidas historicamente, poderiam ser mantidas com algum refinamento se prestarmos atenção às estruturas sintáticas – nunca é demais insistir neste ponto. Como se sabe, a literatura específica propõe como critérios para o reconhecimento das fases do Português Arcaico seja a história do povo português, seja a história dos movimentos literários, seja, finalmente, algumas peculiaridades morfofonológicas, contrastando-se neste caso o português com o castelhano.

Tomando a sintaxe como critério para a divisão das etapas do Português Arcaico, pode-se dizer que esse período encerra duas fases bem definidas: a primeira fase do Português Arcaico, que vai de 1214 a aproximadamente 1420, e a segunda que vai de 1420 até aproximadamente 1540.

A primeira fase tem como característica principal a ocorrência de movimento largo dos constituintes, o que é muito evidente nas poesias do século XIII. Essa fase será dividida em três subfases: (i) 1ª etapa, abrangendo os primórdios do português até o começo do século XIII, (ii) 2ª etapa, abrangendo o século XIII, e (iii) 3ª etapa, encampando o século XIV.

A segunda fase do Português Arcaico teria como característica principal a apresentação de estruturas sintáticas bem mais nítidas e estáveis, e como consequência disso os textos demonstram uma tentativa de normativização da língua portuguesa. Essa segunda fase também comportaria pelo menos duas subdivisões: (i) 1ª etapa, indo até meados do século XV, e (ii) 2ª etapa, abrangendo dos meados do século XV até os meados do século XVI, quando surgem as primeiras gramáticas da língua portuguesa. Isso só foi possível porque a sintaxe portuguesa ingressava num patamar de maior estabilidade, se a compararmos aos séculos passados.

Fixando a atenção apenas na primeira fase do Português Arcaico, considero como suas características sintáticas os seguintes fatos:

306 Fundamentos sintáticos do Português Brasileiro

Primeira etapa (primórdios do português até o começo do século XII): tem como característica principal documentar processos em vias de desaparecer e processos que estavam começando a aparecer.

1. Processos em vias de desaparecimento:

(i) Redobramento de pronomes, representados pelos locativos *hi* e *en/ende*, pelo pronome possessivo, pelo pronome demonstrativo neutro *o* etc.
(ii) Recursividade de complementizadores (*que... que*; *se... se* etc.) e de preposições (*de... de* etc.).
(iii) Uso da dupla negação.
(iv) Gramaticalização de *qual* SN *quer* com o deslocamento do SN, de que resultou *qualquer.*
(v) Pronome relativo ainda como adjunto a uma sentença, portanto separado de seu antecedente.
(vi) Sentenças que se tornaram completivas, e que eram antes anunciadas pelos clíticos *en* e *o*, pelo advérbio *assi*, pelos pronomes *(a)tal* e *esto*, entre outros.
(vii) Gramaticalização de verbos plenos, que foram perdendo sua sintaxe enquanto tais, como os verbos *ser* (<lat. *esse*), *ser* (<lat. *sedere*), *estar* (>lat. *stare*), *jazer* (>lat. *iacere*) etc.; esses verbos adquiriram outros usos, que os impulsionaram para outras fases em sua mudança.
(viii) No campo das conjunções, algumas como *jamais*, *senão* já se encontravam consolidadas.

2. Processos que estavam começando a surgir:

(i) SNs e SPs oriundos de redobramento pronominal estavam sofrendo deslocamentos e topicalizações para uma posição fora da sentença.
(ii) No campo das conjunções, alguns advérbios, antecedidos de preposição, começavam a dar os primeiros passos em direção à mudança de categoria: *por en* "por isso" > *porém* "mas"; *ende... de ...que* > *de que*, originando o dequeísmo atual; *de pois* > *depois*; *entre tanto* > *entretanto*; *ende tanto* > *entanto*; *ende quanto* > *enquanto* etc.
(iii) No campo das orações, o que hoje em dia é considerada uma relação de subordinação era naquela época uma correlação, podendo aparecer em qualquer ordem: *por que... porem / porello / porisso, tal... qual, tanto... (de)quanto, (de)todo... todo, assi... como, mais... pero / porém* etc.

Segunda etapa (abrangendo o século XIII) tem como característica principal o desenvolvimento de certas estruturas sintáticas que já se anunciavam no século anterior, tais como os primeiros indícios do processo de dequeísmo, surgindo nas orações relativas.

Terceira etapa (abrangendo o século XIV) se caracteriza principalmente pela normatização da escrita, o que ocasionou a perda de um grande conjunto de fatos que mostravam que uma mudança não tem somente um caminho. De fato, há sempre várias opções para a mudança linguística. Ela é o resultado da escolha de uma dada estratégia, não tendo nada de linear.

Ao levar em conta as estruturas sintáticas, essa periodização poderá proporcionar uma datação mais precisa de muitos textos. *A demanda do santo graal*, que é uma cópia do século XV baseada num manuscrito do século XIII, constitui um problema, pois não se sabe até que ponto o copista quatrocentista interferiu no texto antigo na tentativa de adaptá-lo a uma língua mais moderna e, portanto, mais compreensível para sua época. Mas se esse livro for examinado do ponto de vista sintático, muitos fatos ali encontrados o datariam como sendo do século XIII. Foi o que fiz, e por isso os exemplos ali colhidos sempre foram considerados nessa data.

Notas

[1] Propriedade contestada em vista da sensibilidade aos princípios de *"binding"* nessas línguas.

[2] Consultei trabalhos sérios, que apresentam descrições tradicionais muito detalhadas da língua latina, com o propósito de buscar evidências da grande mudança que estava se desencadeando nessa língua. Os textos nos quais vou me basear são Ernout e Thomas (1953), Greiner e Billoret (1952), Bourciez (1956), Faria (1958), Maurer Jr. (1959) e Lehmann (1974). Vários termos importantes utilizados nesses livros foram redenominados, como, por exemplo: *aposição* será entendida como *adjunção*, *complementação* é a gramaticalização de um termo adjunto, *partículas reforçadoras* ou reforçativas, pronome intensivo acompanhando pronomes serão vistos como *redobramento*, e assim por diante.

[3] Os pronomes demonstrativos tinham uma composição mais complicada que a dos pessoais: (i) *hic, haec, hoc* ("este, esta, isto") eram pronomes da primeira pessoa, formados por um tema de origem desconhecida *ho*, para o masculino e neutro, e *ha-*, para o feminino, mais uma partícula enclítica demonstrativa *-ce* que se reduz a *-c*, cuja forma plena podia aparecer no LA, como em *hosce ego non tam milites acris... arbitror* ("a estes eu não julgo tanto como soldados ardorosos"); *-c* podia também ser acrescentada a formas terminadas em *-s: hujusce, hosce, hasce, hisce*; essa partícula se muda em *-ci* antes da partícula interrogativa *-ne: hicine?, huncine?, hocine ...?*; (ii) *iste, ista, istud* ("esse, essa, isso") são pronomes da segunda pessoa e são formados de uma partícula *is-* mais o antigo demonstrativo *-to*, podendo ser reforçados por *-ce*, reduzido a *-c: istic, istaec, istuc*; (iii) *ille, illa, illud* ("aquele, aquela, aquilo") são demonstrativos da terceira pessoa e parecem ter se originado de um antigo demonstrativo *olle*, podendo também ser reforçados por *-ce*, reduzido a *-c: illic, illaec, illuc.*

[4] O termo "parataxe" corresponde *grosso modo* ao que estamos considerando estrutura não configuracional.

[5] Estou seguindo a concepção de Kato (1999, 2002) para sujeito: a categoria *pro* não é aplicada para o sujeito. O sujeito é próprio morfema de concordância AGR que recebe papel temático e caso ao se afixar a T.

[6] Estou deixando de lado a representação de T (ense).

[7] A ideia de que é um DP está em Kayne (2002), mas para ele o NP redobrado aparece como especificador, e não como complemento. No trabalho de Kato (1998a) essa relação vem representada como uma minioração e aqui vamos continuar a assim designar essa estrutura que dá origem ao redobramento.

[8] Com o desaparecimento de *hi*, fica facilitada a aproximação de outros locativos como *aqui, ali, aí, acá, cá, alá, lá, acó, aló*, entre muitos outros, ou seja, *hi* passou a licenciar a aproximação de pronomes circunstanciais afins a ele (*aqui, ali* e *aí*), para depois outros tipos de locativo ocuparem também seu lugar.

[9] Essas observações valem, em princípio, só para as línguas românicas ibéricas e para os dialetos meridionais italianos, pois elas se utilizam das formas oriundas de *estar* e *esse*. O francês só tem a forma originária de *essere>estre>être*. Apesar da forma infinitiva do verbo *sum* ser *esse*, houve em algumas línguas românicas o acréscimo da terminação de infinitivo *-re* à forma que já possuía esse sufixo, pois a forma original era **esre*, que passou a *esse* por assimilação, apesar de ter havido uma tentativa de utilização de *estar*, que foi logo abandonada. O italiano *standard* e os dialetos setentrionais usam as formas *essere* e *estar*, sendo que a última só em alguns contextos.

Bibliografia

A LINGUAGEM DOS FOROS DE CASTELO RODRIGO. Edição de L. F. Lindley Cintra. Lisboa: Instituto de Alta Cultura, 1959.

AFONSO X, O SÁBIO. *Cantigas de Santa Maria*. Editadas por Walter Mettmann. Coimbra: Faculdade de Letras da Universidade de Coimbra, 1959.

_____. *Primeira partida*. Edição de José de Azevedo Ferreira. Braga: Instituto Nacional de Investigação Científica, 1980.

_____. *Foro real*. Edição de José de Azevedo Ferreira. 2 v. Lisboa: Inic, 1987. (Texto dos finais do século XIII.)

_____. *Cantigas de Santa Maria*. Edição de W. Mettmann. 4 v. Coimbra: Universidade de Coimbra, 1959-64. (Texto datado da segunda metade do século XIII.)

ALONSO, Martín. *Evolución sintáctica del español. Sintaxis histórica del español desde el iberorromano hasta nuestros dias*. Madrid: Aguilar, 1964.

BACELAR DO NASCIMENTO, Maria Fernanda et al. (orgs.). *Português fundamental*: métodos e documentos. Lisboa: Instituto Nacional de Investigação Científica – Centro de Linguística da Universidade de Lisboa, 1987, v. 2, t. 1.

BADIA MARGARIT, A. *Los complementos pronominalo-adverbiales derivados de ibi e inde en la peninsula iberica*. Madrid: Consejo Superior de Investigaciones Científicas, 1974. [*Revista de Filología Española*, anejo XXXVIII].

BAKER, M. *Incorporation*: a Theory of Grammatical Function Changing. Chicago: Chicago University Press, 1988.

BARROS, João de. *Gramática da língua portuguesa*. 4. ed. Reprodução fac-similada, leitura, introdução e anotações por Maria Leonor Carvalhão Buescu. Lisboa: Publicações da Faculdade de Letras da Universidade de Lisboa, 1971.

_____. *Ásia* (primeira e segunda décadas). Edição de Antonio Baião e Luis Filipe Lindley Cintra. Lisboa: IN-CM, 1974/1988, 2 v. (Obra concluída em 1539.)

BATLLORI, M. Preliminary Remarks on Old Spanish Auxiliaries: *haber, ser* and *estar*. *Catalan Working Papers in Linguistics*, 1992, pp. 87-112.

BENVENISTE, Émile. "A natureza dos pronomes" In: *Problemas de linguística geral* I. Campinas: Pontes / Editora da Unicamp, 1991.

BORER, H. *Parametric Syntax*. Dordrecht: Foris Publications, 1984.

BORGES NETO, José; FOLTRAN, M. J. *Construções com gerúndio*, 2001. Mimeografado.

BLATT, Franz. *Précis de syntaxe latine*. 1. ed. Lyon: A.C., 1952.

BOURCIEZ, Édouard. *Éléments de linguistique romane*. 4. ed. Paris: Librairie C. Klincksieck, 1956.

BRAGA, Maria Luiza. "Construções de tópico do discurso" In: NARO, Anthony Julius (org.). *Projetos subsídios sociolinguísticos do censo à educação*. 3 v. Rio de Janeiro: Universidade Federal do Rio de Janeiro, 1986, pp. 393-446. Relatório final à Finep parcialmente publicado.

_____. *A repetição na língua falada*. Belo Horizonte: Seminário do GT de Análise da Conversação, Anpoll, 1990. Mimeografado.

BRIHUEGA, Bernardo de. *Vidas e paixões dos apóstolos*. 2 v. Edição crítica e estudo por Isabel Vilares Cepeda. Lisboa: Instituto Nacional de Investigação Científica – Centro de Linguística da Universidade de Lisboa, 1982-9.

BYBEE, J.; PERKINS, R.; PAGLIUCA, W. *The Evolution of Grammar*. Chicago: The University of Chicago Press, 1994.

CÂMARA Jr., Joaquim Mattos. *Dicionário de fatos gramaticais*. Rio de Janeiro: Casa de Rui Barbosa, 1956. (Reeditado com o título de *Dicionário de filologia e gramática*. 2. ed. Rio de Janeiro: J. Ozon Editor, 1964.)

_____. *Dispersos*. Rio de Janeiro: Fundação Getúlio Vargas, 1972.

_____. *História e estrutura da língua portuguesa*. Rio de Janeiro: Livraria Acadêmica, 1975.

CAMPOS, Odette G. L. A. Souza. *O gerúndio no português*. Rio de Janeiro: Presença / Instituto Nacional do Livro, 1980.

CANCIONEIRO DA AJUDA. Edição de Carolina Michaelis de Vasconcelos. Halle: Max Niemeyer, 1904.

CANTIGAS D'ESCARNHO E DE MAL DIZER. Edição de M. Rodrigues Lapa. Coimbra: Editorial Galaxia, 1965.

310 Fundamentos sintáticos do Português Brasileiro

CARDEIRA, Esperança Maria da Cruz Marreiros. *Entre o Português Antigo e o Português Clássico.* Lisboa: Imprensa Nacional – Casa da Moeda, 2005.

_____. *Entre o português antigo e o português clássico.* Lisboa: Imprensa Nacional – Casa da Moeda, 2005. (Tese de doutoramento defendida em 1999.)

CASTILHO, Ataliba T. de (org.). *Gramática do português falado*, v. I. Campinas: Fapesp/Editora da Unicamp, 1990.

_____ (org.). *Gramática do português falado*, v. III. Campinas: Fapesp/Editora da Unicamp, 1993.

_____ (org.). *Para a história do Português Brasileiro*, v. I, Primeiras Ideias. São Paulo: Humanitas/Fapesp, 1998.

_____ (org.). Historiando o Português Brasileiro, 2003. Publicado em Dermeval da Hora e Camilo Rosas Silva (orgs.). *Para a história do português brasileiro.* João Pessoa: Ideia/Editora da UFPB, 2010, pp. 257-394.

_____; PRETI, Dino. (orgs.). *A linguagem falada culta na cidade de São Paulo.* São Paulo: T. A. Queiroz Editor/Fapesp, 1986, v. 1 – Elocuções formais.

_____; PRETI, Dino. (orgs.). *A linguagem falada culta na cidade de São Paulo.* São Paulo: T. A. Queiroz Editor/Fapesp, 1987, v. 2 – Diálogos entre o informante e o documentador.

CASTRO, I. de et al. (ed.). *Vidas de santos de um manuscrito alcobacense.* Lisboa: Centro de Estudos Geográficos – Instituto Nal de Investigação Científica, 1985. (Texto datado de meados do século XV, cópia de manuscritos mais antigos, tradução do latim.)

CASTRO, Ivo. *Introdução à História do Português.* Lisboa: Edições Colibri, 2008.

CHOMSKY, Noam. *Lectures on Government and Binding.* Dordrecht: Foris, 1981.

CINQUE, Guglielmo. *Types of A-Dependencies.* 2. ed. Cambridge: The MIT Press, 1997.

CINTRA, Luis Filipe Lindley (ed.). *Cronica Geral de Espanha de 1344.* 4 v. Lisboa: Imprensa Nacional/Casa da Moeda, 1951.

_____. *A linguagem dos foros de Castelo Rodrigo. Seu confronto com os dos foros de Alfaiates, Castelo Bom, Castelo Melhor, Coria, Cáceres, Usagre.* Lisboa: Imprensa Nacional – Casa da Moeda, 1984. (Texto datado entre 1280 e 1290.)

_____. Sobre o mais antigo texto não literário português: a Notícia de Torto. Leitura crítica, data, lugar de redação e comentário linguístico. *Boletim de Filologia*, XXXI, 21-77, 1990. (Texto datado entre 1214 e 1216.)

COHEN, Maria Antonieta Amarante de M. et al. "Filologia bandeirante". In: *Filologia e linguística portuguesa* 1, 1997, pp. 79-94.

CORTESÃO, Jaime. *A carta de Pero Vaz de Caminha.* Lisboa: Portugália, 1967.

CUNHA, Celso Ferreira da. *Língua portuguesa e realidade brasileira.* Rio de Janeiro: Tempo Brasileiro, 1968.

_____; CINTRA, Luis Filipe Lindley. *Nova gramática do português contemporâneo.* Rio de Janeiro: Nova Fronteira, 1985.

CRÓNICA GERAL DE ESPANHA DE 1344. Edição de L. F. Lindley Cintra. Lisboa: Imprensa Nacional – Casa da Moeda, volume II, 1954.

CYRINO, Sônia; DUARTE, Maria Eugênia Lamoglia; KATO, Mary. "Visible Subjects and Invisible Clitics in Brazilian Portuguese" In: KATO, M. A.; NEGRÃO, E. V. (eds.). *Brazilian Portuguese and the Null Subject Parameter.* Frankfurt/Madrid: Vervuert/Iberoamericana, 2000, pp. 55-74.

DAMASO VIEIRA, Márcia M. *O fenômeno da não configuracionalidade na língua asurini do Trocará:* um problema derivado da projeção dos argumentos verbais. Campinas, 1993. Tese (Doutorado em Linguística) – Unicamp.

DECAT, Maria Beatriz M. "Construções de tópico em português: uma abordagem diacrônica à luz do encaixamento no sistema pronominal" In: TARALLO, F. (org.). *Fotografias sociolinguísticas.* Campinas: Pontes, 1989, pp. 113-39.

DE LEMOS, Cláudia T. G. *Ser and estar in Brazilian Portuguese.* Tübingen: Gunter Narr, 1987.

DUARTE, Maria Eugênia Lamoglia; CALLOU, Dinah M. Isensee (orgs.). *Para a história do Português Brasileiro*, v. IV, Notícias de *corpora* e outros estudos. Rio de Janeiro: UFRJ – Letras / Faperj, 2002.

DURANTI, Alessandro; Ochs, Elinor. "La pipa la fumi?" Uno studio sulla dislocazione a sinistre nelle conversazioni. *Studi di Grammatica Italiana* 8, 1979, pp. 269-302.

ELIA, Sílvio. *O problema da língua brasileira.* Rio de Janeiro: Agir, 1940.

_____. *A unidade linguística do Brasil.* Rio de Janeiro: Padrão, 1979.

ERNOUT, Alfred. *Morphologie historique du latin.* 3. ed. Paris: Klincksieck, 1953.

_____.; THOMAS, François. *Syntaxe latine.* 2. ed. Paris: Librairie C. Klincksieck, 1953.

_____.; MEILLET, Antoine. *Dictionnaire étymologique de la langue latine. Histoire des mots.* 4. ed. Paris, Librairie Klincksieck, 1967.

FARIA, Ernesto. *Gramática da língua latina.* Rio de Janeiro: Livraria Acadêmica, 1958.

FÁVERO, Leonor Lopes; KOCH, Ingedore Grunfeld Vilaça. *Linguística textual*: introdução. São Paulo: Cortez, 1983.

_____; _____. O operador *embora*: uma hipótese argumentativa. *Revista das Faculdades Integradas de Uberaba*, 1986, pp. 58-65.

Bibliografia **311**

FERNÃO LOPES. *Cronica de Dom Pedro.* Edição de Giuliano Macchi. Roma: Edizione Dell'Ateneo, 1966.

FIGUEIREDO SILVA, M. C. *Clíticos em galego:* uma discussão dentro do quadro da Teoria de Regência Vinculação. Campinas, 1988. Dissertação (mestrado em Linguística) – Unicamp.

FRANCHI, Carlos; ILARI, Rodolfo. Clíticos nominativos e inversão do sujeito em bielês. *D.E.L.T.A*, v. 2 (1), 1986, pp. 77-103.

GAZDARU, Demetrio. *Hic, ibi, inde* en las lenguas románicas. *Filología.* Universidad de Buenos Aires, ano II, n. 1, 1950, pp. 29-44.

GREINER, E.; BILLORET, R. *Grammaire du latin.* Paris: Hachette, 1952.

GUÉRON, J.; HOEKSTRA, T. *The Temporal Interpretation of Predication.* Université Paris X / Leiden University, 1988. Mimeografado.

GUY, Gregory R. *Linguistic Variation in Brazilian Portuguese:* Aspects of Phonology, Syntax and Language History. Philadelphia: University of Pennsylvania, PhD Dissertation, 1981.

_____. On the Nature and Origins of Popular Brazilian Portuguese. *Estudios sobre Español de América y Lingüística Afroamericana.* Bogotá: Intituto Caro y Cuervo, 1989, pp. 226-44.

HEINE, Bernd; CLAUDI, Ulrich; HÜNNEMEHYER, Friedrich. *Grammaticalization:* A Conceptual Framework. Chicago: University of Chicago Press, 1991.

HOPPER, Paul J.; TRAUGOTT, Elizabeth C. *Grammaticalization.* 2. ed. Cambridge: Cambridge University Press, 2003.

HOUAISS, Antônio. *O português do Brasil.* Rio de Janeiro: Instituto Nacional do Livro, 1985.

HUALDE, J. I. *Catalan.* London: Routledge, 1992.

HÜBER, Joseph. *Gramática do Português Arcaico.* Tradução portuguesa. Lisboa: Gulbenkian, 1986.

ILARI, Rodolfo (org.). *Gramática do português falado*, v. II. Campinas: Editora da Unicamp, 1992.

_____. et al. "Considerações sobre a posição dos advérbios" In: Castilho, A. T. de (org.). *Gramática do português falado*, v. I. Campinas: Fapesp / Editora da Unicamp, 1990, pp. 63-142.

_____.; FRANCHI, Carlos. Nominative Clitics in Biellese: Morphological and Distributional Survey. *Cadernos de Estudos Linguísticos.* Campinas: Unicamp, n. 8, 1995, pp. 135-49.

IORDAN, Iorgu; MANOLIU. *Manual de linguística románica.* 2 v. Madrid, Editorial Gredos, 1972.

JAEGGLI, O. *Topics in Romance Syntax.* Dordrecht / Foris Publications, 1982.

_____. Three Issues in the Theory of Clitics: Case, Doubled NPs, and Extraction. *Syntax and Semantics*, v. 19, 1986, pp.15-42.

JENSEN, F. *The Syntax of Medieval Occitan. Tuebingen:* Max Niemeyer Verlag, 1986.

_____. *Old French and Comparative Gallo-Romance Syntax.* Tübingen: Max Niemeyer Verlag, 1990.

_____. *Syntaxe de l'ancien occitan.* Tübingen: Max Niemeyer Verlag, 1994.

JUBRAN, Clélia Cândida Spinardi; KOCH, Ingedore Grunfeld Villaça (orgs.). *Gramática do português culto falado no Brasil*, v. I, Construção do texto falado. Campinas: Editora da Unicamp, 2006.

KATO, Mary. *Miniorações em português. Comunicação apresentada ao III Encontro da Anpoll.* São Paulo, 1989. Mimeografado.

_____. The Distribution of Null and Pronominal Objects in Brazilian Portuguese. In: ASHBY, W. J.; MITHUN, M.; PERISSINOTO, G.; RAPOSO, E. (eds.). *Linguistic Perspectives on the Romance Languages.* Amsterdam: John Benjamins, 1993a, pp. 225-35.

_____. "Recontando a história das relativas em uma perspectiva paramétrica" In: ROBERTS, I.; KATO, M. (orgs.). *Português brasileiro:* uma viagem diacrônica. Campinas: Editora da Unicamp, 1993b, pp. 223-61.

_____.; RAPOSO, Eduardo. European and Brazilian "Word Order: Questions, Focus and Topic Constructions" In: C. Parodi et al. *Aspects of Romance Linguistics.* Washington DC: Georgetown University Press, 1996, pp. 267-92.

_____. *Free and Dependent Small Clauses in Brazilian Portuguese*, 1998a. Mimeografado.

_____. Formas de funcionalismo na sintaxe. *D.E.L.T.A.*, 14 (número especial), 1998b, pp. 133-52.

_____. Strong Pronouns and Weak Pronominals and the Null Subject Parameter. *Probus* 11 (1), 1999, pp. 1-37.

_____. *Tópicos como alçamento de predicados secundários. Florianópolis:* GT de Teoria Gramatical da Anpoll, 2000a. Mimeografado.

_____. "The Partial *Pro-drop* Nature and the Restricted VS Order in Brazilian Portuguese" In: KATO, M.; NEGRÃO, E. V. (eds.). *Brazilian Portuguese and the Null Subject Parameter.* Frankfurt am Main: Vervuert, 2000b, pp. 223-58.

_____. Strong and Weak Pronominals in the History of Brazilian Portuguese Grammar. *Proceedings of the Colloquium on Structure, Acquisition and Change of Grammars:* Phonological and Syntactic Aspects, v. II, 2001, pp. 26-37.

_____. Pronomes fortes e fracos na gramática do Português Brasileiro. *Revista Portuguesa de Filologia*, XXIV, 2002a, pp. 101-22.

_____. A evolução da noção de parâmetros. *D.E.L.T.A.*, 18 (2), 2002b, pp. 309-38.

312 Fundamentos sintáticos do Português Brasileiro

_____. "Null Objects, Null Resumptives and VP-Ellipsis in European and Brazilian Portuguese" In: J. Quer et al (eds). *Romance Languages and Linguistic Theory*. Amsterdam: John Benjamins, 2003, pp. 131-54.

_____. *Two Types of wh-in-situ in Brazilian Portuguese*. Trabalho apresentado no *Georgetown Round Table*. Washington DC: 2004.

KAYNE, R. S. On Certain Differences Between French and English. *Linguistic Inquiry*, 12 (3), 1081, pp. 349-71.

_____. Facets of Romance Past Participle Agreement. Cambridge: MIT, 1987, inédito.

_____. Toward a Modular Theory of Auxiliary Selection. *Studia Linguistica*, 47 (1), 1993, pp. 3-31.

_____. "Pronouns and their Antecedents" In: EPSTEIN; SEELEY, D. (eds.). *Derivation and Explanation in the Minimalist Program*. Mass.: Blackwell / Malden, 2002, pp. 133-66.

KOCH, Ingedore Grunfeld Vilaça. *A coesão textual*. São Paulo: Contexto, 1989.

_____. *Reflexões sobre a repetição*. In: Seminário do gt de Análise da Conversação da Anpoll, 1990, Belo Horizonte. Mimeografado.

_____. *A repetição como um mecanismo estruturador do texto falado*. Campinas, 1992, 26p. Mimeografado.

KOOPMAN, H; SPORTICHE, D. The Position of Subjects. *Lingua*, 85, 1991, pp. 211-58.

KRATZER, A. *Stage-Level and Individual-Level Predicates*. Amherst: University of Massachusetts, 1989.

LEHMAN, Winfred. *Proto-Indo-European Syntax*. Austin and London: University of Texas Press, 1974.

LIGHFOOT, David. *Principles of Diachronic Syntax*. Cambridge: Cambridge University Press, 1979.

LIGHFOOT, David. *The Development of Language:* Acquisition, Change and Evolution. Malden: Blackwell Publishers, 1999.

LIVROS VELHOS DE LINHAGENS. Edição de Joseph Piel de José Mattoso. Lisboa: Portugaliae Monvmenta Historica, v. I, 1980.

LIVRO DAS AVES. Rossi, N. et al. (eds.). Rio de Janeiro: Instituto Nacional do Livro, 1965.

LIVRO DE ESOPO. Fabulário português medieval. Edição de José Leite de Vasconcelos. Rio de Janeiro: Editora Lucerna, 1992.

LIVRO DE SOLILOQUIO DE SANCTO AGOSTINHO. Edição crítica e glossário por Maria Adelaide Valle Cintra. Lisboa: Publicações do Centro de Estudos Filológicos, 1957.

LOBATO, Maria Lúcia. Os verbos auxiliares em português contemporâneo. In: *Análises Linguísticas*. Petrópolis: Vozes, 1975, pp. 27-91.

LOBO, Tânia (org.). *Para a história do Português Brasileiro*, v. VI. (no prelo)

LOPES, Fernão. *Cronica de D. Pedro*. Edição de Giuliano Macchi. Roma: Edizione dell'Ateneo, 1966. (Texto escrito entre 1418 e 1452.)

_____. *Cronica de D. Fernando*. Edição de Giuliano Macchi. Lisboa: IN-CM, 1975. (Texto escrito entre 1418 e 1452.)

LYONS, John. A Note on Possessive, Existential and Locative Sentences. *Foundations of Language*, 3, 1967, pp. 390-6.

_____. *Semantics*. 2 v. London: Cambridge University Press, 1977.

_____. *Introdução à linguística teórica*. São Paulo: Ed. Nacional / Ed. da Universidade de São Paulo, 1979.

MAIA, Clarinda de Azevedo. *História do galego-português*. Estudo linguístico da Galiza e do Noroeste de Portugal desde o século XIII ao século XVI. Coimbra: Instituto Nacional de Investigação Científica, 1986.

MACHADO, José Pedro. *Dicionário etimológico da língua portuguesa*. Lisboa: Editorial Confluência, 1952.

MARCUSCHI, Luiz Antonio. A repetição na língua falada: formas e funções. Recife, 1992. Tese (professor titular) – Universidade Federal de Pernambuco.

MARTINS, Ana Maria. *Clíticos na história do português*. Apêndice documental. Documentos notariais dos séculos XIII a XVI do Arquivo Nacional da Torre do Tombo. Lisboa, 1994. Tese (doutorado em Linguística Portuguesa) – Universidade de Lisboa.

_____. *Documentos portugueses do noroeste e da região de Lisboa:* da produção primitiva ao século XVI. Lisboa: Imprensa Nacional – Casa da Moeda, 2001.

MATTOS E SILVA, Rosa Virgínia. *A mais antiga versão portuguesa dos Quatro Livros dos Diálogos de São Gregório*, v. II. São Paulo, 1971. Tese (doutorado em Linguística) – Departamento de Linguística e Línguas Orientais da FFLCH-USP.

_____. *Estruturas trecentistas*. Lisboa: Imprensa Nacional / Casa da Moeda, 1989.

_____. Para uma caracterização do período arcaico do português. *D.E.L.T.A.*, v.10, 1994, pp. 247-76

_____. (org.). *Para a história do Português Brasileiro*. 2 t., v. II. São Paulo: Humanitas / Fapesp, 2001a.

_____. (org.). *Para a história do Português Brasileiro*, 2 t., v. II. Primeiros Estudos. São Paulo: Humanitas / Fapesp, 2001b.

_____. *Ensaios para uma sócio-história do Português Brasileiro*. São Paulo: Parábola, 2004.

Bibliografia 313

MATTOSO, J. (ed.) *Livro de linhagens do conde D. Pedro.* Lisboa: Publicações do II Centenário da Academia das Ciências, 1980. (Esta obra sofreu algumas refundições entre os anos de 1360-1365 e 1380-1383; informação encontrada na página 43.)

MAURER Jr., Theodoro Henrique. *Gramática do Latim Vulgar.* Rio de Janeiro: Livraria Acadêmica, 1959.

_____. *O problema do Latim Vulgar.* Rio de Janeiro: Livraria Acadêmica, 1962.

_____. *O infinitivo em português.* São Paulo: Companhia Editora Nacional, 1972.

MEGALE, Heitor (org.). *Filologia bandeirante*, v. I. Estudos. São Paulo: Humanitas, 2000.

MEILLET, Antoine. *Linguistique historique et linguistique générale.* Paris: Champion, 1958.

MELO, Gladstone C. de. *A língua do Brasil.* Rio de Janeiro: Agir Editora (2. ed., Rio de Janeiro: Fundação Getúlio Vargas), 1946.

MÓDOLO, Marcelo. *Gramaticalização das conjunções correlativas.* São Paulo, 2004. Tese (doutorado em Filologia e Língua Portuguesa) – Faculdade de Filosofia, Letras e Ciências Humanas, Universidade de São Paulo.

MOLLICA, Maria Cecília. *(De) que falamos?* Rio de Janeiro: Tempo Brasileiro, 1995.

MORAES DE CASTILHO, Célia Maria. *Os delimitadores no português falado no Brasil.* Campinas, 1981. Dissertação (mestrado em Linguística) – Unicamp.

_____. Quantificadores indefinidos: observações para uma abordagem sintática. In: CASTILHO, A. T. de (org.). *Gramática do português falado*, v. III. Campinas: Fapesp/ Editora da Unicamp, 1993, pp. 213-34.

_____. "Seria quatrocentista a base do Português Brasileiro?" In: MATTOS E SILVA, R. V. (org.). *Para a história do Português Brasileiro*, v. II, t. 1, 2001, pp. 57-90.

_____. Primeiras ideias sobre o dequeísmo. In: LOBO, Tânia (org.). *Para a história do Português Brasileiro*, v. VI, 2004a.

_____. Diacronia do dequeísmo: o clítico locativo medieval *en* e o dequeísmo nas orações relativas. *Linguística* 15/16, 2004b, pp. 123-60.

_____. Locativos, fóricos, articuladores discursivos e conjunções no português medieval: Gramaticalização de *ende/ en* e *porende/porém. Filologia e Linguística Portuguesa*, 6, 2004c, pp. 53-100.

_____. *O processo de redobramento sintático no português medieval*: O redobramento pronominal e formação das perífrases com estar+ndo /-r. Campinas, 2005a. Tese (doutorado em Linguística) – Unicamp.

_____. As raízes do dequeísmo. In: ALFANO, Lidia Rodríguez (org.) *Actas del XIV Congreso de la Asociación de Linguística y Filología de América Latina*, v. I, Monterrey, México, 2005b. CD-ROM.

_____. Formação do português caipira: mudança gramatical e sócio-história do português de São Vicente e São Paulo nos séculos XVI e XVII. São Paulo, 2006a. Pesquisa de pós-doutoramento na Universidade de São Paulo.

_____. "Primeiras histórias sobre a diacronia do dequeísmo: o clítico locativo *en* e o dequeísmo das orações relativas no PM." In: LOBO, T. et al (orgs.). *Para a História do Português Brasileiro*, v. VI, t 1: Novos dados, novas análises. Salvador: Editora da Universidade Federal da Bahia, 2006b, pp. 183-222.

_____. "A linguagem dos inventários e testamentos: lendo nas entrelinhas" In: BASSANEZI, M. S. C. B.; BOTELHO, T. R. (orgs.). *Linhas e entrelinhas:* as diferentes leituras das atas paroquiais dos setecentos e oitocentos. Belo Horizonte: Fapemig / Veredas e Cenários, 2009a, pp. 257-72.

_____. "Estrutura discursiva dos inventários e testamentos de São Paulo (séculos. XVI-XVII)" In: CASTILHO, A. T. de (org.). *História do português de São Paulo.* Estudos, v. 1. Campinas: Instituto de Estudos da Linguagem, 2009b, pp. 665-98.

_____. "A concordância nos inventários do séc. XVII." In: CASTILHO, A. T. de (org.). *História do português de São Paulo.* Estudos, v. 1. Campinas: Instituto de Estudos da Linguagem, 2009c, pp. 333-50.

_____. "O problema da concordância de número nos Inventários produzidos na Vila de São Paulo do Campo": séculos XVI-XVII. In: AGUILERA, Vanderci (org.). *Para a história do Português Brasileiro.* Londrina: Editora da Universidade Estadual de Londrina, t. 1, 2009d, pp. 223-64.

_____. Inventários e testamentos como documentos linguísticos. *Filologia e Linguística Portuguesa,* n. 12, 2010.

_____.; CASTILHO, A. T. de. "A concordância". In: HORA, D. da; SILVA, C. R. (orgs.). *Para a história do Português Brasileiro*, v. VIII. Abordagens e perspectivas. João Pessoa: Editora da UFPB / Ideia, 2010, pp. 146-62.

MORAES, Perminio de. *Inquirições de D. Dinis.* (Textos de 1254) Salvador, 2003. Dissertação (mestrado em Linguística) – Universidade Federal da Bahia.

NARO, Anthony Julius (org.). *Projetos subsídios sociolinguísticos do censo à educação.* Rio de Janeiro: Universidade Federal do Rio de Janeiro, 3 v., 1986. Relatório final à Finep parcialmente publicado.

_____.; SCHERRE, Maria Marta Pereira. Sobre as origens do português popular do Brasil. *D.E.L.T.A.*, 9, 1993, pp. 437-54.

_____.; _____. *Origens do Português Brasileiro.* São Paulo: Parábola, 2007.

_____.; BRAGA, Maria Luíza. A interface sociolinguística/ gramaticalização. *Gragoatá*, 9, 2000, pp. 125-34.

314 Fundamentos sintáticos do Português Brasileiro

NEGRÃO, Esmeralda V.; MÜLLER, Ana. As mudanças no sistema pronominal do Português Brasileiro: substituição ou especialização de formas? *D.E.L.T.A.*, 12 (1), 1996, pp. 125-52.

NUNES, José Joaquim. *Crestomatia arcaica*. 4. ed. Lisboa: Livraria Clássica Editora, 1953.

OITICICA, José. *Teoria da correlação*. Rio de Janeiro: Simões, 1955.

OLIVEIRA, Fernão D'. *A "grammatica" de Fernão D'Oliveira*. Texto reproduzido da 1. ed. de 1536 por Olmar Guterres da Silveira. Rio de Janeiro: s/ed., 1954.

OLIVEIRA, Marilza. "Mudança gramatical: programa de estudos" In: MATTOS E SILVA, R. V. (org.). *Para a história do Português Brasileiro*. São Paulo: Humanitas / Fapesp, 2001, pp. 39-56.

OLIVEIRA, Marilza. "Para um programa de análise linguística do português falado na trilha dos bandeirantes", 1998a. In: MEGALE, Heitor (org.) *Filologia Bandeirante*. Estudos 1. São Paulo: Humanitas / Fapesp, 2000, pp. 223-35.

OLIVEIRA E SILVA, Giselle M. "Estertores da forma *seu* de terceira pessoa na língua oral" In: OLIVEIRA E SILVA, Giselle Machline de; Scherre, Maria Marta Pereira (orgs.). *Padrões sociolinguísticos:* análise de fenômenos variáveis do português falado na cidade do Rio de Janeiro. Rio de Janeiro: Tempo Brasileiro / Departamento de Linguística e Filologia da UFRJ, 1986, pp. 171-81.

OMENA, Nellyze P. de. *Pronome pessoal de terceira pessoa:* formas variantes na função acusativa. Rio de Janeiro, 1978. Dissertação (mestrado em Linguística) – PUC-RJ.

OUHALLA, J. *Functional Categories and Parametric Variation*. London: Routledge, 1991.

PAGOTTO, Emílio G. "Crioulo sim, crioulo não: uma agenda de problemas" In: CASTILHO, A. T. de et al. (orgs.). *Miscelânea de estudos dedicados a Mary Kato*. (no prelo)

PATIÑO ROSSELLI, Carlos. *The Development of Studies in Romance Syntax*. Michigan: The University of Michigan, PhD Thesis, 1965.

PENHA, João Alves P. *Português rural de Minas numa visão trimensional*. Franca: Universidade Estadual Paulista, 1997.

PEREIRA, F. M. E. *Livro da montaria feito por D. João I, rei de Portugal*. Coimbra: Imprensa da Universidade, 1918. (Texto composto entre 1415 e 1433.)

PERINI, Mário Alberto. *Para uma nova gramática do português*. São Paulo: Ática, 1985.

PIEL, J-M.; MATTOSO, J. (eds.). *Livro de linhagens do Deão*. Lisboa: Portugaliae Monvmenta Historica, 1980. (Texto escrito por volta de 1343.)

_____.; _____. (eds.). *Livros velhos de linhagens*. Lisboa: Portugaliae Monvmenta Historica, v. I, 1980.

PIEL, J.-M. (ed.). *A demanda do santo graal*. Edição concluída por Irene Freire Nunes. Lisboa: Imprensa Nacional / Casa da Moeda, 1988.

PONTES, Eunice. Os verbos auxiliares em português contemporâneo. In: *Análises Linguísticas*. Petrópolis: Vozes, 1975, pp. 27-91.

_____. *O verbo português*. Petrópolis: Vozes, 1978.

_____. *O tópico no português do Brasil*. Campinas: Pontes, 1987.

PRETI, Dino; URBANO, Hudinilson (orgs.). *A linguagem falada culta na cidade de São Paulo*. São Paulo: T. A. Queiroz Editor/Fapesp, 1988, v. III – Diálogos entre dois informantes.

RABANALES, Ambrosio. "Queísmo y dequeísmo en el español de Chile" In: *Estudos Lingüísticos y Dialectológicos*. Caracas: Instituto Pedagógico, 1974, pp. 413-44 (Apud Mollica, 1995.)

RAMOS, Jânia; ALCKMIN, Mônica A. (orgs.). *Para a História do Português Brasileiro*, v. V: Estudos sobre mudança linguística e história social. Belo Horizonte: Faculdade de Letras da Universidade Federal de Minas Gerais, 2007.

RAPOSO, Eduardo P. "Prepositional Infinitival Constructions in European Portuguese" In: JAEGGLI, O.; SAFIR, K. (eds.). *The Null Subject Parameter.* Dordrecht: Kluver, 1989, pp. 277-305.

_____. *Teoria da gramática:* a faculdade da linguagem. Lisboa: Editorial Caminho, 1992.

RENZI, Lorenzo; SALVI, Giampaolo (orgs.). *Grande grammatica italiana di consultazione*. 2 v. Bologna: Il Mulino, 1991.

RIBEIRO, Ilza. A formação dos tempos compostos: a evolução histórica das formas *ter, haver* e *ser*. In: ROBERTS, I.; KATO, M. (orgs.). *Português brasileiro:* uma viagem diacrônica. Homenagem a Fernando Tarallo. Campinas: Editora da Unicamp, 1993, pp. 343-86.

RISSO, Mercedes Sanfelice. "'Agora... o que eu acho é o seguinte': um aspecto da articulação do discurso no português falado." In: CASTILHO, A. T. de (org.). *Gramática do português falado*, v. III. Campinas: Editora da Unicamp / Fapesp, 1993, pp. 31-60.

_____. O articulador discursivo "então". In: CASTILHO, A. T. de; BASÍLIO, M. (orgs.). *Gramática do português falado*, v. IV. Campinas: Editora da Unicamp / Fapesp, 1996, pp. 423-52.

_____; OLIVEIRA E SILVA, Giselle Machline de; URBANO, Hudinilson. "Marcadores discursivos: traços definidores" In: KOCH, I. G. V. (org.). *Gramática do português falado*, v. VI. Campinas: Editora da Unicamp/Fapesp, 1996, pp. 21-94.

Bibliografia 315

ROBERTS, Ian G. Agreement Parameters and the Development of English Modal Auxiliaries. *Natural Language and Linguistic Theory*, 3, 1985, pp. 21-58.

_____. *Verb and Diachronic Syntax*. Dordrecht: Foris, 1990.

_____. *A Formal Account of Grammaticalization in the History of Romance Futures*. Massachusets: University of Wales, 1992.

_____. *Verb and Diachronic Syntax*. Dordrecht: Foris, 1993.

_____.; KATO, M. (orgs.). *Português brasileiro:* uma viagem diacrônica. Homenagem a Fernando Tarallo. Campinas: Editora da Unicamp, 1993.

ROCHA, M. A. de F. *Adjuntos e adjunções em fronteiras de constituintes no português do Brasil*. Campinas, 2001. Tese (doutorado em Linguística) – Unicamp.

RODRIGUES, Ângela C. Souza (1987). *A concordância verbal no português popular em São Paulo*. São Paulo, 1987. Tese (doutorado em Linguística) – Universidade de São Paulo.

_____. Concordância verbal e estratégias de pronominalização. *Estudos Linguísticos. Anais de Seminários do gel*. Lorena: Prefeitura Municipal / gel, 1989, pp. 546-54.

_____. "Concordância verbal e saliência social no português popular no Brasil" In: GÄRTNER, E.; HUNDT, C.; SCHÖMBERG, A. (eds.). *Estudos de sociolinguística portuguesa*. Frankfurt am Main: TFM, 2000, pp. 41-62.

SAID ALI IDA, Manuel. *Gramática histórica da língua portuguesa*. Ed. revista por Mário E. Viaro. São Paulo: Melhoramentos, 2002.

_____. *Dificuldades da língua portuguesa*. 2. ed. Rio de Janeiro: Acadêmica, 1980.

SALVI, Giampaolo. Gli ausiliari "essere" e "avere" in italiano. *Acta Linguistica Academiae Scientiarum Hungaricae*, t. 30 (1-2), 1980, pp. 137-62.

_____. "Syntactic Restruturing in the Evolution of Romance Auxiliaries" In: HARRIS, M.; RAMAT, P. (eds.). Berlin: Mouton de Gruyter, 1987, pp. 225-36.

_____. La sopravvivenza della legge di Wackernagel nei dialetti occidentali della penisola iberica. *Medioevo Romanzo*, v. XV, n. 2, 1990, pp. 177-210.

_____. Difesa e illustrazione della legge di Wackernagel applicata alle lingue romanze antiche: la posizione delle forme pronominali clitiche. *Cadernos de Estudos Linguísticos*, 24, 1993, pp. 111-30.

SÂNDALO, Filomena. A violação da condição C em kadiwéu. *D.E.L.T.A.*, 18 (1), 2002, pp. 25-66.

SANDFELD, Kr. *Syntaxe du français contemporain*, v. I. Les pronoms. Paris: Librairie Honoré Champion, 1965.

SCHERRE, Maria Marta. *Reanálise da concordância nominal em português*. Rio de Janeiro, 1988. Tese (Doutorado em Linguística) – UFRJ.

SCHMITT, C. *Aspectual Selection and Composition*: The Case of *Ser* and *Estar*, 1992. Mimeografado.

SILVA DIAS, Augusto Epiphanio. *Syntaxe historica portugueza*. 3. ed. Lisboa: Livraria Clássica Editora, 1954.

SILVA NETO, Serafim da Silva. *Introdução à língua portuguesa do Brasil*. Rio de Janeiro: Instituto Nacional do Livro, 1951.

SOARES BARBOSA, Jeronymo. *Grammatica philosophica da lingua portugueza*. 7. ed. Lisboa: Typographia da Academia Real das Sciencias, 1881.

STOWEL, Timothy. "Small Clauses Restructuring" In: Freidin, R. (ed.). *Principles and Parameters in Comparative Grammar*. Cambridge: mit Press, 1985.

SUÑER, Margarita. The Role of Agreement in Clitic-Doubled Constructions. *Natural Language and Linguistic Theory*, 6, 1988, pp. 391-434.

TARALLO, Fernando. *Relativization Strategies in Portuguese*. Philadelphia: University of Pennsylvania, PhD Thesis, 1983.

_____. A fênix finalmente renascida. *Boletim da Abralin*, 6, 1984, pp. 95-103.

_____. Por uma sociolinguística românica paramétrica. *Ensaios de Linguística*, 7 (13), 1987, pp. 51-79.

_____. (org.). *Fotografias sociolinguísticas*. Campinas: Pontes, 1989.

_____. Sobre a alegada origem crioula do Português Brasileiro: mudanças sintáticas aleatórias. In: ROBERTS, I.; KATO, M. (orgs.). *Português brasileiro:* uma viagem diacrônica. Homenagem a Fernando Tarallo. Campinas: Editora da Unicamp, 1993a, pp. 35-68.

_____. "Diagnosticando uma gramática brasileira: o português d'aquém e d'além mar ao final do século XIX" In: ROBERTS, I.; KATO, M. (orgs.). *Português brasileiro:* uma viagem diacrônica. Homenagem a Fernando Tarallo. Campinas: Editora da Unicamp, 1993b, pp. 69-106.

_____.; et al. "Preenchedores em fronteiras de constituintes" In: ILARI, R. (org.). *Gramática do português falado*, v. II. Campinas: Editora da Unicamp, 1992, pp. 315-56.

316 Fundamentos sintáticos do Português Brasileiro

TEYSSIER, P. *Histoire de la langue portugaise*. Paris: Presses Universitaires de France, 1987. (Trad. para o português: *História da língua portuguesa*. Lisboa, Sá da Costa, 1989.)

TRAUGOTT, Elizabeth C.; HEINE, Bernd (eds.). *Approaches to Grammaticalization*. 2 v. Amsterdam/Philadelphia: John Benjamins Publishing Co., 1991.

VASCONCELOS, C. Michaelis de (ed.). *Cancioneiro da ajuda*. Lisboa: Imprensa Nacional – Casa da Moeda, 1990, 2 v.

VICENTE, Gil. *Obras completas*. Prefácio e notas do Prof. Marques Braga. 4. ed. Lisboa: Editora Sá da Costa, 1968, 4. v.

VIDAS DE SANTOS DE UM MANUSCRITO ALCOBACENSE. Ed. de Ivo de Castro et al. Lisboa: Centro de Estudos Geográficos – Instituto Nacional de Investigação Científica, 1985.

VIRGÉU DE CONSOLAÇOM. Edição crítica, introdução, gramática, notas e glossário por Albino de Bem Veiga. Porto Alegre: Livraria do Globo S. A., 1959.

Tabelas e quadros

Tabelas

Tabela 1 – Total das ocorrências do clítico locativo *hi*
Tabela 2 – Distribuição do clítico locativo redobrado *hi* no Português Arcaico
Tabela 3 – Tipos de verbo que figuram com o clítico redobrado *hi*
Tabela 4 – Verbos "auxiliares" que figuram com o clítico redobrado *hi*
Tabela 5 – Posição do clítico locativo *hi* em relação a *estar* em orações dependentes
Tabela 6 – *Estar* acompanhado de pronomes circunstanciais locativos
Tabela 7 – *Estar* com preposições que indicam posição vaga
Tabela 8 – *Estar* com preposições que indicam posição mais precisa
Tabela 9 – Total das ocorrências dos verbos *estar* e *ser*
Tabela 10 – Perífrases de gerúndio no PE e no PB
Tabela 11 – Perífrases de gerúndio e infinitivo preposicionado no PE
Tabela 12 – Perífrases de gerúndio no PB e infinitivo preposicionado no PE
Tabela 13 – Distribuição do locativo *en* simples e preposicionado
Tabela 14 – Síntese dos usos de *en* no Português Arcaico e nos séculos XVI e XVIII
Tabela 15 – Ambientes de ocorrência de *porém* redobrado
Tabela 16 – SP redobrando *porém*
Tabela 17 – Distribuição dos clíticos pessoais redobrados no PM
Tabela 18 – Preposição + pronome forte *versus* preposição + SN no constituinte Y

Quadros

Quadro 1 – Etapas de mudança do clítico locativo redobrado *hi*
Quadro 2 – Etapas da gramaticalização de *estar*
Quadro 3 – Formas de *inde* em algumas línguas românicas
Quadro 4 – Etapas da gramaticalização do clítico redobrado
Quadro 5 – Traços semânticos da estrutura possessiva
Quadro 6 – Modificações no sistema dos pronomes pessoais e demonstrativos, segundo Oliveira e Silva (1986)
Quadro 7 – Possibilidades de redobramento do possessivo

A autora

Célia Moraes de Castilho graduou-se em Letras na Unesp e possui especialização em Língua Portuguesa pela mesma instituição. Mestre e doutora em Linguística pela Unicamp, obteve pós-doutorado na USP. Tem experiência docente na área de Linguística, com ênfase em Filologia Românica.

GRÁFICA PAYM
Tel. (011) 4392-3344
paym@terra.com.br